国家2011计划“司法文明协同创新研究”相关成果
2009年度国家社会科学基金重大招标项目“中国特色社会主义司法制度研究”（09QZD026）相关成果
武汉大学优势特色学科支持计划“国家治理与宪法行政法”相关成果

全国法律硕士专业学位教育综合改革试点规划教材
司法文明系列

司法实务

主　编　江国华
副主编　梁新宏
参　编　彭红杰
　　　　刘　珍

WUHAN UNIVERSITY PRESS
武汉大学出版社

图书在版编目(CIP)数据

司法实务/江国华主编;彭红杰,刘珍参编. —武汉: 武汉大学出版社,2015.7

全国法律硕士专业学位教育综合改革试点规划教材　司法文明系列

ISBN 978-7-307-15737-8

Ⅰ. 司…　Ⅱ. ①江…　②彭…　③刘…　Ⅲ. 司法—中国—研究生—教材　Ⅳ. D926

中国版本图书馆 CIP 数据核字(2015)第 095822 号

责任编辑:钱　静　　　责任校对:李孟潇　　　版式设计:马　佳

出版发行: **武汉大学出版社**　(430072　武昌　珞珈山)

(电子邮件: cbs22@ whu. edu. cn　网址: www. wdp. whu. edu. cn)

印刷: 荆州市鸿盛印务有限公司

开本: 720 × 1000　1/16　　印张:20.75　字数:371 千字　　插页:1

版次: 2015 年 7 月第 1 版　　　2015 年 7 月第 1 次印刷

ISBN 978-7-307-15737-8　　　定价:49.00 元

序

2011年，我国启动“2011计划”。所谓“2011计划”，其正式名称叫做“高等学校创新能力提升计划”，目的是为了激励或推动我国科学研究领域创新能力的提升。这是我国继“985”、“211”工程之后，又一次体现国家意志的行动计划。计划的核心内容是鼓励高等学校、科研院所、以“国家急需、世界一流”为原则和目标，强强联合，协同创新，大大提升我国的科研创新能力。

法学界在张文显先生的积极推动和策划下，由中国政法大学牵头，武汉大学和吉林大学协同，联合申报了“司法文明协同创新中心”并获得国家批准。获批后的“司法文明协同创新中心”组建了十个学术创新团队，其中一个团队由武汉大学法学院的江国华教授为首席科学家，侧重“司法规范运作”方面的研究。

两年多来，江国华教授和他的团队围绕“司法的规范运作”做了大量的研究工作，并提出了“司法法学”的学科建设设想。在他的设想中，“司法法学”作为一门综合性学科，一则旨在打破法学教育与司法实务之间的壁垒，实现二者的紧密衔接；二则致力于弥合法学相关二级学科之间的知识割裂，实现相关学科的整合。为此，他设置了司法学、司法法学、司法伦理、司法人权、司法行政、司法实务和外国司法制度及司法文明史（上、下）等研究方向。

他的设想得到了司法文明协同创新中心和武汉大学法学院的支持，并被纳入武汉大学“全国法律硕士专业学位教育综合改革试点规划教材”体系之中。其中“司法伦理”和“司法行政”被纳入“政法干警”研究生的必修课程，已经开始讲授，反响很好。

2013年年底，江国华教授将整套规划的目录和司法学及司法法学的两本书的初稿打印给我。看完之后，我认为这套书契合了“司法文明协同创新”的宗旨，建议将其作为武汉大学“司法文明法律硕士研究生”的规划教材。

现在这套书终于可以出版了。作为江国华教授的长辈和同事，我由衷地感到高兴。我的高兴不仅在于这套书的最终出版，更在于江国华教授为人和为学的品质。

是为序。

王树义

2015年1月29日于珞珈山

目　录

导　言

“法施于人，虽小必慎。”公正司法是法律公正的象征，也是社会正义的最后屏障；一次不公正的裁判，所侵蚀的不仅仅是个案的公正，而且还关涉整个社会公正之根基。不仅如此，迄今为止的法治经验表明，司法在构建法治国家的进程中也发挥着重要作用。诚如哈贝马斯对西方社会现代性进程所观察的那样，随着法律干预之幅度范围和细微性的扩张，它导致了一种向社会生活的不断“司法主宰化”迈进的总体运动。

但司法公正并非只是抽象的概念，它蕴藏于司法实务之中。在司法实务从浓重的政治性色彩中慢慢抽身、寻求自身技术性资源的进程中，研究司法运作中的一些具体问题——如诉讼构造、诉讼程序、证据认定、裁判方法等，无论是对于实现个案的公正，还是对于推动国家法治进程而言，都具有十分重要的意义。

然而，无论是从实践本身还是从理论研究来看，司法实务都还有很大的提升空间。就司法实务而言，在有法律规定的前提下，如何运用逻辑推理等审判技能，准确地进行证据认定和法律适用，作出至少在形式上公正的法律判决；在没有具体法律规定的情形下，如何通过积累经验和阅历来增强司法裁判对社会主流道德取向的引导作用，进而在实体上作出不违背社会主流价值的判决，等等，都还是当下司法人员需要不断考量的地方。就理论研究而言，在实证研究和“本土问题”日渐得到重视的背景下，虽然司法实务也得到了一定的重视，但总体上仍然存在着广度和深度上的不足，尤其是在司法实务的教材编撰中，对于司法实务的研究基本上各自局限在三大诉讼法等部门法领域，缺乏一种跨部门和司法法学的整体视角。

应当说，司法实务研究的相对滞后，与学者个人的学术兴趣固然密切相关，但与学术研究的整体方向和社会需求也有着很大的关联。在作为独立学科的司法学未有繁荣之前，学术研究多是从理论开始，从应然出发居高向下切入，搭建基本框架。此外，由于以往存在着多种其他的“法外”纠纷解决机制，社会对于司法的专业性需求不足，也是后者研究不够深入的一个重要原因。

如今，上述理论走向和社会环境都在悄然发生着转变。诚如有学者所言，从法学研究层面看，一个解释学的时代已经到来，从主要关注立法论转向关注解释论，从主要研究应然问题转向研究实然问题，从主要研究规范如何产生转向研究如何应用规范。更为重要的是，当推进依法治国等理念成为司法改革顶层设计的基本原则并被逐步践行时，法治已然成为了一种新的意识形态。在它的主导下，不仅法律在国家政治生活中的作用发生了改变，而且法律也在不断向社会生活领域渗透，越来越多的民众在法制宣传和教育下，选择拿起法律的武器，走进法院、解决纠纷、维护权益；与此同时，伴随着社会公众对于司法专业性的需求与日俱增，法律共同体的自我认知和期许也会愈加强烈。

在这一背景下，加强对司法实务的研究，不仅显得顺理成章，而且也是一项迫切的课题。本书不揣谫陋，即是基于上述认识所作的一次尝试。

与现有诸多教材不同，本书试图对司法实务进行一个跨部门、跨角色、更加贴近实务的整合。具体而言，在内容上更加注重三大诉讼的运作流程，更加注重原告（控方）、被告、法官三方角色在互动中的职能介绍，力图以司法学的整体视角来加以叙述——正因为如此，从全面性上来审视，有些内容可能会被选择性地遗漏。在编排上，基于对司法审判中心主义的基本定位，本书对审判实务的内容着墨较多；基于以往对系统性的律师实务介绍较少，以及未来律师将在司法进程中发挥着越来越重要作用的预判，本书适当加重了该部分的比重。此外，在各章节和书后选择性地增加了案例和文书，在增强内容可读性的同时，也便于读者对司法实务有更为直观的认识。遗憾的是，笔者力图在具体内容的叙述中，加入司法原理的引介和阐释，奈何力有不逮，只能尽力而为。以上种种，可以说是本书的特色，虽然，特色往往也意味着偏见。

理论是灰色的，实践之树常青。希望本书作为引玉之砖，能对丰富司法实务研究、积聚司法自主性资源有所助益。

第一编

检察实务

“刑律不善，不足以害良民；刑事诉讼律不备，即良民亦罹其害。”① 正由是故，刑事诉讼法才被学者称为“人权宪法”、“宪法的测震仪”②。从静态层面上讲，刑事诉讼法可以解释为一种规范司法权秩序的规则体系；就动态层面而言，它则通常被视为一种制度化的平衡机制。在刑事诉讼制度的天平上，一端是无处不在的司法权尤其是侦查权力，另一端则是相对孱弱的公民权利。可以说，刑事诉讼的发展方向，总体上应当是从刑事司法必须达到的传统目的——通过高效执法保护社会，向其新的目的——保障犯罪嫌疑人和被告人不受侦查机关和裁决机关之独断专行及权力滥用之害不断过渡，并最终达致平衡状态。

管窥检察制度的发展历史，也可以看到这一趋势。现代意义上的检察制度，肇始于1789年法国大革命，立制于1808年拿破仑治罪法典，后随拿破仑东征西讨而得以传播，逐渐被德意志等邦采行，再经1848年欧洲革命风潮推波助澜，方才大势底定。而追根溯源，创设检察制度的主要目的，乃在于通过由检察官担任控方、审查决定是否提起公诉的方式，实现检察官与法官彼此监督制衡，进而废除当时的纠问制度，确立刑事诉讼中的分权原则。③ 通过这种司法权力的分置，保障公民不受侦查机关和裁决机关之独断专行及权力滥用之害。

在我国的检察制度中，一方面，职务犯罪侦查职能、审查批准（决定）

---

① 参见李贵连：《沈家本与中国法律现代化》，光明日报出版社1989年版，第128页。

② 樊崇义等：《正当法律程序研究——以刑事诉讼程序为视角》，中国人民公安大学出版社2005年版，第90页。

③ 参见林钰雄：《检察官论》，法律出版社2008年版，第5~7页。

逮捕职能、公诉职能、控告申诉职能等各项检察职能以法律监督为本质、本体、本源；另一方面，人民检察院依法对刑事诉讼实行法律监督，是我国宪法规定的刑事诉讼的基本原则之一。因此，检察机关如何既严格按照法律规定履行职能，又能在整个刑事诉讼过程中发挥法律监督功能，进而实现保障公民基本权利的“良法”作用，应当是检察实务的基本出发点。

第一章　职务犯罪侦查实务

从诉讼角度而言，侦查作为公诉及审判之肇端，主要是针对危害公共安全和国家安全的犯罪行为而进行的国家权力运作，因而负责公共安全的公安机关和代表国家指控犯罪的检察机关理所当然地承担起侦查任务。但由于分工的专业化要求，当今各国侦查权的行使主体通常是警察机关，检察机关只是根据法律的规定，在一定范围内担负侦查责任。

考察各国的司法制度，检察机关承担侦查任务的范围和方式大概有以下几种情况：（1）德国式的“检主警辅”模式。根据德国刑事诉讼法的规定，检察机关为刑事案件的侦查机关，而警察则属于侦查辅助机关。警察机构在侦查犯罪的行为范围内，只承担辅助检察机关侦查的义务，警察只能作出“不允许延迟”的决定，对自己的侦查结果应该不延迟地移送检察机关，由后者进一步侦查。①（2）法日式的“检警并行”模式。多数国家的司法制度采行法日模式，即检察机关与警察机构同为侦查主体，但检察官有权监督甚至指挥警方侦查，同时检察官直接承担部分案件的侦查责任。②（3）英国式的“警察独占”模式。在英国，检察机关原则上不承担侦查责任，是单纯的公诉机关。警察机构在侦查和取证上具有完全的权力，在此方面不受检察机关控制。检察机关的责任就是对案件证据进行审慎的审查，然后决定是否向法院提起公诉。③

而在我国刑事诉讼制度中，检察机关与公安机关同为侦查职能主体——就此而言，我国刑事司法中的侦查模式更多地类似于法日等国家的“检警并行”模式。简而言之，在职责分工上，公安机关负责普通刑事案件的侦查工作，而检察机关则负责国家工作人员职务犯罪案件的侦查工作。这一设计与我国的法

---

① 参见李昌珂译：《德国刑事诉讼法典》，中国政法大学出版社 1995 年版，第 81 页。

② 参见龙宗智：《检察制度教程》，中国检察出版社 2006 年版，第 174~176 页。

③ 中国政法大学刑事法律研究中心：《英国刑事诉讼制度的新发展——赴英考察报告》，载《诉讼法论丛》（第 2 卷），法律出版社 1998 年版，第 334 页。

律制度有着密切的关联。我国对公权力实行国家权力机关的普遍监督与检察机关的专门监督相结合的方式，而职务犯罪侦查权是检察机关对国家权力进行监督和制约的主要方式。同时，作为宪法规定的法律监督机关，检察机关对法律的执行者——国家工作人员是否合法、适当履行职权是其法律定位的应有之义。

第一节　职务犯罪侦查实务概述

要理解何谓“职务犯罪侦查”，首先有必要了解职务犯罪的概念。所谓职务犯罪，是指刑法规定的具有国家工作人员身份的主体利用职权实施的贪污、贿赂、渎职、侵权等犯罪。相应地，职务犯罪侦查即指检察机关在刑事诉讼活动中，为了查明案情、收集证据、查找职务犯罪嫌疑人，而进行的专门调查工作。①

将职务犯罪侦查权赋予检察机关，除了前述原因之外，职务犯罪与普通刑事案件本身存在的一些区别以及检察机关及其工作人员所具有的相应的特殊优势也是重要原因。具体而言，职务犯罪存在以下特点：（1）案件相对复杂。职务犯罪一般是国家工作人员利用职务之便在单位内部实施的，一般不以公民个人利益为直接侵害对象，加之实施犯罪人员大多阅历丰富、反侦查能力强，使得职务犯罪具有较高的隐蔽性；同时，由于职务犯罪大多涉及经济账目、专业技术等问题，因而相较于普通的刑事案件更为复杂。（2）对侦查人员的法律素养要求较高。由于职务犯罪涉及社会管理的方方面面，新问题层出不穷，案件事实的法律定性及判断会相应增多，这就要求侦查人员除了具备较强的侦查能力之外，还需有较好的法律素养。（3）对侦查人员的独立性要求更高。由于职务犯罪嫌疑人大多具有一定的职务，往往会利用其自身资源来逃避和阻碍侦查，尤其是一些领导干部涉嫌犯罪的案件，侦查中更是困难重重，这就对侦查人员的独立性提出了更高的要求。可以说，相较于公安机关，检察机关的独立性更高一些。

---

① 应当说明的是，职务犯罪概念本身有广义与狭义之分，广义的职务犯罪还包括国家机关以外的其他单位人员利用职务所实施的犯罪，如《刑法》第163~169条、第271~273条规定的职务侵占、挪用资金、商业贿赂、企事业单位人员滥用职权等犯罪，这一部分的职务犯罪侦查权由公安机关行使；而狭义的职务犯罪则仅指国家工作人员实施的上述犯罪。本章如无特别说明，“职务犯罪”仅就狭义而言。

一、职务犯罪侦查的概念

根据现行《刑事诉讼法》和有关文件对刑事案件管辖的划分，职务犯罪侦查权是国家的一项重要职权，它的权力主体只能是检察机关，其他任何机关、团体和个人均无权行使，但是，这并不意味着人民检察院的职务犯罪侦查权不受限制。检察机关在具体行使职务犯罪侦查权的时候，必须严格依据相关法律的规定，按照法律规定的程序进行侦查。尤其是在修改后的《刑事诉讼法》实施后，职务犯罪侦查工作将面临更为严格、规范化的考验。①

综上所述，从性质上看，职务犯罪侦查权是国家赋予检察机关的一项重要权力，它以国家的强制力为后盾，兼具行政色彩与司法色彩；从定位上看，职务犯罪侦查权是重要的法律监督方式，一定程度上发挥着强化司法权力、制约行政权力的功能。

二、职务犯罪侦查的范围

职务犯罪侦查的范围，是指检察机关能够行使侦查权的职务案件范围。值得一提的是，有些学者对职务犯罪侦查的范围和管辖不加区分、交替使用，一定程度上模糊了二者的界限。应当说，二者的区别还是比较明显的：职务犯罪侦查的范围，指的是哪些刑事犯罪案件应当由检察机关（侦查部门）进行侦查，其最终指向于刑事案件，解决的是公安机关和检察机关的侦查权界限，此即主管问题；职务犯罪的管辖，则是指某一刑事案件应当由哪个检察机关（侦查部门）进行侦查，其最终指向于职能主体，解决的是检察机关之间（包括上下级之间、不同区域之间）的侦查权界限，此即管辖问题。

根据我国刑事诉讼制度所确立的基本架构，侦查权作为一种具有强制性的国家权力，其行使直接关系到公民的合法权益是否受到侵犯、国家和社会的安全及稳定，因此法律对刑事侦查权的主体和范围都进行了明确的规定——这也符合“法无规定即禁止”的公权力运作理念。根据《刑事诉讼法》及相关规

---

① 新《刑事诉讼法》对辩护制度、证据制度、强制措施、侦查措施都作了详细的补充规定，在一定程度上对职务犯罪侦查工作提出了更高的要求。而且，伴随着非法证据排除规则的细化以及责任追究机制的完善，侦查人员的压力将会空前增大，因为对有关程序的违反，不仅可能会造成侦查工作的失败，还有可能会被追究相关违法甚至犯罪的法律责任。

定，职务犯罪侦查权可以分为法定范围和酌定范围。①

（一）法定侦查范围

法定侦查范围，是指根据法律规定，应当由检察机关职务犯罪侦查部门进行侦查的刑事案件范围。结合刑事诉讼法和刑法的相关规定，检察机关的法定侦查范围如下：

1. 贪污贿赂犯罪

贪污贿赂犯罪是指《刑法》分则第八章规定的贪污贿赂犯罪及其他章中明确规定依照第八章相关条文定罪处罚的犯罪案件。具体包括：（1）贪污案；（2）挪用公款案；（3）受贿案；（4）单位受贿案；（5）利用影响力受贿案；（6）行贿案；（7）对单位行贿案；（8）介绍贿赂案；（9）单位行贿案；（10）巨额财产来源不明案；（11）隐瞒境外存款案；（12）私分国有资产案；（13）私分罚没财物案。

2. 渎职犯罪

国家工作人员的渎职犯罪，是指《刑法》分则第九章所规定的渎职犯罪案件。具体包括：（1）滥用职权案；（2）玩忽职守案；（3）故意泄露国家秘密案；（4）过失泄露国家秘密案；（5）徇私枉法案；（6）民事、行政枉法裁判案；（7）执行判决、裁定失职案；（8）执行判决、裁定滥用职权案；（9）枉法仲裁案；（10）私放在押人员案；（11）失职致使在押人员脱逃案；（12）徇私舞弊减刑、假释、暂予监外执行案；（13）徇私舞弊不移交刑事案件案；（14）滥用管理公司、证券职权案；（15）徇私舞弊不征、少征税款案；（16）徇私舞弊发售发票、抵扣税款、出口退税案；（17）违法提供出口退税凭证案；（18）国家机关工作人员签订、履行合同失职被骗案；（19）违法发放林木采伐许可证案；（20）环境监管失职案；（21）传染病防治失职案；（22）非法批准征用、占用土地案；（23）非法低价出让国有土地使用权案；（24）放纵走私案；（25）商检徇私舞弊案；（26）商检失职案；（27）动植物检疫徇私舞弊案；（28）动植物检疫失职案；（29）放纵制售伪劣商品犯罪行为案；（30）办理偷越国（边）境人员出入境证件案；（31）放行偷越国（边）境人员案；（32）不解救被拐卖、绑架妇女、儿童案；（33）阻碍解救被拐卖、绑

---

① 笔者此处使用法定和酌定的概念，并不意味着后者不受法律规制，侦查权的行使范围和程序都必须严格依照法律的规定。此处使用“酌定”一词，只是为了体现后者在行使侦查权时所具有的灵活性。

架妇女、儿童案；（34）帮助犯罪分子逃避处罚案；（35）招收公务员、学生徇私舞弊案；（36）失职造成珍贵文物损毁、流失案。

3. 国家机关工作人员利用职权实施的侵犯公民人身权利和民主权利的犯罪案件

此类案件，具体包括：非法拘禁案；非法搜查案；刑讯逼供案；暴力取证案；虐待被监管人案；报复陷害案；破坏选举案。

（二）酌定侦查范围

酌定侦查范围，是指根据法律规定，在某些特殊情况下，可以由检察机关职务犯罪侦查部门进行侦查的案件范围。结合刑事诉讼法及相关规定，检察机关的酌定侦查范围如下：

1. 上级决定侦查

现行《刑事诉讼法》第18条第2款规定："对于国家机关工作人员利用职权实施的其他重大的犯罪案件，需要由人民检察院直接受理的时候，经省级以上人民检察院决定，可以由人民检察院立案侦查。"这一规定表明，检察机关可以对上述法定范围以外的其他部分犯罪案件进行侦查。它实际上赋予了检察机关对立案活动、侦查活动实施个案监督的权力，充分发挥了人民检察院的法律监督职能，有利于解决实践中的有罪不究、以罚代刑等问题，从而维护和强化了检察机关的法律监督职能。

上述规定的概括性，并不意味着其行使的随意性。《人民检察院刑事诉讼规则》对该类案件规定了详细的程序①：（1）报审程序。基层人民检察院报请省级人民检察院决定立案侦查的案件，应当制作提请批准直接受理书，写明案件情况以及需要由人民检察院立案侦查的理由，并附有关材料。市级人民检察院对于基层人民检察院层报省级人民检察院的案件，应当进行审查，提出是否需要立案侦查的意见，报请省级人民检察院决定。（2）批复程序。省级人民检察院在收到提请批准直接受理书后的10日以内作出是否立案侦查的决定。省级人民检察院可以决定由下级人民检察院直接立案侦查，也可以决定直接立案侦查。

① 应当说明的是，2012年10月新通过的《人民检察院刑事诉讼规则》对省级人民检察决定直接立案侦查的案件的决定程序有所修改，报请的检察院提请决定、省级人民检察院作出决定时，都不再需要通过检察委员会讨论决定，而直接由各自负责侦查的部门办理。

2. 联合调查

在一些重大责任事故中，检察机关可以获邀或主动参与到事故的调查中来。具体而言，在国务院和地方各级人民政府或者其授权有关部门组成重大责任事故调查组、邀请人民检察院参与调查时，检察机关应当派员参与调查；没有邀请检察机关参与调查的，检察机关要主动与同级人民政府或者政府授权的事故调查组牵头部门联系参与调查。国务院和地方人民政府没有组成重大责任事故调查组，也没有授权有关部门成立重大责任事故调查组，有关职能部门依照法定程序开展事故调查的，事故发生地的检察机关可以根据事故性质和造成的危害后果，直接与有关职能部门联系参与调查工作。

3. 并案侦查

根据《人民检察院刑事诉讼规则》的规定，对于一人犯数罪、共同犯罪、多个犯罪嫌疑人实施的犯罪相互关联，并案处理有利于查明案件事实和诉讼进行的，人民检察院可以对相关犯罪案件并案处理。① 同时，人民检察院反渎职侵权部门派员参加重大责任事故调查和查办渎职侵权犯罪案件过程中，发现与渎职行为相关的贪污贿赂犯罪线索的，报请检察长同意后，也可以并案侦查。

三、职务犯罪案件的管辖

职务犯罪案件的管辖，是指各级人民检察院对直接受理的案件所进行的分工。与上述职务犯罪侦查权的范围不同，它着重强调上下级人民检察院及同级人民检察院对哪些案件可以行使刑事侦查权，其关注的重点是主管范围内的侦查主体。职务犯罪案件的管辖原则是属地管辖，特定情形下可以由上级检察院指定管辖。

在不同层级检察院的分工上，根据相关规定，最高人民检察院立案侦查全国性的重大犯罪案件；省、自治区、直辖市人民检察院立案侦查全省（自治区、直辖市）的重大犯罪案件；分、州、市人民检察院立案侦查本辖区的重大犯罪案件；基层人民检察院立案侦查本辖区的犯罪案件。

---

① 值得注意的是，最高人民法院、最高人民检察院、公安部、国家安全部、司法部、全国人大法工委于2012年12月26日发布的《关于实施刑事诉讼法若干问题的规定》，在并案处理上规定了以下四种情形：“（一）一人犯数罪的；（二）共同犯罪的；（三）共同犯罪的嫌疑人、被告人还实施其他犯罪的；（四）多个犯罪嫌疑人、被告人实施的犯罪存在关联，并案处理有利于查明案件事实的。”这一规定与《人民检察院刑事诉讼规则》的规定略有不同。

属地管辖。根据刑事诉讼法的相关规定，国家工作人员涉嫌的职务犯罪案件，原则上应该由犯罪嫌疑人工作单位所在地的人民检察院管辖；在特定情形下，如果由其他人民检察院管辖更为适宜的，则可以由其他人民检察院管辖。如果几个人民检察院都有权管辖的，如涉案的犯罪嫌疑人拥有两个或两个以上的工作单位，则由最初受理的人民检察院管辖；必要时，也可以由主要犯罪地的人民检察院管辖。

指定管辖。按照刑事诉讼法的相关规定，上级人民检察院在必要的时候，可以直接对其下级人民检察院管辖的案件进行立案侦查或组织、指挥、参与侦查，依法也可以指定下级人民检察院立案侦查由本院管辖的案件；下级人民检察院认为案情重大、复杂，需要由上级人民检察院立案侦查的案件，也可以请求移送上级人民检察院立案侦查。

另外，对于管辖不明确的案件，可以由有关人民检察院协商确定管辖。对管辖有争议的或情况特殊的案件，或者经协商仍不能确定管辖主体的案件，则由共同的上级人民检察院指定管辖。

四、职务犯罪侦查的特点

职务犯罪侦查作为检察机关对特定案件进行的侦查活动，虽然也必须遵循侦查工作的一般规律，但因其主体、对象等方面所具有的特殊性，检察机关职务犯罪侦查也呈现出一些自身的特点①：

1. 侦查对象特定

如上所述，检察机关侦查职务犯罪活动，对象限于具有法定职权的国家工作人员。在我国刑事诉讼活动中，由检察机关管辖的“渎职”、“侵权”以及根据需要由省级人民检察院决定管辖的犯罪案件，还进一步明确仅以国家机关工作人员为侦查对象。应当予以说明的是，在部分可以并案侦查的案件中，少数非国家工作人员也可以成为检察机关的侦查对象，如非国家工作人员对国家工作人员行贿，则在追究国家工作人员受贿罪的同时，经过相关程序，由检察机关对非国家工作人员的行贿行为追究刑事责任。

2. 启动方式特殊

一般刑事案件的立案，多因受害人或者他人报案而起，侦查初期作案对象并不明确，而是需要侦查人员利用侦查手段和工具进行排查和确定——这里体现出了比较强的“由事到人”的特征；而职务犯罪侦查在通常情况下，则是

① 参见龙宗智：《检察制度教程》，中国检察出版社2006年版，第179~180页。

因他人举报而围绕特定的国家工作人员开展——这具有一定的“由人到事”特征。

3. 侦查手段特别

职务犯罪侦查活动的手段，既包括一般刑事案件中所使用的调查手段，也包括专门性的调查工作和相应的强制性措施。根据现行《刑事诉讼法》和相关司法解释，这些手段包括：讯问被告人、询问证人、询问被害人、勘验、检查、鉴定、组织辨认等；相应的强制性措施包括搜查、查封、扣押物证、书证等。而且，由于职务犯罪侦查活动大多体现“由人到事”的特征，加之职务犯罪的隐蔽性和高智商性，因而从外围入手获取相关信息就显得至关重要。相应地，查封、扣押财物、文件、邮件、电报或者查询、冻结财产等手段使用的频率也就大大增加了。

第二节　职务犯罪侦查流程

职务犯罪侦查作为一种具有一定强制性的刑事诉讼程序，必须严格依法而行。这意味着，侦查活动的发起和终结，侦查措施的采取尤其是强制性侦查活动的实施，都必须严格遵循法律规定的条件和程序。① 就其流程而言，职务犯罪侦查在实践中一般包括立案和侦查两个环节，在立案环节则包括受案、初查等内容，在侦查环节则包括侦查措施和侦查强制措施等内容。② 以下择其要者予以一并介绍。

---

① 换个角度而言，即从侦查活动的有效性和高效性上讲，侦查活动的依法进行也大有必要。就其有效性而言，侦查活动的最终结果是形成刑事诉讼证据，如果侦查活动的合法性有问题或存在疑问而不能证实，由此而获得的证据将会在后续司法程序中被作为非法证据而排除——这在修订后的《刑事诉讼法》实施后将更为常见；从侦查活动的效率上讲，职务犯罪侦查以国家工作人员为侦查对象，这些人一般有较强的权利意识，简单粗暴的侦查方式可能会适得其反。

② 部分教科书对职务犯罪侦查中的立案有所误解，其实立案应有广义和狭义之分。广义的立案，是指检察机关对于报案、控告、举报和犯罪人自首等方面的材料，依照管辖范围进行审查，以判明是否认为有犯罪事实需要追究刑事责任，而依法将其作为刑事案件交付侦查的决定。狭义的立案，是与不立案相对应的，是广义的立案即立案阶段终结时可能出现的一种诉讼结果，它包容于广义的立案之中。刑事诉讼法具体条文中的“立案”，基本上是指狭义的立案。参见朱孝清：《职务犯罪侦查教程》，中国检察出版社2006年版，第36页。

一、立案

如前所述，立案是指检察机关对于报案、控告、举报和犯罪人自首等方面的材料，依照管辖范围进行审查，以判明是否认为有犯罪事实需要追究刑事责任，而依法将其作为刑事案件交付侦查的决定。立案的诉讼意义在于启动侦查程序，同时它也是侦查手段和强制措施使用的前提。实践中，立案环节的主要内容包括案件线索的受理与审查、初查、是否作出立案决定等。

（一）立案的条件

侦查机关立案的条件是指在哪些情况下检察机关可以立案。修订后的《刑事诉讼法》第110条规定："人民法院、人民检察院或者公安机关对于报案、控告、举报和自首的材料，应当按照管辖范围，迅速进行审查，认为有犯罪事实需要追究刑事责任的时候，应当立案；认为没有犯罪事实，或者犯罪事实显著轻微，不需要追究刑事责任的时候，不予立案，并且将不立案的原因通知控告人。控告人如果不服，可以申请复议。"据此，检察机关职务犯罪案件的立案需要具备如下条件：

1. 认为有犯罪事实

如何理解和把握职务犯罪立案的犯罪事实条件，是一个难度较大的问题。① 一般认为，"认为有犯罪事实"应当理解为"有犯罪事实"，而所谓"有犯罪事实"，则是指"有一定证据证明犯罪事实确实存在"。② 应当说，作为立案犯罪事实条件的"认为有犯罪事实"，是指依据一定证据而认为有（即存在）犯罪事实。但在理解和把握这一条件时，还要注意以下几点：第一，只有犯罪事实即依照刑法规定构成犯罪的事实才可能被立案，一般违法、违纪的行为则达不到刑事立案的标准。第二，犯罪事实只是一种或然性的存在，它只是检察机关对犯罪事实的一种主观认识。强调这一点，有助于防止实践中出现的不当缩小刑事立案的案件范围的现象。第三，要求现有证据的证明力须达到可以认为有犯罪事实的程度。检察机关通过对证据及案件线索的综合分析，

① 事实上，这里存在着一个"两难困境"：如果对立案条件理解和把握过严，则可能会使一些本可立案的案件难以进入后续司法程序，从而影响对职务犯罪的打击力度；而如果理解和把握过松，则可能会使一些本不应进入侦查程序的案件进入侦查程序，从而进一步侵犯他人的合法权益。

② 樊崇义主编：《刑事诉讼法学》，中国政法大学出版社1996年版，第259页。

认为有犯罪事实时，即应予立案；未达此程度，仅认为可能有犯罪事实时，则不能立案，而应继续初查。①

2. 认为应当追究刑事责任

这是立案的刑事责任条件。如果仅有上述犯罪事实条件，则尚不能对涉案嫌疑人立案，立案还须具有该犯罪事实根据刑事法律应当依法追究刑事责任这一条件。这是因为，刑事诉讼制度的根本任务是为了实现国家的刑罚权，立案即以追究犯罪行为人的刑事责任为目的，但并不是所有的犯罪事实都应当追究刑事责任。《刑事诉讼法》第 15 条规定了 6 种不追究刑事责任的情形：情节显著轻微、危害不大，不认为是犯罪的；犯罪已过追诉时效期限的；经特赦令免除刑罚的；依照刑法告诉才处理的犯罪，没有告诉或者撤回告诉的；犯罪嫌疑人、被告人死亡的；其他法律规定免予追究刑事责任的。遇有上述情形之一，自然不能再行立案。

（二）受案

所谓“受案”，是指对报案、控告、举报、自首等方面的材料予以接受，并在审查后决定是否受理的诉讼活动，质言之就是对职务案件“受理”，规定了人民检察院对于案件线索的受理与审查。

1. 案件线索的受理

《刑事诉讼法》第 108 条规定，任何单位和个人发现有犯罪事实或者犯罪嫌疑人，有权利也有义务向公安机关、人民检察院或者人民法院报案或者举报。公安机关、人民检察院或者人民法院对于报案、控告、举报，都应当接受。《人民检察院刑事诉讼规则》规定，人民检察院举报中心负责统一管理举报线索；本院其他部门或者人员对所接受的犯罪案件线索，应当在 7 日以内移送举报中心。在报案、控告、举报的具体方式上，允许采用书面或者口头的方式提出；接受口头报案、控告、举报的检察机关工作人员，应当将相关内容写成笔录，在向对方宣读并确认无误后，由报案人、控告人、举报人签名或者盖章。

与此同时，为了鼓励社会公众举报的积极性，同时避免举报人遭受被举报人的打击报复，刑事诉讼法还明确设定了举报内容的保护机制，即只要不是有意捏造事实、伪造证据的，即使控告、举报的事实有出入，甚至是错告，也应和诬告陷害严格加以区别。

① 参见朱孝清：《职务犯罪侦查教程》，中国检察出版社 2006 年版，第 36 页。

2. 案件线索的审查

人民检察院内设的举报中心在受理线索后，应当确定专人对受理的线索进行审查，提出分流处理的意见，并上报举报中心负责人审核。与此同时，《人民检察院刑事诉讼规则》第 157 条规定了案件线索审查后的相应处理方式：第一，属于人民检察院管辖的，按照相关规定移送本院有关部门或者其他人民检察院办理；第二，不属于人民检察院管辖的，移送有管辖权的机关处理，并且通知报案人、控告人、举报人、自首人。对于不属于人民检察院管辖又必须采取紧急措施的，应当先采取紧急措施，然后移送主管机关；第三，对案件事实或者线索不明的，应当进行必要的调查核实，收集相关材料，查明情况后及时移送有管辖权的机关或者部门办理。

（三）初查

《人民检察院刑事诉讼规则》第 168 条明确规定，“侦查部门对举报中心移交的举报线索进行审查后，认为有犯罪事实需要初查的，应当报检察长或者检察委员会决定”。由此可见，初查的主体是职务犯罪侦查部门，它发生于立案前，因而不能使用立案后的一些强制措施；但相较于立案后的侦查而言，这种调查只能是初步的，只是对所受理的管辖范围内的线索进行调查，而且这种调查一般还是秘密进行的，以判明是否符合立案条件。

1. 初查的内容与方法

如前所述，初查是为了查明能否立案的问题，因而结合立案的条件，初查就应紧紧围绕是否“认为有犯罪事实”和“需要追究刑事责任”这两点展开。具体而言，在案件事实方面，应当调查案件线索所反映的问题是否真实、被反映的问题是否符合犯罪构成要件（实践中，尤其要注意主体身份问题，即被举报人是否属于国家工作人员）。在是否需要追究刑事责任问题上，应当重点审查涉嫌人员的具体情况，如涉嫌人员的一贯表现及社会反映、所具有的社会影响、是否具有自首情节等。

根据《人民检察院刑事诉讼规则》第 170、172、173 条的相关规定，初查一般应当秘密进行，初查人员不得擅自接触初查对象。公开进行初查或者接触初查对象，应当经过检察长批准。在初查过程中，可以进行询问、查询、勘验、鉴定、调取证据材料等不限制被查对象人身、财产权利的措施——这也是初查与立案后侦查的重要区别之一。另外，为了灵活处理案件线索，上级人民检察院在必要时可以直接初查或者组织、指挥、参与下级人民检察院的初查，可以将下级人民检察院管辖的案件线索指定辖区内其他人民检察院初查，也可以将本院管辖的案件线索交由下级人民检察院初查。

2. 初查结果的处理

《人民检察院刑事诉讼规则》第 176 条规定了初查后的处理方式，即如果侦查部门对举报线索初查后，认为有犯罪事实需要追究刑事责任的，应当制作审查报告，提请批准立案侦查，报检察长决定后进行立案；而如果“具有刑事诉讼法第十五条规定情形之一的；认为没有犯罪事实的；事实或者证据尚不符合立案条件的”情形之一的，则应当提请批准不予立案。

二、侦查

此处的侦查即指人民检察院在办理职务犯罪案件过程中，为了收集证据，查清犯罪事实，查获犯罪嫌疑人，依照法律规定进行的各种专门调查活动。检察机关进行侦查的目的，是为了收集证据，查清犯罪嫌疑人是否存在犯罪事实，为侦查终结奠定基础。

（一）侦查措施①

根据刑事诉讼法的规定和司法实践，人民检察院办理职务犯罪案件使用的侦查措施主要有 9 种，即讯问犯罪嫌疑人，询问证人（或被害人），勘验、检查，搜查，查封、扣押物证、书证和视听资料，鉴定，查询、冻结存款、汇款，辨认，协助追捕等。② 下面择其要者予以介绍。

1. 讯问犯罪嫌疑人

讯问犯罪嫌疑人，是指侦查人员为了查明案情和其他有关问题，依照法定程序，以言词方式对犯罪嫌疑人进行审问的一种侦查措施。在讯问犯罪嫌疑人时，严禁刑讯逼供和以威胁、引诱、欺骗以及其他非法方法收集证据，不得强迫任何人证实自己有罪。人民检察院办理直接受理立案侦查的案件，应当保障犯罪嫌疑人和其他诉讼参与人依法享有的辩护权和其他各项诉讼权利。

在讯问人员上，根据《刑事诉讼法》第 116 条的规定，讯问由人民检察院的侦查人员进行，讯问时侦查人员不得少于 2 人。这样既有利于防止犯罪嫌疑人借机行凶、自杀、逃跑和诬陷侦查人员等意外事件的发生，又有利于侦查

---

① 从其关联上讲，广义的侦查措施应当包括侦查强制措施。由于强制措施的重要性和特殊性，本书拟专门叙述，因而此处仅指狭义的侦查措施。

② 侦查措施的结果最终体现为刑事诉讼证据，因而上述侦查措施所对应的证据形式分别是犯罪嫌疑人（被告人）供述和辩解、证人证言等。

人员互相监督。

在讯问的方式上，侦查人员应当首先讯问犯罪嫌疑人是否有犯罪行为，让他陈述有罪的情节或者无罪的辩解，然后向他提出问题；同时应当告知犯罪嫌疑人如实供述自己罪行可以从宽处理的法律规定。

在讯问结束后，讯问笔录应当交犯罪嫌疑人核对，对于没有阅读能力的，应当向其宣读。如果记载有遗漏或者差错，犯罪嫌疑人可以提出补充或者改正。犯罪嫌疑人承认笔录没有错误后，应当签名或者盖章。侦查人员也应当在笔录上签名。犯罪嫌疑人请求自行书写供述的，应当准许。必要的时候，侦查人员也可以要犯罪嫌疑人亲笔书写供词。

另外，值得一提的是，根据最高人民检察院 2005 年出台的《人民检察院讯问职务犯罪嫌疑人实行全程同步录音录像的规定（试行）》及其后关于同步录音录像的一系列规定，讯问职务犯罪嫌疑人实行全程同步录音录像制度。在进行同步录音录像时，应当把握以下原则和要求：（1）同步录音录像工作实行讯问人员和录制人员相分离的原则。讯问由侦查人员负责，录音、录像一般由检察技术人员负责，只有经检察长批准的特定情形下，才可以指定其他检察人员负责录制。（2）讯问犯罪嫌疑人，应当在检察院讯问室或者看守所进行。在犯罪嫌疑人被送到看守所后，除法定情形外，讯问和同步录音录像工作都应当在看守所进行。（3）在同步录音录像之前，应当告知犯罪嫌疑人将对讯问进行全程同步录音、录像，告知情况应在录音、录像中予以反映，并记载于讯问笔录。（4）同步录音录像的图像应当反映犯罪嫌疑人、侦查人员、翻译人员及讯问场景等情况，犯罪嫌疑人应当在图像中全程反映，并显示与讯问同步的时间数码；在检察院讯问室讯问的，应当显示温度和湿度。（5）讯问结束后，录制人员应当立即将录音、录像资料及其复制件交给讯问人员，并经讯问人员和犯罪嫌疑人签字确认后当场对录音、录像资料原件进行封存，交由检察技术部门保存。录制人员还应及时制作全程同步录音、录像的相关说明，经讯问人员和犯罪嫌疑人签字确认后，交由检察技术部门立卷保管。该相关说明应当反映讯问的具体起止时间，参与讯问的侦查人员、翻译人员及录制人员等人员的姓名、职务、职称，犯罪嫌疑人姓名及案由，讯问地点等情况。

2. 询问证人

询问证人，是指侦查人员依照法定程序，通过言词方式向能够证明案件情况的证人进行调查的一种侦查措施。① 这里所说的“证人”，根据刑事诉讼法

① 根据《刑事诉讼法》第 125 条的规定，询问被害人适用询问证人的规定。

的有关规定，是指一切知道案件情况的人，但不包括生理上、精神上有缺陷或者年幼，不能辨别是非、不能正确表达的人。由于证人是以自己的感官感知案件事实为条件的，因此，单位、团体等非自然人不能作证人。

侦查人员询问证人的地点，可以在证人所在单位、住处或者证人提出的地点进行；在必要的时候，可以通知证人到人民检察院提供证言。到证人所在单位、住处或者证人提出的地点询问证人，应当出示人民检察院或者公安机关的证明文件。

另外，《刑事诉讼法》和《人民检察院刑事诉讼规则》规定了侦查机关对于证人的保护义务。人民检察院应当保障证人及其近亲属的安全，询问中涉及证人隐私的，应当保守秘密。对证人及其亲属进行威胁、侮辱、殴打或者打击报复，构成犯罪的或者应当给予治安管理处罚的，应当移送公安机关处理；情节轻微的，予以批评教育、训诫。

3. 搜查

刑事侦查措施中的搜查，是指侦查人员为了收集犯罪证据、查获犯罪人，依法对犯罪嫌疑人以及可能隐藏罪犯或者犯罪证据的人的身体、物品、住处或者其他地方进行搜寻、检查的一种强制性的侦查措施。搜查是检察机关同职务犯罪作斗争的重要手段，它对于及时收集证据，查清犯罪事实和查获犯罪人，揭露和证实犯罪，保证诉讼活动的顺利进行，发挥着重要作用。

由于搜查存在着侵犯他人人身权和财产权的可能，因而法律通过以下几个方面对搜查作出了严格限制：（1）进行搜查，一般必须向被搜查人出示搜查证。如果在执行逮捕、拘留的时候，遇有紧急情况，则不另用搜查证也可以进行搜查。（2）在搜查的时候，应当有被搜查人或者他的家属，邻居或者其他见证人在场。搜查妇女的身体，应当由女工作人员进行。（3）搜查的情况应当写成笔录，由侦查人员和被搜查人或者他的家属，邻居或者其他见证人签名或者盖章。如果被搜查人或者他的家属在逃或者拒绝签名、盖章，应当在笔录上注明。

4. 调取、查封、扣押物证、书证和视听资料

调取、查封和扣押物证、书证和视听资料，是指人民检察院职务犯罪侦查部门依法调取或强行扣留与案件有关的物品、文件和视听资料的一种侦查措施。一般而言，调取的对象是能够证实案件事实的证据材料，而查封和扣押的对象则是与案件有关的财物或者文件。此外，与调取方式不同，查封和扣押具有一定的强制性。调取、查封和扣押物证、书证和视听资料的目的在于取得和保全证据。

根据《人民检察院刑事诉讼规则》的规定，检察人员可以凭人民检察院的证明文件，向有关单位和个人调取能够证明犯罪嫌疑人有罪或者无罪以及犯罪情节轻重的证据材料，并且可以根据需要拍照、录像、复印和复制；查封、扣押财物和文件，应当经检察长批准，并由两名以上检察人员执行；需要向本辖区以外的有关单位和个人调取物证、书证等证据材料的，办案人员应当携带工作证、人民检察院的证明文件和有关法律文书，与当地人民检察院联系，当地人民检察院应当予以协助，必要时也可向证据所在地的人民检察院发函调取证据；对于查封、扣押的财物和文件，检察人员应当会同在场见证人和被查封、扣押物品持有人查点清楚，当场开列查封、扣押清单一式四份，注明查封、扣押物品的名称、型号、规格、数量、质量、颜色、新旧程度、包装等主要特征，由检察人员、见证人和持有人签名或者盖章，一份交给文件、资料和其他物品持有人，一份交被查封、扣押文件、资料和其他物品保管人，一份附卷，一份保存，持有人拒绝签名、盖章或者不在场的应当在清单上记明。

5. 鉴定

职务犯罪侦查中的鉴定，是指侦查部门为了查明案情、解决案件中某些专门性的问题，指派或者委托具有专门知识的机构对上述专门性问题进行鉴别和判断的一种侦查措施。在世界各国的侦查实践中，鉴定被广泛使用，而且随着职务犯罪案件的办理越来越依赖于实物证据，侦查模式正向着由证到供模式的转变，鉴定在侦查中的作用也越来越重要。

从各国法律规定和侦查理论看，鉴定主要包含以下内容①：（1）鉴定的对象。它是一切需要专门知识予以确定的问题。（2）鉴定人的资格。一是专业性，即鉴定人应具有作出某方面鉴定所需要的专门知识，也即某方面问题的专家。正因为如此，英美法系国家称鉴定人为“专家证人”。二是超脱性，即与案件及当事人没有利害关系。（3）鉴定人的权利、义务。权利主要是：案情了解权、发表个人鉴定意见或共同讨论提出共同结论权、取酬权、拒绝鉴定权。义务主要是：按期完成鉴定任务，作出公正的鉴定结论。（4）鉴定结论应当接受质证，在英美法系国家，专家证人应当接受双方当事人的交叉询问。

根据刑事诉讼法的相关规定，人民检察院应当为鉴定人进行鉴定提供必要条件，及时向鉴定人送交有关检材和对比样本等原始材料，介绍与鉴定有关的情况，并明确提出要求鉴定解决的问题，但是不得暗示或者强迫鉴定人作出某种鉴定意见；用做证据的鉴定意见，人民检察院办案部门应当告知犯罪嫌疑

① 参见朱孝清：《职务犯罪侦查教程》，中国检察出版社 2006 年版，第 88 页。

人、被害人，被害人死亡或者没有诉讼行为能力的，应当告知其法定代理人、近亲属或诉讼代理人。

6. 技术侦查措施①

从世界范围看，秘密侦查作为一种犯罪侦查手段，在各国都不同形式地存在着。但由于技术侦查措施往往具有较强的秘密性和科技性，其应用存在着侵犯公民个人隐私权的可能，因而从其使用之初就一直伴随着巨大的争议。但正如有学者指出，“在绝大多数国家，政治精英们，司法官员们，以及持不同政见者都不得不同意，秘密侦查在某种程度上，是一种‘必要的恶’”②。也正因为此，2012 年出台的刑事诉讼法修正案明确将技术侦查措施纳入进来。

技术侦查，是指侦查机关为了侦查犯罪所采取的，包括采用电子侦听、电话监听、秘密录拍等秘密的专门技术手段在内的特殊侦查措施。由上可知，技术侦查具有以下几个特征：（1）秘密性。技术侦查措施以技术手段为主要支撑，一般可以在被侦查对象不知情的情况下进行。这是其与传统侦查手段最根本、最本质的区别，也是其能取得较大效果的特有属性。（2）技术性。顾名思义，脱离了技术支撑的侦查措施就不能被称为技术侦查。无论是理论上达成共识属于技侦措施的电子侦听、电子监控等措施，还是尚有争议的跟踪盯梢、秘密拍照等手段，无一例外都离不开技术手段的支撑。（3）程序性。作为一种有侵害私权之虞的侦查手段，其适用适当与否，不仅直接关系到犯罪嫌疑人各种权利的保障，也与能够实现诉讼的公正密切相关。因此，绝大多数国家都对技术侦查措施的使用进行了严格的程序限制。可以说，严格的程序性是保障技术侦查正确、有效运作的前提。

在我国，刑事诉讼法及相关规定对技术侦查措施采取了审慎而为的肯定态度。具体而言，上述法律肯定了在某些情形下可以使用技术侦查措施，又从以下各方面对其进行了限定：（1）使用范围的限制。刑事诉讼法明确将技术侦查措施的适用，限定于危害国家安全犯罪、恐怖活动犯罪、黑社会性质的组织犯罪、重大毒品犯罪或者其他严重危害社会的犯罪案件，以及检察机关直接立案侦查的贪污、贿赂案件中；另外，对于已经立案但嫌疑人在逃的其他案件，

---

① 技术侦查措施也被有些学者称为“秘密侦查措施”，这一概念一直在学理上讨论较多，而在司法实践中究竟何谓技术侦查措施、具体包括哪些内容则着墨甚少。2012 年新《刑事诉讼法》专门规定了技术侦查措施，但并没有对措施种类、决定程序等重要内容作出规定，因而有必要予以说明。

② 参见俞波涛：《秘密侦查问题研究》，中国检察出版社 2008 年版，第 14~15 页。

需要追逃时则不限制涉案的罪名。（2）实施程序的限制。在决定实施技术侦查措施时，实施机关应当根据侦查犯罪的需要，确定采取技术侦查措施的种类和适用对象，按照有关规定报请批准。法律虽然没有明确规定，但实践中其审批和执行多由上级检察机关和公安机关共同执行。（3）实施期限的限制。技术侦查措施的批准决定自签发之日起3个月以内有效。对于不需要继续采取技术侦查措施的，应当及时解除；对于复杂、疑难案件，期限届满仍有必要继续采取技术侦查措施的，应当在期限届满前10日以内制作呈请延长技术侦查措施期限报告书，写明延长的期限及理由，经过原批准机关批准，有效期可以延长，每次不得超过3个月。（4）实施结果的限制。由于技术侦查措施获取的结果可能与案件并无多少关联，因而法律规定采取技术侦查措施获取的证据、线索及其他有关材料，只能用于对犯罪的侦查、起诉和审判，不得用于其他用途。执行人员在此过程中知悉的国家秘密、商业秘密和个人隐私，应当保密；对采取技术侦查措施获取的与案件无关的材料，应当及时销毁，并对销毁情况制作记录。

（二）侦查终结

侦查终结，是指侦查部门对于立案侦查的职务犯罪案件，经过一系列侦查活动，根据已查明的事实和证据，足以认定犯罪嫌疑人是否有罪和应否对其追究刑事责任而不需要继续侦查，或者不具备继续侦查的条件时，决定结束侦查，而对案件提出处理意见或处理决定的一种诉讼活动。侦查活动一旦结束，就意味着侦查程序的终结，同时它也在程序上开启了移送起诉等下一环节的司法程序。

1. 侦查终结的条件

修订后的《刑事诉讼法》第166条规定："人民检察院侦查终结的案件，应当作出提起公诉、不起诉或者撤销案件的决定。"据此，侦查终结的条件也就是具备上述提起公诉、不起诉或者撤销案件的条件。

（1）提起公诉。根据《刑事诉讼法》和《人民检察院刑事诉讼规则》的相关规定，移送审查起诉的条件是：犯罪事实清楚，即指犯罪嫌疑人、犯罪时间、地点、动机、目的、手段、情节、危害结果都已查清；证据确实、充分，即犯罪事实清楚是建立在证据确实、充分基础之上的，只有被确实、充分的证据证明的犯罪事实，才是清楚的犯罪事实；依法需要追究刑事责任，如果是依法不需要判处刑罚或者免除刑罚的，则应当移送审查不起诉，而不应移送审查起诉。

（2）不起诉。根据《人民检察院刑事诉讼规则》的规定，“犯罪情节轻微，依照刑法规定不需要判处刑罚或者免除刑罚的案件”，适用不起诉的规定。需要注意的是，此处的“不需要判处刑罚”是指我国《刑法》第37条规定的情形；“免除刑罚”是指我国刑法中有应当或者可以“免除刑罚”字样条款中规定的情形，如具有中止、自首等情节的犯罪嫌疑人。

（3）撤销案件。刑事诉讼法规定，人民检察院在侦查过程中，发现不应当对犯罪嫌疑人追究刑事责任的，应当撤销案件。此处的“不应当追究刑事责任”，是指具有以下情形之一者：具有《刑事诉讼法》第15条规定情形之一的；没有犯罪事实的，或者依照刑法规定不负刑事责任和不是犯罪的；虽有犯罪事实，但不是犯罪嫌疑人所为的。

2. 侦查终结的程序

侦查程序的终结，需要履行一定的程序。《人民检察院刑事诉讼规则》第286条第1款规定：“人民检察院经过侦查，认为犯罪事实清楚，证据确实、充分，依法应当追究刑事责任的案件，应当写出侦查终结报告，并且制作起诉意见书。”据此，侦查终结的主要程序即是制作并审批侦查终结报告和案件处理意见书。

（1）侦查终结报告。符合侦查终结条件的，需制作侦查终结报告。根据实践中的一般做法，侦查终结报告应包括以下内容：①案件的来源及立案时间；②犯罪嫌疑人的基本情况，如姓名、性别、年龄、籍贯、文化程度、职业、住址、有无前科等；③有否对犯罪嫌疑人采取强制措施，羁押场所；④侦查查明的具体的案件事实、证据及认罪表现等情节；⑤根据事实和法律提出的处理意见。（文书式样参见章后“文书示例一”）

（2）案件处理意见书。侦查人在撰写侦查终结报告之后，应当制作案件流转的处理文书，主要包括起诉意见书、不起诉意见书或撤销案件意见书。这些文书除了需对案件提出处理意见之外，还应当标注本案相关的证据及相关物品处理情况。处理意见书由侦查部门负责人审核后，报检察长或检委会批准或决定。（文书式样参见章后“文书示例二”）

三、强制措施

强制措施是职务犯罪侦查中一项非常重要的制度，它既关系到侦查活动能否顺利进行，又直接关系到犯罪嫌疑人人身权利的保障。刑事诉讼法之所以被称为“人权宪法”、“宪法的测震仪”①，就在于其发挥着保障公民自由的重要作用；而这种功能的发挥很大程度上依赖于对强制措施适用的严格限定。

（一）强制措施的概念

职务犯罪侦查中的强制措施，是指人民检察院在侦查活动中，为了有效地同职务犯罪作斗争和保障侦查活动的顺利进行，依法对犯罪嫌疑人所采取的暂时限制或者剥夺其人身自由的各种方法和手段。在我国，强制措施并不单单适用于职务犯罪侦查之中，它也当然适用于公安机关侦查的一般刑事案件之中。

从一些国家立法看，侦查强制措施一般由三部分组成：一是对人的强制措施，如拘留、逮捕等；二是对物所采取的强制措施，如勘验、检查、搜查、扣押等；三是对隐私权所应用的强制措施，如监听、采样、派遣秘密侦查员等。② 而我国刑事诉讼法中规定的强制措施，其实仅指对人的强制措施。

侦查强制措施具有以下特点：（1）严格的法定性。作为限制或者剥夺人身自由的强制方法，强制措施必须严格依法而行，这体现为强制措施种类的法定性、适用主体的法定性、适用条件的法定性、适用对象的法定性。（2）较大的强制性。强制措施的适用是人民检察院行使刑事司法权的表现，其适用的直接后果是使犯罪嫌疑人的人身自由受到不同程度的限制或者剥夺。（3）程序的保障性。只有为了保障诉讼活动的顺利进行，才可以对犯罪嫌疑人采取强制措施，因而对不同的犯罪嫌疑人采用的强制措施可能有所不同。

（二）强制措施的种类

根据刑事诉讼法的规定，职务犯罪侦查中的强制措施包括拘传、取保候审、监视居住、拘留、逮捕，每一种强制措施的适用条件和程序都有所不同。

1. 拘传

在职务犯罪侦查中，拘传是指人民检察院为了保障侦查活动的顺利进行，对于没有拘留、逮捕的犯罪嫌疑人，强制其到指定地点接受讯问的一种强制措施。据此可见，拘传具有以下特点：（1）拘传的对象是未被采取拘留、逮捕措施的犯罪嫌疑人——这意味着对被害人、证人不能采取拘传的方式。（2）

---

① 樊崇义、史立梅等：《正当法律程序研究——以刑事诉讼程序为视角》，中国人民公安大学出版社 2005 年版，第 90 页。

② 参见谢佑平、万毅：《刑事侦查制度原理》，中国人民公安大学出版社 2003 年版，第 309 页。

拘传具有强制性。拘传的目的是使犯罪嫌疑人到案接受讯问，因而如果犯罪嫌疑人抗拒拘传，或者在拘传途中有逃跑可能的，则可以使用手铐、警绳等械具。

拘传一般由办案人员提出意见，侦查部门领导审核，检察长批准，并签发拘传证。拘传需由检察人员或者司法警察执行，执行人员不得少于2人；遇有数名犯罪嫌疑人时，应分开拘传。拘传时，应当查明犯罪嫌疑人的姓名，并出示拘传证。犯罪嫌疑人到案后，应当责令其在拘传证上填写到案时间，并在拘传证上签名或者盖章。

同时，为了保障犯罪嫌疑人的合法权利，刑事诉讼法规定传唤、拘传持续的时间不得超过12小时；案情特别重大、复杂，需要采取拘留、逮捕措施的，传唤、拘传持续的时间不得超过24小时。不得以连续传唤、拘传的形式变相拘禁犯罪嫌疑人。传唤、拘传犯罪嫌疑人，应当保证犯罪嫌疑人的饮食和必要的休息时间。

2. 取保候审

取保候审是一种普遍存在的刑事强制措施，在有些国家它被称为“保释”。① 在我国职务犯罪侦查中，取保候审是指人民检察院为了保障侦查活动的顺利进行，依法责令犯罪嫌疑人提供保证人或者交纳保证金，以保证不逃避或者妨碍侦查，并随传随到的一种强制措施。

《人民检察院刑事诉讼规则》从正反两个方面规定了取保候审的适用条件。有下列情形之一的犯罪嫌疑人，侦查机关可以对其取保候审：（1）可能判处管制、拘役或者独立适用附加刑的；（2）可能判处有期徒刑以上刑罚，采取取保候审不致发生社会危险性的；（3）患有严重疾病、生活不能自理，怀孕或者正在哺乳自己婴儿的妇女，采取取保候审不致发生社会危险性的；（4）犯罪嫌疑人羁押期限届满，案件尚未办结，需要取保候审的。同时，对于严重危害社会治安的犯罪嫌疑人，以及其他犯罪性质恶劣、情节严重的犯罪嫌疑人不得取保候审。

根据《刑事诉讼法》第66条的规定，取保候审的方式有人保和财保两种方式，两者只能择一而不能并用。取保候审的期限最长不能超过12个月。根据相关的司法解释，这里的“12个月”，是指公、检、法三机关在诉讼的不同阶段各自采取取保候审措施最长不超过12个月，但同一系统内部不同诉讼环

① 参见朱孝清：《职务犯罪侦查教程》，中国检察出版社2006年版，第55页。

节、不同层级、不同区域的机关不得重复使用。

取保候审期限届满或者发现不应当追究犯罪嫌疑人的刑事责任时，侦查机关应当及时解除或者撤销取保候审。解除或者撤销取保候审时，应当由办案人员提出意见，部门负责人审核后报检察长决定。解除或者撤销取保候审决定后，应当及时通知执行机关，并将解除或者撤销取保候审的决定书送达犯罪嫌疑人；有保证人的，应当通知保证人解除保证义务。

3. 监视居住

在我国的职务犯罪侦查中，监视居住是指人民检察院为了保障侦查活动的顺利进行，责令犯罪嫌疑人未经批准不得离开住处或者指定居所，并对其行动加以监视的一种强制措施。① 监视居住既可以防止被监视人发生社会危险性，又可以使被监视人免受羁押之苦，体现了控制犯罪与保障人权的辩证统一。

根据《刑事诉讼法》第 72 条的规定，符合逮捕条件并具有下列情形之一者，可予以监视居住：（1）患有严重疾病、生活不能自理的；（2）怀孕或者正在哺乳自己婴儿的妇女；（3）系生活不能自理的人的唯一扶养人；（4）因为案件的特殊情况或者办理案件的需要，采取监视居住措施更为适宜的；（5）羁押期限届满，案件尚未办结，需要采取监视居住措施的；（6）符合取保候审条件，但不能提出保证人，也不交纳保证金的。可以看出，新的《刑事诉讼法》区分了取保候审和监视居住的适用条件，并充分体现了监视居住的非羁押本质。

对犯罪嫌疑人采取监视居住，应当由办案人员提出意见，部门负责人审核后报检察长决定。对各级人大代表采取监视居住的，其程序与取保候审相同。监视居住决定作出后，应向监视居住的犯罪嫌疑人宣读监视居住决定书，由犯罪嫌疑人签名或者盖章，并责令犯罪嫌疑人遵守刑事诉讼法的相关规定，告知其违反规定应负的法律责任。然后，将监视居住执行通知书送达公安机关执行。此外，监视居住的解除、撤销及变更的原因、程序与取保候审相同。但值得注意的是，不同于取保候审的期限，监视居住的期限最长不得超过 6 个月。

4. 拘留

---

① 修订后的《刑事诉讼法》调整了监视居住的功能定位，它将监视居住定位为"减少羁押的替代措施"。而在以往，监视居住的定位处于比较尴尬的境地：一方面，由于立法规定过于简单，监视居住与取保候审区别不大，使得监视居住在实践中极少被运用；另一方面，在为数不多的监视居住措施中，执行情况又比较混乱。

在我国的职务犯罪侦查中，拘留是指人民检察院为了保障侦查活动的顺利进行，对于法定紧急情况下的犯罪嫌疑人，依法采取的临时剥夺其人身自由的一种强制措施。拘留作为对现行犯或重大嫌疑分子采取的一种临时剥夺其人身自由的随机性紧急处置措施，在各国法律中都有规定，所不同的只是名称而已，如有的叫“暂时逮捕”，有的叫“紧急逮捕”，也有的叫“拘留”。①

《刑事诉讼法》第80条规定：“公安机关对于现行犯或者重大嫌疑分子，如果有下列情形之一的，可以先行拘留：（一）正在预备犯罪、实行犯罪或者在犯罪后即时被发觉的；（二）被害人或者在场亲眼看见的人指认他犯罪的；（三）在身边或者住处发现有犯罪证据的；（四）犯罪后企图自杀、逃跑或者在逃的；（五）有毁灭、伪造证据或者串供可能的；（六）不讲真实姓名、住址，身份不明的；（七）有流窜作案、多次作案、结伙作案重大嫌疑的。”拘留犯罪嫌疑人，应当由办案人员提出意见，部门负责人审核后报检察长决定。

根据《刑事诉讼法》和《人民检察院刑事诉讼规则》的规定，拘留执行后，除有碍侦查和无法通知外，人民检察院应把拘留的原因和羁押的处所，在24小时以内通知被拘留人的家属或者他所在的单位。因有碍侦查，不能在24小时内通知的，应当报经检察长批准，并将原因写明附卷；无法通知的，应当向检察长报告，并将原因写明附卷。此外，为了保障被拘留人的人身权利，刑事诉讼法规定侦查机关对于被拘留的人，应当在24小时内进行讯问。

5. 逮捕②

在职务侦查犯罪中，逮捕是指人民检察院为了保障侦查活动的顺利进行，对犯罪嫌疑人依法采取的暂时剥夺其人身自由，予以羁押的一种强制措施。作为最严厉的一种侦查强制措施，逮捕必须严格适用。修订后的《刑事诉讼法》在逮捕规定上作了较大幅度的修改，也体现了审慎适用逮捕的倾向。

逮捕在各国法律中均有规定，所不同的是少数国家将逮捕和羁押作为分别独立的两个程序，即羁押以逮捕为前提，在对犯罪嫌疑人实施逮捕后，只能关

① 参见朱孝清：《职务犯罪侦查教程》，中国检察出版社2006年版，第58页。

② 鉴于逮捕的条件、程序等内容将在第二章“侦查监督实务”中专门列出，此处只对逮捕作概念性介绍。

押较短的时间，如需较长时间的羁押，必须报请法官批准。而包括我国在内的多数国家则将逮捕与羁押合一，逮捕是羁押的原因，羁押是逮捕的必然结果。由于逮捕会在较长时间内剥夺犯罪嫌疑人的人身自由，因而除在特殊情况下对特殊对象可以无证逮捕（相当于我国的无证拘留）外，各国都实行司法令状主义，即报司法机关批准，并取得司法令状。①

示例文书一：

××省××市××区人民检察院

侦查终结报告

×检职侦侦终〔××××〕××号

一、犯罪嫌疑人基本情况

犯罪嫌疑人×××，×（性别），××××年××月××日出生，身份证号码××，××（民族），××省××人，××文化，系××（职业），××（政治面貌），住××××。××（有无前科）。

二、案件来源

犯罪嫌疑人××涉嫌行贿罪一案，系本院自行发现。经检察长批准，本院于××××年××月××日展开初查。××××年××月××日，经检察长批准，本院对犯罪嫌疑人×××以涉嫌行贿罪立案侦查，同日决定对其采取刑事拘留强制措施。××××年××月××日经××检察院决定逮捕，当日由××公安机关执行逮捕。犯罪嫌疑人×××现羁押于××看守所。

三、主要涉嫌犯罪事实

经依法侦查，查明：

××××年至××××年间，犯罪嫌疑人×××为能在不具备承揽工程条件的情况下，借用他人资质参与××工程项目的招投标，以及在其违法承揽的该工程管理、结算等方面得到关照，先后2次向×××行贿人民币共计××元。具体分述如下：

① 参见朱孝清：《职务犯罪侦查教程》，中国检察出版社2006年版，第61页。

1. ××××年××月底，犯罪嫌疑人×××……；

2. ……

犯罪嫌疑人×××的行为构成行贿罪：(1) 犯罪嫌疑人×××主观上具有谋取不正当利益的主观故意…… (2) 行贿对象×××系国家工作人员……

综上所述，犯罪嫌疑人×××的行为构成行贿罪。

四、主要证据

认定上述事实的证据如下：

1. 书证

(1) ×××；

(2) ×××。

2. 证人×××、×××、×××等人的证言

3. 犯罪嫌疑人×××的供述及辩解

上述事实清楚，证据确实、充分，足以认定。

五、需要说明的问题

1. 关于本案犯罪数额的说明。

2. 关于犯罪嫌疑人是否构成自首的说明。

3. 关于本案赃款处理的说明。

4. ……

六、定性、处理意见和法律依据

综上所述，犯罪嫌疑人×××为谋取不正当利益，先后2次向×××行贿人民币共计××元，其行为触犯了《中华人民共和国刑法》第三百八十九条第一款之规定，涉嫌行贿罪，依法应当追究其刑事责任。本案事实清楚，证据确凿充分，可以侦查终结。依据×××之规定，拟将犯罪嫌疑人×××涉嫌行贿罪一案移送审查起诉。

承办人：×××、×××

××××年××月××日

附：

1. 犯罪嫌疑人×××涉嫌行贿案卷宗×卷；

2. 随案移送物品×份；

3. 犯罪嫌疑人×××现羁押于××看守所。

示例文书二：

××省××市××区人民检察院

起诉意见书

×检职侦移诉〔××××〕×号

犯罪嫌疑人×××，×（性别），××××年××月××日出生，身份证号码××，××（民族），××省××人，××文化，系××（职业），××（政治面貌），住××××。××（有无前科）。

犯罪嫌疑人×××涉嫌行贿罪一案，系本院自行发现。经检察长批准，本院于××年××月××日展开初查。××××年××月××日，经检察长批准，本院对犯罪嫌疑人×××以涉嫌行贿罪立案侦查，同日决定对其采取刑事拘留强制措施。××××年××月××日经××检察院决定逮捕，当日由××公安机关执行逮捕。犯罪嫌疑人×××现羁押于××看守所。

犯罪嫌疑人×××涉嫌行贿罪一案现已侦查终结。

经依法侦查查明：

××××年至××××年间，犯罪嫌疑人×××为能在不具备承揽工程条件的情况下，借用他人资质参与××工程项目的招投标，以及在其违法承揽的该工程管理、结算等方面得到关照，先后2次向×××行贿人民币共计××元。具体分述如下：

(1) ××××年××月底，犯罪嫌疑人×××……；

(2) ……

上述犯罪事实，有以下证据证实：

认定上述事实的证据如下：

1. 书证

(1) ×××；

(2) ×××。

2. 证人×××、×××、×××等人的证言

3. 犯罪嫌疑人×××的供述及辩解

上述犯罪事实清楚，证据确实、充分，足以认定。

综上所述，犯罪嫌疑人×××为谋取不正当利益，先后2次向国家工作人员行贿人民币共计××元，其行为触犯了《中华人民共和国刑法》

第三百八十九条第一款之规定，涉嫌行贿罪。依照《中华人民共和国刑事诉讼法》第一百六十六条之规定，现将此案移送审查起诉。

此致

××省××市××区人民检察院公诉科

××省××市××区人民检察院
反贪污贿赂局
××××年××月××日

附：

1. 犯罪嫌疑人×××涉嫌行贿案卷宗×卷；
2. 随案移送物品×份；
3. 犯罪嫌疑人×××现羁押于××看守所。

第二章　侦查监督实务

所谓侦查监督，是指法定的监督机关对刑事侦查行为依法实施的法律监督和控制。如前所述，侦查活动是国家专门机关运用刑侦权力（包括强制措施在内）实施的专门性调查活动；这种活动极易造成对公民人身和财产权利的影响，因而对侦查活动进行监督也就成为一种必要。正因为如此，各国都将侦查活动的法律监督作为刑事诉讼法制的一项重要内容。

综观各国，侦查监督一般采用两种形式：一种是检察监督；另一种是审判监督。在具体的监督方式上，检察监督又有不同的方式：（1）侦查的指挥与调度。在日本、德国等传统的大陆法系国家，检察官有权调动和指挥警方的侦查活动，检察官在一般案件中的主要责任是从指控的角度考虑证据问题并保证警察侦查的合法性，其指挥和调度也较多地围绕这些问题开展。（2）通过起诉等程序环节监督侦查。对违法的侦查行为，检察官都将要求侦查官员弥补或者自行弥补，否则不予起诉。通过起诉等机制的“过滤”功能，实现法律监督的目的。①

在我国的刑事司法中，侦查监督权由检察机关单独行使，检察机关的审查逮捕权、公诉权、职务犯罪侦查权等共同构成了一个完整的法律监督权。②应当说，将侦查监督的权力从检察机关转移到法院，在理论上可能更符合正当程序原理。但是，侦查监督权的法律监督性质，决定了其行使主体只能是担负着法律监督职能的检察机关，这与我国检察机关的宪法地位相适应，也符合国际通行的决定权与执行权相分离的原则。从更为现实的层面考虑，如果将侦查监督的权力重置，其立法成本不能不被正视；而且这还将会对检察机关和审判机

---

① 参见龙宗智：《检察制度教程》，中国检察出版社 2006 年版，第 213~214 页。

② 然而，由检察机关行使侦查监督权是否合理，引发了理论界的不少质疑。如有观点认为，审查逮捕权不具有法律监督权的性质，不应由检察机关行使，因为它破坏了控辩双方的平衡，引发了以捕代侦、超期羁押等滥用侦查权的行为，主张将审查逮捕权赋予审判机关。参见贺恒扬：《中国检察权实证研究》，法律出版社 2010 年版，第 41 页。

关的现行工作造成很大的冲击，引发法检系统在人员、机构等方面的调整、重置，其人力财力成本难以承受。退一步讲，即使将侦查监督权交由法院行使，在司法体制专业化运作之前，我们仍然很难期望获得更为公正的效果。而且，一旦这一权力与法院的审判权合流，在现有的考核机制之下，这对犯罪嫌疑人的不利影响可能更甚。

根据刑事诉讼法的相关规定，侦查监督工作的业务范围主要包括：（1）审查批准或者决定逮捕犯罪嫌疑人；（2）复议、复核侦查机关不服不（予）批准逮捕的案件；（3）批准延长侦查羁押期限；（4）批准侦查部门重新计算侦查羁押期限；（5）监督侦查机关（部门）的立案活动；（6）监督侦查机关（部门）的侦查活动；（7）法律规定或者检察长交办的其他工作。据此，可以看出，侦查监督工作的主要职责是审查逮捕、刑事立案监督和侦查活动监督。其中，刑事立案和侦查活动监督是对刑事案件程序的启动和整个侦查过程进行监督；而审查逮捕则是从对公民权利影响最大的逮捕措施入手，对侦查行为进行“专项”监督。

第一节 审查逮捕

审查逮捕包括审查批捕逮捕和审查决定逮捕，① 是检察机关对于公安机关或者检察机关侦查部门提请批准或者移送决定逮捕的案件进行审查后，依法作出是否批准逮捕犯罪嫌疑人决定的一种诉讼活动。检察机关的审查逮捕权，是其作为法律监督机关的职能延伸，也符合我国宪法和刑事诉讼法规定的公检法“互相配合、互相制约”的规定。

一、批准或决定逮捕的条件

逮捕作为最严厉的刑事强制措施，刑事诉讼法对其适用条件予以了明确，一方面规定在哪些情况下可以逮捕犯罪嫌疑人，另一方面规定了应当逮捕犯罪嫌疑人的情形；与此同时，还规定了特殊情形下可以逮捕犯罪嫌疑人的情况。

① 应当指出的是，一些著作中将审查逮捕等义于审查批准逮捕，将其和决定逮捕并列。笔者认为，审查逮捕作为对侦查工作的一项监督内容，其指向不应因报捕机关不同而有所区分，且在《人民检察院刑事诉讼规则》等司法解释中，也将决定逮捕放入审查逮捕之下进行规定。

（一）逮捕的一般条件

修订后的《刑事诉讼法》第79条规定及相关司法解释的规定，明确了逮捕的一般条件。学界一般将逮捕的条件归纳为以下三要件：

1. 证据条件

证据条件，即有相关证据证明有刑事犯罪事实。修订后的《人民检察院刑事诉讼规则》进一步明确了“有证据证明有犯罪事实”的含义：（1）有证据证明发生了犯罪事实；（2）有证据证明该犯罪事实是犯罪嫌疑人实施的；（3）证明犯罪嫌疑人实施犯罪行为的证据已有查证属实的。其中，犯罪事实不仅指单一犯罪行为的事实，也包括数个犯罪行为中任何一个犯罪行为的事实。

此外，《人民检察院刑事诉讼规则》还从几个方面，明确了应当逮捕的情形，即实施多个犯罪行为或者共同犯罪案件的犯罪嫌疑人，如果符合逮捕的其他条件，同时又具有下列情形之一的，则检察机关应当批准或者决定逮捕：（1）有证据证明犯有数罪中的一罪的；（2）有证据证明实施多次犯罪中的一次犯罪的；（3）共同犯罪中，已有证据证明有犯罪事实的犯罪嫌疑人。

2. 刑罚条件

刑罚条件，即可能判处徒刑以上刑罚——这是逮捕在犯罪严重程度方面的条件。逮捕作为严厉的侦查措施，只适用于那些可能被判处有期徒刑以上刑罚的犯罪嫌疑人。刑事诉讼法之所以把“可能判处徒刑以上刑罚”规定为逮捕的条件之一，既是刑法中罪责刑相适应原则的要求，也是基于刑事诉讼有关时限规定的技术考虑。一方面，逮捕同时意味着羁押，如果犯罪嫌疑人被判决徒刑以下刑罚，则预示着其可能不会被羁押，之前的逮捕措施则意味着无谓地让犯罪嫌疑人遭受羁押之苦；另一方面，即使将逮捕作为保障诉讼程序顺利进行的一种手段，而一个刑事案件从逮捕到法院判决，一般不超过6个月，将逮捕的刑罚条件限定在6个月以上，则在技术上可以保障羁押与判决刑期的平衡。

3. 逮捕必要性条件

逮捕必要性条件，即采取取保候审、监视居住等方法，尚不足以防止发生社会危险性而有逮捕必要的。针对实践中“社会危险性”概念在认识上的模糊，以及由此带来的适用混乱，修订后的《刑事诉讼法》对此予以了明确，即社会危险性是指以下情形之一：（1）可能实施新的犯罪的；（2）有危害国家安全、公共安全或者社会秩序的现实危险的；（3）可能毁灭、伪造证据，干扰证人作证或者串供的；（4）可能对被害人、举报人、控告人实施打击报复的；（5）企图自杀或者逃跑的。

此外，应当着重指出的是，《刑事诉讼法》第 79 条第 2 款规定："对有证据证明有犯罪事实，可能判处 10 年有期徒刑以上刑罚的，或者有证据证明有犯罪事实，可能判处徒刑以上刑罚，曾经故意犯罪或者身份不明的，应当予以逮捕。"与上述三要件不同，这里明确了两种应当逮捕的情形：（1）具备证据条件和刑罚条件（10 年以上有期徒刑）的，应当予以逮捕。此处之所以作此规定，原因在于实践中如果可以作出"10 年以上刑罚"如此具体的判断的话，则一方面说明现有证据已相对充分，另一方面也说明了犯罪嫌疑人所犯罪行已相当严重，对其适用逮捕措施亦不为过。（2）具备证据条件和刑罚条件，同时曾经故意犯罪或者身份不明的。这一规定并未超出上述逮捕三要件的范畴，因为"曾经故意犯罪或者身份不明"其实质是犯罪嫌疑人社会危险性较大，如果不对其适用逮捕措施，那么很难保证其不会重新犯罪或者妨碍作证等，因而应对其予以逮捕。

（二）逮捕的特殊条件

《刑事诉讼法》第 79 条第 3 款规定："被取保候审、监视居住的犯罪嫌疑人、被告人违反取保候审、监视居住规定，情节严重的，可以予以逮捕。"这一规定实际上并不要求犯罪嫌疑人同时具备上述逮捕三要件，因而可以称之为逮捕的特殊条件。

在被告人违反取保候审、监视居住规定的情形出现时，何为"情节严重"，进而可以予以逮捕，《人民检察院刑事诉讼规则》对此作了明确而详细的规定：（1）犯罪嫌疑人有下列违反取保候审规定的行为，人民检察院应当对犯罪嫌疑人予以逮捕：故意实施新的犯罪；企图自杀、逃跑，逃避侦查、审查起诉的实施毁灭、伪造证据，串供或者干扰证人作证，足以影响侦查、审查起诉工作正常进行的；对被害人、举报人、控告人实施打击报复的。（2）犯罪嫌疑人有下列违反取保候审规定的行为，人民检察院可以对犯罪嫌疑人予以逮捕：未经批准，擅自离开所居住的市、县，造成严重后果，或者 2 次未经批准，擅自离开所居住的市、县的；经传讯不到案，造成严重后果，或者经两次传讯不到案的；住址、工作单位和联系方式发生变动，未在 24 小时以内向公安机关报告，造成严重后果的；违反规定进入特定场所、与特定人员会见或者通信、从事特定活动，严重妨碍诉讼程序正常进行的。（3）犯罪嫌疑人有下列违反监视居住规定的行为，人民检察院应当对犯罪嫌疑人予以逮捕；故意实施新的犯罪行为的；企图自杀、逃跑，逃避侦查、审查起诉的；实施毁灭、伪造证据或者串供、干扰证人作证行为，足以影响侦查、审查起诉工作正常进行的；对被害人、证人、举报人、控告人及其他人员实施打击报复的。(4) 犯罪嫌疑人有下列违反监视居住规定的行为，人民检察院可以对犯罪嫌疑人予以逮捕：未经批准，擅自离开执行监视居住的处所，造成严重后果，或者2次未经批准，擅自离开执行监视居住的处所的；未经批准，擅自会见他人或者通信，造成严重后果，或者2次未经批准，擅自会见他人或者通信的；经传讯不到案，造成严重后果，或者经2次传讯不到案的。

上述逮捕的特殊条件，于1996年刑事诉讼法修订而设立，如今之所以被更加具体和详细地予以明确化，原因在于该规定具有重要的意义。一方面它有助于实现取保候审和监视居住的功能，因为只有对违反取保候审和监视居住的犯罪嫌疑人予以惩戒，才能够震慑正在被采取取保候审和监视居住的犯罪嫌疑人，从而以长远计减少逮捕措施的适用；另一方面它实现了刑事诉讼强制措施之间的衔接，如果违反了取保候审和监视居住条件，但因不符合逮捕三要件而无法适用逮捕措施，将会使强制措施体系留下空档。

(三) 逮捕的例外规定

为了更加完善逮捕措施的适用体系，《刑事诉讼法》在规定了应当逮捕的情形之外，还规定了哪些情况一般不宜予以逮捕。其中的第72条第1款规定：人民法院、人民检察院和公安机关对符合逮捕条件，有下列情形之一的犯罪嫌疑人、被告人，可以监视居住：患有严重疾病、生活不能自理的；怀孕或者正在哺乳自己婴儿的妇女；系生活不能自理的人的唯一扶养人；因为案件的特殊情况或者办理案件的需要，采取监视居住措施更为适宜的；羁押期限届满，案件尚未办结，需要采取监视居住措施的。

上述规定明确了逮捕措施的例外适用情形，即即使犯罪嫌疑人符合了逮捕的三个要件，但如果具有上述情形之一者，一般仍然不能适用逮捕。上述情形，多是出于人性化的考虑，或者是出于案件本身的需要而设定，这一定程度上体现了立法者“慎捕少捕”、“减少羁押”的理念。

二、审查逮捕的程序

根据《刑事诉讼法》和《人民检察院刑事诉讼规则》的规定，审查逮捕的程序可以分为案件受理、案件审查、案件审结三个环节。

（一）案件受理

审查逮捕案件的受理主要是指侦查监督部门对审查批准、决定逮捕案件的形式审查与判断。《刑事诉讼法》第85条规定："公安机关要求逮捕犯罪嫌疑人的时候，应当写出提请批准逮捕书，连同案卷材料、证据，一并移送同级人民检察院审查批准。"检察机关侦查部门移送决定逮捕的案件与此类似。

对公安机关或者侦查部门提请批准或者决定逮捕犯罪嫌疑人的案件，侦查监督部门应当审查移送的案卷材料和证据是否齐全、是否具备合法有效的法律文书、法律手续是否完备。进一步而言，主要应对以下内容进行审查：（1）犯罪嫌疑人被采取的强制措施种类及相应的法律文书，如《提请批准逮捕意见书》，是否具备；（2）提请逮捕文书所认定的犯罪事实是否有相应的证据证明，犯罪嫌疑人供述和辩解、被害人陈述、证人证言等证据材料是否随案移送；（3）扣押物证、书证的，是否随案移送扣押物品清单及物品照片；对犯罪嫌疑人的住所或者有关涉案的场所进行搜查的，是否制作了搜查笔录；进行同步录音录像的，是否随案移送了录音录像资料，等等。

检察机关侦查部门负责案件受理审查的人员在完成上述工作之后，由部门负责人根据案件性质、难易程度等特点具体指定案件承办人（如未成年人案件可由专人办理），由案件承办人对案件进行实质审查。

（二）案件审查

案件承办人对审查逮捕案件的实质审查，主要是指对案件事实和证据的审查与判断。而对事实的审查也是以对证据的审查为前提，因而对案件证据的审查就显得尤为重要了。证据审查是指侦查监督机关对案件承办人对公安机关和侦查部门在侦查活动中收集的各种证据进行分析、鉴别，审查其是否合法真实，与案件事实之间是否存在直接或者间接的关联，进而就案件事实作出相应判断的活动。

1. 证据审查的原则

证据是证据形式与证据内容的统一。审查逮捕案件证据的审查和判断要坚持"合法、全面"的原则。"合法"是指一要按照《刑事诉讼法》和《人民检察院刑事诉讼规则》等有关法律、法规的规定，审查侦查机关收集证据的形式和程序是否合法；二是要审查证据内容的合法性。"全面"是指既要审查证明犯罪嫌疑人有罪、符合逮捕条件的证据，又要审查犯罪嫌疑人无罪、不符合逮捕条件的证据。①

2. 证据审查的方法

证据审查与判断的特殊性在于它是案件承办人将抽象的刑法条文适用于个案的过程，因而这就要求承办人运用基本的因果关系、逻辑推理等方法，及其自身的社会经验，来对案件证据进而对案件事实进行定性。有学者对在审查逮捕阶段的证据审查方法进行了详细归纳：（1）资格确认法，即首先从确认证据资格入手，先确认证据效力，然后再审查证据与事实之间的关联关系，从而认定据以逮捕的证据是否符合法定的条件和要求；（2）对照分析法，即将证明同一问题的证据全部摆出来，逐一对比，逐一分析，综合认定；（3）比较取舍法，即结合案件具体情况，对前后发生变化的同一证据进行对比，去一取一的分析方法；等等。②

3. 制作审查逮捕案件意见书

在承办人对审查逮捕案件进行证据审查后，应当制作审查逮捕案件意见书。该文书的制作有着重要的意义。一方面，它记载了承办人对于案件证据的审查意见，对于是否批准或决定逮捕的理由说明，体现了承办人对于案件的全部意见，是承办人审查证据能力和办案水平的集中体现；另一方面，该文书将随案件归档入卷，在后期案件出现问题时，也是判断案件审查对错、是否追究相关人员责任的重要依据。总体上说，审查逮捕案件意见书的制作应遵循详略得当、重点突出的原则，尤其要突出对非法证据、整体证据分析和是否逮捕理由的说明。(文书式样参见章后“文书示例”)

（三）案件审结

《刑事诉讼法》第88条规定：“人民检察院对于公安机关提请批准逮捕的案件进行审查后，应当根据情况分别作出批准逮捕或者不批准逮捕的决定。对于批准逮捕的决定，公安机关应当立即执行，并且将执行情况及时通知人民检察院。对于不批准逮捕的，人民检察院应当说明理由，需要补充侦查的，应当同时通知公安机关。”根据这一规定，审查逮捕案件的审结可以分为作出决定和执行决定两个环节。

---

① 毛建平主编：《侦查监督实务与技巧》，中国检察出版社2008年版，第12页。

② 参见贺恒扬：《审查逮捕环节证据的审查运用》，载《国家检察官学院学报》2006年第1期。

1. 作出决定

《人民检察院刑事诉讼规则》第316条规定，对公安机关提请批准逮捕的犯罪嫌疑人，已被拘留的，人民检察院应当在收到提请批准逮捕书后的7日以内作出是否批准逮捕的决定；未被拘留的，应当在收到提请批准逮捕书后的15日以内作出是否批准逮捕的决定，重大、复杂的案件，不得超过20日。同时，在作出批准逮捕或者不批准逮捕的决定后，应连同案卷材料送达公安机关执行，并可以对收集证据、适用法律提出意见。

而对于检察机关自侦部门侦查的审查逮捕案件，上一级人民检察院应当在收到报请逮捕书后7日以内作出是否逮捕的决定，特殊情况下，决定逮捕的时间可以延长1日至3日。犯罪嫌疑人未被拘留的，上一级人民检察院应当在收到报请逮捕书后15日以内作出是否逮捕决定，重大、复杂的案件，不得超过20日。同样地，上一级人民检察院决定逮捕的，应当将逮捕决定书连同案卷材料一并交下级人民检察院，由下级人民检察院通知同级公安机关执行。必要时，下级人民检察院可以协助执行。

2. 执行决定

公安机关或者侦查部门对于人民检察院批准逮捕的决定，应当立即执行，并将执行回执及时送达作出批准决定的人民检察院；如果未能执行，也应当将回执送达人民检察院，并写明未能执行的原因。对于人民检察院决定不批准逮捕的，公安机关在收到不批准逮捕决定书后，应当立即释放在押的犯罪嫌疑人或者变更强制措施，并将执行回执在收到不批准逮捕决定书后的3日以内送达作出不批准逮捕决定的人民检察院。

公安机关如果对人民检察院不批准逮捕的决定，认为有错误的时候，可以要求复议，但是必须将被拘留的人立即释放；对公安机关要求复议的不批准逮捕的案件，人民检察院侦查监督部门应当另行指派办案人员复议，并在收到提请复议书和案卷材料后的7日以内作出是否变更的决定，通知公安机关。如果意见不被接受，公安机关可以向上一级人民检察院提请复核。上级人民检察院应当立即复核，作出是否变更的决定，通知下级人民检察院和公安机关执行。

第二节　刑事立案监督

刑事立案监督，是人民检察院对公安机关等侦查机关的刑事立案活动是否合法所进行的法律监督。① 立案监督制度是我国刑事诉讼法律监督体系的重要内容之一，它使人民检察院对公安机关的刑事立案活动进行监督有了充分的法律依据，使我国的刑事诉讼从立案到执行整个诉讼过程全面地置于法律监督的范围之内，因而促进了我国检察机关法律监督体系的进一步完善。

一、立案监督的内容

《刑事诉讼法》第 111 条规定："人民检察院认为公安机关对应当立案侦查的案件而不立案侦查的，或者被害人认为公安机关对应当立案侦查的案件而不立案侦查，向人民检察院提出的，人民检察院应当要求公安机关说明不立案的理由。人民检察院认为公安机关不立案理由不能成立的，应当通知公安机关立案，公安机关接到通知后应当立案。"综合相关司法解释的规定，立案监督的内容主要包括以下三项：

1. 侦查机关（部门）应当立案侦查而不立案侦查的

人民检察院对于侦查机关应当立案而不立案侦查的线索进行审查后，应当根据不同情况分别作出处理：第一，没有犯罪事实发生，或者犯罪情节显著轻微不需要追究刑事责任，或者具有其他依法不追究刑事责任情形的，及时答复投诉人。第二，不属于被投诉的侦查机关管辖的，应当将有管辖权的机关告知投诉人，并建议向该机关控告或者移送。第三，侦查机关尚未作出不予立案决定的，移送侦查机关处理。第四，有犯罪事实需要追究刑事责任，属于被投诉的侦查机关管辖，且侦查机关已作出不立案决定的，经检察长批准后，应当要求侦查机关书面说明不立案理由。

2. 侦查机关不应当立案侦查而立案侦查的

人民检察院侦查监督部门经审查，认为有证据证明侦查机关可能存在插手民事、经济纠纷，或者办案人员利用立案实施报复陷害、敲诈勒索以及谋取其他非法利益等违法立案情形，且已采取刑事拘留等强制措施或者搜查、扣押、冻结等强制性侦查措施，尚未提请批准逮捕或者移送审查起诉的，经检察长批准，应当要求侦查机关书面说明立案理由。

3. 行政执法机关应当移送而不移送涉嫌犯罪案件的

侦查监督部门在办理案件过程中，如果发现行政机关所处理的违法案件，已达到刑事立案标准，而行政机关并未将案件移送侦查机关办理，可以要求其

---

① 孙谦主编：《中国特色社会主义检察制度》，中国检察出版社 2009 年版，第 164 页。

依法及时移送案件。在实践中，这一立案监督常发生在涉税、知识产权等类型的案件中。

二、立案监督的程序

检察机关对侦查机关进行立案监督的基本程序可以包括受理、要求说明理由、决定、备案与审查等。

1. 立案监督案件的受理

立案监督案件的受理部门应当是侦查监督部门，但立案监督的线索既可能是侦查监督部门在办案过程中发现的，也可能是通过控告申诉等部门移送而来，如被害人不服公安机关不立案决定而向检察机关提出意见。在后一种情形下，案件线索受理的部门应当及时将线索移送侦查监督部门，以便由后者及时进行审查。

2. 要求说明理由

侦查监督部门在对案件进行审查后，认为侦查机关的立案或者不予立案决定不当的，可以通过《要求说明不立案理由通知书》或者《要求说明立案理由通知书》要求侦查机关对其决定作出说明。在进行审查过程中，侦查监督部门可以询问办案人员和有关当事人，查阅、复印侦查机关刑事受案、立案、破案等登记表册，以及立案、不立案、撤销案件、治安处罚、劳动教养等相关法律文书及案卷材料，但一般不得接触被调查对象，同时不能使用强制措施。

3. 作出立案监督决定

人民检察院经调查核实，认为侦查机关不立案或者立案理由不成立的，经检察长或者检察委员会决定，应当制作《通知立案书》或者《通知撤销案件书》，说明依据和理由，连同证据材料移送侦查机关。

侦查机关在收到检察机关开具的《通知立案书》后，应当在15日内决定立案，同时法律未赋予侦查机关对立案决定的复议权。而在接到《通知撤销案件书》后，对此没有异议的，应当立即撤销案件，并将立案决定书或者撤销案件决定书复印件及时送达人民检察院；如果认为检察机关的撤销案件决定确有错误的，则可以要求同级人民检察院复议，对复议结果仍有不同意见的，可以提请上级人民检察院复核。①

---

①．之所以在监督立案和监督撤案上规定了公安机关不同的处理方式，其原因在于作出立案决定时，其后果由检察机关承担；而在作出撤案决定时，其后果由侦查机关承担，因而赋予其不同意见时的复议、复核权。

4. 备案与审查

人民检察院通知公安机关立案或者撤案的案件，应当报上一级人民检察院备案。同时，对国家机关工作人员利用职权实施的其他重大犯罪案件，县级人民检察院或者市级人民检察院需要直接立案侦查时，应当层报所在的省级人民检察院决定。市级人民检察院对县级人民检察院层报省级人民检察院的案件，应当进行审查，提出是否需要立案侦查的意见，报送省级人民检察院。

第三节 侦查活动监督

侦查活动监督，是指人民检察院对侦查机关或者侦查部门的侦查活动是否合法所实行的专门法律监督。这里的合法性标准，应当是刑事诉讼法在证据、回避、强制措施等章节中对刑事诉讼活动所作的一系列规定。《刑事诉讼法》第 98 条的规定为侦查活动监督提供了直接的法律依据，“人民检察院在审查批准逮捕工作中，如果发现公安机关的侦查活动有违法情况，应当通知公安机关予以纠正，公安机关应当将纠正情况通知人民检察院”。

一、侦查活动监督的内容

侦查活动监督贯穿于侦查活动全过程，根据《人民检察院刑事诉讼规则》的相关规定，侦查活动监督主要发现和纠正以下违法行为：(1) 采用刑讯逼供以及其他非法方法收集犯罪嫌疑人供述的；(2) 采用暴力、威胁等非法方法收集证人证言、被害人陈述，或者以暴力、威胁等方法阻止证人作证或者指使他人作伪证的；(3) 伪造、隐匿、销毁、调换、私自涂改证据，或者帮助当事人毁灭、伪造证据的；(4) 徇私舞弊，放纵、包庇犯罪分子的；(5) 故意制造冤、假、错案的；(6) 在侦查活动中利用职务之便谋取非法利益的；(7) 非法拘禁他人或者以其他方法非法剥夺他人人身自由的；(8) 非法搜查他人身体、住宅，或者非法侵入他人住宅的；(9) 非法采取技术侦查措施的；(10) 在侦查过程中不应当撤案而撤案的；(11) 对与案件无关的财物采取查封、扣押、冻结措施，或者应当解除查封、扣押、冻结不解除的；(12) 贪污、挪用、私分、调换、违反规定使用查封、扣押、冻结的财物及其孳息的；(13) 应当退还取保候审保证金不退还的；(14) 违反刑事诉讼法关于决定、执行、变更、撤销强制措施规定的；(15) 侦查人员应当回避而不回避的；(16) 应当依法告知犯罪嫌疑人诉讼权利而不告知，影响犯罪嫌疑人行使诉讼权利的；(17) 阻碍当事人、辩护人、诉讼代理人依法行使诉讼权利的；(18)

讯问犯罪嫌疑人依法应当录音或者录像而没有录音或者录像的；(19) 对犯罪嫌疑人拘留、逮捕、指定居所监视居住后依法应当通知家属而未通知的；(20) 在侦查中有其他违反刑事诉讼法有关规定的行为的。

二、侦查活动监督的程序

严格地说，侦查活动监督并非全部由侦查监督部门负责。因为在审查起诉阶段，公诉部门在对刑事证据和诉讼活动进行审查过程中，如果发现侦查机关或者侦查部门存在违法之处，则也可以提出纠正意见。在审查逮捕阶段，侦查监督部门主要是通过提前介入、证据审查、当事人检举控告等方式发现违法活动线索。在侦查监督部门发现违法线索之后，可以发出纠正违法通知书；侦查机关或者侦查部门核实后应当予以回复；被纠正违法的机关或者部门回复后，侦查监督部门应当监督落实情况。人民检察院的纠正意见不被接受的，应当向上一级人民检察院报告，同时抄报上一级侦查机关。

示例文书：

××省××市××区人民检察院

审查逮捕案件意见书

×检捕审〔××××〕×号

本院××××年××月××日接到××公安局×公刑提捕字〔××××〕第××号提请批准逮捕犯罪嫌疑人×××涉嫌盗窃罪的文书及案卷材料、证据后，承办人检察员×××审阅了案卷，讯问了犯罪嫌疑人，核实了有关证据，现已依法对本案审查完毕。

一、犯罪嫌疑人基本情况

犯罪嫌疑人×××，男，××××年××月××日生，汉族，小学文化，系××公司员工，暂住××××（户籍所在地：××××）。××××年××月××日因涉嫌盗窃被××公安局刑事拘留，现羁押在××看守所。

二、发案、立案、破案经过

见《提请批准逮捕书》。

三、审查认定的案件事实及证据

××××年××月××日××时许，犯罪嫌疑人×××至××公司仓库，采用××手段，窃得该公司价值人民币××元的××物品××公斤。

归案后，犯罪嫌疑人×××如实供述了自己罪行。

证据：

1. 物证、书证

……

2. 证人证言

（1）证人××的证言证实……

（2）证人××的证言证实……

3. 犯罪嫌疑人的供述和辩解

犯罪嫌疑人×××的供述证实……

4. 鉴定结论

××价格认证中心出具的价格鉴证结论书证实……

5. 其他材料

发破案经过、抓获经过证实：犯罪嫌疑人被抓获情况。

证据分析：

以上证据证明犯罪嫌疑人×××在××公司仓库，盗窃公司财物，盗窃所得数额共计××元，证据能够互相印证，证据来源合法，足以认定犯罪嫌疑人×××构成盗窃罪。

四、需要说明的问题

1. 关于犯罪嫌疑人盗窃数额的认定……

2. 关于犯罪嫌疑人到案情况的说明……

3. 关于侦查活动存在违法情形的说明……

……

五、处理意见

承办人意见：犯罪嫌疑人×××的行为已触犯了《中华人民共和国刑法》第二百六十四条规定，涉嫌盗窃罪，犯罪嫌疑人有可能判处徒刑以上的刑罚，采取取保候审、监视居住不足以防止发生社会危险性，有逮捕必要。根据《中华人民共和国刑事诉讼法》××条的规定，建议对犯罪嫌疑人批准逮捕。

承办人：×××

××××年××月××日

第三章 公诉实务

如前所述，以历史的视角观之，创设检察制度的主要目的，乃在于通过由检察官担任控方、审查决定是否提起公诉的方式，实现检察官与法官彼此监督制衡，进而废除当时弊端重重的纠问制度，确立刑事诉讼中的分权原则。因而，公诉制度可以说是检察制度中最为基础、最具有本源意义的一环。

就其形式而言，公诉是围绕犯罪嫌疑人是否构成犯罪、构成何种犯罪以及应处以何种刑罚等问题，由法官主导的、控辩双方参与的法律博弈；公诉权是一种国家追诉权，在程序意义上是一种司法请求权，是实现国家刑罚权的前提——正是在这个意义上，可以说，国家对个人施予的刑罚权借由公诉制度而得以具有合法性。

第一节 公诉实务概述

迄今为止的经验表明，公诉权在世界各国几乎都是检察机关独享的一种国家权力，是检察权和检察制度的核心标志。我国公诉制度的确立，有着深刻的制度与现实基础。正确把握公诉制度的内涵、类型及其具体运作，对理解我国司法制度具有重要的意义。

一、公诉的含义

公诉，大而言之，即公共诉求或者国家诉求，是指运用国家和公共权力提出诉讼请求以解决社会冲突的一种犯罪追诉制度；① 具体到刑事诉讼中，公诉则是指法律规定的机关或者个人针对被告人所涉嫌的犯罪向审判机关提出控告，请求通过审判认定犯罪，追究犯罪人刑事责任的诉讼活动。

从上述定义可以看出，现代公诉制度至少有以下几个方面的特征：第一，公诉的主体为法律规定的国家机关。如下所述，虽然各国在启动审判的方式上

① 参见张智辉：《公诉权论》，载《中国法学》2006 年第 6 期。

采行的方式略有不同，但无一例外都确立了由专门机关指控犯罪的方式，且绝大多数刑事案件均由专门的法定机关提起刑事诉讼。第二，提起公诉的对象是涉嫌刑事犯罪的犯罪嫌疑人。一方面，区分了民事诉讼中由当事人主张的实践；另一方面，也隔离了特定情形下由专门的法定机关提起公益诉讼的制度。第三，提起公诉的对象是审判机关，目的是获得刑事判决。就其实质而言，公诉权是一种求刑权，目的在于通过对犯罪嫌疑人施以国家强制力，以收公共安全保障及个人权利保护之效果。

应该指出的是，现代意义上的公诉，与历史上曾经出现过的公诉和公共诉讼具有本质区别，不能混为一谈。在古代雅典法律中，曾有公诉与私诉之分。私诉只能由被害人及其亲属提出；公诉是在无被害人时，由任何享有完全权利的公民提出。私诉当事人可以私下和解，公诉则必须由审判结案。古罗马时期，国家法律分为公法与私法。公法是有关罗马帝国政府的法律，私法是有关个人利益的法律。由此，犯罪也相应地分为公罪与私罪。对于私罪，由被害人及其亲属提起诉讼，称为私人诉讼；对于公罪，即侵犯国家或公众利益的犯罪，由社会公民提起诉讼，称为公共诉讼。其实，当时的公诉、公共诉讼并不是代表国家追诉犯罪，仍然是以公民个人的名义提起诉讼，只是起诉主体的范围发生了变化，本质上还属于私诉的范畴，不能与现代意义的公诉相提并论。① 由此也可窥见，公诉制度的产生，既是国家权力向上集中的客观结果，也是国家权力向内分化、制衡的表现。可以说，现代公诉制度的确立，在某种程度上标志着人类社会的法治步伐向前迈进了一大步。

二、公诉的基本类型

公诉的类型取决于犯罪追究程序本身的性质。现代刑事程序废除纠问制度，实行控、辩、审三方鼎立的诉讼构造模式，在程序上的一个基本要领即为“不告不理”原则，即以起诉为审判的前提，没有审判机关以外的主动起诉，审判机关不得主动追责求刑。公诉的类型化依据，即是审判启动机制的不同。

（一）国家追诉主义与私人起诉主义

根据行使控诉权的主体不同，可将公诉分为公诉和私诉两种控诉形式。公

① 参见姜伟等：《公诉制度教程》，中国检察出版社 2007 年版，第 6 页。

诉即是法定机关代表国家向法院起诉——这一由国家专门机关垄断刑事控诉权的方式，亦被称为“国家追诉主义”；私诉是指被害人及其近亲属或其他的法定个人，以个人名义向法院提起诉讼——其中以被害人及其近亲属起诉的形式也被称为自诉，而由被害人及其代表人向法院提起诉讼的方式则被类型化为“私人追诉主义”。

在当前世界范围内，其实并不存在完全采用自诉模式追究犯罪的国家。诸如日本、法国等国家，控诉权由专门机关和专业人员垄断，不允许私人提起刑事诉讼，这一模式被称为“起诉一元制”。目前世界上绝大多数国家，包括我国均采用公诉为主、自诉为辅的起诉模式，即对少数侵犯公民私权的犯罪由公民自行向法院起诉，其他犯罪一律由国家起诉——这一普遍被各国采行的模式被称为“起诉二元制”。①

一般而言，代表国家指控犯罪的职能多由检察官承担，所以在多数国家，公诉制度是检察制度的有机组成部分。但是，由于各国的历史传统、法律体制等方面存在诸多差异，在具体如何承担公诉权的问题上，也有多重模式，择其要者介绍如下：(1) 由检察官垄断公诉权。检察官代表国家履行公诉职能是现代国家的主要运作模式，当前多数国家法律均明确规定由检察机关统一行使公诉权。如在德国，检察机关是唯一代表国家提起公诉的机关，其他国家机关、社会组织没有公诉权。德国的这种公诉模式对世界影响最大，日本和我国等国家均属这一模式。(2) 由检察官和预审法官共同行使公诉权。这一模式主要存在于法国。根据法国法律的规定，检察官履行公诉的职能，但是，对刑事被告人是否提起公诉，不完全由检察机关自行决定。法国把犯罪分为重罪、轻罪、违警罪，对于轻罪和违警罪一般由检察官起诉至法院。而对于重罪及其他犯罪（未成年人犯罪）则要经过预审法官及预审法庭的审查，决定是否起诉。(3) 由检察院和大陪审团分别行使公诉权。实行这种公诉模式的主要是美国。美国采用两种公诉方式：一种是检察官代表国家提起公诉；另一种是大陪审团代表公众提起公诉。对于轻罪，由检察官单独行使公诉职能；检察官对于重罪的起诉则要经过大陪审团的批准，并以大陪审团的名义提起公诉。② 当然，由于检察官实际制作法律文书并出庭支持公诉，因而大陪审团实际上只起到是否提起公诉的审查、决定作用。

① 参见龙宗智：《检察制度教程》，中国检察出版社 2006 年版，第 195 页。
② 参见姜伟等：《公诉制度教程》，中国检察出版社 2007 年版，第 10 页。

(二) 起诉法定主义与私人便宜主义

根据公诉机关对具体刑事案件决定提起诉讼时有无自由裁量权的不同，可以将公诉分为起诉法定主义和起诉便宜主义两种类型。前者是指凡是具有犯罪嫌疑的客观证据，且已达到起诉要求的，有权机关必须提起公诉；后者是指有权机关在法律规定的范围内，可自由裁量是否起诉、如何起诉。

起诉便宜主义又可进一步分为两种方式：其一是学界所称的“微罪不起诉”，即轻微犯罪具备一定条件的可不予起诉；其二是更为广泛的“起诉斟酌”，即不仅对微罪不起诉，还可以因国家或者公共利益的需要等原因对重罪作出不予起诉的决定。不过由于“起诉斟酌”的法定原因不甚明了，且是否属于法律规定的应有之义难以有效确定，刑事犯罪又事关社会秩序和公共安全，因而绝大多数国家将起诉机关的裁量权限定在“微罪不起诉”中。

一般来讲，大陆法系国家多采用起诉法定主义，英美国家则对起诉机关的裁量权予以认可。但随着社会发展和犯罪的复杂性日益增强，实行起诉法定主义的国家都有兼顾起诉便宜主义的趋势。如在法国，自20世纪60年代开始，由于犯罪数量的大幅增加，司法部门已难堪其重。为此，1993年法国颁布了《减轻司法负担法》，该法赋予了检察官具有停止起诉、不予起诉、暂缓起诉等裁量权，进一步扩大了起诉便宜主义的适用范围。① 而在原本起诉机关就具有裁量权的美国，在近年来则有进一步扩大辩诉交易的趋势。

从上述介绍也可以看出，起诉法定主义有利于严格执行法律，防止检察官滥用起诉裁量权，另外，也有利于防止公诉机关受到干扰，对于社会秩序的维护和形式法治的落实发挥着重要作用。但与此同时，公诉机关在提起诉讼时如果缺乏一定的裁量权，则难以针对犯罪及犯罪嫌疑人的特别情况予以特别对待，进而不利于刑罚的一般预防效果，因而略显机械僵硬，所以随着刑罚的报应理论日渐被预防理论代替，起诉便宜主义的适用范围也在日渐扩大。

三、我国的公诉制度

我国当下法律所规定的公诉制度，在一定程度上融合了以往制度与域外经验，因而具有与其他国家不同的特点。

---

① 参见贺恒扬：《中国检察权实证研究》，法律出版社2010年版，第145~146页。

（一）我国公诉制度的历史

我国现代意义上的公诉制度改革肇始于清朝末年的法律改革。1906年，清政府按照法德等国的法律模式来改造传统的法律体系。在法律机构的改革中，将原来的刑部改为法部，掌管全国司法行政，不再兼理审判；将原来的大理寺改为大理院，定位为最高审判机关并负责解释法律，监督各级审判。同时，各级审判厅相应地设立各级检察厅，由检察机关专门行使公诉权。根据1907年颁布的《高等以下各级审判厅试办章程》的规定，检察机关的公诉权主要包括如下内容：(1) 刑事提起公诉；(2) 调查事实，收集证据；(3) 监督审判，纠正违误；(4) 监视判决的执行。可以说，这一改革正式标志着中国现代意义上的专门公诉机构和真正公诉制度的诞生。

晚清的司法改革并不能挽救清朝的覆亡，但清末的司法改革却对以后的北洋政府和中华民国产生了深刻影响，这些改革的成果后来成为北洋政府、中华民国司法制度的基础，其中检察制度大多为北洋政府所保留，甚至在辛亥革命后，国民政府仍然沿用清末的法律制度，对检察机关的职权未作变动。尽管当时曾就检察机关存废问题展开过争论，但并没有在实质上影响检察机关的作用和地位，对检察机关的职权也未作太大的变动。①

新民主主义革命时期，中国共产党在革命根据地创建了根据地的检察制度，为中华人民共和国检察权理论和制度的形成积累了经验。当时的检察机关的主要职责，是负责对刑事案件的审查和提起诉讼，以及对于部分异议案件的抗诉权。抗日战争时期，陕甘宁、晋察冀边区抗日根据地的抗日民主政府也设立了检察机关，其职权在上述基础上，进一步增加了证据收集、判决监督等权力。解放战争时期，检察机关的权力得到进一步扩大，各级检察机关在原有的职权基础上，增加了对于违法、犯罪行为的检举、调查和一定范围的处理权。② 可以说，新民主主义革命时期的公诉制度发展是与整个检察制度的建设相伴相随的，其逐步发展与完善为中华人民共和国的公诉制度奠定了坚实基础。

中华人民共和国成立后，中央于1949年12月颁布了《最高人民检察署试行组织条例》。该条例确立了检察机关的法律地位，并且明确了检察机关对刑

---

① 参见钟海让：《法律监督论》，法律出版社1993年版，第322页以下。

② 参见《中国检察制度资料汇编》。转引自姜伟等：《公诉制度教程》，中国检察出版社2007年版，第12页。

事案件行使公诉权的基本职能。1954 年先后通过了《宪法》及《人民检察院组织法》，在由国家基本法肯定了人民检察院国家法律监督机关性质和定位的同时，进一步明确了检察机关是我国唯一的公诉机关。然而，在“文化大革命”的冲击下，1974 年取消了检察机关的设置，由公安机关行使检察机关的原有职权，公诉权一度由本应行使侦查权的公安机关行使。1978 年，我国通过的第三部《宪法》规定重新设置人民检察院，1979 年通过的《刑事诉讼法》和《人民检察院组织法》，进一步确定了检察机关作为法律监督机关的法律地位，明确规定检察机关是代表国家行使追诉犯罪权的公诉机关，我国公诉制度至此逐步走向完备。1996 年修正的《刑事诉讼法》，结合国内学者的理论成果和国外的立法成例，进一步完善了我国的公诉制度。2012 年通过、2013 年正式实施的修订后的《刑事诉讼法》则在证据制度、审判程序等方面对公诉制度进行了完善，由此形成了我国目前的公诉制度。

（二）我国公诉制度的特点

如上所述，我国的公诉制度经历了独特的发展过程，由此形成了目前我国公诉制度所具有的以下几个方面的特点：

1. 实行公诉为主、自诉为辅的诉讼启动模式

我国 1979 年的《刑事诉讼法》明确规定，检察机关对绝大部分刑事案件行使追诉权，而对于一小部分刑事案件，则由被害人采取自诉程序予以追诉；1996 年修改的刑事诉讼法虽然扩大了自诉案件的范围，但仍然贯彻了公诉为主、自诉为辅的原则；2012 年通过的刑事诉讼法修正案保留和继承了上述原则，其中第 204 条明确规定了自诉案件的范围。这一模式，既可以借助集中的国家人力、物力，保障具有严重社会破坏性的刑事犯罪能够得到追究，又能解决在某些情况下公民状告无门的难题，弥补公诉权力可能被滥用的缺陷。

2. 以起诉法定主义为主，存在特定情形的起诉便宜主义

为了有效实现国家的惩罚权，我国在公诉制度上实行起诉法定主义，即只要构成犯罪、具备了刑事诉讼法规定的起诉条件，有权管辖的检察机关则应当作出起诉决定，并根据审判管辖原则，向有权管辖的人民法院提起公诉。同时，在绝大多数案件均实行起诉法定主义的前提下，也为部分特殊案件的办理留有余地——刑诉法明确规定对于部分“犯罪情节轻微，依照刑法规定不需要判处刑罚或者免除刑罚”的案件，检察机关可以依法作出不起诉决定。上

述规定表明，我国公诉制度也存在特定情形下的起诉便宜主义。①

3. 公诉权与法律监督权由同一机关行使

正如有学者所言，“法律监督权与公诉权等权能为一身，是我国公诉制度及检察制度最具中国特色的部分”。② 根据我国现行刑事诉讼制度，公诉权由检察机关垄断和独立行使，其他机关、团体和个人均无权提起公诉。这一制度的更深层次含义是，无论是对案件的起诉，抑或不起诉，均应由检察机关自行决定，其他任何机关和个人皆不得干预。但与此同时，宪法又规定了检察机关作为我国法律监督机关的地位，这意味着人民检察院对刑事犯罪进行追诉、提起公诉的过程，也是实施法律监督的过程；检察官在出庭支持公诉时，既是国家公诉人，又是审判监督者。

4. 公诉机关与公安机关、法院之间是相互配合、互相制约的关系

作为根本大法的《宪法》，在第135条明确规定了“人民法院、人民检察院和公安机关办理刑事案件，应当分工负责，互相配合，互相制约，以保证准确有效地执行法律”。这意味着，公安机关负责侦查，检察机关负责审查起诉，法院负责审判，三机关在刑事诉讼中分工有别。在部分西方国家，与此不同的是，警察是检察官追诉犯罪的辅助人员，理所当然地听从检察官的指挥；法官作为居中裁判者，理所当然地不受检察官的监督。上述规定，可以说基本上确立了我国刑事诉讼的“线性”构造模式。③

第二节 公诉实务流程

刑事诉讼法之所以被称为“人权宪法”、“宪法的测震仪”④，就在于其发挥着保障公民自由的重要作用；而这种功能的发挥很大程度上依赖于对审查起诉的严格限定。作为法院审判的最后一道关口，是否提起公诉在一定程度上决

① 应当说明的是，由于起诉便宜主义只是针对“犯罪情节轻微”的部分案件，因此这种便宜主义属于“微罪不检举”类型。

② 参见姜伟等：《公诉制度教程》，中国检察出版社2007年版，第12页。

③ 我国现行刑事诉讼法及相关司法解释所框定的审查起诉流程，笔者称之为“提请公诉→审查起诉→审理判决”的线性构造模式。该模式的特点在于，它的前期参与主体是侦查机关和检察机关，其主要目标为打击犯罪；其运作方式为单向的书面审查，即检察机关审查起诉作出决定的主要依据是公安机关呈报的材料。

④ 樊崇义、史立梅等：《正当法律程序研究——以刑事诉讼程序为视角》，中国人民公安大学出版社2005年版，第90页。

定了犯罪嫌疑人是否将承担刑事责任。可以说，对公诉人而言，在审查起诉过程中“百分之一的疏忽可能造成百分之百的不公正”。因此，审查起诉尤其是证据的审查、是否提起公诉以及如何出庭支持公诉，直接关系着犯罪嫌疑人的权利保障，更深层次地关乎社会正义的实现。

一、审查起诉

各国刑事诉讼制度中，不同形式地存在着审查起诉环节，即公诉案件在侦查终结后、交付审判前，一般由国家法定机关进行审查，以决定是否对被告人提起诉讼。我国的审查起诉活动由检察机关进行，审查起诉与侦查、审判相分离，同时又是连接侦查与审判的“枢纽”。

（一）审查起诉的概念

所谓审查起诉，就是公诉机关为了确定侦查终结的刑事案件是否应当提起公诉，而对侦查机关所认定的犯罪事实和证据进行全面审查和核实，进而做出审查决定的活动。由上述概念可知，审查起诉具有下列基本特征：①

第一，审查起诉权专属于检察机关。我国《刑事诉讼法》第167条规定：“凡需要提起公诉的案件，一律由人民检察院审查决定。”据此，人民检察院职务犯罪侦查部门、公安机关、国家安全机关对于经侦查，认为应当对犯罪嫌疑人追究刑事责任的案件，必须移送人民检察院，由人民检察院依法审查决定是否提起公诉。通观各国成例，有部分国家也由检察机关和检察官负责审查起诉。例如，德国、日本由检察官负责审查起诉，俄罗斯由检察长进行审查起诉。但在另一些国家，审查起诉也由法律授权的其他特定机关和人员进行。例如在法国，对侦查终结的案件，一般由检察官提出公诉意见书，交付预审法官审查决定是否将犯罪嫌疑人提交审判法庭进行审判；如果是重罪案件，经过预审法官预审之后，还将由上诉法院起诉庭重新审查，以裁定是否向重罪法庭提出起诉。不论各国司法体制有什么差异，公诉案件的审查起诉权都专属于法定的机关或者人员，其他任何机关、团体和个人都不能行使这项权力。

第二，审查起诉的目的是决定案件是否起诉。在我国刑事诉讼中，审查起诉的目的都是结合起诉的证明要求，通过审查证据，进而决定是否对犯罪嫌疑人提起公诉。为了保证起诉或者不起诉的正确性，人民检察院必须就侦查机关确认的犯罪事实、证据、犯罪性质和罪名进行全面细致的审查，以保证准确地

---

① 参见姜伟等：《公诉制度教程》，中国检察出版社2007年版，第126页以下。

惩罚犯罪分子，保障无罪的人不受刑事追究。因此，审查起诉是人民检察院决定起诉或者不起诉前的一项最基本的准备工作，其最终目的是通过正确行使公诉权，最终实现保障公民权益和维护社会秩序的目的。

第三，审查起诉对象具有特定性。在我国，人民检察院是行使审查起诉权的唯一主体，审查起诉的案件范围同样限于公诉案件。从来源看，这些案件包括两类：一类是公安机关、国家安全机关和监狱对于所管辖的刑事案件，经侦查终结，认为犯罪事实清楚，证据确实、充分，依法应当追究犯罪嫌疑人的刑事责任，而移送人民检察院审查起诉；另一类是人民检察院对于直接受理立案的贪污贿赂、渎职侵权案件，经侦查终结，认为犯罪事实清楚，证据确实充分，依法应当追究犯罪嫌疑人的刑事责任，而由侦查部门将案件移送公诉部门审查起诉。无论何种方式，都标志着审查起诉的对象具有特定性。

（二）审查起诉的内容

审查起诉的内容应当为审查起诉的目的服务，因而它要解决的是，哪些内容可以作为最终是否提起公诉的依据。一般而言，作为审判前的最后一道审查程序，审查起诉的功能比较单一，除了启动审判的功能以外，主要是发挥审判前的过滤作用，防止不当起诉和审判。如在日本，检察官审查侦查终结的案件，主要查明案件是否属于本检察厅相对应的法院管辖，是否有公诉权，嫌疑事实是否构成犯罪，证明嫌疑人犯罪的证据是否充分，有无免除刑罚的理由和刑事追诉之必要。由上可见，日本刑事诉讼制度中的审查起诉，其范围限于最基本的管辖适格和案件的庭前过滤。

但在另一些国家，审查起诉除具有基本的审判启动功能外，还有侦查监督和补正功能，即对侦查活动是否合法进行监督，进而可以弥补侦查中的错误和疏漏。如在俄罗斯，根据刑事诉讼法的规定，当刑事案件经侦查机关侦查终结后，侦查员根据收集到的证据，足以确认刑事被告人实施了应当受到刑事处罚的罪行时，应当制作起诉书，并将起诉书及有关案件材料一并提交检察长全面审查。检察长主要查明下列问题：（1）指控被告人实施的行为是否真实；（2）是否构成犯罪；（3）有无法定终止刑事诉讼的情况；（4）调查或者侦查是否客观、充分，证据是否足以证实指控的事实；（5）是否对刑事被告人的全部犯罪事实提出指控；（6）是否将揭露出来的犯罪人都确定为犯罪人；（7）对犯罪的评定是否正确；（8）适用强制处分是否适当；（9）保证民事诉讼请求是否已采取了措施；（10）是否查明了促成犯罪的情况；（11）是否已采取了消除犯罪的措施；（12）起诉书是否符合刑事诉讼法的规定；（13）调查机关或者侦查机关是否遵守刑事诉讼法的要求。①

在我国，检察机关既是公诉机关，又是宪法规定的法律监督机关，因而审查起诉一方面要发挥启动审判的作用，另一方面也要对侦查机关的侦查活动进行监督。根据《刑事诉讼法》第168条以及《人民检察院刑事诉讼规则》的相关规定，人民检察院对于公安机关或者侦查部门移送的刑事案件，要审查以下内容：(1) 犯罪嫌疑人身份状况是否清楚，包括姓名、性别、国籍、出生年月日、职业和单位等；单位犯罪的，单位的相关情况是否清楚。② (2) 犯罪事实、情节是否清楚；实施犯罪的时间、地点、手段、犯罪事实、危害后果是否明确。(3) 认定犯罪性质和罪名的意见是否正确；有无法定的从重、从轻、减轻或者免除处罚的情节及酌定从重、从轻情节；共同犯罪案件的犯罪嫌疑人在犯罪活动中的责任认定是否恰当。(4) 证明犯罪事实的证据材料包括采取技术侦查措施的决定书及证据材料是否随案移送；证明相关财产系违法所得的证据材料是否随案移送；不宜移送的证据的清单、复制件、照片或者其他证明文件是否随案移送。(5) 证据是否确实、充分，是否依法收集，有无应当排除非法证据的情形。(6) 侦查的各种法律手续和诉讼文书是否完备。(7) 有无遗漏罪行和其他应当追究刑事责任的人。(8) 是否属于不应当追究刑事责任的。③ (9) 有无附带民事诉讼；对于国家财产、集体财产遭受损失的，是否需要由人民检察院提起附带民事诉讼。(10) 采取的强制措施是否适当，对于已经逮捕的犯罪嫌疑人，有无继续羁押的必要。(11) 侦查活动是否合法。(12) 涉案款物是否查封、扣押、冻结并妥善保管，清单是否齐备；对被害人合法财产的返还和对违禁品或者不宜长期保存的物品的处理是否妥当，移送的证明文件是否完备。

---

① 参见杨诚、单民主编：《中外刑事公诉制度》，法律出版社2000年版，第280页及以下。

② 应当说明的是，即使犯罪嫌疑人的姓名和身份情况等难以完全查清，只要能够确定犯罪行为是其所为，符合起诉条件，一般情况下并不影响对其提起公诉。《刑事诉讼法》第158条第2款规定："……对于犯罪事实清楚，证据确实、充分，确实无法查明其身份的，也可以按其自报的姓名起诉、审判。"

③ 应当注意的是，此处"不应当追究刑事责任"与前述起诉便宜主义有着严格的区别，它在本质上不被认为是一种犯罪行为或者虽属犯罪行为但不应当被追诉。根据《刑事诉讼法》第15条的规定，有下列情形之一的，应当决定不起诉：情节显著轻微、危害不大，不认为是犯罪的；犯罪已过追诉时效期限的；经特赦令免除刑罚的；属于告诉才处理的犯罪的；犯罪嫌疑人死亡的；其他法律规定免予追究刑事责任的。

（三）审查起诉的程序

审查起诉的程序，是指检察机关在审查起诉阶段应当遵循的程序。检察机关采取何种程序进行审查起诉，直接关系到公诉权能否得到正确和合理行使，关系到当事人尤其是被告人的合法权益能否得到保障。但是，我国刑事诉讼法并没有明文以“程序”一词来标注审查起诉的环节，但一般而言，刑事案件的审查起诉包括案件的受理、当事人权利告知、证据审查和核实、退回补充侦查等几个环节，最后以制作案件审查意见书的形式提出审查起诉意见而终结。本书将对上述环节择其要者作一简单介绍。

1. 公诉案件的受理

公诉案件的受理，是指人民检察院接受侦查机关或者人民检察院侦查部门侦查终结移送审查起诉的案件，进行初步审查后，决定是否受理的诉讼活动。应当明确的是，这一阶段的“审查”只是初步的、形式的审查，主要审查案件的移送是否符合要求，不涉及事实、证据和法律适用等实质性问题，目的是为了保证后续的审查起诉工作能够顺利进行。在实践中，案件受理活动一般由检察机关的案件管理部门负责。

根据最高人民检察院出台的相关规定，案件管理部门受理案件时，应当接收案卷材料，并立即审查下列内容：（1）依据移送的法律文书载明的内容确定案件是否属于本院管辖。各级人民检察院提起公诉的案件，应当与人民法院的审判管辖相适应。这意味着，只有同级人民法院有审判管辖权，相应的人民检察院才有公诉管辖权。（2）案卷材料是否齐备、规范，符合有关规定的要求。主要是起诉意见书以及案卷材料等是否齐备，案卷装订、移送是否符合有关要求和规定，诉讼文书、技术性鉴定材料是否单独装订成卷等，从而便于起诉和审判环节对案件证据材料进行审查。（3）移送的款项或者物品与移送清单是否相符。根据相关规定，对作为证据使用的实物，应当依法随案移送。对不宜移送的，应当将其清单、照片或者其他证明文件随案移送。（4）犯罪嫌疑人是否在案以及采取强制措施的情况。对该情况，侦查机关或者侦查部门应当在移送起诉文书中予以说明。

2. 当事人的权利告知

根据刑事诉讼法的相关要求，人民检察院自收到移送审查起诉的案件材料之日起 3 日以内，应当告知犯罪嫌疑人有权委托辩护人。犯罪嫌疑人、被告人在押期间要求委托辩护人的，人民法院、人民检察院和公安机关应当及时转达其要求。

对于未成年人刑事案件，人民检察院在审查起诉时，自收到移送审查起诉的案件材料之日起3日以内，应当告知该未成年犯罪嫌疑人及其法定代理人有权委托辩护人，告知被害人及其法定代理人有权委托诉讼代理人，告知附带民事诉讼的当事人及其法定代理人有权委托诉讼代理人。对未成年犯罪嫌疑人、未成年被害人或者其法定代理人提出聘请律师意向，但因经济困难或者其他原因没有委托辩护人、诉讼代理人的，应当帮助其申请法律援助。此外，在讯问未成年犯罪嫌疑人的时候，应当通知未成年犯罪嫌疑人、被告人的法定代理人到场。无法通知、法定代理人不能到场或者法定代理人是共犯的，也可以通知未成年犯罪嫌疑人、被告人的其他成年亲属，所在学校、单位、居住地基层组织或者未成年人保护组织的代表到场，并将有关情况记录在案。

此外，在被害人的诉讼权利保障上，刑事诉讼法要求人民检察院自收到移送审查起诉的案件材料之日起3日以内，应当告知被害人及其法定代理人或者其近亲属、附带民事诉讼的当事人及其法定代理人有权委托诉讼代理人。对于人民检察院没有及时履行告知义务的，有关当事人可以向人民检察院提出申诉。

在告知的方式上，既可以采用口头方式，也可以采用书面方式。口头告知的，应当记明笔录，由被告知人签名；书面告知的，应当要求被告知人在送达回证上签署姓名和收到时间。书面告知可以采取直接送达或者邮寄送达的形式。被害人及其法定代理人或者近亲属、附带民事诉讼当事人及其法定代理人不在本地居住或者不便直接送达的，可以在收案后3日内将书面告知文书邮寄给被告知人，要求其收到告知文书后，填好送达回证寄回。因被告知人地址不详等原因无法告知的，应当记录有关情况并入卷。如果确有必要告知而因人数众多、地址不详等原因无法直接如期告知的，视情况还可以采取登报公告等形式告知。

3. 案件证据的审查

案件证据的审查可以说是审查起诉环节最为重要的内容，而且它直接关涉到移送审查的刑事案件能否被起诉。由于证据种类不同，证据本身所具有的特点也不同，因而案件证据的审查方法也应根据证据的种类和特征而有所不同。

（1）实物证据的审查。物证、书证等实物证据具有客观性、稳定性的特征，一旦采信，其证明力往往较高；但同时这些证据也具有被动性的特征，即必须要求审查人员结合其他证据才能综合认定所审查的犯罪事实。在审查物证、书证等实物证据时，应当重点审查以下内容：第一，实物证据的来源。任何实物证据都必须有明确的来源，对于来源不明的物证，不能作为证据使用。

对于辩护人提供的物证，则要更加注意审查物证的来源，因为如果其从被害人及其近亲属处取证则不被允许。第二，审查实物证据的关联性。实物证据虽然相对言词证据而言具有稳定性，但其本身不能证实案件事实，它需要与其他证据特别是言词证据关联起来，才能起到证实犯罪事实的作用。第三，审查实物证据的调取程序是否合法。侦查机关或者侦查部门必须对调取实物证据的经过作出书面说明，对于搜查取得的实物证据必须有合乎规范的搜查笔录，才能够作为认定犯罪的合法证据。

承办案件人如果对物证、书证、视听资料、勘验、检查笔录等实物证据存在疑问，可以要求侦查人员说明获取、制作这些证据材料的有关情况。必要时可以要求侦查人员书面说明，或者询问后制作笔录，也可以就物证、书证、视听资料的真实性组织辨认，进行技术鉴定，或者要求公安机关复验、复查。

（2）言词证据的审查。与实物证据相比，被告人供述、证人证言、被害人陈述等言词证据虽然稳定性较差，但对于案件的定罪量刑却往往具有最直接的关联性和证明力。也正因为如此，被告人的供述曾一直被司法实务界视为“证据之王”。① 但也因为言词证据的高度直接性和证明力，诱发了实践中骗供、诱供甚至刑讯逼供等非法获取言词证据的情形。在审查言词证据时，要从形式和实质两个方面进行审查：第一，形式审查。主要包括如下内容：讯问和询问的时间、地点、人员的身份等是否符合法律及有关规定，讯问和询问的侦查人员是否不少于2人，讯问和询问是否个别进行等；讯问和询问笔录的制作、修改是否符合法律及有关规定，讯问笔录是否注明讯问的起止时间和讯问地点，首次讯问时是否告知被告人申请回避、聘请律师等诉讼权利，被告人是否核对确认并签名（盖章）、捺指印，是否有不少于2人的讯问人签名等；讯问和询问聋哑人、少数民族人员、外国人时是否提供了通晓聋、哑手势的人员或者翻译人员；讯问未成年同案犯时，是否通知了其法定代理人到场，其法定代理人是否在场；等等。第二，实质审查。实质审查是审查言词证据的内容是否由被获取人自愿、真实作出，以及言辞证据与其他证据的关联性，从而进一步确定言词证据能否与实物证据形成完整的证据锁链，从而认定所指控的犯罪。

（3）案件审查意见书的制作。在对公诉案件的证据进行审查后，承办人应当制作案件审查意见书。应当明确的是，无论案件是否退查或者起诉，承办人均应制作案件审查意见书，提出自己对证据和案件的整体意见。与上述审查

① 熊红文：《公诉实战技巧》，中国检察出版社2007年版，第14页。

逮捕案件意见书一样，承办人制作公诉案件审查意见书时，也应该重点突出对案件证据的审查和分析。(文书式样参见章后“文书示例一”)

4. 退回补充侦查

在审查起诉过程中，承办人经审查认为犯罪事实不清、证据不足，或者遗漏罪行、遗漏同案犯罪嫌疑人时，可以进行补充侦查，以进一步收集证据，查清有关案件事实和情节。补充侦查既可以退回侦查机关或者侦查部门，由后者进行，也可以自行补充侦查。鉴于实践中以退回补充侦查为主，因而仅在此介绍此种情形。

《刑事诉讼法》第 171 条仅仅规定了对于需要补充侦查的案件，检察机关可以退回公安机关或者侦查部门补充侦查，但并没有明确哪些案件、何种情况下可以退回补充侦查。实践中一般由承办检察官根据补查工作量大小、案件具体情况、是否可以补查等情况，自行决定是否退回补充侦查。

根据《刑事诉讼法》第 171 条第 3 款的规定，退回补充侦查的案件，应当在 1 个月内补充侦查完毕。补充侦查以 2 次为限。由于人民检察院自行侦查并不需要专门的期限和程序，也不会导致办案期限延长，因而这里的“2 次”，是指退回补充侦查 2 次，不包括自行侦查的次数。在此期间，如果案件改变管辖的，在改变前后退回补充侦查的次数总共不得超过 2 次。2 次补充侦查之后，如果现有证据仍然不能证实被告人有罪的，则公诉机关必须做出不起诉决定。①

在退回补充侦查的方式上，根据相关规定，公诉机关应当以退查提纲的形式，明确、具体地列明需要补充查明的具体事项和要求，并将案卷材料一并退给公安机关或者侦查部门，以便引导侦查人员正确、高效和符合要求地取证。

5. 审查起诉的期限

根据《刑事诉讼法》第 169 条和《人民检察院刑事诉讼规则》的相关规定，人民检察院对于公安机关移送起诉的案件，应当在 1 个月以内作出决定，重大、复杂的案件，可以延长半个月。人民检察院审查起诉的案件，改变管辖的，从改变后的人民检察院收到案件之日起计算审查起诉期限。案件经过退回补充侦查的，每一次补充侦查完毕移送审查起诉后，人民检察院重新计算审查起诉期限。根据《刑事诉讼法》第 147 条的规定，对犯罪嫌疑人做精神病鉴定的期间不计入办案期限。

① 这是 2012 年出台的刑事诉讼法修正案所作出的修改，以往如果两次退查仍不符合起诉标准，公诉机关既可以决定不起诉，也可以将案件退回公安机关，由公安机关自行处理或者撤案。

在少数公诉实践中，上述关于审查起诉的期限只适用于被羁押的犯罪嫌疑人，而犯罪嫌疑人未被羁押的案件，人民检察院的审查起诉则不受一个月或一个半月期限的限制。笔者认为，这种做法缺乏相应的法律依据。从《刑事诉讼法》第169条的规定看，上述审查起诉期限并未限于犯罪嫌疑人被羁押的情形，因而从文本和系统角度理解，它应适用于任何案件，与犯罪嫌疑人是否被采取拘留或逮捕的强制措施并无关系。

（四）非法证据排除①

非法证据排除制度，是有关证据排除规则和排除程序的规定，它不仅反映了国家对刑事证据的要求，也在很大程度上体现了国家司法文明的程度。因此，在审查起诉环节重视非法证据的认定和排除，对于保障犯罪嫌疑人权益发挥着重要作用。

从立法上看，1996年《刑事诉讼法》并没有明确规定非法证据要予以排除，仅仅宣示性地规定了禁止以非法方法收集证据。2010年，“两高三部”共同发布了《关于办理刑事案件排除非法证据若干问题的规定》，其中对非法证据的界定、审查以及排除规则和程序都作出了比较具体的规定，对公诉实践起到了很好的指导作用。但总体而言，1996年《刑事诉讼法》和有关司法解释在非法证据排除制度方面仍然存在以下问题：（1）法律没有明确的规定，司法解释的效力和位阶都较低；（2）有关非法证据排除的规定不系统、不全面，缺乏可操作性。②

为了解决司法实践中存在的问题，进一步减少因采信非法证据而导致的冤假错案对司法公信力所造成的影响，2012年的刑诉法修正案着重完善了非法证据排除制度。上述规定明确了收集证据和非法证据排除的原则，非法证据的调查程序和排除程序，从而构建了较为完整的非法证据排除制度。

1. 明确了排除非法证据的主体

修改后的《刑事诉讼法》第54条第2款规定，在侦查、审查起诉、审判时发现有应当排除的证据的，应当依法予以排除，不得作为起诉意见、起诉决

---

① 应当说明的是，非法证据排除应当是证据审查环节的内容，因为2012年的刑事诉讼法修正案对此进行了较大程度的修改，而且这一内容在公诉实践和职务犯罪侦查实践中有着异常重要的作用，因而本书将其单独作为一节予以介绍。

② 参见童建明主编：《新刑事诉讼法理解与适用》，中国检察出版社2012年版，第78~79页。

定和判决的依据。据此，刑事诉讼法将非法证据排除的主体明确地扩大为公安机关、检察机关和审判机关。

2. 明确规定不得强迫任何人证实自己有罪

修改后的《刑事诉讼法》第 50 条规定，严禁刑讯逼供和以威胁、引诱、欺骗以及其他非法方法收集证据，不得强迫任何人证实自己有罪。此处规定的不得强迫任何人证实自己有罪，其含义应当结合非法证据排除制度来理解，是指不得采用刑讯逼供、威胁等强制性的手段收集被告人有罪供述。综合新刑事诉讼法的规定，应当将这一制度与国外诉讼制度中的“沉默权”制度区别开来。因为刑事诉讼法并没有免除被告人回答侦查人员提问的义务，相反地，仍将“如实回答侦查人员的提问”作为犯罪嫌疑人的一项义务规定下来。

3. 区分排除非法言词证据和非法实物证据

修改后的《刑事诉讼法》第 54 条第 1 款规定：“采用刑讯逼供等非法方法收集的犯罪嫌疑人、被告人供述和采用暴力、威胁等非法方法收集的证人证言、被害人陈述，应当予以排除。收集物证、书证不符合法定程序，可能严重影响司法公正的，应当予以补正或者作出合理解释；不能补正或者作出合理解释的，对该证据应当予以排除。”可以看出，刑事诉讼立法区别规定了非法言词证据与非法实物证据的排除原则，即对非法言词证据予以绝对排除，只要确认属于非法证据，公诉机关没有选择的余地；而对非法实物证据则予以裁量排除，即对取证程序不合法、可能严重影响司法公正的实物证据，只有在无法补正或者不能作出符合常理的解释时，公诉机关才可予以排除。至于如何进行补正，或者作出的解释是否“合理”，仍然是公诉机关的裁量范围。

4. 明确了非法证据排除的程序

修改后的《刑事诉讼法》第 56、57、58 条明确规定了非法证据排除的程序，主要包括以下内容：第一，非法证据排除申请的提出。刑事诉讼法明确了非法证据排除的时间应当在法庭审理过程中，申请主体则是当事人及其辩护人、诉讼代理人。第二，非法证据排除申请的条件。申请主体申请排除以非法方法收集的证据时，应当提供相关线索或者材料。这里所指的“线索或者材料”，应当理解为涉嫌非法取证的人员、时间、地点、方式、内容等与非法行为相关的线索或者材料。当然，这些线索或者材料并不要求完整和准确，只要能够对非法取证产生合理怀疑即可。①

---

① 参见童建明主编：《新刑事诉讼法理解与适用》，中国检察出版社 2012 年版，第 84 页。

二、提起公诉

如前所述，审查起诉的目的是确定是否对所审查的刑事案件提起公诉，但究竟证据达到何种程度，可以认定为已经达到起诉的标准，哪些情况下又不能提起公诉？本书仅依据我国刑事诉讼法的规定，结合刑事诉讼实践，就审查起诉环节的起诉和不起诉问题进行介绍。

1. 起诉

与提起公诉紧密相关的一个问题是证明标准问题。在诉讼法学界，证明标准是一个宏大而始终聚讼不已的命题，它贯穿于刑事诉讼的全过程。从刑事诉讼法的一般法理和目前了解到的国外立法例及实践状况看，对公诉证明标准的基本要求是：起诉时必须有足够的证据证明犯罪事实，证明程度不要求达到法院有罪判决所应达到的证明程度。① 因而，结合证明标准的一般理论，我们重点介绍我国刑事诉讼法规定的提起公诉的条件。

（1）证明标准。公诉案件的证明标准，是指根据法律规定，人民检察院运用证据证明起诉书的事实主张所要达到的标准。从比较法的视野来看，国外关于公诉证明标准的确定，主要强调"被告人有足够的犯罪嫌疑"，而不是证明被告人实施了犯罪，因而公诉的证明标准一般低于定罪标准。这种标准的确定，与这些国家所坚持的哲学、认识论思想有密切关系。他们认为，对已经发生的事情的证明不可能达到绝对真实。即使法官或陪审团通过审判认定被告人有罪，也只要求排除合理怀疑。②

在我国，证据的证明标准随着刑事诉讼的推进而逐渐提高，这意味着审查起诉环节的证明标准高于审查逮捕环节，而相对低于法院判决的证明标准。有学者分析认为，我国公诉案件的证明标准是"两个基本"——即案件如果基本事实清楚，基本证据充分，就可以提起公诉。③ 上述标准要求现有证据足以排除犯罪嫌疑人、被告人无罪的合理怀疑。如果现有证据还不能排除犯罪嫌疑人、被告人无罪的合理怀疑，实际上是违法地降低了公诉的证明标准。

尽管相较于审判标准而言，审查起诉环节的证明标准相对较低，但这并不

---

① 参见孙谦等主编：《检察论丛》第1卷，法律出版社2000年版，第243页。

② 详细的介绍，可参见姜伟等：《公诉制度教程》，中国检察出版社2007年版，第121页及以下。

③ 详细的介绍，可参见姜伟等：《公诉制度教程》，中国检察出版社2007年版，第123页。

意味着公诉机关和案件承办人可以因此对案件的证明责任降低要求。检察机关和案件承办人应当始终秉持司法正义，尽可能地还原事实真相，使法律事实和客观事实实现最大程度的重合，进而在此基础上作出准确的法律判断。

（2）提起公诉的条件。《刑事诉讼法》第172条规定："人民检察院认为犯罪嫌疑人的犯罪事实已经查清，证据确实、充分，依法应当追究刑事责任的，应当作出起诉决定，按照审判管辖的规定，向人民法院提起公诉，并将案卷材料、证据移送人民法院。"据此可见，人民检察院提起公诉，应当具备以下条件：

第一，犯罪嫌疑人的犯罪事实已经查清，证据确实、充分。这里所谓的犯罪事实，不仅包括客观方面的犯罪行为，也包括犯罪嫌疑人的主观心理态度和影响定罪量刑的其他事实、情节。根据《人民检察院刑事诉讼规则》的相关规定，具有下列情形之一的，可以确认犯罪事实已经查清：属于单一罪行的案件，查清的事实足以定罪量刑或者与定罪量刑有关的事实已经查清，不影响定罪量刑的事实无法查清的；属于数个罪行的案件，部分罪行已经查清并符合起诉条件，其他罪行无法查清的；无法查清作案工具、赃物去向，但有其他证据足以对被告人定罪量刑的；证人证言、犯罪嫌疑人供述和辩解、被害人陈述的内容中主要情节一致，只有个别情节不一致且不影响定罪的。

第二，移送审查起诉的犯罪嫌疑人依法应当被追究刑事责任。在某些情况下，犯罪嫌疑人虽然实施了某种犯罪行为，但根据刑法的相关规定，依法可以不追究刑事责任。对这些法律明确不应当追究刑事责任的案件，公诉机关不能提起公诉。因此，除了具备上述证据条件，是否应当依照法律规定追究相应的刑事责任，也是提起公诉时必须考虑的条件。

第三，起诉必须向有权管辖的人民法院提出。人民检察院在提起公诉时，只能向有管辖权的法院提出；否则接收案卷材料的人民法院可以不予受理。

（3）制作起诉书。与审查逮捕案件意见书和公诉案件审查意见书不同，起诉书具有对外性质，是承办人以所在检察机关的名义出具的具有法律效力的公用性文书。因此，起诉书的制作，要求在列明案件事实和定罪量刑情节的基础上，注重文书表述的规范性和严肃性。（文书式样参见章后"文书示例二"）

2. 不起诉

不起诉，是指检察机关对刑事案件进行审查后，认为依照法律规定不具备起诉条件或根据案件情况不适宜提起公诉，而进行的终止案件诉讼过程的活动。在理解不起诉制度时，应当把握以下几个内容：第一，不起诉决定是公诉机关对刑事案件审查后采取的一种法律处置方式，具有和审判一样的法律效力；第二，不起诉的法律效力在于终止刑事案件的诉讼进程，起到过滤法院受理案件的作用；第三，公诉机关不起诉决定的效力并不具有终局性。如果案件具备了法律要求的特定条件，公诉机关仍然可以对案件重新提起诉讼。

根据公诉机关对起诉决定是否具有裁量权，可以将不起诉分为法定不起诉和酌定不起诉。① 顾名思义，前者是指由于法律的明确规定，公诉机关只能作出不起诉决定，而没有自由裁量的余地，因而被称为“法定不起诉”；后者是指公诉机关既可以起诉，也可以不起诉，具有起诉的裁量权，因而称之为“酌定不起诉”。

(1) 法定不起诉。根据《刑事诉讼法》第15条的规定，有下列情形之一的，在审查起诉阶段检察机关应当作出不起诉决定：情节显著轻微、危害不大，不认为是犯罪的；犯罪已过追诉时效期限的；经特赦令免除刑罚的；依照刑法告诉才处理的犯罪，没有告诉或者撤回告诉的；犯罪嫌疑人、被告人死亡的；其他法律规定免予追究刑事责任的。

另外，2012年修订后的《刑事诉讼法》第171条第4款规定，“对于二次补充侦查的案件，人民检察院仍然认为证据不足，不符合起诉条件的，应当作出不起诉的决定”。这一规定将原来可以酌定不起诉的二次退查案件也纳入到了法定不起诉的范围之内，有助于解决实践中刑事案件久拖不决或者退回后不了了之的现象。

(2) 酌定不起诉。《刑事诉讼法》第173条第2款规定，“对于犯罪情节轻微，依照刑法规定不需要判处刑罚或者免除刑罚的，人民检察院可以作出不起诉决定”。可见，我国刑事诉讼中的酌定不起诉制度，主要是一种“微罪不检举”意义上的起诉裁量制度。也就是说，对情节轻微的犯罪，适用起诉便宜主义，而对较严重的犯罪，适用起诉法定主义——检察机关只要具备起诉条件，就必须提起公诉，没有自由裁量的余地。

在司法实践中，酌定不起诉的一般斟酌要素主要包括以下几个方面的内容：第一，犯罪事实方面的情况，即犯罪的轻重与情节。这是决定是否起诉的主要酌定因素。从一般预防考虑，对较重犯罪的行为人通常应提起公诉。第二，犯罪人的个人情况，包括性格、年龄和境遇等。需要考虑个人的恶性、改造的难易、身体对刑罚的承受能力、提起公诉对犯罪人的职业、工作单位和家

① 有学者认为应当将不起诉分为法定不起诉、酌定不起诉和存疑不起诉。笔者并不认同这种分类方法，可以说这是多重区分标准的结果，因为即使是存疑不起诉，依照不起诉决定是否具有裁量权，仍然可以将其划分在法定不起诉和酌定不起诉中。

庭可能带来的影响等。重点是衡量其人身危险性，着眼于特殊预防。第三，犯罪后的情况。如作案后是否有逃跑、隐匿或者毁灭证据的行为、有无悔改表现、是否愿意赔偿损失及赔偿方面的努力程度、被害人的态度、犯罪后社会情况的变化等。①

此外，在 2012 年修订的《刑事诉讼法》中，第五编“特别程序”第一章“未成年人刑事案件诉讼程序”规定了附条件不起诉，即对于未成年人涉嫌刑法分则第四章、第五章、第六章规定的犯罪，可能判处 1 年有期徒刑以下刑罚，符合起诉条件，但有悔罪表现的，人民检察院可以作出附条件不起诉的决定。附条件不起诉是以起诉便宜主义为基础的，体现了公诉机关的裁量权，本质上仍然属于酌定不起诉的一种。这一规定，有助于未成年犯罪嫌疑人的人格矫正，促使其尽快、顺利地回归社会，有助于维护社会稳定，同时也符合诉讼经济、程序分流的目的。②

三、出庭公诉

有人说，公诉部门是检察机关的门面。其意所指的是，公诉工作作为社会一般民众接触检察机关的一扇重要窗口，具有向社会展示检察机关司法形象的重要职能，而这一职能的直接体现就是公诉人出庭支持公诉。

出庭支持公诉，是指检察机关在人民法院开庭审判公诉案件时，派员出席法庭，证明所指控的犯罪事实、阐述公诉意见进而实现公诉主张的活动。可以说，出庭支持公诉仍然是公诉活动在审判阶段的延续，是前期审查起诉活动的集中体现。公诉人出庭支持公诉，主要承担如下任务：③ 第一，代表国家控诉犯罪，要求人民法院对被告人依法审判；第二，通过讯问被告人以及调查其他证据，证实犯罪；第三，通过法庭辩论全面阐述诉讼主张并说服法庭接受，促请法院依法作出合法和恰当的刑罚；第四，通过参与庭审发挥法律监督的作用，维护诉讼参与人的合法权益。

根据 2012 年修订的刑事诉讼法的规定，检察机关对所有公诉案件均需派员出庭支持公诉。因此，为了实现上述任务，公诉人应当在庭前作好出庭预案，以便在庭审中掌握主动，同时应掌握基本的庭审实战策略，确保出庭的法律效果和社会效果。

---

① 参见龙宗智：《检察制度教程》，中国检察出版社 2006 年版，第 205~206 页。

② 卞建林主编：《刑事诉讼法》，中国政法大学出版社 2014 年版，第 378 页。

③ 参见龙宗智：《检察制度教程》，中国检察出版社 2006 年版，第 203 页。

1. 庭审预案制作

庭审预案，是指公诉人在开庭前，通过对案件证据的把握和对庭审情况的预测，提前制作的出庭方案。根据庭审程序，庭审预案具体包括讯问提纲、举证提纲、公诉意见、答辩提纲等内容。庭审预案既是公诉人出席法庭履行支持公诉职能的方案，也是公诉人通过前期的案件审查，对被告人辩解及辩护人辩护意见反驳方案。可以说，庭审预案的优劣，直接决定了公诉人出庭效果的好坏。

（1）讯问提纲的制作。讯问提纲制作方法有开门见山法、顺序法、倒序法、夹叙夹议法等。开门见山法指简略讯问甚至不讯问即进行举证，适合被告人拒不认罪的案件，或者被告人对所有犯罪事实均供认不讳的案件；顺序法较适合事实清楚、案情较简单的案件；倒序法是指从后发事件或从从犯开始讯问，适合发案原因复杂、纠缠不清的案件及从犯认罪态度好而主犯拒供的案件；夹叙夹议法是指把案件划分成若干段落，逐段讯问、逐段举证，层次清楚地进行。①

应当说明的是，由于案件各有其特点，庭审过程可能会有变化，因此讯问提纲不一定要非常详细。一般而言，只需要结合所指控犯罪的构成要件，把庭审中讯问被告人的基本思路以文字的形式固定下来，讯问的大致内容可以提纲挈领地制作出来，对于具体的讯问内容和用语，则可不必一一体现在讯问提纲中。

（2）举证提纲的制作。在庭审预案中，举证提纲可以说是最为重要的一环，也是最具有稳定性的内容。因为庭审中讯问被告人、发表公诉意见、答辩等都需要根据庭审实际情况作出应变，而举证提纲一般不会有太大调整。举证环节的成功与否在相当程度上取决于侦查机关（部门）取证的情况，但公诉人如何举证也是非常重要的。公诉庭审举证不是罗列证据，而是有层次、有条理、有顺序地向法庭展示一个完整的证据体系，举示的证据不是一个一个孤立的，而是要求相互呼应、相互印证，形成证据锁链。一旦成功举证，庭审也就成功了一半。

在具体的方式上，举证提纲的制作有连环举证、分组举证、编号举证等方式。连环举证指没有把证据分成若干组，而是按照犯罪的时间发展顺序，对犯罪的共谋、分工、预备、实行、分赃等不同环节逐一举证，环环相扣，将被告人犯罪的每一个环节锁定，形成证据锁链；分组举证指或者按照证据种类，或

---

① 参见熊红文：《公诉实战技巧》，中国检察出版社 2007 年版，第 62 页。

者按照犯罪构成要件，或者按照犯罪阶段，或者按照共同犯罪分工，或者按照犯罪性质等分类方式，将证据分成若干组，每一组证据下面又逐一列出每一份证据，然后对这一组证据进行小结；编号举证指在物证、书证数量非常大的案件庭审中，公诉人对物证、书证分别进行编号，如一号物证、二号物证、三号物证等，使举证显得层次分明，条理清晰。①

(3) 公诉意见书的制作。公诉意见是公诉人在对刑事被告人提出起诉书的基础上，全面地揭露和分析被告人的犯罪行为，犯罪性质、后果和对社会的危害，阐明为什么以及如何追究被告人的刑事责任等方面的总结性意见。其作用在于对提起的起诉进行补充和阐发，从而进一步在事实上、证据上、法律上揭露被告人的犯罪行为。

根据最高人民检察院的指导性文件，公诉意见一般应包括以下五项内容：对法庭调查的简要概括；进行证据分析，认定被告人的罪行；进行案情分析，概括案情的全貌，揭露被告人犯罪的社会危害性；分析被告人犯罪的思想根源和社会根源；进行法律上的论证，指明被告人触犯的刑法条款，阐明被告人应负的法律责任。当然，上述五项内容并非每份公诉意见书完全具备，而应由公诉人根据案件的特点及实际需要，来决定内容和详略。

在具体的方式上，公诉意见书的制作可以采用侧重证据分析、侧重法律分析、犯罪原因与警示教育并重等方式。侧重证据分析，指对于案件的证据规格、证明力、证明标准等证据状况存在较大争议的案件，公诉意见书的内容着重围绕案件的证据状况，论证法庭调查中控方的举证均具有可采用性和可采纳性，证据间互相印证，有罪证据确实充分，形成证据锁链，足以认定指控的犯罪事实；侧重法律分析，指对于案件事实清楚，但法律适用方面存在较大争议的案件，公诉意见书着重围绕案件的法律适用，论证起诉指控的法律适用符合法律规定和法学理论；犯罪原因与警示教育并重，指对于社会影响较为广泛、媒体较为关注的大要案，公诉意见除了分析论证案件的证据与法律适用外，还需要从宣传法制的角度，用相当的篇幅剖析被告人走上犯罪道路的原因，进而在此基础上阐述案件的警示意义。

2. 庭审应对策略

(1) 讯问被告人策略。在法庭审理过程中，控辩双方对被告人进行交叉讯问、发问，是庭审抗辩色彩的体现。随着我国刑事诉讼庭审模式不断向抗辩式庭审改革发展，公诉人讯问被告人在庭审中占据越来越重要的地位。公诉人

① 参见熊红文：《公诉实战技巧》，中国检察出版社 2007 年版，第 62 页。

当庭讯问被告人，是完成出庭支持公诉任务的基础环节。如果公诉人讯问被告人取得了效果，不仅能先声夺人，打击被告人可能存在的侥幸心理和嚣张气焰，还能为接下来的举证及辩论环节制造良好的氛围和基础。

《人民检察院刑事诉讼规则》规定了在讯问环节应当把握的重点问题，具体如下：被告人的身份；指控的犯罪事实是否存在，是否为被告人所实施；实施犯罪行为的时间、地点、方法、手段、结果，被告人犯罪后的表现等；犯罪集团或者其他共同犯罪案件中参与犯罪人员的各自地位和应负的责任；被告人有无刑事责任能力，有无故意或者过失，行为的动机、目的；有无依法不应当追究刑事责任的情况，有无法定的从重或者从轻、减轻以及免除处罚的情节；犯罪对象、作案工具的主要特征，与犯罪有关的财物的来源、数量以及去向；被告人全部或者部分否认起诉书指控的犯罪事实的，否认的根据和理由能否成立；与定罪、量刑有关的其他事实。在具体的案件中，公诉人可以根据案件的难易程度、被告人的认罪态度综合考虑讯问的内容。

(2) 庭审举证策略。公诉庭审既要追求庭审质量，也要追求庭审效率。所以，公诉庭审中公诉人举证既要细致全面，又要简明扼要，详略得当，避免给人以拖沓之感。具体地说，公诉人在庭审举证中应注意以下几方面的问题：第一，要围绕举证范围进行举证。举证要紧紧围绕起诉书指控的犯罪事实进行，有些与犯罪事实相关的事实在公诉意见书中可能涉及，如被告人品格、犯罪心理、犯罪原因、被害人因犯罪受到精神损害等，但证明这些事实的证据不在举证范围内。第二，突出举证重点。公诉人在举证中要根据案件的证据状况及对辩护意见的预测，确定举证的重点。在决定定罪量刑的重点问题上要加大举证力度，突出重点，从而收到扼住要害的显著效果。第三，避免重复举证。公诉庭审举证需要达到证据确实充分，不需要穷尽侦查机关（部门）收集的所有有罪证据，举证的证明标准是达到证明犯罪事实的最低证据标准。特别是有多份证据证明案件的非关键事实的，可举其中一至两份代表性证据即可，其他证明内容完全相同的证据只需要向法庭说明这些证据的存在，不需要再举示这些重复证据。

(3) 庭审质证策略。质证是指在庭审举证过程中，控辩双方分别对对方所举证据的客观性、合法性、关联性、真实性及证明力提出质疑、异议，由举证方进行答辩，以确定该证据是否可以采纳的诉讼活动。可以看出，质证环节其实贯穿着双方的辩论，质证过程等于将部分法庭辩论内容提前到法庭调查中进行。可见，质证效果的好坏很大程度上决定了证据的证明力。

实践中，辩护人对公诉人所举证据的质疑理由虽然是多种多样、因案而异的，但有一些理由是辩护人经常提出的，有一些理由是具有一定共性的，这些理由公诉人可以归纳总结，寻找答辩规律，并在实践中不断完善。①

第三节　刑事抗诉制度

检察权制度之所以被称做“革命之子”，其原因无非在于，现代检察制度是以权力制衡理论作为其理论基础的，“刑事诉讼中的权力制衡是指基于刑事诉讼权力的设置而构建的刑事诉讼权力之间的相互制约或者相互制衡关系”。②换言之，刑事抗诉制度即检察机关对审判机关的审判监督，既是其法律监督机关地位的体现，也是刑事诉讼中权力制衡理论的直接反映，因而成为检察制度中的重要内容。

一、刑事抗诉的概念与性质

刑事抗诉，是指人民检察院发现或者认为人民法院的判决、裁定确有错误时，提请审判机关依法重新审理并予以纠正的诉讼行为。一方面，抗诉权衍生于公诉权，是对公诉权的支持和保障，而且与公诉权一样具有启动法院审判的诉讼功能；另一方面，由于我国检察机关的特殊定位，抗诉同时也是检察机关发挥法律监督职能的体现，因而它具有与被告人个人上诉不一样的效力：一则，检察机关的抗诉只能基于法院的判决或者裁定确有错误，而至于这一错误是否有利于被告人则在所不问；这一中立的诉讼立场，正是检察机关法律监督职能的体现。二则，检察机关的抗诉具有刚性效力，即对于检察机关的抗诉，审判机关必须开庭审理，且具有启动审判程序的必然性。

由上可见，刑事抗诉具有下列特征：第一，监督性。这是刑事抗诉的本质特征。根据宪法、人民检察院组织法等法律的规定，人民检察院是国家的法律监督机关，有权依法对人民法院的审判活动进行监督。这种监督既包括对刑事审判程序是否合法进行监督，也包括了对刑事判决、裁定是否公正、正确进行监督。第二，专门性。根据法律规定，人民检察院是行使刑事抗诉职权的专门机关，其他任何机关，团体和个人都无权行使。这种专门性，是由人民检察院在国家机构体系中作为专门法律监督机关的地位所决定的。第三，特定性。根

① 参见熊红文：《公诉实战技巧》，中国检察出版社 2007 年版，第 100 页及以下。

② 汪家宝、晏辉：《论我国刑事诉讼中的权力制衡及其完善》，载《石油大学学报》1999 年第 4 期。

据刑事诉讼法的规定，人民检察院的刑事抗诉只能针对人民法院“确有错误”的判决和裁定提出，有其特定的对象和适用条件，并不能任意提出。另外，刑事抗诉必须一案一抗，即针对特定案件的判决或裁定提出抗诉，不能同时针对几个案件提出一次抗诉。① 检察机关对刑事审判进行监督，符合我国司法制度的历史传统和当前的法治需要，具有一定的合理性和必要性。

二、刑事抗诉的类型及特点

根据刑事诉讼法的相关规定，检察机关提起的刑事抗诉有两种类型，即第二审程序的抗诉和审判监督程序的抗诉。作为抗诉的两种表现方式，二者具有一定的共同点：其一，抗诉的对象一致，都是人民法院确有错误的判决和裁定；其二，抗诉的效力相同，都具有引起法院再次审理案件的作用；其三，抗诉的目的一样，都是为了保证法律的正确贯彻，同属检察机关为有效落实国家刑罚权而采取的诉讼措施和监督手段。

但与此同时，作为两种不类型的抗诉方式，二者也具有以下几个方面的区别：其一，抗诉的对象不同。第二审程序的抗诉针对尚未发生法律效力的判决和裁定，而审判监督程序的抗诉则是针对已经发生法律效力的判决和裁定。其二，抗诉的权限不同。第二审程序的抗诉仅限于地方各级人民检察院，并且实行同级抗诉；而审判监督程序的抗诉，除最高人民检察院对各级人民法院生效判决和裁定具有抗诉权外，一般只能由上级人民检察院向下级人民法院提出。其三，审理的程序不同。对二审程序抗诉，人民法院应当按照第二审程序审理，作出终审判决、裁定，同级人民检察院不能抗诉；对于审判监督程序的抗诉，则由人民法院依照不同情形，分别适用不同的审理程序。其四，提出抗诉的期限不同。针对判决和裁定所进行的二审程序的抗诉，应当分别在 10 日和 5 日内提出；而按照审判监督程序进行的抗诉，原则上没有明确的时间限制。

三、刑事抗诉的条件

人民检察院提出抗诉的条件，是要求人民法院必须对案件进行重新审理的依据，也是抗诉的实质理由。根据刑事诉讼法的规定，抗诉只能针对确有错误的判决、裁定提出，因此，抗诉的理由归结起来就是判决、裁定确有错误。这种错误一般是指实质性的错误，即导致判决、裁定丧失客观公正性，在实体处

① 参见姜伟等：《公诉制度教程》，中国检察出版社 2007 年版，第 207 页。

理上发生了错误。在具体行使抗诉权的问题上，最高人民检察院先后出台了部分司法解释，对抗诉制度的实践发挥了重要作用。

（一）二审程序的抗诉条件

根据刑事诉讼法的相关规定，地方各级人民检察院认为本级人民法院第一审的判决、裁定确有错误的，应当向上一级人民法院提出抗诉。具体而言，人民检察院认为同级人民法院第一审判决、裁定有下列情形之一的，应当提出抗诉：认定事实不清、证据不足的；有确实、充分证据证明有罪而判无罪，或者无罪判有罪的；重罪轻判，轻罪重判，适用刑罚明显不当的；认定罪名不正确，一罪判数罪、数罪判一罪，影响量刑或者造成严重社会影响的；免除刑事处罚或者适用缓刑、禁止令、限制减刑错误的；人民法院在审理过程中严重违反法律规定的诉讼程序的。

同时，有关司法解释也对提起抗诉的范围进行了适当的限缩。具体来说，具有下列情形之一的，一般不宜提起抗诉：法律规定不明确、存有争议，抗诉的法律依据不充分的；刑事判决或裁定认定罪名不当，但量刑基本适当的；具有法定从轻或者减轻处罚情节，量刑偏轻的；未成年人犯罪案件量刑偏轻的；被告人积极赔偿损失，人民法院适当从轻处罚的。

（二）审判监督程序的抗诉条件

审判监督程序抗诉的条件，基本上与第二审程序抗诉的条件相同。但由于其所针对的是已经发生法律效力的判决、裁定，因而按照审判监督程序提出抗诉的案件，应当综合考虑案件的法律效果和社会效果，比照上述标准从严掌握。

示例文书一：

××省××市××区人民检察院

案件审查意见书

×检刑审字〔××××〕第×号

案件来源：××公安局
案　　由：××
犯罪嫌疑人：×××

收案时间：××××年××月××日

强制措施：××

××公安局以××号起诉意见书移送我院审查起诉的犯罪嫌疑人×××涉嫌××一案，我院于××××年××月××日收到案件材料后，依照《中华人民共和国刑事诉讼法》第××条规定，于××××年××月××日已告知犯罪嫌疑人有权委托辩护人；××××年××月××日已告知被害人及其法定代理人或者近亲属、附带民事诉讼的当事人及其法定代理人有权委托诉讼代理人。承办本案的检察人员于××××年××月××日依法讯问了犯罪嫌疑人，听取了被害人和犯罪嫌疑人、被害人委托的人的意见，并审阅了全部案件材料，核实了案件事实与证据。其间，因部分事实不清、证据不足于××××年××月××日退回侦查机关（部门）补充侦查，××侦查机关（部门）于××××年××月××日再次移送我院审查起诉；因案情重大复杂于××××年××月××日提请延长审限×次，延长期限为××××年××月××日至××××年××月××日。经上述工作，本案已审查终结，具体内容如下：

一、犯罪嫌疑人基本情况

犯罪嫌疑人×××（曾用名×××，别名×××，化名××××，绰号××××），男，××××年××月××日出生，身份证号码：××××，文化程度，职业（工作单位及职务），户籍地为××××，暂住地为××××。前科情况。因涉嫌×××罪，于××××年××月××日被××公安局刑事拘留，××××年××月××日经××人民检察院批准逮捕，××××年××月××日由××公安局执行逮捕，现羁押于××看守所（或取保候审在××××）。

二、案件侦破简要过程

……

三、侦查机关（部门）认定的犯罪事实与意见

摘录侦查机关移送起诉意见书内容……

其行为触犯《中华人民共和国刑法》第××条第××款之规定，涉嫌××罪。

四、依法审查后认定的事实、证据及证据评析

……

认定上述事实的证据情况：

1. 犯罪嫌疑人供述与辩解

犯罪嫌疑人×××供述（时间、地点、讯问人、记录人、翻译人、摘自侦查卷×卷×页）

重点摘录供述内容……

该供述证明……

存在问题……（如果出现翻供、辩解等现象，则应说明情况并对翻供情况进行分析）

2. 被害人陈述

被害人××（性别，年龄，职业，住址，联系方式）的陈述（时间、地点、询问人、记录入、翻译人、摘自侦查卷×卷×页）

重点摘录陈述内容……

该陈述证明……

存在问题……（如果发生变化，则应说明情况并进行分析）

3. 证人证言

证人××（性别，年龄，职业，住址，联系方式，与案件当事人的关系）的证言（时间、地点、询问人、记录入、翻译人、摘自侦查卷×卷×页）

重点摘录证言内容……

该证人证言证实……

存在问题……（如果发生变化，则应简要说明情况并进行分析）

4. 鉴定结论（鉴定时间，单位，鉴定人，摘自侦查卷×卷×页）

重点摘录鉴定内容……

该鉴定结论证明……

存在问题……（如果出现补充鉴定等情况，则应说明情况）。

5. 勘验、检查笔录（勘验时间，单位，勘验人、检查人、见证人，摘自侦查卷×卷×页）

重点摘录笔录内容……

该笔录证明……

存在问题：……（如果出现复验复查等情况，则应说明情况）。

6. 物证、书证、视听资料（来源，特征，提取和保存方式，摘自侦查卷×卷×页）

摘录主要内容……

该证据证明……

存在问题……

7. 其他证明材料（摘自侦查卷×卷×页）

该证据证明……

存在问题……

证据评析：……

五、需要说明的问题

1. 提出并说明案件管辖问题；

2. 提出并说明案件非主要事实及证据不够清楚与充分，证据间存在的矛盾，证据的合法性和客观性等问题；

3. 提出并说明案件定性争议问题；

4. 说明追诉漏罪、漏犯的情况；

5. 说明侦查活动违法情况以及纠正情况；

6. 说明有碍侦查、起诉、审判的违法活动情况；

7. 说明扣押物品的保管、移交、处理情况；

8. 说明被害人及附带民事诉讼原告人、被告人及其亲属、人民群众对案件的处理情况是否有过激行为，应采取的措施和处理方式；

9. 需要由检察机关提起附带民事诉讼的，应写明事由、证据和法律依据；

10. 案件承办人认为需要说明的其他问题。

……

六、审查结论和处理意见

（一）审查结论

根据审查认定的事实与证据，按照犯罪构成要件分析犯罪嫌疑人的行为是否构成犯罪，应构成何罪。

（二）处理意见

综上，我们认为，犯罪嫌疑人×××的行为已触犯了《中华人民共和国刑法》第××条第××款之规定，构成××罪，应依法提起公诉，适用普通刑事程序。

量刑建议：犯罪嫌疑人×××的行为依法已构成××罪，应当在××年至××年之间量刑，鉴于其具有……量刑情节，故建议对其在××年至××年之间量刑。

承办人：×××

××××年××月××日

示例文书二：

××省××市××区人民检察院

起诉书

×检诉刑诉〔××××〕××号

被告人×××，男，××××年×月×日生，身份证号码×××，汉族，××文化，农民，暂住××（户籍所在地为××）。被告人×××曾因犯抢劫罪，于××××年×月×日被××人民法院判处有期徒刑2年，××××年×月×日释放。被告人×××因涉嫌抢劫罪、盗窃罪，于××××年×月×日被××公安（分）局刑事拘留，××××年×月×日经本院批准逮捕，当日由该（分）局执行逮捕。

被告人××，男，××××年×月×日生，身份证号码×××，汉族，××文化，农民，暂住××（户籍所在地为××）。被告人××因涉嫌抢劫罪、盗窃罪，于××××年×月×日被××公安（分）局刑事拘留，××××年×月×日经本院批准逮捕，当日由该（分）局执行逮捕。

本案由××公安（分）局侦查终结，以被告人×××、××涉嫌抢劫罪、盗窃罪，于××××年×月×日向本院移送审查起诉。本院受理后，于××××年×月×日已告知被告人×××、××有权委托辩护人，于××××年×月×日已告知被害人××有权委托诉讼代理人，依法讯问了被告人×××、××，听取了被害人××的意见，审查了全部案件材料。因案情重大、复杂，本院于××××年×月×日决定延长审查起诉期限半个月。因事实不清、证据不足，本院于××××年×月×日决定将本案退回××公安（分）局补充侦查。××××年×月×日，××公安（分）局经补充侦查完毕，再次将本案移送本院审查起诉。

经依法审查查明：

一、抢劫

被告人×××、××经预谋，于××××年×月×日至×地被害人××家，采用棍棒击打头部、持刀威胁等手段，对被害人××实施抢劫，劫得人民币××元及价值人民币××元的手机1部，并致被害人××头部受伤。

经法医鉴定，被害人××的损伤构成人体轻伤。

认定上述事实的证据如下：

1. 物证、书证：尖刀1把、××发票等；

2. 证人×××的证言；

3. 被害人××的陈述；

4. 被告人×××、××的供述和辩解；

5. ××价格认证中心出具的价格鉴定结论书、××公安（分）局出具的法医学鉴定书等鉴定结论；

6. ××公安（分）局所作的现场勘查笔录及照片。

二、盗窃

被告人×××、××于××××年×月×日至×月×日，至××等地，采用××等手段，盗窃他人汽车××辆，共计价值人民币××元。具体分述如下：

……

被告人××于××××年×月×日向××公安局××派出所投案，并如实供述了犯罪事实。被告人××归案后，协助公安机关抓获同案犯。

认定上述事实的证据如下：

1. 物证、书证：追缴的被窃车辆（照片）、车辆登记信息、车辆购置发票等；

2. 证人×××、×××等人的证言；

3. 被害人×××、×××、×××、×××等人的陈述；

4. ××价格认证中心出具的价格鉴定结论书。

本院认为，被告人×××、××共同以非法占有为目的，入户采用暴力手段劫取他人财物，其行为均触犯了《中华人民共和国刑法》第二百六十三条第（一）项的规定；被告人×××、××共同以非法占有为目的，秘密窃取他人财物，数额巨大，其行为均触犯了《中华人民共和国刑法》第二百六十四条的规定，犯罪事实清楚，证据确实充分，均应当以抢劫罪、盗窃罪追究其刑事责任。被告人×××、××犯数罪，根据《中华人民共和国刑法》第六十九条的规定，应予数罪并罚。在共同犯罪中，被告人×××、××均起主要作用，根据《中华人民共和国刑法》第二十五条第一款、第二十六条第一款、第四款的规定，均系主犯。被告人×××在有期徒刑执行完毕后，在五年内再犯应当判处有期徒刑以上刑罚之罪，根据《中华人民共和国刑法》第六十五条第一款的规定，系累犯，应当从重处罚。被告人×××犯罪时已满十六周岁未满十八周岁，根据《中华人民共和国刑法》第十七条第一款、第三款的规定，应当从轻或者减轻处罚。被告人××主动投案，如实供述自己的罪行，根据《中华人民共和国刑法》第六十七条第一款的规定，系自首，可以从轻或者减轻处罚。被告人××协助公安机关抓获同案犯，根据《中华人民共和国刑法》第六十八条第一款的规定，系立功，可以从轻或者减轻处罚。根据《中华人民共和国刑事诉讼法》第一百七十二条的规定，提起公诉，请依法分别予以判处。

此致

××省××市××区人民法院

检察员：×××

××××年××月××日

附：

1. 被告人×××、××现羁押于××看守所；

2. 案卷卷宗×卷；

3. 刑事附带民事诉讼原告×××要求被告人×××、××赔偿人民币×××元。

第二编

审判实务

如果说司法制度是一座宏伟的建筑，那么审判制度则是这座建筑的根基；如果说司法运作实务是一条奔腾不止的河流，那么审判实务则是这条河流中被激起的最美的浪花。就司法定纷止争的本源性功能而言，审判环节既是法律体现自身价值的最终途径，也是司法人员理解和输出立法者意图的"端口"，进而细微但直接地关乎着整个社会的价值观和道德观。因此，审判环节的价值毋庸赘言。

与此同时，审判环节还是法律人展现自身才能的舞台：法官在这里根据严格的法律训练和朴素的正义观，对呈现在自身面前的法律和事实问题进行解释和认定；而与法官相对而立的诉讼双方——包括在其中一方是公诉机关的刑事诉讼中，均要通过认真审查证据和理解法律，让法官相信自己的理解是正确的，进而作出对己方有利的判决。虽然在这个舞台上有平静的博弈，甚至有激烈的对抗，但正是在这个舞台上，各方更深刻地参与到了法治的实践中。

在我国，审判制度根据法律关系和解决的争议性质不同，具体分为刑事审判制度、民事审判制度和行政审判制度；三大审判制度在参与主体、诉讼权利分配、审判程序方面有着许多区别。但同为审判制度的内容，它们在审理主体（制度意义上的法院和个案意义上的法官）、审理原则等方面又具有一定的共性。理解这些共性的内涵，并以此作为把握具体审判制度的准绳和参照，才能更好地理解具有中国特色的审判实务。

第一章 审判实务概述

审判实务，是人民法院及法官对审判实践经验的总结和概括，是以法院裁判为载体传播社会公平与正义，维系法治社会正当合理社会关系的实践性科学。法官作为审判实务的主要实践者，不仅仅只充当“工匠”的角色，机械地根据法律条文来消弭纠纷，而应在法律适用过程中运用精深的法理知识和娴熟的法律方法来“找法”、“释法”、“造法”、“用法”；按照立法的精神和原则创造性地适用法律，诠释法律精神。①

第一节 审判活动的概念

审判活动，是指法官行使审判权，在当事人和其他诉讼参与人的参与下，严格依照法定程序，为可诉纠纷进行审查并进行裁判的一种活动。虽然不同审判庭的审判活动因各庭而略有差异，但人民法院独立行使审判权是宪法及人民法院组织法明确规定的，不受任何组织和个人的干扰。

审判活动既是一项专门性工作，又是一项社会性工作；作为专门性工作的审判活动，需要大量的专业知识，要求审判者具备极高的法律人思维；而作为社会性工作的审判活动，则需要有丰富的生活阅历，它则要求审判者具备社会政治思维，同时注意兼顾法律界限内的社会效果。

一、审判活动是法官法律思维和社会政治思维的契合

法律作为一种社会治理方式的应然性规范，是社会存在和发展内生驱动和理性要求的重要内容。作为一种社会理性的产物，其具体内容与政治观点、政治倾向等具有差异性。但审判活动作为一种动态的过程和法官可以部分地自由裁量的行为，具有明显的目的性，它无时无刻不与法官的个人情感、素质、责

① 参见杨凯：《司法能力：法官裁判艺术的法理思辨》，载吴家友主编：《法官论司法能力》，法律出版社 2006 年版，第 15 页。

任意识息息相关。与法官的理性不同，其个人情感在审判中具有不同的表现方式，它说到底是一种社会政治行为。因此，可以说，法官在审判活动中的政治品行是极其重要的；甚至还可以说，在法官握有较大裁量权的案件中，有什么样政治素养的法官，往往就会有什么样的法律判决。也正是在此意义上，我们才说审判活动是集法律思维和社会政治方向为一体的综合性活动。

二、审判活动是静态规范和动态实践的融合

法院审判是一门专业性很强的工作，这种专业性体现在法官对各类法律规范的熟识和对法律规范准确的运用上——这也是审判活动应遵循的基本要求。但与此同时，审判又是对变动不居的社会中人和事所作出的处理，它必须观照和回应社会生活；如果法院不能在审判中运用法律知识对社会生活作出有说服力的解释，那么法官及其作出的裁判就很难保证获得尊重。审判活动作为一项专门运用法律的规范性活动，也面临着同样的尴尬，具体表现在以下几个方面：一是面对新的纠纷无法可循，而“自由裁量”的尺度与标准又难以把握。二是有法可循，但由于社会资源、参与诉讼的技能及成本耗费能力的不同，很难用同一的标准对待不同的当事人。三是因法律事实与客观事实有距离，虽然严格依照法律规定处理，却往往得不到公众的舆论认同，等等。因此，面对纷纭复杂的社会现实，审判活动应不断调整自己的准则。这种准则就是法律规范与法官行为实践的结合，也是法律效果和社会效果统一的过程。

三、审判活动是行使职权和提供服务的统一

传统的诉讼理论往往认为，法官在审判活动中扮演的是一个高高在上的居中裁判者，具体争议事实和相关证据由原、被告双方来进行处理。这一模式虽然对维护审判秩序、固守法律权威产生了一定积极作用，但也使得裁判者不可避免地产生忽视当事人诉权、主观武断等消极思想。事实上，一个社会合理的司法机制，不仅体现在对法律和社会秩序的维护上，更体现在以服务的姿态行使司法权，为当事人提供最正当、合理的解决问题的方式和服务上。就此而言，人民法官一方面固然是代表国家行使司法权，另一方面也是代表国家提供公共服务。由此可以推导出，人民法院的审判活动，不仅应当注重司法的专业化，而且还必须兼顾司法的大众化；不仅要通过审判输送司法正义，而且还要以公众看得见、看得懂的方式输送司法正义。

第二节　我国的审判机关及其职能

我国《宪法》第123条规定，“中华人民共和国人民法院是国家的审判机关”，明确了人民法院履行国家审判职能的性质。审判权由人民法院单独行使，其他国家机关不能分享。人民法院的任务是审判民事案件、刑事案件和行政案件，并且通过审判活动，解决民事纠纷，惩治犯罪分子，保护公民合法权益，维护社会主义法制以及社会秩序和经济秩序，保卫社会主义现代化建设顺利进行。

根据我国宪法和人民法院组织法、民族区域自治法等法律规定，地方各级人民法院按行政区划设置，专门人民法院根据特定的组织系统或特定案件的实际需要设置。我国法院体系由最高人民法院、地方各级人民法院和专门人民法院组成。地方各级人民法院包括：（1）基层人民法院，设于县、自治县(旗)、不设区的市、市辖区；（2）中级人民法院，设于省和自治区的各地区、省和自治区所辖市、自治州（盟）以及直辖市；（3）高级人民法院，设于省、自治区和直辖市。专门人民法院包括军事法院、海事法院等。其中军事法院也设三级：基层法院，包括军级单位的军事法院、兵团级军事法院和在京直属部队军事法院；各大军区、各军种军事法院；中国人民解放军军事法院。海事法院设在沿海大中城市和长江流域的大城市。各级人民法院设立审判委员会，讨论重大或者疑难案件以及其他有关审判工作问题。

实践中，人民法院一般内设民事审判庭、刑事审判庭、行政审判庭，中级以上人民法院可以根据需要设立其他审判庭。各级人民法院设有执行机构，负责需要由人民法院执行的民事和经济案件判决和裁定的执行。

根据法律规定，审判权由各级人民法院依法律规定分别行使。

基层人民法院审判属于自己管辖的第一审民事、刑事和行政案件（法律另有规定的除外)，并且处理不需要开庭审判的民事纠纷和轻微的刑事案件，指导人民调解委员会的工作。

中级人民法院审判法律规定由其管辖的第一审民事、刑事和行政案件，基层人民法院移送审判的第一审案件，对基层人民法院判决和裁定的上诉案件和抗诉案件，人民检察院按照审判监督程序提出的抗诉案件。

高级人民法院审判法律规定由其管辖的第一审民事、刑事和行政案件，下级人民法院移送审判的第一审案件，对下级人民法院判决和裁定的上诉案件和抗诉案件，人民检察院按照审判监督程序提出的抗诉案件。

最高人民法院审判法律规定由其管辖的和它认为应当由自己审判的第一审民事、刑事和行政案件，对高级人民法院、专门人民法院判决和裁定的上诉案件和抗诉案件，最高人民检察院按照审判监督程序提出的抗诉案件。

第三节 人民法院基本的审判原则

人民法院通过审判活动惩治一切犯罪分子，解决民事纠纷、行政争议和经济纠纷，以保卫人民民主专政制度，维护社会主义法制和社会秩序，保护社会主义全民所有的财产、劳动群众集体所有的财产和公民个人的合法财产，保护公民的人身权利、民主权利和其他权利，保障国家的社会主义建设事业顺利进行。人民法院审判的原则和制度有：

一、人民法院独立行使审判权原则

我国《宪法》第126条规定：“人民法院依照法律规定独立行使审判权，不受行政机关、社会团体和个人的干涉。”这是从宪法的高度规定了人民法院的地位和法院独立审判的原则，明确了独立审判是法院的权利，也是法院的义务。① 独立审判，是指行使审判权的法院和法官，依据法律独立地审判案件，不受任何干涉，也就是说，法官应根据自己对案件事实的判断和对法律的理解，独立地作出裁判，不受法律外限制、影响、诱导、压力或威胁。实现独立审判的重要意义在于两个方面：一是独立审判是实现法律价值的保障；二是独立审判是实现依法治国方略的重要手段。

二、以事实为依据，以法律为准绳原则

人民法院审理各类纠纷，都应以事实为依据、以法律为准绳。为了保障贯彻这一原则，法院在审理案件的过程中，需要进一步改革证据规则（如非法证据排除规则），坚持对证据进行质证，坚持直接言词证据原则，加强对证人的法律保护，提高法律适用水平。非法证据排除规则，主要指刑事诉讼活动中违反法律的有关规定所获取的证据，不得作为定罪或量刑根据的法则，即除非法律另有规定，执法机关不得采纳非法证据，将其作为定案的依据。一项完整的非法证据排除规则包含着“实体构成性规则”与“程序实施性规则”两大

① 当前正在进行的司法改革，究其实质而言，也就是强化法官和检察官的办案主体责任，进而在组织结构和外部保障上确保法院和法官的独立性。

部分。前者规定非法证据的种类和范围、排除非法证据的后果、法官在排除非法证据中的裁量权、排除规则适用中的例外等规则，后者则对排除非法证据的启动方式、立案标准、司法裁判方式、证明责任的分配以及相关救济机制等问题，确立可操作的程序机制。①

三、在适用法律上一律平等原则

我国《宪法》第33条规定了公民的平等权，这是以根本大法的形式确定诉讼中的平等原则。《刑事诉讼法》第6条规定："人民法院、人民检察院和公安机关进行刑事诉讼，必须依靠群众，必须以事实为根据，以法律为准绳。对于一切公民，在适用法律上一律平等，在法律面前，不允许有任何特权。"这一原则的基本含义是指我国刑事诉讼法对于全体公民同等适用，不存在任何例外，也不准搞任何特权或歧视，在法律面前，人人平等。

四、合议、回避、公开审判和两审终审原则

我国《宪法》第125条规定："人民法院审理案件，除法律规定的特别情况外，一律公开进行。"《刑事诉讼法》第11条规定："人民法院审判案件，除本法另有规定的以外，一律公开进行。"《民事诉讼法》第134条第1款规定："人民法院审理民事案件，除涉及国家秘密、个人隐私或者法律另有规定的以外，应当公开进行。"《行政诉讼法》第7条规定："人民法院审理行政案件，依法实行合议、回避、公开审判和两审终审制度。"需要强调的是，虽然我国立法规定公开审判制度，但公开审判制度多是指法院对案件的审理过程和判决结果向群众、向社会公开的制度。但是，法官对于公开审判的理解，应是指依照法律的规定，除不予公开和可以不公开审理的案件外，一律依法公开审理，同时，不论是否公开审理的案件，宣判时均一律公开进行。公开审判是相对于秘密审判而言的。公开审判取代秘密审判是诉讼制度文明进步的表现。第一，公开审判是裁判公正的保障。第二，贯彻公开审判制是实现程序公正的重要措施。第三，公开审判有利于树立司法的权威性。第四，公开审判一定程度上有利于实现公民的知情权。第五，公开审判一定程度上可以防止违法乱纪现象出现。第六，公开审判有利于接受人民群众和社会的监督。

---

① 陈瑞华：《非法证据排除的中国模式》，载《中国法学》2010年第3期。

五、辩论原则

辩护权是指犯罪嫌疑人、被告人针对指控进行申辩和辩解，说明自己无罪、罪轻或者认为应当减轻、从轻、免除处罚，以维护自己合法权益的权利。我国《宪法》第125条规定，“被告人有权获得辩护”。辩护原则不仅是指犯罪嫌疑人、被告人应当获得刑事辩护，而且更在于强调国家应当通过各种措施，确保辩护职能的有效发挥，避免其流于形式。①

六、使用本民族语言文字进行诉讼原则

我国《宪法》第134条第1款对诉讼语言进行了规定：“各民族公民都有用本民族语言文字进行诉讼的权利。”《刑事诉讼法》第9条规定：“各民族公民都有用本民族语言文字进行诉讼的权利。人民法院、人民检察院和公安机关对于不通晓当地通用的语言文字的诉讼参与人，应当为他们翻译。在少数民族聚居或者多民族杂居的地区，应当用当地通用的语言进行审讯，用当地通用的文字发布判决书、布告和其他文件。”

七、审判监督原则

审判监督作为一种程序，是指人民法院对已经发生法律效力的判决、裁定，可以依照法律的相关规定，由法定机关提起对案件进行再审的程序。它又称为再审程序，即基于人民法院和人民检察院行使审判监督权和行使检察监督权引起的再审程序，以及当事人行使诉权申请再审引起的再审。可以说，审判监督程序是“实事求是，有错必纠”理念在诉讼程序上的具体体现，也是“有权利必有救济”的一种制度保障。

① 宋英辉主编：《刑事诉讼原理》，法律出版社2003年版，第116~117页。

第二章 立 案

古语有云："法者，定纷止争也。"尽管在当下，多元化纠纷解决机制正在成为学界和实务界的热点议题，但是对于广大民众而言，司法仍然是解决争端的最广泛和最根本途径。但是，这并不意味着所有的纠纷都能进入法院并由法官进行审判，这不仅由当前相对有限的司法资源所决定，客观上也是为了维护法律的特定角色和立场，因而也符合迄今为止的司法经验。在此前提下，就需要一种审查机制来决定哪些案件可以进入审判程序进而由法官作出判决，哪些案件不符合法律所规定的成为"案件"的条件——这一机制就是立案制度。

质言之，立案制度是法院受理案件的过滤机制，是庭审、执行等程序的前置诉讼程序，它有效降低了法院的"讼累"风险，是一定时期司法资源与案件量的平衡机制。也就是说，当大量的社会纠纷通过立案程序进入法院审理视野时，立案制度必须发挥相应的作用。但是一方面，它不能将符合法院审理要求的纠纷拒之门外，从而损害司法的公信力；另一方面，它也不能过多地让不应由法院审理的纠纷大量涌入法庭，从而伤害司法的效率和公正。因此，对刚进入法院的纠纷争议进行形式审查就成为必要了。形式审查是指法院只负责审查所受理的纠纷是否符合法律所要求的诉讼程序要件，如起诉书是否具有明确的记载事项、受理法院有无管辖权，等等。如前所述，由于立案制度的目的只在于决定后续的诉讼程序能否开始，它区别于确定实体权利的审理判决阶段，因而也就没有实质审查的必要。

我国的立案制度可以具体分为刑事立案、民事立案和行政立案制度。由于立案只是一项程序性审查制度，依附于上述特定的诉讼种类，因而三大立案制度在具体内容上均有所差异。但与此同时，实践中面临的"立案难"问题却普遍地存在于三大诉讼之中，基层法院立案难问题更加突出，其中既有司法考核、司法腐败等制度外因素，更有立案制度以及相应的监督制度等制度内因素。

第一节　立案概述

立案，是指作为审判机关的法院对犯罪案件或者民事、行政纠纷审查后，决定是否将上述案件或者纠纷作为诉讼案件从而进行审理的一种诉讼活动。我国的立案活动包括刑事案件立案、行政诉讼案件立案以及民事诉讼立案。在我国审判实务中，各级法院均设有立案庭，具体负责立案工作。立案审查是立案庭最基本的职能，其内容包括审查刑事案件、民事案件、行政案件的起诉，决定立案或裁定不予受理；审查刑事自诉案件的起诉，决定立案或裁定驳回；审查申请执行案件，决定立案或裁定不予受理；审查当事人申诉、申请再审案件；对本院决定再审、上级人民法院指令再审和人民检察院按照审判监督程序提出抗诉的案件进行立案登记；负责应由人民法院依法受理的诉前保全、公示催告、支付令等其他案件的立案工作；受理案件后的程序性工作，等等。

除上述职能外，目前实践中立案庭还承担以下几项职能①：第一，审判流程管理。实践中，多数法院赋予立案庭审判流程管理的职责，即利用科技手段对案件进行统一、集中和有效的跟踪管理，具体包括排期开庭、审限跟踪等内容。第二，信访接待。实践中，各层级法院一般均设置信访接待部门，大部分都是设置在法院的立案庭，主要负责办理人民来信、接待群众来访，具体组织领导接访、带案下访，排查化解、督查督办信访积案，以及推进实施诉访分离、网上信访、视频接访、巡回督导等信访改革任务。第三，立案调解。目前，为了方便当事人的诉讼，降低当事人的诉累，化解矛盾，国内部分法院赋予立案庭立案调解的职能，对部分法律关系明确、案件事实清楚的案件，经征得双方当事人同意，适时主持调解，能够达成调解协议的，即将此案以调解方式结案；若不能达成调解协议，则将此案排期开庭并移送裁判法官予以审理。

在立案的启动上，我国刑事立案与民事立案、行政立案稍有不同。刑事立案可以分为公诉案件和自诉案件两种情况。公诉案件是指人民检察机关以公诉人的名义对本院所掌握的犯罪材料和犯罪嫌疑人向人民法院提起诉讼，请求制裁的诉讼活动，因其具有国家追诉的强制性，因而只要符合形式条件，人民法院就应当受理。而对于部分刑事案件，则一般由被害人向人民法院直接提起诉

① 参见纪敏：《法院立案工作及改革探索》，中国政法大学出版社 2000 年版，第 98 页。实际上，目前各地法院均相继成立了审判管理办公室，相应地，审判流程管理职能已经从立案庭剥离。

讼，被害人死亡或者丧失行为能力的，被害人的法定代理人、近亲属有权向人民法院起诉，这部分案件和民事立案、行政立案类似，采取的均是“不告不理”原则。

第二节 立案的条件

立案的条件，是指适格主体提起诉讼的案件，法院予以受理所应当具备的条件。质言之，立案条件是案件被受理所应当具备的资格；只有具备了立案条件，案件或者争议才能被法院受理和审判。总的来说，立案一般需要具备以下几个条件：（1）适格的原告；（2）明确且适格的被告；（3）有具体的诉讼请求和事实、理由；（4）属于人民法院受理诉讼的范围（即受案范围）；（5）属于人民法院管辖；（6）未过诉讼时效。具体而言，民事案件、刑事案件和行政案件又具有各自的要求。

一、刑事案件立案条件①

根据刑事诉讼法的规定，刑事案件的受理主体由三部门分享，即人民法院、公安机关或者人民检察院。但真正具有立案侦查权的，则只有公安机关和检察机关，二者在立案侦查的职责和范围上有所区别。当公安机关和人民检察院发现犯罪事实或者犯罪嫌疑人，应当按照管辖范围，立案侦查。

立案材料的来源包括以下几个方面：（1）任何单位和个人发现有犯罪事实或者犯罪嫌疑人，有权利也有义务向公安机关、人民检察院或者人民法院报案或者举报。（2）被害人对侵犯其人身、财产权利的犯罪事实或者犯罪嫌疑人，有权向公安机关、人民检察院或者人民法院报案或者控告。（3）公安机关、人民检察院或者人民法院对于报案、控告、举报，都应当接受。对于不属于自己管辖的，应当移送主管机关处理，并且通知报案人、控告人、举报人；对于不属于自己管辖而又必须采取紧急措施的，应当先采取紧急措施，然后移送主管机关。（4）犯罪人向公安机关、人民检察院或者人民法院自首的，适用前述的相关规定。

① 严格来讲，刑事案件的立案条件与刑事诉讼的立案条件是两个截然不同的概念，前者是指作为一个刑事案件应当具有的基本标准，其主体包括公安机关、人民检察院；后者是指作为一个刑事案件进入刑事审判程序所应当具有的条件，其主体只能是作为审判机关的人民法院。本处为说明方便，将二者一并论述。

报案、控告、举报的形式及注意事项有以下几个方面：（1）报案、控告、举报可以用书面或者口头提出。接受口头报案、控告、举报的工作人员，应当写成笔录，经宣读无误后，由报案人、控告人、举报人签名或者盖章。（2）接受控告、举报的工作人员，应当向控告人、举报人说明诬告应负的法律责任。但是，只要不是捏造事实，伪造证据，即使控告、举报的事实有出入，甚至是错告的，也要和诬告严格加以区别。（3）公安机关、人民检察院或者人民法院应当保障报案人、控告人、举报人及其近亲属的安全。报案人、控告人、举报人如果不愿公开自己的姓名和报案、控告、举报的行为，应当为其保密。

检察机关作为国家的法律监督机关，拥有立案监督权。人民检察院认为公安机关对应当立案侦查的案件而不立案侦查的，或者被害人认为公安机关对应当立案侦查的案件而不立案侦查，向人民检察院提出的，人民检察院应当要求公安机关说明不立案的理由。人民检察院认为公安机关不立案理由不能成立的，应当通知公安机关立案，公安机关接到通知后应当立案。

刑事诉讼的立案条件是指人民检察院对于侦查机关或者侦查部门移送审查起诉的刑事案件，依法向人民法院提起公诉，人民法院予以受理所应当具备的条件。根据刑事诉讼法及最高人民法院的相关解释，检察机关提起公诉的案件，应当具备如下条件：（1）属于被移送的法院管辖；（2）犯罪嫌疑人在案且身份明确；①（3）有指控犯罪事实的证据材料，包括采取技术侦查措施的批准决定和所收集的证据材料；（4）没有《刑事诉讼法》第 15 条第 2 项至第 6 项规定的不追究刑事责任的情形。

另外，对于部分刑事自诉案件，被害人有权向人民法院直接起诉。被害人死亡或者丧失行为能力的，被害人的法定代理人、近亲属有权向人民法院起诉。人民法院经审查后，符合上述条件的，应当依法受理。

二、民事诉讼立案条件

根据我国民事诉讼法的相关规定，只有因公民之间、法人之间、其他组织之间以及上述主体相互之间因财产关系和人身关系引发的争议，相关主体才可

① 根据《刑事诉讼法》第 158 条第 2 款的规定，犯罪嫌疑人不讲真实姓名、住址，身份不明，但犯罪事实清楚，证据确实、充分，确实无法查明其身份的，也可以按其自报的姓名起诉、审判。

以提起民事诉讼。① 具体而言，提起民事诉讼须符合下列条件：(1) 原告是与本案有直接利害关系的公民、法人和其他组织；(2) 有明确的被告；(3) 有具体的诉讼请求和事实、理由；(4) 属于人民法院受理民事诉讼的范围和受诉人民法院管辖。

在司法实践中，公民一般应当根据上述要求，向法院提交民事起诉状。起诉状应当记明下列事项：(1) 当事人的姓名、性别、年龄、民族、职业、工作单位和住所，法人或者其他组织的名称、住所和法定代表人或者主要负责人的姓名、职务；(2) 诉讼请求和所根据的事实与理由；(3) 证据和证据来源，证人姓名和住所。当事人书写起诉状确有困难的，也可以口头起诉，由人民法院记入笔录，并告知对方当事人。

人民法院收到起诉状或者口头起诉后，经审查，认为符合起诉条件的，应当在7日内立案，并通知当事人；认为不符合起诉条件的，应当在7日内分情形予以处理：(1) 依照行政诉讼法的规定，属于行政诉讼受案范围的，告知原告提起行政诉讼；(2) 依照法律规定，双方当事人对合同纠纷自愿达成书面仲裁协议向仲裁机构申请仲裁、不得向人民法院起诉的，告知原告向仲裁机构申请仲裁；(3) 依照法律规定，应当由其他机关处理的争议，告知原告向有关机关申请解决；(4) 对不属于本院管辖的案件，告知原告向有管辖权的人民法院起诉；(5) 对判决、裁定已经发生法律效力的案件，当事人又起诉的，告知原告按照申诉处理，但人民法院准许撤诉的裁定除外；(6) 依照法律规定，在一定期限内不得起诉的案件，在不得起诉的期限内起诉的，不予受理；(7) 判决不准离婚和调解和好的离婚案件，判决、调解维持收养关系的案件，没有新情况、新理由，原告在6个月内又起诉的，不予受理。原告对裁定不服的，可以提起上诉。

三、行政诉讼立案条件

依照我国《行政诉讼法》第2条的规定，公民、法人或者其他组织认为行政机关和行政机关工作人员的具体行政行为侵犯其合法权益，有权依照本法向人民法院提起诉讼。

《行政诉讼法》第12条规定，人民法院受理公民、法人和其他组织对下列行政行为不服提起的诉讼：(1) 对行政拘留、暂扣或者吊销许可证和执照、

---

① 我们认为，此处的财产关系和人身关系应作宽泛理解，并不能简单地因为没有直接的法律依据就不予受理。

责令停产停业、没收违法所得、没收非法财物、罚款、警告等行政处罚不服的；(2) 对限制人身自由或者对财产的查封、扣押、冻结等行政强制措施和行政强制执行不服的；(3) 申请行政许可，行政机关拒绝或者在法定期限内不予答复，或者对行政机关作出的有关行政许可的其他决定不服的；(4) 对行政机关作出的关于确认土地、矿藏、水流、森林、山岭、草原、荒地、滩涂、海域等自然资源的所有权或者使用权的决定不服的；(5) 对征收、征用决定及其补偿决定不服的；(6) 申请行政机关履行保护人身权、财产权等合法权益的法定职责，行政机关拒绝履行或者不予答复的；(7) 认为行政机关侵犯其经营自主权或者农村土地承包经营权、农村土地经营权的；(8) 认为行政机关滥用行政权力排除或者限制竞争的；(9) 认为行政机关违法集资、摊派费用或者违法要求履行其他义务的；(10) 认为行政机关没有依法支付抚恤金、最低生活保障待遇或者社会保险待遇的；(11) 认为行政机关不依法履行、未按照约定履行或者违法变更、解除政府特许经营协议、土地房屋征收补偿协议等协议的；(12) 认为行政机关侵犯其他人身权、财产权等合法权益的。

此外，行政诉讼法还从反面规定了行政诉讼的排斥管辖范围，即具有以下情形的，人民法院不予受理：(1) 国防、外交等国家行为；(2) 行政法规、规章或者行政机关制定、发布的具有普遍约束力的决定、命令；(3) 行政机关对行政机关工作人员的奖惩、任免等决定；(4) 法律规定由行政机关最终裁决的具体行政行为。

第三章 刑事审判制度

相较于民事诉讼和行政诉讼制度，刑事诉讼制度直接关乎公民人身自由甚至生命权利的保障；也正是在此意义上，刑事诉讼法被称为“人权宪法”、“宪法的测震仪”。① 进一步而言，在刑事诉讼制度中，审判中心主义又是现代法治国家所公认的基本司法原则。就其内涵而言，审判中心主义是指刑事审判是国家对于个人是否可以以及施予何种程度刑罚的最重要环节；未经刑事审判（直观化地体现为庭审），任何人不得被认为是罪犯，更不得被处以刑罚。就其外延来说，审判中心主义有两层含义：一是在整个刑事程序中，审判程序是中心，只有在审判阶段经过控辩双方充分质证、辩论以后才能最终决定特定被告人的刑事责任问题，侦查、起诉、预审等程序中主管机关对于犯罪嫌疑人罪责的认定仅具有程序内的意义，对外不产生有罪的法律效果。② 在这个意义上，可以说刑事审判制度是理解整个刑事诉讼制度的一把钥匙。

然而，与学界普遍承认审判中心主义原则有所不同，③ 我国刑事司法实践中审判制度并没有获得应有的地位和重视。这一方面表现为，我国法院组织法并没有体现审判中心主义所必要的诉讼地位；另一方面还表现在，刑事诉讼法在整个刑事程序的宏观设计上并没有将审判置于中心位置，也没有充分发挥审判对于侦查、起诉等前置程序的重要影响。

---

① 樊崇义、史立梅等：《正当法律程序研究——以刑事诉讼程序为视角》，中国人民公安大学出版社 2005 年版，第 90 页。

② 孙长永：《审判中心主义及其对刑事程序的影响》，载《现代法学》1998 年第 4 期。

③ 当然，也不乏有学者针对侦查、起诉以及法律监督等职能在中国刑事诉讼制度中重要性的认识，提出了“诉讼阶段论”的观点，认为中国刑事诉讼结构不同于西方的审判中心论，因为侦查、起诉与审判是处于平行地位的“三道工序”，法院对审判程序的司法控制已经十分微弱。参见陈瑞华：《二十世纪中国之刑事诉讼法学》，载《中外法学》1997 年第 2 期。

第一节 刑事审判概述

刑事审判，是指公诉机关提起公诉或者刑事自诉人就对使自己人身或财产遭受严重损失的行为向人民法院提起诉讼后，人民法院在控辩双方和其他诉讼参与人的参加下，依照法定的程序对于被提交审判的刑事案件进行审理并作出裁判的活动。① 从广义上来说，刑事审判制度不仅包括控、辩、审三方组合下的案件审判活动，还包括了与此相关或者由此衍生的一系列制度，如精神病人的强制医疗制度、违法所得的没收程序，等等。②

一、刑事审判的特征

刑事审判是司法机关审判的一种特定表现形式，一方面，由于诉讼中的一方由代表国家的检察机关充任，刑事审判结果直接决定着刑事追诉的成功与否以及国家具体刑罚权能否实现；另一方面，由于定罪与否、罪刑轻重，直接关系到公民的生命和自由，因而刑事审判较之于其他类型的审判，具有更加鲜明的特色。

1. 审判程序启动的职权性与被动性并存

审判程序启动的职权性是指就侦查机关和公诉机关而言，在发现犯罪事实、需要追究刑事责任的时候，必须立案侦查和提起公诉，而无不予追究的裁量余地。被动性则意味着，人民法院审判刑事案件奉行“不告不理”的一般原则——没有公诉机关的起诉就没有法院的审判。审判程序启动的被动性表现在很多方面，如没有检察机关或者自诉人的起诉，法院就不能主动审判某个案件；没有被告人一方的上诉或检察机关的抗诉，上一级法院不得启动第二审程序；等等。

2. 审判过程的专业性与大众性并存

审判过程的专业性是指人民法院审理刑事案件时，由审判员依法独立行使审判权，根据自己的专业知识作出罚当其罪的判决；而审判过程的大众性则是指审理案件的合议庭可以有人民陪审员参加，人民陪审员在评议时有权独立地、平等地发表意见。人民陪审员制度有助于发挥民众参与司法方式所应具有

---

① 陈卫东主编：《刑事诉讼法》，中国人民大学出版社 2012 年版，第 247 页。

② 2012 年修订后的《刑事诉讼法》对精神病人的强制医疗程序等内容作了专门规定，为其走向司法实践扫清了障碍，本章将对这些内容一并予以介绍。

的价值，可以弥补纯粹由专业法官审理时可能存在的问题。

3. 审判结果的终局性与暂时性并存

审判结果的终局性，是指法院作出的生效裁判对于当事人权益的确定和案件的解决具有实质性的、最终的决定意义。刑事判决一旦生效，参与诉讼的双方都必须接受判决结果，任何个人和其他机关均不能对该案另作处理，有关各方也都有履行裁判和不妨害裁判执行的义务。审判结果的暂时性则是指刑事判决的效力并非一判终局，公诉机关或者被告人可以在法律规定的期限内提起抗诉或者上诉，而且审判机关自身还可以启动审判监督程序，对已决案件依法作出改判。

二、刑事审判的任务

就世界范围而言，尽管刑事审判的程序设置和架构有所不同，但作为国家权力在刑事司法领域的体现，刑事审判的主要任务都是正确行使国家刑罚权。具体而言，我国刑事审判的任务包括以下三个方面：

1. 审查提交的犯罪证据和查明指控的犯罪事实

检察机关的公诉部门在向法院提起指控时，负有承担举证责任的法定义务。刑事审判的最主要任务，就是审查并判断控方提出的证据和所指控的犯罪事实是否合法、存在，是否为被指控的被告人所为。通俗地说，就是审查证据对证明案件事实有没有作用。① 从形式上看，刑事审判的这一任务直接体现在，刑事判决书须对公诉机关指控的犯罪事实以及提供的证据作出是否认定的释明。

2. 审查程序性事项

刑事审判不限于实体意义上的犯罪事实，还包括与之相关的一些程序性事项。如在法庭审理中，被告人提出因遭受刑讯逼供而作出有罪供述，或者辩护人提出排除证据申请等事项，也都属于法院审查的范围。法院此时则应区分情况并决定是否受理，并视情采取侦查人员出庭等方式以查明争议事项。

3. 适用法律，对案件作出裁判

在认定指控的犯罪事实是否成立、证据是否确实充分之后，必须依据刑法和刑事诉讼法的相关规定，对被告人的行为是否构成犯罪、构成何种罪、何以构成此种犯罪、是否需要判处刑罚、判处何种刑罚、刑罚如何执行、判决生效的时间和条件等作出裁判并予以公开宣告。

---

① 卞建林主编：《刑事诉讼法学》，中国政法大学出版社 2014 年版，第 188 页。

第二节　刑事诉讼第一审程序

刑事诉讼第一审程序，是指人民法院在受理刑事案件后，对检察机关提起公诉或者自诉人提起的案件进行初次审判时所应遵循的审理程序；同时，二审法院发回一审法院重审的案件再次进行审理时也应遵循这一程序。根据提起诉讼的主体不同，第一审刑事案件可以分为公诉案件和自诉案件，二者的审理程序略有不同。作为刑事诉讼中一个极其重要的阶段，第一审程序是人民法院审判活动的基本程序，也是二审、死刑复核等审判活动的基础。

一、公诉案件的第一审程序

（一）庭前审查与准备

一审法院收到人民检察院提起的公诉案件后，应由院长或庭长指定审判员对起诉材料进行审查。此时的审查只是形式审查，即只要起诉书有明确的犯罪嫌疑人、犯罪事实并且附有相应的证据目录、证人名单和主要证据复印件或照片的，法院一般均应作出开庭审理决定。但是，证据是否确实可靠，不是决定是否开庭审判的必要条件。

在决定对案件开庭后，根据刑事诉讼法的规定，法院一般要作如下庭前准备工作：(1) 确定合议庭的组成人员，并由院长或庭长指定审判长。(2) 在开庭 10 日前，将起诉书副本送达被告。(3) 将开庭的时间和地点在开庭前 3 日通知人民检察院。(4) 传唤诉讼参与人，传票和通知书最迟在开庭 3 日前送达。(5) 告知被告人可以委托辩护人，必要时指定承担法律援助义务的律师为其辩护。(6) 公开审判的案件，在开庭 3 日前先期公开案由、被告人姓名、开庭时间和地点。

（二）法庭审理

法庭审理是整个刑事审判活动的核心环节，也是整个刑事诉讼程序的重心。因为在法庭审理环节，合议庭不仅要对犯罪嫌疑人是否犯罪、构成何罪、如何量刑等实体性问题进行审理，还要对辩护人及当事人的权利是否保障等程序性权利进行审查。

法庭审判，是指人民法院的审判组织（合议庭或独任庭）通过开庭的方式，通过法定程序确定被告人的行为是否构成犯罪、应否受到刑事处罚以及给予何种处罚的诉讼活动。① 总的来说，法庭审理有以下几个环节：

（1）开庭。开庭时，审判长应当首先查明当事人是否全部到庭，然后宣布案由；宣布本次审判是否公开审理；宣布合议庭组成人员、书记员、公诉人及其他诉讼参与人名单；告知当事人有申请回避的权利。告知被告人有申请回避、提出新证据、自行辩护、最后陈述等权利；法院同意或者驳回回避申请的决定及复议决定，由审判长宣布，并说明理由。必要时，也可以由院长到庭宣布。

（2）法庭调查。法庭调查，是指人民法院主持的，由控辩双方通过各自举证、发表意见来争取对自己有利判决的过程，是法庭审理的核心一环。在法庭调查环节，具体程序包括：先由公诉人宣读起诉书，有附带民事诉讼的，再由附带民事诉讼原告人或者其法定代理人、诉讼代理人宣读附带民事起诉状；被告人、被害人就起诉书指控的犯罪事实分别陈述；控诉机关举证、双方质证等。

法庭审理过程中，合议庭对证据有疑问的，可以宣布休庭，对证据进行调查核实；当事人和辩护人、诉讼代理人有权申请新的证人到庭，调取新的物证，申请重新鉴定或勘验。法庭对于上述申请，应当作出是否同意的决定。

另外，2012 年修订的新《刑事诉讼法》规定了强制证人出庭制度。根据相关规定，法庭对于认为应当出庭的证人，没有正当理由拒不出庭作证的，可以强制其到庭，强制证人出庭需要审理案件的法院院长签发强制证人出庭令；但如果证人系被告人的配偶、父母、子女等亲属，则可以免除其出庭作证的义务。此外，证人没有正当理由拒绝出庭或者出庭后拒绝作证的，可由法庭视情予以训诫，或者处以 10 日以下的拘留。与证人该项义务相对应的是，如果证人因出庭作证而使其本人或者近亲属的人身安全面临危险的，法院则应当为其出庭作证采取技术保护措施或者在审判期间为其及家人提供相应保护措施。

（3）法庭辩论。法庭就犯罪事实进行调查，认为案件事实已经调查清楚的，审判长应当宣布法庭调查结束，开始由控辩双方就定罪、量刑的事实、证据和适用法律等问题进行法庭辩论。法庭辩论应当首先围绕案件的事实和定罪进行；对被告人认罪或者犯罪事实比较清楚的案件，法庭辩论时双方应主要围绕量刑和其他有争议的问题进行。在法庭辩论过程中，合议庭如果发现对本案定罪、量刑有影响的新的事实，有必要予以调查的，可以由审判长宣布暂停辩论，重新恢复法庭调查，在通过双方对新的事实进行调查以后，

① 参见卞建林主编：《刑事诉讼法学》，中国政法大学出版社 2014 年版，第 272 页。

继续法庭辩论。

(4) 被告人最后陈述。被告人最后陈述既是法庭审判的必经程序，也是被告人不能被剥夺的一项重要权利。所谓最后陈述，是指在法庭审理过程中，被告人在最后环节陈述自己对于涉案案件的意见，或者表明自己对于被指控犯罪事实的认识和态度。上述法庭的全部活动，均应当由书记员写成笔录并经审判长审阅后，由审判长和书记员签名。

(三) 评议和宣判

合议庭在法庭审理后，应当根据法庭审理期间查明的事实、证据和有关的法律规定，讨论确定对案件的处理意见并作出相应裁判。合议庭的评议应当秘密进行。在经过讨论后，合议庭一般应当根据案件情况分别作出如下判决：①案件事实清楚，证据确实充分，依据法律认定被告人有罪的，应当作出有罪判决；②依据法律认定被告人无罪的，应当作出无罪判决；③证据不足，不能认定被告人有罪的，应当作出证据不足、指控的犯罪不能成立的无罪判决。(判决书式样参见编后“文书示例一”)

评议结束后即可当庭宣判。当庭宣告判决，应当在5日以内将判决书送达当事人和提起公诉的检察院；定期宣判的，应当在宣判后立即送达判决书。

(四) 其他事项

人民法院审理第一审公诉案件，应当在受理后2个月以内宣判，至迟不得超过3个月。对于可能判处死刑的案件或者附带民事诉讼的案件，以及有交通不便、流窜作案等《刑事诉讼法》第156条规定的重大刑事案件情形的，经上一级人民法院批准，可以延长3个月；因特殊情况还需要延长的，报请最高人民法院批准。另外，在第一审程序中，检察机关不仅是作为诉讼一造的公诉机关，它还同时身兼刑事审判的法律监督者这一角色。根据刑事诉讼法的规定，人民检察院发现人民法院审理案件违反法律规定的诉讼程序，有权向人民法院提出纠正意见。

二、自诉案件的第一审程序

自诉案件的第一审程序，是指刑事诉讼法规定的人民法院对自诉人自行起诉的案件第一次进行审判所适用的程序。虽然诉讼的提起原因不同，但同为刑事案件的审理，自诉案件的第一审程序与公诉案件基本相同，只是在受理和审判程序上略有差异。

（一）自诉案件的范围

作为公诉案件的对称，自诉案件是指被害人或者其法定代理人、近亲属为了追究犯罪嫌疑人的刑事责任，直接向有管辖权的人民法院提起诉讼，并由法院直接受理的刑事案件。在现代刑事诉讼中是否实行自诉，各国的做法不同，我国则存在公诉主导下的部分自诉案件，以便提供公诉之外的其他公民权利救济途径。

根据刑事诉讼法的规定，我国的公诉案件包括以下三种类型：（1）告诉才处理的案件，也称为亲告案件。这类案件属于绝对自诉案件，即只有当事人起诉才能启动法院是否受理的审查程序，具体包括侮辱案件、诽谤案件、暴力干涉婚姻自由案件、虐待案件、侵占案。（2）被害人有证据证明的轻微刑事案件。这类案件属于相对自诉的案件，具体包括故意轻伤案，重婚案，妨害通信自由案，非法侵入他人住宅案，生产、销售伪劣商品案，侵犯知识产权案，刑法分则第四章、第五章规定的对被告人可能判处3年有期徒刑以下刑罚的案件。（3）被害人有证据证明对被告人侵犯其人身、财产权利的行为应当追究刑事责任，而公安机关或检察院不予追究被告人刑事责任的案件。这类案件属于公诉转自诉案件，其范围最大，可以说包含了存在被害人的所有刑事案件。

（二）自诉案件的提起和受理

自诉人应当向有管辖权的法院提交刑事自诉状，如果同时申请民事赔偿的则应当提交刑事附带民事诉状。并非自诉案件都能被法院受理，在自诉人提起自诉后，人民法院要对案件进行审查，符合法律规定条件的才能予以受理和进行审判。自诉案件的受理条件和提起自诉的条件相同，二者的区别在于前者是从人民法院的角度予以界定，而后者是从自诉人的角度界定。①

法院对自诉案件要认真审查，对犯罪事实清楚、有足够证据的案件应当直接受理。对不符合立案条件的，应通知自诉人撤诉并说明理由，自诉人坚持告诉的，法院应当裁定驳回，对于驳回起诉的裁定，自诉人可以上诉。自诉人经说服撤回起诉或被驳回起诉后，又提出新的足以证明被告人有罪的证据的，可以受理。自诉人经两次依法传唤，无正当理由拒不到庭，或未经法庭许可中途退庭的，按撤诉处理。

---

① 陈光中主编：《刑事诉讼法》，北京大学出版社、高等教育出版社2012年版，第359页。

（三）自诉案件的审理

人民法院对于决定受理的自诉案件，应当开庭审判。在审理程序上，除适用简易程序审理的以外，参照公诉案件第一审普通程序进行审理。如前所述，由于自诉案件本身具有特殊性，因而自诉案件的审理程序也有一些不同于公诉案件第一审普通程序的特点。

（1）自诉人在宣告判决前可以同被告人自行和解或者撤回起诉。自诉案件的这一特征为公诉案件所没有，它是法律赋予自诉人的一项重要权利。对于已经审理的自诉案件，当事人自行和解的，应当记录在卷；对于自诉人要求撤诉的，经查认为确属自愿的，应当准许，如果自诉人系因被强迫、威胁而作出上述决定的，则应当不予准许。同时，对于自诉人经两次依法传唤无正当理由拒不到庭的，或者未经法庭许可中途退庭的，按撤诉处理——这是法律对撤诉的拟制规定。

（2）人民法院可以对绝对自诉案件和相对自诉案件进行调解。法律规定，对于告诉才处理的案件和被害人有证据证明的轻微刑事案件，法院可以在查明事实、分清是非的基础上进行调解。调解达成协议的，人民法院应当制作刑事自诉案件调解书，由审判人员和书记员署名并加盖人民法院印章，调解书一经双方当事人签收即发生法律效力。

（3）被告人在特定情形下可以对自诉人提起反诉。反诉应具备下列条件，反诉的对象必须是本案自诉人；反诉的内容必须是与本案有关的犯罪行为；反诉的案件必须是属于法院直接受理的案件，另外，原自诉人撤诉的，不影响反诉案件的继续审理。

自诉案件的办案期限，分简易程序和普通程序。

三、简易程序

刑事案件的简易程序，是指基层人民法院在审理特定的刑事案件时，所采用的较普通程序相对简化的第一审程序。从世界范围内看，设置刑事简易程序符合当今世界各国刑事诉讼立法的趋势，对于及时惩罚犯罪、提高办案效率，都有着重要的意义。据统计，英国按简易程序审理的案件占全部刑事案件的97%；在日本达到94%；而在美国，按照辩诉交易处理的案件占全部刑事案件的90%以上。①

---

① 参见陈光中主编：《刑事诉讼法》，北京大学出版社、高等教育出版社2012年版，第362页。

(一) 简易程序的适用条件

简易程序的适用往往意味着某些正当程序的流失，可能潜在地具有忽视被告人权利保障的风险，因而对其适用应当予以一定的限制。我国2012年修订的《刑事诉讼法》第208条规定，适用简易程序审理的案件应当符合下列条件：

1. 属于基层人民法院管辖

刑事诉讼法并没有将一审案件限定为基层法院基于地域管辖而行使审判权的案件，因而基层人民法院基于指定管辖权而进行审理的一审案件，仍然可以适用简易程序。

2. 案件事实清楚、证据充分

这是适用简易程序案件的基本条件和重要基础。因为只有案件事实清楚、证据充分的案件，简化审理程序或者说省略部分审判流程也不至于侵害被害人的诉讼权利，从而保障案件的实体公正。

3. 被告人承认自己所犯罪行，对指控的犯罪事实没有异议①

被告人认罪是适用简易程序审理案件的前提，也是国外刑事诉讼中“辩诉交易”不可或缺的基础。要求被告人对适用简易程序没有异议，一方面是为了充分尊重当事人对刑事程序的选择权，另一方面也是为了使被告人服法息诉，进而达到节约司法资源的目的。

在规定上述必备条件基础上，刑事诉讼法从反面规定了具有以下情形的刑事案件不得适用简易程序：（1）被告人是盲、聋、哑人，或者是尚未完全丧失辨认或者控制自己行为能力的精神病人的；（2）有重大社会影响的；（3）共同犯罪案件中部分被告人不认罪或者对适用简易程序有异议的；（4）其他不宜适用简易程序审理的。

(二) 简易程序的特点

简易程序与普通程序相比，其特点主要体现在对后者的简化上。具体而

① 值得研究的一个实践中的问题是，被告人在审查起诉阶段基于对法律的错误认识而对其行为性质有辩解，但对犯罪事实均予以认可并作了前后一致的供述，在此情形下公诉机关是否可以建议法院适用简易程序审理。对此，笔者持肯定态度。因为根据最高人民法院2004年关于自首问题的批复，被告人对其行为性质的辩解并不影响自首的认定，据此可知被告人的类似辩解并不直接影响其认罪态度；进一步讲，事实清楚、证据充分的此类案件，适用简易程序，也并不会侵害被告人的诉讼权利。

言，简化主要体现在以下几个方面：

（1）在审判的组织上，在适用简易程序审理时，法院对可能判处3年以下有期徒刑的案件，既可以组成合议庭进行审理，也可由审判员一人独任审判。

（2）在文书的送达上，适用简易程序审理的案件，送达起诉书至开庭审判的时间，不受《刑事诉讼法》第182条规定的限制；开庭前，人民法院在通知有关诉讼参与人开庭的时间、地点时，也可以通过简便方式进行。

（3）在庭审的程序上，适用简易程序审理公诉案件时，公诉人可以择要宣读起诉书；公诉人、辩护人、审判人员对被告人的讯问、发问可以简化或者省略；对控辩双方无异议的证据，可以仅就证据的名称及所证明的事项作出说明；对控辩双方有异议，或者法庭认为有必要调查核实的证据，应当出示，并进行质证；控辩双方对与定罪量刑有关的事实、证据没有异议的，法庭审理可以直接围绕罪名确定和量刑问题进行。

（4）在宣判的形式上，适用简易程序审理的案件一般应当采用当庭宣判形式，原则上不采用定期宣判形式，从而有助于提高刑事司法效率。

（5）在审限的要求上，适用简易程序审理案件，人民法院应当在受理后20日以内审结；只有特定案件才可以延长至一个半月。

第三节 刑事诉讼第二审程序

“有权利必有救济”，作为地位相对中立的法院也不能例外。在法院作出一审刑事判决后，需要赋予控辩双方对关涉其切身利益的判决提出异议的权利，这就是刑事诉讼二审程序的主要意义所在。① 正是因为如此，刑事二审程序在性质上属于普通救济程序，也有学者将之称为“不与既判力并存的救济途径”②，对于维护当事人的合法权益和保障司法公正发挥着不可或缺的作用。

---

① 虽然公诉机关作为国家的代表，并不是实际承担判决不利的个人，但是基于司法公信力、业务考核等方面的压力，公诉机关仍然有强烈的动力去质疑其所不认同的一审判决。

② ［法］贝尔纳·布洛克：《法国刑事诉讼法》，罗结珍译，中国政法大学出版社2009年版，第522页。

一、刑事诉讼第二审程序概述

(一) 概念与特点

第二审程序，又被称为上诉审程序，是指第二审人民法院根据上诉人的上诉或者检察机关的抗诉，就一审法院尚未发生法律效力的判决或者裁定是否正确进行审理，并据此作出维持、撤销或者改判决定的一种审判程序。

第二审程序和第一审程序，都是审判刑事案件的普通程序，两者既相互联系，又各自独立。第二审程序和第一审程序相比，存在着明显的区别：(1)第一审程序是审判刑事案件的必经程序，各级人民法院都有权按照第一审程序审判属于自己管辖的刑事案件；而第二审程序不是刑事审判的必经程序，没有合法的上诉或抗诉案件，就不会产生二审程序的适用问题；(2) 适用第一审程序审理案件的法院是第一审案件的受理法院；而有权按照第二审程序审判刑事案件的法院是第一审法院的上一级人民法院；(3) 第一审案件必须通过开庭审理，而二审案件则实行“开庭审理为原则、不开庭审理为例外”的审理方式。

(二) 功能

我国的刑事诉讼与其他诉讼制度一样，实行两审终审制，二审程序也是我国刑事审判环节一个相对独立的诉讼程序。第二审程序主要审查第一审未生效的判决、裁定在事实的认定上和法律的适用上是否正确、诉讼程序是否合法，进而在全面审查和审理的基础上依法作出判决或裁定。概而言之，第二审程序具有以下功能：

(1) 通过第二审程序的适用，纠正一审错误的裁判。这一职能旨在通过对一审裁判错误进行审查，吸收和化解诉讼一方对一审裁判的不满情绪，进一步实现司法制度解决纠纷的功能。

(2) 通过第二审程序的适用，维护一审正确的裁判。对一审正确的判决，二审程序可以起到确认和宣示的作用，强化一审判决的说服力和可接受性。

(3) 通过第二审程序的适用，指导和监督下级人民法院的审判工作。除了上述功能外，我国二审程序事实上发挥着部分法律解释、创制和司法决策等功能，如对争议问题的处理、法律规定的含义等问题，都可能在二审判决中予以阐明，这与我国的法院审理机制有关。而在英美法系国家，由于传统上一直赋予法官解释法律或者创制法律的权力，因此，刑事上诉程序既具有解决纠纷功能，又具有机构性功能，在最高法院审理的上诉案件中，法官很少专门考虑眼前的具体案件是否得到正确解决，而更加关注该案件的处理结果对将来的可能影响，上诉程序的机构性功能占支配性地位。①

二、刑事诉讼第二审程序的审判原则

（一）全面审理原则

根据刑事诉讼法第222条的规定，第二审人民法院审判上诉和抗诉案件实行全面审理的原则。此处所谓“全面审查”，是指二审法院要对一审判决所认定的事实和所适用的法律进行全方位的审查，原则上不受上诉或者抗诉范围的限制；在共同犯罪案件中，如果只有部分被告人上诉，二审法院也应当对全案进行审查和处理。②

具体言之，上述全面审查原则的具体要求是：（1）法院既要对一审判决认定的事实是否正确和证据是否确实、充分进行审查，又要对一审判决适用法律有无错误进行审查；（2）既要审查一审判决中上诉人或者抗诉机关已经提出上诉或者抗诉的部分，还要审查一审判决中没有被提出的部分；（3）既要在实体上审查一审判决的正确性，还要从程序上审查一审法院在审判活动中是否合法；（4）在共同犯罪案件中，如果只有部分被告人上诉，或者检察机关仅对其中一部分被告人提起抗诉，那么二审法院也应对一审判决认定的每个共同犯罪人的事实和适用法律进行全面的审查；（5）审理附带民事诉讼的上诉、抗诉案件，应当对全案进行审查，以便正确确认民事责任的归属。

全面审理原则充分体现了我国刑事诉讼法的实事求是，以事实为依据、以法律为准绳的基本原则。究其立法本意，就在于有效促使二审法院在审理上诉或者抗诉案件时，不能消极地应付上诉或者抗诉，在程序上走过场，孤立地就事论事，而要充分发挥上诉审法官的主动性，对一审案件的事实、证据、定罪量刑和审理程序进行全面审查、综合考虑，从而使一审判决中的错误和瑕疵都能得到纠正，进而确保在终审裁判作出时，案件获得彻底的、正确的处理。

---

① 王超：《中国刑事上诉程序的机构性功能及其缺陷》，载《法学论坛》2008年第1期。

② 参见陈光中主编：《刑事诉讼法实施问题研究》，中国法制出版社2000年版，第260页。

（二）上诉不加刑原则

上诉不加刑原则是刑事审判中的重要原则，直接体现了宪法保障人权的作用，是对被告人诉权的基本保障。

上诉不加刑原则，就其含义而言，是指二审法院在审理被告人或其法定代理人、辩护人、近亲属上诉的一审案件时，不得在判决中加重对被告人的刑罚。此外，它还意味着二审法院在将案件发回原审人民法院重新审判时，原审人民法院除有新的犯罪事实或者检察机关补充起诉外，也不得在重审判决中加重被告人的刑罚。但是需要明确的是，检察机关提出抗诉或者自诉人自行提起上诉的，不受该原则之限制。

具体言之，上诉不加刑原则的内涵主要体现在以下几个方面：（1）对于共同犯罪案件，虽然只有部分被告人提起上诉，但除了不能加重上诉人的刑罚之外，也不能加重上诉人之外的同案犯的刑罚；（2）如果原判认定事实清楚、证据确实充分，但罪名认定不当时，可以在不加重原判刑罚前提下改变罪名；（3）如果涉嫌对上诉的被告人实行数罪并罚的，既不得加重最终决定执行的刑罚，也不能在保持原处执行刑罚不变的情况下，加重被判数罪中某罪的刑罚；（4）在原判刑罚中被告人被宣告缓刑的，在上诉审理中不得撤销缓刑或者延长缓刑考验期；（5）如果原判事实清楚、证据充分，但所判处的刑罚畸轻，或者应当对其适用附加刑而未适用的案件，二审不得撤销一审判决，直接加重第一审的刑罚或者适用附加刑，也不得以事实认定不清或者证据不足发回第一审人民法院重新审理。如果必须依法改判，则应当在二审判决、裁定生效后，按照审判监督程序予以重新审判。此外，共同犯罪案件中，人民检察院只对部分被告人判决提出抗诉的，第二审人民法院对其他第一审被告人不得加重刑罚。而如果是人民检察院抗诉的案件，经第二审人民法院审理后，改判被告人死刑立即执行的，还应当报请最高人民法院核准。

上诉不加刑是刑事诉讼中的一个重要原则，其意义体现在以下几个方面：（1）上诉不加刑有利于保障被告人的上诉权，保证两审终审制的贯彻执行。（2）上诉不加刑有利于促使第一审人民法院加强责任心，不断提高办案质量。（3）上诉不加刑有利于促使检察机关履行法律监督职能。人民检察院提出抗诉的案件，不受上诉不加刑的限制，二审法院审理抗诉案件时，如果原判刑过轻，可以改判加重被告人的刑罚。这就可以加强检察机关的责任感，促使其发挥监督功能，及时做好有关量刑过轻案件的抗诉工作。①

应当注意的是，人民检察院提出抗诉或者自诉人提出上诉的，不受前述“上诉不加刑”原则的限制。这意味着人民检察院提出抗诉或者自诉人提出上诉的案件，不管被告人一方是否上诉，第二审人民法院根据案件的具体情况，既可以依法加重被告人的刑罚，也可以依法减轻或者免除被告人的刑罚。

三、刑事案件第二审程序的审理方式

根据我国《刑事诉讼法》第223条的规定，适用第二审程序审判刑事案件的方式包括开庭审理和不开庭审理两种。

（一）开庭审理方式

开庭审理，是指第二审人民法院在合议庭的主持下，由检察人员和诉讼参加人参加，通过法庭调查和辩论、评议、宣判的方式审理上诉或者抗诉的刑事案件。因为二审结果往往直接决定被告人的定罪量刑，因而它要求法官亲历庭审现场，且当事人在法官面前对据以定罪量刑的证据展开质证；可以说，开庭审理方式是直接证据言辞原则在二审程序中的体现。

综合考虑二审程序的重要性与诉讼经济性，刑事诉讼法规定了下列二审案件应当开庭审理：（1）被告人、自诉人及其法定代理人对第一审认定的事实、证据提出异议，可能影响定罪量刑的上诉案件；（2）被告人被判处死刑的上诉案件；（3）人民检察院抗诉的案件；（4）其他应当开庭审理的案件，如对第一审判处死刑缓期二年执行的被告人上诉的案件，被告人或者辩护人提出影响定罪量刑的新证据，需要开庭审理的；等等。

第二审程序中人民法院除参照第一审程序的规定之外，还有其自身的一些特点。根据相关规定，人民法院还应当依照下列程序进行审理：（1）人民检察院提出抗诉的案件或者第二审人民法院开庭审理的公诉案件，应当在决定开庭审理后及时通知人民检察院查阅案卷。人民检察院应当在1个月内查阅完毕，做好出庭准备。（2）共同犯罪案件，只有部分被告人上诉或者人民检察院只就第一审人民法院对部分被告人的判决提出抗诉的，其他同案被告人也可以委托辩护人辩护。（3）在法庭调查阶段，审判长或者审判员宣读第一审判决书、裁定书后，由上诉人陈述上诉理由或者由检察人员宣读抗诉书，如果是既有上诉又有抗诉的案件，先由检察人员宣读抗诉书，再由上诉人陈述上诉理

① 罗时贵、余清华：《浅论上诉不加刑原则》，载《南昌高专学报》2003年第4期。

由，法庭调查的重点要针对上诉或者抗诉的理由，全面查清事实和核实证据。(4) 对于上诉或者抗诉案件，应当相应地先由上诉人或者检察人员发言，之后再由对方发言，然后进行辩论；对于共同犯罪案件中没有提出上诉的被告人，或者是没有被抗诉的被告人，也应当让其参加法庭调查、法庭辩论，被害人有权参加法庭审理。

(二) 不开庭审理方式

不开庭审理是指第二审人民法院的合议庭对上诉案件，经过阅卷，询问被告人，在听取其他当事人、辩护人、诉讼代理人的意见后，认为案件事实清楚的，可以不开庭审理即作出判决或裁定的审理方式。这种审理方式只适用于事实清楚的案件，合议庭如果发现事实不清或适用法律不当，就应该开庭审理。①

采用不公开审理的案件，应当遵循下列程序：(1) 根据刑事诉讼法关于审判的总则性规定，应当由审判员 3 人至 5 人组成合议庭进行审理。(2) 合议庭成员共同阅卷，并制作阅卷笔录，以便查明案件事实是否清楚，证据是否确实、充分，一审适用法律是否正确，定罪量刑是否适当，诉讼程序是否合法。(3) 不开庭审理的案件必须对被告人进行讯问，听取被告人的陈述和辩解；还应当尽量直接听取其他当事人、辩护人、诉讼代理人的口头意见。(4) 经合议庭评议，依照法律规定决定不开庭审理的，可根据案件事实作出相应的处理决定。

此外，由于不开庭审理的二审案件并没有代表检察机关的公诉人参与，因而不开庭审理还应当接受检察机关的监督，人民法院应将不开庭审理的裁判结果及时通知检察机关。

四、上诉、抗诉案件的审结方式

根据刑事诉讼法的相关规定，第二审人民法院对不服第一审判决的上诉、抗诉案件，经过审理后，应当按照下列情形分别处理：(1) 原判决认定事实和适用法律正确、量刑适当、程序合法的，应当裁定驳回上诉或者抗诉，维持原判；(2) 原判决认定事实没有错误，但适用法律有错误，或者量刑不当的，

① 这一规定是否合理，值得商榷。因为除了对于法律规定依法应当开庭的案件外，案件事实是否清楚、证据是否充分完全依靠法官书面审查案卷证据后的内心判断，而严格法律意义上的判断依据应当是借由控辩双方参加的庭审而确认的证据。

应当改判；（3）原判决事实不清楚或者证据不足的，可以在查清事实后改判；也可以裁定撤销原判，发回原审人民法院重新审判。原审人民法院对于发回重新审判的案件作出判决后，被告人再次提出上诉或者人民检察院又提出抗诉的，第二审人民法院应当依法作出判决或者裁定，不得再发回原审人民法院重新审判。

公开审判原则、回避制度、审判组织构成等制度可以说是我国刑事诉讼制度中最基础、最具本源性的内容，对于上述原则和制度违反的判决一般来说都不具有合法性，因而刑事诉讼法对于该情形下的二审案件，明确规定了应予撤销并发回重审。《刑事诉讼法》第227条规定，第二审人民法院发现第一审人民法院的审理有下列违反法律规定的诉讼程序的情形之一的，应当裁定撤销原判，发回原审人民法院重新审判：（1）违反本法有关公开审判的规定的；（2）违反回避制度的；（3）剥夺或者限制了当事人的法定诉讼权利，可能影响公正审判的；（4）审判组织的组成不合法的；（5）其他违反法律规定的诉讼程序，可能影响公正审判的。①

第四节 死刑复核与核准程序

所谓死刑复核程序，是指有核准权的人民法院对已经判处被告人死刑的案件，依照法律规定的程序再一次进行复查，以便决定是否核准死刑的一种特别审判程序。它主要是指最高人民法院对死刑案件的核准程序，广义上也包括高级人民法院对没有上诉、抗诉的死刑案件的复核程序，以及高级人民法院对死刑缓期执行案件的核准程序。死刑复核程序是我国贯彻慎用死刑政策的程序保障措施，其任务是对死刑判决或裁定所认定的事实和适用的法律是否正确进行全面审查，在此基础上核准正确的死刑判决或裁定，纠正不适当或错误的死刑判决或裁定。

一、死刑复核程序的适用范围

在2007年之前，最高人民法院为了配合打击犯罪的刑事政策，曾经将死

① 有学者认为，对该规定中的第（3）、（5）两种情形是否一律发回重审，则可视案件的具体情况而定。如违反诉讼程序的程度较轻，且并未发生审判不公正的结果，则可由二审法院根据情况酌定是否发回重审，并辅以审判监督函等形式予以指正。参见陈光中主编：《刑事诉讼法》，北京大学出版社、高等教育出版社2012年版，第378页。

刑复核权下放给部分高级人民法院。随着人权保障理念的传播和落实，以及限制死刑逐步成为世界各国的刑罚趋势，① 最高人民法院为了进一步减少死刑的适用范围，从2007年起收回了对死刑立即执行的复核、核准权，同时仍然将死刑缓期二年执行的复核权力保留给了高级人民法院。因而，死刑复核程序的范围根据死刑立即执行和死刑缓期二年执行而略有不同。

（一）死刑立即执行案件的复核

根据刑事诉讼法、《最高人民法院关于适用〈中华人民共和国刑事诉讼法〉的解释》以及最高人民法院的其他司法解释，对判处死刑立即执行的案件，应当按照以下情形分别报送最高人民法院复核：

（1）中级人民法院判处死刑的第一审案件，人民检察院不抗诉或者被告人不上诉的，作出判决的法院应当在抗诉或上诉期满后3日内报请高级人民法院复核。高级人民法院经复核同意判处死刑的，应当依法作出裁定后报请最高人民法院核准；高级人民法院不同意判处死刑的，应当提审或者发回重新审判。

（2）中级人民法院判处死刑的第一审案件，人民检察院抗诉或者被告人提出上诉的，高级人民法院终审裁定维持死刑判决的，应当报请最高人民法院核准；高级人民法院经第二审程序可以依法改判或者发回重审，不再报请最高院复核。

（3）高级人民法院判处死刑的第一审案件，人民检察院不抗诉或者被告人不上诉的，作出判决的法院应当在抗诉或者上诉期满后3日内报请最高人民法院核准；如果人民检察院提起抗诉或者被告人上诉，则由最高人民法院依法作出终审决定。

（4）被判处死刑缓期二年执行的案件，如果被告人在死刑缓期执行期间故意犯罪、应当执行死刑的，则由高级人民法院报请最高人民法院核准。

（二）死刑缓期二年执行案件的复核

严格意义上讲，死刑缓期二年执行的案件仍然属于死刑案件，因为死刑缓期二年执行只是作为刑罚种类的死刑的一种特殊执行方式。但由于它并不直接剥夺被告人的生命，而且在缓期执行期间很少有被告人故意犯罪的情形，因而

---

① 关于世界范围的死刑数据及相关分析，可参见［英］罗吉尔·胡德：《死刑的全球考察》，刘仁文、周振杰译，中国人民公安大学出版社2003年版，第14页。

它实际上赋予被告人一个改过自新的机会。也正因为它体现了政策的宽大性和人道主义原则，所以法律将此类案件的复核权赋予了高级人民法院。

根据相关法律和司法解释的规定，下列死刑缓期二年执行案件应当分别报高级人民法院复核：

(1) 中级人民法院判处死刑缓期二年执行的案件，人民检察院不抗诉或者被告人不上诉的，作出判决的法院应当报请高级人民法院核准。高级人民法院同意判处死刑缓期二年执行的，应当裁定予以核准；如果认为事实不清、证据不足的，应当裁定发回重审。

(2) 中级人民法院判处死刑缓期二年执行的案件，人民检察院抗诉或者被告人提出上诉的，高级人民法院经过第二审程序，同意判处死刑缓期二年执行的，直接作出维持原判的裁定；如果认为事实不清、证据不足的，应当裁定发回重审。

(3) 高级人民法院判处死刑缓期二年执行的一审案件，人民检察院不抗诉或者被告人不上诉的，即直接作出核准死刑缓期二年执行的裁定。

二、死刑复核程序的内容

根据《刑事诉讼法》第240条及相关司法解释的规定，最高人民法院或者高级人民法院在进行死刑案件复核时，应当遵循以下程序：

(1) 对案卷和案件事实进行全面审查。阅卷是最重要的复核方式，因为案卷集中展示了案件据以判处死刑的所有证据。通过全面审查案卷，可以发现原判认定犯罪事实是否清楚，证据是否确实、充分，定性是否准确，法律手续是否齐备，等等。另外，秉持谨慎、谦抑的复核原则，对证据有疑问的，应当对证据进行调查核实，必要时可到案发现场进行调查。

(2) 讯问被告人。与一般刑事案件不同，讯问被告人是死刑复核程序中的法定环节。换言之，对被告人进行讯问是复核人员的法定义务，不讯问则为非法。在此环节对被告人进行讯问，赋予其最后辩解的机会，有助于查明案件真实情况、发现和纠正错判，进而切实保障被告人的权利。

(3) 听取辩护律师的意见。与讯问被告人一样，听取辩护律师意见，也是法律规定的必经环节之一。听取辩护律师意见，既是对被告人及其辩护律师行使诉讼权利的保障，也是为了保证死刑复核的准确性。

(4) 制作复核意见。最高人民法院或高级人民法院的合议庭对报请复核的死刑或者死缓案件进行全面审查后，应当进行评议并提出复核意见，在经过讨论决定后，形成正式裁定。需要注意的是，高级人民法院复核死刑案件或者高级人民法院复核死刑缓期执行的案件，应当由审判员三人组成合议庭进行。

三、死刑复核的处理方式

《刑事诉讼法》第239条规定："最高人民法院复核死刑案件，应当作出核准或者不核准死刑的裁定。对于不核准死刑的，最高人民法院可以发回重新审判或者予以改判。"死刑复核的一般的处理方式主要有以下几种：

（1）中级人民法院判处死刑的第一审案件，被告人未上诉、人民检察院未抗诉的，在上诉、抗诉期满后10日内报请高级人民法院复核。高级人民法院同意判处死刑的，应当在作出裁定后10日内报请最高人民法院核准；不同意的，应当依照第二审程序提审或者发回重新审判。

（2）中级人民法院判处死刑的第一审案件，被告人上诉或者人民检察院抗诉，高级人民法院裁定维持的，应当在作出裁定后10日内报请最高人民法院核准。

（3）高级人民法院判处死刑的第一审案件，被告人未上诉、人民检察院未抗诉的，应当在上诉、抗诉期满后10日报请最高人民法院核准。

第五节 刑事审判监督程序

我国刑事诉讼中的审判监督程序，是指人民法院对已经生效的刑事裁判进行审查，并将认为确有错误的案件交原审法院或由原审法院的上级法院提审，以纠正错误判决或裁定的一种诉讼程序，通常又称为再审程序。适用审判监督程序审理的案件一般称为再审案件。

一、申诉的提出及审查处理

根据刑事诉讼法的相关规定，当事人及其法定代理人、近亲属，对已经发生法律效力的判决、裁定，可以向人民法院或者人民检察院提出申诉，但是不能停止判决、裁定的执行。这一规定明确了申诉的主体、对象等基本内容。

（一）申诉的主体

提起申诉的主体，只能是当事人及其法定代理人、近亲属。应当特别注意的是，申诉人与上诉人的范围并不相同，如被害人虽然没有上诉权，但依法享有申诉权；当事人的近亲属并无独立的上诉权，其只有在获得被告人授权的前提下才可以上诉；但与上诉权不同，近亲属却有独立的申诉权，近亲属进行申诉时无须被告人的同意。

（二）申诉的对象

申诉必须针对已经发生法律效力的判决、裁定。但对于已经生效的判决、裁定，当事人及其法定代理人、近亲属的申诉对象并不限于人民法院，而是既可以向人民法院提出申诉，也可以向人民检察院提出申诉。

（三）申诉的时间

申诉的时间原则上为2年，即人民法院对刑事案件的申诉人在刑罚执行完毕后2年内提出的申诉，应当受理。

超过2年提出申诉，具有下列情形之一的，仍然应当受理：可能对原审被告人宣告无罪的；原审被告人在规定的期限内向人民法院提出申诉，人民法院未受理的；属于疑难、复杂、重大案件的。

（四）申诉的效力

如前所述，申诉一方面并不具有阻止判决、裁定执行的效力——这是申诉与上诉的重要区别；另一方面，申诉并不必然能直接引起审判监督程序，而只是向有权启动再审程序的机关提交的一种申请，决定启动再审程序的权力仍在后者。

但如果当事人及其法定代理人、近亲属的申诉符合下列情形之一的，人民法院应当重新审判：（1）有新的证据证明原判决、裁定认定的事实确有错误，可能影响定罪量刑的；（2）据以定罪量刑的证据不确实、不充分、依法应当予以排除，或者证明案件事实的主要证据之间存在矛盾的；（3）原判决、裁定适用法律确有错误的；（4）违反法律规定的诉讼程序，可能影响公正审判的；（5）审判人员在审理该案件的时候，有贪污受贿，徇私舞弊，枉法裁判行为的。①

① 应当说明的是，2012年修订的《刑事诉讼法》在原有四种情形的基础上，增加了第四项“违反法律规定的诉讼程序，可能影响公正审判的”情形，也反映了立法者对于诉讼程序的重视。

（五）申诉的审查处理

申诉的审查处理主体，一般是由原来作出判决、裁定的法院进行。直接向上级人民法院申诉的，如果没有经作出发生法律效力的判决、裁定的人民法院审查处理，上级人民法院可以交该人民法院审查，并告知申诉人；如果属于案情疑难、复杂、重大的，或者已经由作出发生法律效力的判决、裁定的人民法院审查处理后仍坚持申诉的，上级人民法院可以直接受理、审查，下级人民法院也可以请求移送上一级人民法院审查处理。

第二审人民法院对不服本院维持第一审人民法院裁判的申诉，可以交由第一审人民法院审查。第一审人民法院审查后，应当写出审查报告，提出处理意见，报第二审人民法院审定。

人民法院受理申诉后，应当在3个月内作出决定，至迟不得超过6个月。经审查，认为有《刑事诉讼法》第242条规定的情形之一的，由院长提请审判委员会决定重新审判；对不符合《刑事诉讼法》第242条规定的申诉，应当说服申诉人撤回申诉；对仍然坚持申诉的，应当书面通知驳回。

申诉人对驳回申诉不服的，可以向上一级人民法院申诉。上一级人民法院经审查认为申诉不符合《刑事诉讼法》第242条规定的，应当予以驳回。经两级人民法院处理后又提出申诉的，如果没有新的充分理由，人民法院可以不再受理。

二、审判监督程序的启动主体及其权限

根据刑事诉讼法及相关司法解释的规定，审判监督程序的启动主体主要包括作出生效裁判的各级人民法院、上级人民法院和最高人民法院，以及有权提起抗诉的上级人民检察院、最高人民检察院。

（一）各级人民法院

有权提请再审的各级人民法院，是指作出生效判决、裁定的人民法院院长和审判委员会。人民法院院长对已经发生法律效力的判决和裁定，如果发现在认定事实上或者适用法律上确有错误，必须提交审判委员会处理；审判委员会经过讨论作出本院再审的决定。

（二）最高人民法院和上级人民法院

最高人民法院对各级人民法院已经发生法律效力的判决、裁定，上级人民

法院对下级人民法院已经发生法律效力的判决和裁定，如果发现确有错误，可以指令下级人民法院再审；对于原判决、裁定认定事实正确，但在适用法律上有错误，或者案情疑难、复杂、重大的，或者有其他不宜由原审人民法院审理的情况的案件，也可以提审。

（三）最高人民检察院和上级人民检察院

最高人民检察院对各级人民法院已经发生法律效力的判决和裁定，上级人民检察院对下级人民法院已经发生法律效力的判决和裁定，如果发现确有错误，有权按照审判监督程序向同级人民法院提出抗诉。

对人民法院已经发生法律效力的判决、裁定需要提出抗诉的，由控告申诉部门报请检察长提交检察委员会讨论决定。人民检察院决定抗诉后，由审查起诉部门出庭支持抗诉。

最高人民检察院发现各级人民法院已经发生法律效力的判决或者裁定，上级人民检察院发现下级人民法院已经发生法律效力的判决或者裁定确有错误时，可以直接向同级人民法院提出抗诉，或者指令作出生效判决、裁定人民法院的上一级人民检察院向同级人民法院提出抗诉。

三、审判监督案件的审判程序

审判监督程序本身其实并无独立的审判程序，其审判程序根据原审裁判生效的审级以及适用提审还是再审而有别：原审判决是第一审判决后生效而现在是再审程序的，则适用第一审的审理程序，对此环节所作出的裁判，被告人可以上诉、检察机关也可以抗诉；原审裁判如果是一审后生效而现在是提审的，则适用第二审程序，在此环节所作出的裁判是终审的判决、裁定；原审裁判如果是二审后生效的，那么不管是提审还是再审，此时均适用第二审程序，所作出的裁判相应地也是终审的判决、裁定。

（一）开庭前的工作

决定再审的人民法院，应当将再审决定书、申诉书副本至迟在开庭 30 日前，重大、疑难案件至迟在开庭 60 日前送达同级人民检察院，并通知其查阅案卷和准备出庭。

同时，法院还应当将再审决定书或抗诉书副本至迟在开庭 30 日以前送达原审被告人（原审上诉人），告知其可以委托辩护人，或者依法为其指定承担法律援助义务的律师担任辩护人。

控辩双方收到再审决定书或抗诉书后，人民法院通知开庭之日前，可以提交新的证据。开庭后，除对原审被告人（原审上诉人）有利的外，人民法院不再接纳新证据。

为了保证公平、公正地审理再审案件，原审人民法院审理依照审判监督程序重新审判的案件，法院应当另行组成合议庭。

（二）提押及强制措施

人民法院决定再审或者受理抗诉书后，原审被告人（原审上诉人）正在服刑的，人民法院依据再审决定书或者抗诉书及提押票等文书办理提押。

我国《刑事诉讼法》第246条第1款规定："人民法院决定再审的案件，需要对被告人采取强制措施的，由人民法院依法决定；人民检察院提出抗诉的再审案件，需要对被告人采取强制措施的，由人民检察院依法决定。"这意味着，由哪一机关启动再审程序，即由该机关决定对被告人采取强制措施。

（三）中止审理与终止审理

根据最高人民法院的司法解释，原审被告人（原审上诉人）收到再审决定书或者抗诉书后下落不明或者收到抗诉书后未到庭的，人民法院应当中止审理；原审被告人（原审上诉人）到案后，恢复审理；如果超过2年仍查无下落的，应当裁定终止审理。这一规定体现了对申诉人权利的尊重。

（四）重新审理的期限

人民法院按照审判监督程序重新审判的案件，应当在作出提审、再审决定之日起3个月以内审结，需要延长期限的，不得超过6个月。接受抗诉的人民法院按照审判监督程序审判抗诉的案件，审理期限适用前款规定；对需要指令下级人民法院再审的，应当自接受抗诉之日起1个月以内作出决定，下级人民法院审理案件的期限适用前款规定。

四、再审程序的处理方式

根据刑事诉讼法的相关规定，人民法院按照审判监督程序重新审判案件，经过审理以后，根据案件的不同情况，应当分别作出如下处理：（1）原判决、裁定认定事实和适用法律正确、量刑适当的，应当裁定驳回申诉或者抗诉。（2）原判决、裁定认定事实没有错误，但适用法律有错误，或者量刑不当的，应当改判。按照第二审程序审理的案件，认为必须判处被告人死刑立即执行的，直接改判后，应当报请最高人民法院核准。(3) 当对被告人实行数罪并罚的案件，原判决、裁定没有分别定罪量刑的，应当撤销原判决、裁定，重新定罪量刑，并决定执行的刑罚。(4) 按照第二审程序审理的案件，原判决、裁定认定事实不清或者证据不足的，可以在查清事实后改判，也可以裁定撤销原判，发回原审人民法院重新审判。原判决、裁定认定事实不清，证据不足，经再审仍无法查清，证据不足，不能认定原审被告人有罪的，应当参照有关规定判决宣告被告人无罪。

审判监督程序是对之前司法程序的监督，既包括实体也包括程序，实质上也是一种司法救济。因而，如果重新审判后发现原审裁判确有问题的，应当依法予以改判或者发回原审人民法院重审。而对于因原审人民法院的错误判决，而受到损失的当事人，可以依法提起国家赔偿。

第四章　民事审判

民事审判，是一种以国家强制力为后盾、通过法定程序进行的民事纠纷解决机制。民事纠纷是一种消极的社会现象，一旦产生就必然使一定的交易关系或者法律秩序处于不正常的状态，难以顺畅地运行，因而需要一定的纠纷解决机制加以缓和和消解。在人类漫长的历史发展中，不同国家、不同时期分别形成了内容不同、形式有别的纠纷解决机制，并伴随着公权力的日渐强大和政治国家的发展，在总体上经历了从私力救济向公力救济的发展过程。①相较于调解、仲裁等其他民事纠纷解决机制，民事审判具有严格规范性和国家强制力。在这个过程中，无论是身为审判主体的法院和法官，还是参与诉讼的当事人，都必须严格按照民事诉讼法规定的阶段和序位实施相应的诉讼行为。在此意义上，也可以说民事审判是民事纠纷解决机制中最为公正和权威的一种方式。

第一节　民事审判概述

民事审判是人民法院的主要审判业务内容之一，也是与绝大多数民众利益关联最密切的司法工作之一。作为民事审判的基本法律依据，1991 年民事诉讼法的颁布和施行，对我国民事审判工作的开展和民事主体权利的保护发挥了重要作用。随着我国经济社会的快速发展和深刻变革，人民法院民事审判和执行工作面临的压力越来越大。在此背景下，全国人大常委会于 2007 年对民事诉讼法中的再审和执行程序等制度作了修改，极大地支持了人民法院民事审判和执行工作。② 2012 年通过的民事诉讼法则对以往的民事审判立法进行了更大范围的调整和修改，极大地方便了对民事主体民事权利的保护，也揭开了新

① 参见蒲一苇等：《民事诉讼法教程》，清华大学出版社、北京交通大学出版社 2013 年版，第 11 页。

② 参见陈桂明：《再审事由应当如何确定——兼评 2007 年民事诉讼诉讼法修改之得失》，载《法学家》2007 年第 6 期。

一轮民事审判工作实践与改革的序幕。

一、民事审判的概念

民事审判是指人民法院居中主持，对提起民事诉讼的当事人所争议的焦点作出权威性判决结果的民事诉讼活动以及由这些民事诉讼活动所产生的各种审判关系的总和。

民事审判活动既包括人民法院的审理活动，如案件的受理、取证、采取强制措施、作出裁判、执行等程序；还包括诉讼参与人的诉讼活动，如提起诉讼、作出答辩等。它之所以包括诉讼参与人的诉讼活动，乃是由于人民法院的审判程序的启动多是由原告起诉开启，与此对应的则是被告作出答辩或反诉、证人作证等。虽然如此，诉讼活动并不完全等价于审判活动，如组成合议庭评议案件的活动、专业审判委员会讨论案件的活动等虽然不是诉讼活动，但应作为审判活动，因为这是人民法院内部作出的对案件结果有影响的一种活动，是基于人民法院对正在审理中的案件出现的复杂问题审慎审理的体现，其目的在于维护司法公正，裁判公正，促进和谐。毫无疑问，诉讼活动与审判活动的关系密切。

二、民事审判的特点

（一）民事审判活动必须严格依照法律进行

为了民事审判的公正性，民事诉讼法和相关法律对此有系统且相对完备的程序和操作性规定。法院的审判活动以及诉讼参与人、当事人的诉讼活动都必须依照法律规定的程序和内容进行各自的活动。

（二）法院在民事审判活动中居于极其重要的地位

法院裁判至关重要，一经作出判决，影响甚大，因此人民法院的审判活动在整个诉讼活动过程中的作用举足轻重。在审判法律关系中，当事人的诉讼活动对诉讼的发生、变更和消灭有很大的影响，是民事诉讼发生的基础，但由于法院的公权力，法院所作出的判决、裁定、决定、通知等也会导致诉讼参与人的权利义务发生、变更或者消灭，所以法院的审判活动在诉讼过程中自始至终起着重要的作用，甚至可以说对诉讼的发生、变更和消灭起着决定性的作用。

（三）民事审判活动是由阶段性组成的连续性诉讼活动

民事审判活动的阶段性，是由各个诉讼活动的程序性决定的，立案、调查取证、开庭审理等各个环节都有各自对应的程序要求。阶段性是为了提高诉讼效率，更加完善地保证民事审判活动的质量，是整个民事诉讼活动的组成部分，由这些阶段性构成一个完整的民事审判活动，这些阶段是连续的、有序的、统一的，所以说民事审判活动是由阶段性组成的具有连续性的诉讼活动。

（四）民事审判活动具有复杂性

由于民事诉讼活动参与的主体具有广泛性，所对应的客体为人类社会的各个方面错综复杂的关系，且大多涉及财产关系，因此，民事审判所应厘清的法律关系具有相当的复杂性。

三、民事审判的目的及意义

民事审判的目的，是指人民法院或者说国家司法机关设立这样的一种审判机制，其目的何在，或者说是想借此达到怎样的一个理想结果。

首先，民事审判的目的不能脱离法律所服务的普通公民。很多人认为民事审判就是对“口角”、“鸡毛蒜皮”的小事进行裁定，这样的审判机制不能与刑事审判比威严，也不能与行政审判比轰动，但正因为如此才更凸显出民事审判的设立的目的性。民事审判的设立乃是为了解决社会生活中普遍出现的各种民事关系引起的纠纷问题。

其次，法律的目的之一是为了定纷止争，民事审判的目的也应该是如此。“定”与“止”指人民法院的判决、裁定、决定停止当事人双方的“纷”、“争”，即指人民法院对纠纷应作一个权威性的结论，使不和谐变得和谐，使不理性重归理性。既然定纷止争，接下来便自然应是具体的明确的法言法理，也就是关于诉讼双方当事人权利义务的归属问题。民事审判活动最基本的结果是确立权利义务的归属与份额，并以强制力保证实施，这同时也是民事审判活动重要的目的之一。民事活动是社会最普遍的活动，无所不包、事无巨细皆纳入其中，如果没有规范性的约束以及清晰明了的法律规定，没有强有力的机关来主持实施，民事权利义务就无法确定和实现。

民事审判活动的意义在于促进社会和谐。基于我国当前国情，经济建设作为重中之重，更多关于财产关系的民事审判活动无疑肩负起更为繁重的工作任务。在我国经济建设进程中不断出现新的问题，如涉外民事审判等，使得民事审判工作面临新的挑战。民事审判的意义既在于对已发现的问题的解决，促进社会和谐，保护经济建设顺利进行；也在于对未知或出现的新问题的探索解决，不断完善我国的民事审判机制，促进我国司法机制的健全。

四、民事调解

在以“和为贵”、息讼等传统观念的影响下，调解在解决民间纠纷上发挥了重要作用，在法律制度史上也以“东方经验”而出名。① 作为解决民事纠纷的一种法律制度，法院所进行的民事调解制度，其本质上是一种以合意为核心要素、制度化了的解决纠纷方式，是民间私人纠纷解决机制的延伸，是一种当事人主义，并在民事司法领域发挥着重要作用。

法院民事调解是指民事争议由法院受理后，在审判员或者合议庭的主持下，为协商解决纠纷，以双方当事人对民事争议进行商谈、让步为主的诉讼活动。法庭调解是在开庭之前进行的，判决前能够调解的，则可以先行调解；调解不成的，应当及时判决。人民法院进行调解时，应当根据当事人的自愿原则，在事实清楚的基础上，分清是非，划分责任。

人民法院进行调解，可以由审判员一人主持，也可以由合议庭主持，并尽可能就地进行。人民法院进行调解，可以用简便方式通知当事人、证人到庭。值得注意的是，法院调解不等同于法庭调解，一般来说，法院调解是诉讼案件抵达法院而尚未进入庭审程序时进行，由人民法院主持，本着平等自愿原则为解决纠纷协议约定平息纠纷，而法庭调解则是案件已开庭审理尚未判决之时，当事人双方同意调解解决纠纷的，还可以进行调解。

第二节 民事诉讼普通程序

民事案件普通程序，是指人民法院审理第一审民事案件通常使用的程序。人民法院审理民事案件，根据不同的具体情况，确定适用不同的诉讼程序。作为民事审判的基础性程序，普通程序体现了民事诉讼的基本流程和程序内容。我国学界一般认为，只有原告起诉与法院受理相结合，才能引发民事诉讼程序。②

① 参见蒲一苇等：《民事诉讼法教程》，清华大学出版社、北京交通大学出版社 2013 年版，第 11 页。

② 李浩：《民事诉讼法学》，法律出版社 2011 年版，第 251 页。

一、民事案件普通程序概述

在我国，诉讼程序包括很多种，普通程序只是其中的一种，它是人民法院审理第一审民事诉讼案件通常所使用的诉讼程序。除了简单的民事诉讼案件适用简易程序进行审理外，其他的民事诉讼案件都应按照普通程序进行审理。

普通程序在民事诉讼程序中，处于十分重要的地位，起着其他程序无法替代的作用。普通程序具有如下特点：

(1) 普通程序是民事诉讼程序中体系最完整、最系统，内容最充实、最完备的一种程序。普通程序囊括了从当事人起诉到第一审法院作出判决的基本方式、步骤和程序，同时对诉讼程序中的基本制度和具体制度都作了专门的规定。

(2) 普通程序作为民事诉讼的基础性程序，具有极为广泛的适用性。可以说，没有一审程序，其后的二审程序和再审程序就无从谈起。而一审程序中的简易程序又是以普通程序为基础所进行的简化，故而普通程序不仅是一审程序，同时也是包括二审程序和再审程序在内的整个诉讼程序的基础。在我国，因为不存在一个单独的程序总则的规定，而普通程序又规定得最系统、最完整，成为整个民事诉讼程序的基础，因而实际上，普通程序起到了一个程序通则的作用。

(3) 普通程序具有独立性。虽然普通程序的存在是与简易程序等相对应的，但它并不依附于简易程序和其他程序。相反，普通程序本身是一个独立的诉讼程序，它并不以其他程序的存在为前提。

二、审理前的准备工作

庭前工作又称为审理前的准备。根据我国民事诉讼法的规定，审理前的准备是指原告的起诉被受理后，至正式的开庭审理之前，为使庭审工作顺利进行，审判人员及当事人依法所进行的准备工作的总称。审理前的准备是普通程序的重要组成部分，是正式审理前的必经阶段。

庭前工作对于人民法院提高庭审效率，保证开庭审理案件集中而充实地进行具有非常重要的意义。在我国，庭前工作程序已经初步完善。

我国民事诉讼法对审理前的准备有明确的法律规定，根据《民事诉讼法》第 125 条至第 133 条以及相关司法解释的规定，审理前的准备工作主要包括以下四项内容：

(1) 送达起诉状副本和提出答辩状。得到起诉状副本是被告的诉讼权利之一，而送达起诉状副本则是法院的义务。原告书面起诉的，人民法院应当在立案之日起5日内将起诉状副本送达被告；原告口头起诉的，也应当在5日内将记录有口头起诉的笔录抄送发送给被告。被告在收到之日起15日内提出答辩状。

被告提出答辩状的，人民法院应当在收到之日起5日内将答辩状副本发送原告。现实中可能出现被告不提出答辩状的情况，这不影响人民法院审理。当事人通过人民法院交换起诉状与答辩状，有助于人民法院以及双方当事人初步了解案情的大致情况，明确争论的焦点，才能有针对地做好庭前工作，提高庭审效率。

（2）告知当事人诉讼权利义务与合议庭组成人员。根据我国民事诉讼法的相关规定，人民法院对决定受理的案件，应当在受理案件通知书和应诉通知书中向当事人告知有关的诉讼权利义务，或者口头告知，按照普通程序审理民事案件，应当组成合议庭。合议庭组成人员确定后，应当在3日内告知当事人，以便当事人行使提出回避的权利。

（3）审核诉讼材料，调查收集必要的证据。审核诉讼材料，主要是指承办案件的审判人员对原告的起诉状、被告的答辩状以及他们提出的证据和其他诉讼材料进行审查和核实。经过审核，可以使审判人员对案情进行初步了解，以便掌握矛盾的焦点和争议的实质，从而把握案件审理的中心环节。同时，通过审核诉讼材料，可使审判人员确定证明对象以及收集、调查证据的方向。因此，审核诉讼材料是审判准备工作的中心环节和步骤，它对于案件的开庭审理具有重要意义。

（4）追加当事人。在通常情况下，只有提起诉讼和被提起诉讼的公民、法人或其他组织，才能成为民事诉讼中的当事人。但是，在有些情况下，如果某些没有提起诉讼或者被提起诉讼的公民、法人或其他组织，不得已提起诉讼或者已被提起诉讼的公民、法人或其他组织一并成为民事诉讼中的当事人，民事纠纷就无法得到解决。因此，通过审阅诉讼材料，发现必须共同进行诉讼的当事人没有参加诉讼的，法院应当通知其参加诉讼，而不能裁定驳回起诉，更不能动员其撤诉，因为追加当事人既是法院的权力，也是法院的责任。但追加当事人，只是在必须共同进行诉讼的当事人没有参加诉讼的情况下才进行的，因此，它不是审理前准备工作的必经步骤。

三、开庭审理

开庭审理，是人民法院对所受理的案件，在完成审理前准备工作后，在审判人员主持下，在当事人以及其他诉讼参与人的参加下，在法庭上查清案件事实，分清是非责任，对案件的实体问题作出处理决定所进行的审判活动与诉讼活动。

根据法律规定，法院审理案件，除涉及国家秘密、个人隐私或者法律另有规定的以外，应当公开进行。① 开庭审理是民事审判活动中最主要的诉讼阶段，也是整个民事诉讼过程中的最核心的环节，是审判程序的重心。因此，要加强审判活动的民主性、公开性，提高透明度，以切实保护当事人的合法权益。

（一）法庭调查

法庭调查，是在法庭上对案件的事实进行全面的调查，这是对案件进行实体审查的主要阶段，是开庭审理的中心环节。法庭调查的任务，是由当事人对案情进行全面系统的陈述，由证人提供证言，法庭出示并核对各种证据，从而揭示案情。

按照我国民事诉讼法的有关规定，法庭调查应当按照下列顺序进行：(1) 当事人陈述。当事人陈述包括原告陈述起诉状，被告陈述答辩状，也即原、被告双方各自提出争讼焦点；(2) 出示证人证言。法庭应当告知证人作证所享有的权利，以及作证所应承担的相关义务，证人到庭作证的，必须对所做证明情形负法律责任，有不能到庭作证的证人作出了证言的，还必须当庭宣读未到庭的证人证言。(3) 出示书证、物证、视听资料。民事诉讼除法律有特别规定外，多是遵循“谁主张谁举证”，故应当庭出示双方提交的书证、物证和视听资料等证据。(4) 宣读鉴定结论。鉴定结论的资格必须依法审查，必须是具有鉴定资格的机构作出的合法鉴定结论，法庭应当宣读。(5) 宣读勘验笔录。法庭调查是民事诉讼活动的必经程序，也是对于整个民事诉讼结果具有重要影响的诉讼程序环节。法庭调查所出示的书证、物证和视听资料以及宣读的鉴定结论和勘验笔录等证据对案件真实情况具有重大指向作用，法院应当当庭宣读并谨慎采用。

（二）法庭辩论

法庭辩论，是民事诉讼的双方当事人及其代理人在法庭上，围绕争议事实

---

① 对于当事人申请不公开审理的离婚案件和涉及商业秘密的案件，法院也可以不公开审理。此处的商业秘密，主要是指技术秘密、商业情报及信息，如生产工艺、配方、贸易联系、购销渠道等。

和法律问题，在法庭的主持下相互之间进行辩驳和质证。法庭辩论环节的任务是，双方当事人通过对相关的争议问题进行辩驳，充分阐述自己的主张和论据，以利于法庭查明事实、分清是非，力争法庭作出有利于自己一方的判决。

根据法律的相关规定，法庭辩论应当遵循下列程序进行：原告及其诉讼代理人发言；被告及其诉讼代理人发言；第三人及其诉讼代理人发言或答辩；互相辩论。法庭辩论终结，由审判长按照原告、被告、第三人的先后顺序征询各方最后意见。

（三）评议与宣判

评议和宣判是开庭审理的最后阶段，是认定案件事实、正确适用法律、宣告审理结果的阶段。

法庭辩论终结后，合议庭不进行调解或调解不成的，即由审判长宣布休庭，合议庭组成人员暂时退庭，进入评议室进行评议。评议时，合议庭应就案件事实是否查清进行研究，以正确认定；其次应分清是非，明确双方当事人的责任并正确适用法律；最后决定对案件的处理意见并决定诉讼费用的负担等问题。评议中，若意见不一致，实行少数服从多数的原则，但少数人的意见应如实记入评议笔录。评议笔录由合议庭全体成员和书记员签名或盖章。评议笔录是合议庭内部对案件处理意见的一种记录，故当事人及其诉讼代理人不得查阅、复制评议笔录。

合议庭评议完毕，合议庭成员离开评议室进入法庭，由审判长宣告继续开庭审理。法院对所审理民事案件作出的裁判，向当事人、其他诉讼参加人以及旁听人员宣告，即宣告判决。按照我国民事诉讼法的有关规定，不论案件是否公开审理，宣告判决一律公开进行。宣告判决有两种方式：一是当庭宣判，二是定期宣判。当庭宣判的，应在 10 日内向当事人送达判决书；定期宣判的，应在宣判后立即送达判决书。不论是哪种形式的宣判，在宣告判决时，都必须告知当事人上诉权利、上诉期限以及上诉法院，这是法院的义务。

四、反诉、撤诉与缺席判决

（一）反诉

反诉，是指在被提起的诉讼中，被告从维护自己权益的目的出发，以本诉的原告作为被告，向同一法院提出与本诉有直接关联的独立请求，从而实现自己抵消、动摇或者吞并本诉的目的。反诉是特定形式下的一种起诉制度，它具有反诉对象的特定性、反诉请求的独立性、反诉目的的对抗性、反诉请求理由的牵连性等特点。

反诉制度存在的基础，是原告和被告间彼此联系的权利的交叉和重叠。法律规定反诉制度，就是为了保护原、被告各自的利益，并使两诉合并审理，达到节省人、财、物和提高诉讼效益的目的。

（二）撤诉

撤诉是指法院受理案件后、宣告判决前，原告撤回其起诉，不要求法院审理的诉讼行为。撤诉作为一种诉讼制度，与起诉制度相对应；同样地，撤诉权与起诉权相对应。原告在享有起诉权的同时，也享有撤诉权，这是诉讼法律机制构成的合理性所在。严格地说，民事诉讼中的撤诉包括两种情况，即申请撤诉和按撤诉处理。

申请撤诉是指在法院立案受理后、进行宣判前，原告以书面或者口头方式向法院提出要求撤回其起诉的诉讼行为。申请撤诉必须自愿、合法。原告申请撤诉，只是当事人放弃自己诉讼权利的意思表示。因此，法院对当事人撤诉的申请，应依法进行审查，认为不符合条件的，裁定驳回申请，案件继续审理；对符合条件的，准许撤诉，案件审理终结。① 不论准许还是不准许撤诉，都必须以裁定方式告知当事人。

按撤诉处理，是指虽然原告没有提出撤诉申请，但其在诉讼中的一些行为实际上已表明不愿意继续进行民事诉讼，因而，法院依法自行将案件注销、不予受理的行为。撤诉对原告将产生不利的法律后果，因而撤诉的法律推定要由法律明文规定。按照我国民事诉讼法的规定，出现下列情况时法院可按撤诉处理：（1）原告或上诉人未按期交纳诉讼费用；（2）原告经传票传唤，无正当理由拒不到庭；（3）原告未经法庭许可中途退庭的；（4）最终是否按撤诉处理，仍由法院裁定。

不管是法院准许当事人申请的撤诉，还是因当事人未完成法律规定的诉讼行为，法院按撤诉处理的，都会产生一定的法律后果。这些后果包括：（1）法院裁定准许撤诉或按撤诉处理后，诉讼程序便告终结；（2）诉讼费用由原

① 这也体现了对当事人尤其是被告方的权利保护，因为实际上被告也可能因为原告起诉而投入了大量的人力、物力，而原告一旦申请撤诉即直接予以同意，则意味着被告的前期投入化为乌有。因此，在有些国家，如日本，就规定了原告在被告答辩后再行申请撤诉的，应当征得被告的同意。

告负担；（3）法院准许撤诉或按撤诉处理后，原告仍有起诉的权利。原告撤诉或法院按撤诉处理，只是原告放弃了诉讼权利或视为原告放弃了诉讼权利，原告并未放弃实体权利，因而撤诉后，原告仍然可以再行起诉。但是，原告再行起诉，必须遵守民事诉讼法的规定，即必须在诉讼时效以内再行起诉，并重新缴纳诉讼费用，否则法院可以不予受理。

（三）缺席判决

缺席判决是指在一方诉讼当事人没有正当理由而拒不参加庭审的情况下，由法院依法径行作出民事判决的制度。作为审判制度的一项重要内容，缺席判决是为了维护法庭秩序、保障庭审正常进行所设立的一项保障性制度。

根据我国民事诉讼法的有关规定，缺席判决主要适用于以下情况：（1）被告经传票传唤，无正当理由拒不到庭，或者未经法庭许可中途退庭的；（2）原告经传票传唤，无正当理由拒不到庭的，或者未经法庭许可中途退庭，被告反诉的，对于反诉可以缺席判决；（3）原告申请撤诉，法院裁定不准许撤诉的，原告经传票传唤，无正当理由拒不到庭的，可以缺席判决。

缺席判决是法庭在一方当事人不在场的情况下作出的判决，因而应审慎为之。对于法律规定范围以外的案件，不能自行缺席判决。对于适用范围以内的案件，也必须是在案件事实已经查明的基础上才能进行；如果案件事实不清，则不能缺席判决。同时，即使可以缺席判决，也应优先考虑保护缺席一方当事人的合法权益。

五、延期审理、诉讼中止和终止

开庭审理的上述阶段，一般是连续进行的，直至法院作出判决。但是，有时由于发生某些特殊情况，致使开庭审理无法如期进行，或者诉讼程序只能暂时停止，或者诉讼程序无法进行下去，或者继续进行诉讼程序已无任何意义。因此，法律上设立了各种不同的制度，以适应客观实际的需要，这就是延期审理制度、诉讼中止制度和诉讼终止制度。

（一）延期审理

延期审理，是指法院在发出开庭通知和公告之后，又或者在开庭审理过程之中，由于某些法定情形的出现，导致法庭审理难以如期进行或者继续进行，从而由法院决定推延审理日期的诉讼制度。延期审理制度是民事诉讼中的一项应急制度，它是在出现某些特殊情况时为了应急解决具体问题而设立的；同时，延期审理制度还是一项保障制度，使得在某些特殊情况下庭审工作能够得以最终完成。

根据民事诉讼法的规定，出现下列情形的，法院可以决定延期审理：(1) 必须到庭的当事人和其他诉讼参加人有正当理由没有到庭的；(2) 当事人临时提出回避申请的；(3) 需要通知新的证人到庭，调取新的证据，重新鉴定、勘验，或者需要补充调查的；(4) 其他应当延期的情况。

延期审理在一定程度上影响了案件的及时解决，因此，法院对延期审理必须慎重对待，不能任意扩大延期审理的范围。同时，延期审理的案件，同样必须遵守民事诉讼法关于审理期限的规定，不能以延期审理为由，任意延长案件的审理期限。当然，延期的时间不应计入审理期限。

(二) 诉讼中止

诉讼中止，是指在民事诉讼进行过程中，由于某些法定特殊情况的出现，致使庭审过程无法继续，需要暂时停止诉讼程序的进行，待上述事由消失后，再由法院恢复诉讼程序的制度。

根据民事诉讼法的有关规定，出现下列情况之一的，诉讼程序应当中止：(1) 一方当事人死亡，需要等待继承人表明是否参加诉讼的；(2) 一方当事人丧失诉讼行为能力，尚未确定法定代理人的；(3) 作为一方当事人的法人或者其他组织终止，尚未确定权利义务承受人的；(4) 一方当事人因不可抗拒的事由，不能参加诉讼的；(5) 本案必须以另一案的审理结果为依据，而另一案尚未审结的；(6) 其他应当终止诉讼的情形。

诉讼中止是由于客观障碍的出现而造成的，因此在出现某些客观障碍后，法院需依法作出裁定，中止诉讼。裁定既可以用书面形式，也可以用口头形式。而当客观障碍消除后，即应恢复诉讼程序——这意味着，诉讼程序的恢复，并不取决于法院和当事人的主观意志。至于如何恢复诉讼程序，既可由当事人申请，也可以由法院依职权主动恢复。诉讼程序恢复后，中止诉讼的裁定自然失效，无须作出新的裁定。恢复诉讼程序，是恢复中止之前应该进行的诉讼程序，而不是诉讼程序的重新开始。因此，法院、当事人及其他诉讼参加人在诉讼中止前所作的一切诉讼行为，仍然有效。

(三) 诉讼终止

诉讼终止，是指在民事诉讼进行过程之中，由于某些法定特殊情况的出现，导致正在进行的诉讼既无必要、也没有可能再继续进行，从而由法院终止诉讼程序的一种制度。据此可知，诉讼终止是民事诉讼程序的非正常终结。

根据民事诉讼法的有关规定，出现下列情形之一的，可以终止诉讼：(1)原告死亡，没有继承人或继承人放弃诉讼权利的；(2) 被告死亡，没有遗产，也没有承担义务的人；(3) 离婚案件一方当事人死亡的；(4) 追索赡养费、抚养费、抚育费以及解除收养关系案件的一方当事人死亡的。

由于终止诉讼并未解决当事人之间的实体权益问题，因此，终止诉讼应由法院作出裁定而非判决。裁定可以采用书面形式，也可采用口头形式。书面裁定的，应将裁定书送达当事人，自送达之日起发生法律效力。口头裁定的，应向当事人宣布，并将裁定内容记入笔录，自宣布之日起发生法律效力。对于终止诉讼的，当事人不得就同一事实和理由，就同一诉讼标的再行起诉，法院也不得再行受理和审理此案。

第三节　民事诉讼简易程序

简易程序作为民事诉讼程序的一项重要内容，是基层法院及其派出法庭在审理简易民事案件时所适用的一种审判程序。从性质上讲，简易程序既不是普通程序的附庸，也并非普通程序的一个分支或者一部分，而是属于与普通程序并立的独立诉讼程序，但这并不意味着简易程序是一种完整意义上的诉讼程序。作为普通程序的简化形式，在简易程序中没有相关规定可资参考的，则适用普通程序的相关规定。

一、简易程序的内容

简易程序的目的，即在于保障双方当事人诉讼权利的同时，提供简化、便捷、公正的纠纷解决方式。相较于普通程序，这种程序的简化主要体现在以下方面：

(1) 适用简易程序审理案件，立案程序和送达流程更简单。适用简易程序审理案件的一个主要目的，是在保证办案质量的基础上节省办案时间，以更科学、合理地使用审判力量。因此，法律规定对简单的民事案件，原告可以口头起诉。法院受理后，可以用简便方式传唤当事人和证人、送达诉讼文书、审理案件，但应当保障当事人陈述意见的权利。

(2) 简易程序的庭审阶段简化。适用简易程序的案件由于其自身特点，庭审可以省略一些环节，以迅速、准确审结案件。适用简易程序审理民事案件，并不受民事诉讼法关于普通程序规定的约束；而对于部分标的额较小或十分简单的案件，实行一审终审；审理时，可以由审判员一人独任审判。由于法律对适用简易程序的案件范围作了限定，因而适用简易程序的案件都是事实清楚，证据比较充分的民事案件，不需要花费大量的人力、物力、财力和时间就可以保证质量地审结，以使人民法院可以集中精力去办理重大复杂的疑难案件。

二、简易程序的意义

简易程序适用的意义主要体现在：

1. 有利于提高诉讼效率

效率是诉讼程序的一个基本价值。效益的价值目标要求一种诉讼程序以尽可能少的成本，获得尽可能多的收益。就民事诉讼而言，其成本的主要构成主要包括人力物力资源，如法院为诉讼所必需的法庭设施、通信、交通设备等；财力资源，如法院工作人员的薪金、案件受理费、鉴定费等；时间成本——诉讼过程中的时间耗费，不仅减少了主体利用这些时间从事其他活动的收益，而且同时伴随着人力、物力、财力的增加。

而审判实践中，简易程序对提高诉讼效率的意义是显而易见的，无论对法院还是对当事人，简易程序中的诉讼资源的耗费都小于普通程序。如果简易程序达到与普通程序相同的效果，简易程序的效率就更高。简易程序与普通程序的划分体现了国家对其可支出司法资源的结构性安排，用花费较少的简易程序处理数额较小、相对简单的案件。

2. 有利于适应不同类型案件的解决需求

现代社会的高度复杂化对纠纷解决机制的专业化提出了新的挑战，它要求我们在民事案件中作进一步的划分，按照其中各类案件的特点和需要，设置专门的诉讼制度加以处理，简易程序的设计正是出于这种考虑。

虽然法院面临越来越多的诉讼，但事实上，并非每一个案件都复杂到了必须用普通程序来审理的程度。而且，基于上文所述，简易程序的适用并不会牺牲公平来换取效率。比如，某些债务纠纷，双方当事人对债权债务关系无任何分歧，原告也能举出确凿有力的证据；某些离婚案件，夫妻双方均同意离婚，只是在财产划分上存在争议，等等。对此，完全没有必要花费更多的时间，走完一个又一个诉讼环节。客观上存在着某些案件，可以也应当用简单的程序妥善地处理，这是简易程序得以存在的基本依据。

第四节 民事诉讼第二审程序

第二审程序也被称为上诉审程序，是指诉讼当事人不服一审法院作出的尚未生效的判决或裁定时，依法向上一级法院提起上诉、要求撤销或变更原审判决或裁定，上级法院由此而对案件进行审理和作出裁判所适用的诉讼程序。民事二审程序严格贯彻了“有权利必有救济”的基本司法理念，它不仅有助于法院更进一步地探求案件事实，纠正一审判决可能存在的谬误和瑕疵，也有助于让当事人在二审程序中进一步感受司法的正义和公信力。

一、民事诉讼第二审程序的特征

由于所处阶段及其功能定位不同，与第一审民事诉讼审理程序相比，民事诉讼第二审程序具有以下特点：

1. 适用的法院与审级不同

第二审程序是中级以上人民法院在审理第二审民事案件时所适用的程序，是终审程序；第一审程序则是各级人民法院在审理第一审民事案件时适用的程序，是初审程序。

2. 程序发生的原因与启动程序的主体不同

第二审程序是因当事人不服第一审人民法院已经作出但尚未发生效力的裁判而发生的，其启动与审理的原因是当事人行使上诉权、第二审人民法院行使审判监督权；第一审程序是当事人因民事权利受到侵害或者因民事权利义务关系发生争议向人民法院提起诉讼而发生的，其启动与审理的原因是当事人行使诉权、人民法院行使审判权。同时，请求启动第二审程序的主体，既可能是第一审程序中的原告，也可能是第一审程序中的被告、有独立请求权的第三人、判决承担实体义务的无独立请求权的第三人；请求启动第一审程序的主体只可能是纠纷当事人中的一方。

3. 程序的目的与任务不同

第二审程序的目的与任务，是检查、监督下一级人民法院的审判工作，纠正第一审裁判的错误，确保法律的统一实施，最终解决当事人之间的民事纠纷；第一审程序的目的与任务，是查明案件事实，正确适用法律，确认当事人之间的民事权利义务关系，解决当事人之间的民事纠纷。

4. 审理的对象与内部结构不同

第二审程序的审理对象原则上限定在当事人上诉请求的范围之内，即原则上只审理与当事人上诉请求有关的事实与适用法律。第一审程序的审理对象为当事人之间发生争议的民事法律关系及其所依据的事实和所适用的法律。同时，第二审程序不存在种类上的区分，第一审程序有普通程序与简易程序之分。

5. 审理的方式与审结期限不同

在适用第二审程序审理案件时，法院一般以开庭审理为原则，以书面审理进而直接作出判决为例外；但法院在审理第一审民事案件时，依法必须开庭审理，而不能直接通过书面审理作出裁判。在审限方面，人民法院依第二审程序审理对判决的上诉案件，应当在第二审立案之日起 3 个月内审结，有特殊情况需要延长的，由本院院长批准；人民法院审理对裁定的上诉案件，应当在第二审立案之日起 30 日内作出终审裁定，不得延长。人民法院依普通程序审理第一审民事案件的，应当在立案之日起 6 个月内审结，有特殊情况需要延长的，由本院院长批准，可以延长 6 个月，还需要延长的，报请上级人民法院批准；人民法院依简易程序审理第一审民事案件的，应当在 3 个月内审结，不得延长。

6. 裁判生效的时间与条件不同

法院依法通过二审程序所作出的判决，对当事人而言是终审裁判，一经法院宣告和送达，即对诉讼双方产生法律效力，任何一方当事人均不得再行上诉。而法院运用一审程序所作出的判决，除法律规定的依法不能上诉外，在法定的上诉期内并不生效，只有在上诉期限届满而双方当事人均未提起上诉的，一审判决才开始生效。

二、民事诉讼第二审程序的启动

（一）第二审程序的启动

第二审程序作为审判程序，启动与第一审程序大致相仿。上诉当事人提交上诉状，对方当事人提出答辩状，由此开启诉讼程序庭前工作，为开庭审理做准备。原审人民法院收到上诉状、答辩状，应当在 5 日内连同全部案卷和证据，报送第二审人民法院。

在启动的主体上，民事诉讼二审程序是民事诉讼当事人上诉权的行使。当事人不服第一审人民法院判决的，有权在判决书送达之日起 15 日内向上一级人民法院提起上诉。当事人不服第一审人民法院裁定的，有权在裁定书送达之日起 10 日内向上一级人法院提起上诉。一审原告和被告均可以上诉，无民事行为能力人、限制民事行为能力人的法定代理人，可以代理当事人提起上诉；有独立请求权的第三人可以作为上诉人和被上诉人；无独立请求权的第三人只有被判决承担民事责任时才有权上诉或者成为被上诉人。

在启动的对象上，当事人对于法院的一审判决，原则上都能起诉，但特别程序和公示催告程序所作的判决不能上诉；对于裁定不予受理、驳回起诉、管辖权异议、驳回破产申请的裁定可以上诉；对于调解书不能上诉；如果只对诉讼费用负担不服的，不能提起上诉。

在启动的形式上，上诉应递交上诉状。上诉状的内容应当包括当事人的姓名、法人的名称、法定代表人的姓名或者其他组织的名称及其主要负责人的姓名，原审人民法院名称、案件的编号及案由，以及上诉的请求和理由。

在启动的方式上，提起第二审程序递交上诉状应当通过原审人民法院提出，并按照对方当事人或者代理人的人数提供副本。由于上诉是针对第一审人民法院作出的未生效判决或者裁定提起的诉讼，所以上诉通过原审人民法院提出既能让原审人民法院先行审查对于案件的审理是否确实存在纰漏，还可以对错误提起上诉的上诉人给予法理上的解释和说明，这样既有利于保障法院内部的自我审查，也可防止司法资源被滥用造成的损耗，同时减轻上诉人的不必要的费用支出。我国民事诉讼法规定，当事人直接向第二审人民法院上诉的，第二审人民法院应当在5日内将上诉状移交原审人民法院。

（二）第二审程序的裁判

第二审人民法院对上诉案件，应当组成合议庭开庭审理。经过阅卷和调查，询问当事人，事实核对清楚后，合议庭认为不需要开庭审理的，也可以径行判决或径行裁定。第二审人民法院审理上诉案件可以在本院进行，也可以在案件发生地或者原审人民法院所在地进行。开庭审理与径行裁判是不同的审理方式，前者是指人民法院在双方当事人到庭，以及其他诉讼参与人参加下，通过庭审作出判决的审理方式；径行裁判是我国民事诉讼法规定的民事案件第二审审理方式之一，是指第二审人民法院经过阅卷、调查、询问当事人，在事实清楚以后，合议庭认为不需要开庭审理的，直接作出判决或者裁定的审理方式。

第二审人民法院审理上诉案件，经过审理，按照下列情形分别处理：（1）原判决认定的事实清楚，适用法律正确的，判决驳回上诉，维持原判决；（2）原判决适用法律错误的，依法改判；（3）原判决认定事实错误，或者原判决认定事实不清，证据不足的，裁定撤销原判决，发回原审人民法院重审，或者查清事实后改判；（4）原判决违反法定程序，可能影响案件正确判决的，裁定撤销原判决，发回原审人民法院重审。

当事人对重审案件的判决、裁定，可以上诉。发回重审的情形主要有：（1）第二审人民法院发现第一审人民法院有下列违反法定程序的情形：①审理本案的审判人员、书记员应当回避而未回避的；②未经开庭审理而作出判决的；③适用普通程序审理的案件当事人未经传票传唤而缺席判决的；④其他严重违反法定程序的。（2）对于一审中漏判的诉讼请求、未参加诉讼而必须参加诉讼的当事人，根据当事人自愿原则二审可以进行调解，调解不成的，发回重审。

第五节 民事审判监督程序

根据裁判效力理论，任何法律效力的民事判决既具有形式上的确定力，即未经法定程序任何主体不得以任何理由予以撤销或者变更；同时还具有实质上的确定力，即不仅裁判利益的承受双方要予以遵守，后诉法院也要受到该判决的拘束。民事裁判的这种确定力，从根本上使得民事法律关系处于一种稳定的状态。

然而，法院作出的生效裁判可能确实也存在错误或者重大瑕疵。如果不予纠正，不仅严重损害了当事人的利益和司法的权威性，也在本质上不符合司法的公正追求。因此，“必须创设一种途径以消除已经发生既判力的有重大瑕疵的或者在严重程序瑕疵下产生的判决。否则，当事人的公正感和他们对司法的信赖会严重受到伤害”。① 再审程序就是这样一种错误裁判的纠正途径。因此，民事监督程序既不是民事案件审理的一个必经程序，也非民事诉讼中的独立审级。

一、民事审判监督程序概述

民事审判监督程序，又被称为民事再审程序，是指人民法院对已经作出确定而且生效的民事案件，在出现了法律规定的情形时，依法再次进行审理和裁判时适用的审判程序。

民事审判监督程序冠之以“审判监督”，从字面可以看出，它应是上级人

① ［德］奥特马·尧厄尼希：《民事诉讼法》，周翠译，法律出版社 2003 年版，第 129 页。

民法院对下级人民法院的民事审判活动，按照法定的程序进行司法性质的监督活动。民事诉讼法对此作了详尽的法律规定。民事审判监督程序是一种非通常的审判程序，属于事后救济程序，因为审判监督程序是对之前审判结果的重新审查，因此审判监督程序的进行必然会受到原裁判或者裁定既判力的阻挠。我国有的学者认为，从理论上分析，再审制度应当包含两个程序阶段：前一程序为确定本案再审之诉上利益的存在，即再审发动程序；后一程序为对具备再审之诉上利益的案件审理并判决的程序，也就是本案再审的审判。①

二、审判监督程序的启动

作为一项审判机制，民事审判监督程序的启动要有合乎法律规定的条件来提起，作为针对已生效判决的再次审理，为维护法律的权威以及保证法律的威严，提起审判监督程序审理案件必须严格依法律规定。

我国法律对提起审判监督程序的主体作了如下规定：

（一）当事人申请再审

顾名思义，当事人申请再审是指诉讼当事人及其法定代理人认为已经发生法律效力的判决、裁定或调解书有错误的，因而向法院提出变更或者撤销原判决、裁定或调解书的请求，提请法院对争讼案件进行审理的诉讼行为。为了保障生效判决的既判力，当事人提请再审不具有阻止原生效判决、裁定执行的效力。

根据《民事诉讼法》第200条“再审条件”的规定，当事人申请再审时，符合下列情形之一的，人民法院应当再审：（1）有新的证据，足以推翻原判决、裁定的；（2）原判决、裁定认定的基本事实缺乏证据证明的；（3）原判决、裁定认定事实的主要证据是伪造的；（4）原判决、裁定认定事实的主要证据未经质证的；（5）对审理案件需要的证据，当事人因客观原因不能自行收集，书面申请人民法院调查收集，人民法院未调查收集的；（6）原判决、裁定适用法律确有错误的；（7）审判组织的组成不合法或者依法应当回避的审判人员没有回避的；（8）无诉讼行为能力人未经法定代理人代为诉讼，或者应当参加诉讼的当事人，因不能归责于本人或者其诉讼代理人的事由，未参加诉讼的；（9）违反法律规定，剥夺当事人辩论权利的；（10）未经传票传唤，缺席判决的；（11）原判决、裁定遗漏或者超出诉讼请求的；（12）据以

① 参见江伟主编：《民事诉讼法》，中国人民大学出版社2013年版，第345页。

作出原判决、裁定的法律文书被撤销或者变更的；（13）违反法定程序可能影响案件正确判决、裁定的情形，或者审判人员在审理该案件时有贪污受贿、徇私舞弊、枉法裁判行为的。

对于新证据的认定，最高人民法院2008年出台的《关于适用〈中华人民共和国民事诉讼法〉审判监督程序若干问题的解释》（以下简称《审判监督解释》）第10条规定，申请再审人提交下列证据之一的，人民法院可以认定为《民事诉讼法》第200条①第1款第1项规定的“新证据”：（1）原审庭审结束前已客观存在，庭审结束后新发现的证据；（2）原审庭审结束前已经发现，但因客观原因无法取得或在规定的期限内不能提供的证据；（3）原审庭审结束后原作出鉴定结论、勘验笔录者重新鉴定、勘验，推翻原结论的证据。当事人在原审中提供的主要证据，原审未予质证、认证，但足以推翻原判决、裁定的，应当视为新证据。值得注意的是，根据相关司法解释，在损害赔偿、子女生活费、受教育费等案件中，如果后来发生变化，一方当事人要求增加抚育费等，必须另行起诉，而不是通过对已有生效裁判的案件申请再审来处理。

根据《审判监督解释》第11条的规定，对原判决、裁定的结果有实质影响、用以确定当事人主体资格、案件性质、具体权利义务和民事责任等主要内容所依据的事实，人民法院应当认定为《民事诉讼法》第200条第1款第（2）项规定的“基本事实”。所谓缺乏证据证明，是指缺乏能够证明案件基本事实所必不可少的证据，也就是说缺乏认定案件所需要的基本证据或主要证据，或者认定的基本事实没有达到高度盖然性的证明标准。

“对审理案件需要的证据未调查收集”的理解，根据我国《审判监督解释》第12条的规定：“《民事诉讼法》第200条第1款第（5）项规定的‘对审理案件需要的证据’，是指‘人民法院认定案件基本事实所必须的证据’，当事人应当在原审期间以书面的形式提出过申请，而人民法院由于种种原因未予调查收集该证据。”

《审判监督解释》第13条规定的“适用法律确有错误”包括：（1）适用的法律与案件性质明显不符的；（2）确定民事责任明显违背当事人约定或者法律规定的；（3）适用已经失效或尚未施行的法律的；（4）违反法律溯及力规定的；（5）违反法律适用规则的；（6）明显违背立法本意的。

辩论权利是诉讼当事人诉权的体现，《审判监督解释》第15条规定：原

① 《审判监督解释》中称为“民事诉讼法第179条”，2012年民事诉讼法修订后，原第179条的内容规定在第200条。

审开庭过程中审判人员不允许当事人行使辩论权利，或者以不送达起诉状副本或上诉状副本等其他方式，致使当事人无法行使辩论权利的，人民法院应当认定为《民事诉讼法》第200条第1款第9项规定的“剥夺当事人辩论权利”。但依法缺席审理，依法径行判决、裁定的除外。

当事人申请再审的，应当提交再审申请书等材料。人民法院应当自收到再审申请书之日起5日内，将再审申请书副本发送对方当事人。对方当事人应当自收到之日起15日内提交书面意见；不提交书面意见的，不影响人民法院审查。人民法院可以要求申请人和对方当事人补充有关材料，询问有关事项。人民法院对收到申请书的申请再审案件，应当自收到申请书之日起3个月内审查，符合再审情形的，裁定再审；不符合再审条件的，裁定驳回申请。有特殊情况需要延长期限的，由本院院长批准。因当事人申请裁定再审的案件，由中级人民法院以上的人民法院审理。最高人民法院、高级人民法院裁定再审的案件由本院再审或者交其他人民法院再审，也可以交原审人民法院再审。

（二）人民法院决定再审

人民法院决定再审，是指各级人民法院院长认为本院已经发生法律效力的判决、裁定确有错误的，通过法定程序提交审判委员会讨论决定后所进行的再审。依照层级管辖的规定，最高人民法院对地方各级人民法院已经发生法律效力的判决、裁定；上级人民法院对下级人民法院已经发生法律效力的判决、裁定，发现确有错误的，有权提审或者指令下级人民法院再审。

（三）检察院抗诉提起再审

检察院抗诉提起再审，是指各级人民检察院对法院发生法律效力的民事裁判，经过调查认为确有错误的，通过依法提请人民法院进行再审的行为。最高人民检察院对各级人民法院已经发生法律效力的判决、裁定，上级人民检察院对下级人民法院已经发生法律效力的判决、裁定，发现有下列情形之一者，应当提出抗诉：（1）有新的证据，足以推翻原判决、裁定的；（2）原判决、裁定认定的基本事实缺乏证据证明的；（3）原判决、裁定认定事实的主要证据是伪造的；（4）原判决、裁定认定事实的主要证据未经质证的；（5）对审理案件需要的证据，当事人因客观原因不能自行收集，书面申请人民法院调查收集，人民法院未调查收集的；（6）原判决、裁定适用法律确有错误的；（7）违反法律规定，管辖错误的；（8）审判组织的组成不合法或者依法应当回避的审判人员没有回避的；(9) 无诉讼行为能力人未经法定代理人代为诉讼或者应当参加诉讼的当事人，因不能归责于本人或者其诉讼代理人的事由，未参加诉讼的；(10) 违反法律规定，剥夺当事人辩论权利的；(11) 未经传票传唤，缺席判决的；(12) 原判决、裁定遗漏或者超出诉讼请求的；(13) 据以作出原判决、裁定的法律文书被撤销或者变更的。对违反法定程序可能影响案件正确判决、裁定的情形，或者审判人员在审理该案件时有贪污受贿，徇私舞弊，枉法裁判行为的，人民法院应当再审。地方各级人民检察院对同一级人民法院已经发生法律效力的判决、裁定，发现有符合上述条件之一的，应当提请上级人民检察院向同级人民法院提出抗诉。

三、审判监督案件的审理程序

实践证明，审判监督程序对于社会公平与正义的维护与实现，发挥了重要作用。① 但审判监督程序同样是一种审判方式，作为针对案件程序与实体的审理，也作为维护当事人合法利益的最后司法保障，必须慎之又慎。

审判监督程序的立案。人民法院对本院或上级人民法院对下级人民法院作出的终审裁判，经复查认为符合再审立案条件的，应当立案再审；最高人民法院或上级人民法院对下级人民法院发回重审或者指令再审的案件，人民法院应当在收到最高人民法院或上级人民法院的重审或再审指令次日立案再审；人民检察院提出抗诉的案件，人民法院应当立案再审。

组成合议庭审理。人民法院按照审判监督程序审理再审案件，如果发生法律效力的判决、裁定是由第一审人民法院作出的，按照第一审程序审理，所作的判决、裁定，当事人可以上诉；发生法律效力的判决、裁定是由第二审人民法院作出的，按照第二审程序审理，所作的判决、裁定，是发生法律效力的判决、裁定；上级人民法院按照审判监督程序提审的，按照第二审程序进行审理，所作的判决、裁定是发生法律效力的判决、裁定。

此外，应当注意的是，对于人民检察院提出抗诉的案件，人民法院再审时应当通知人民检察院派员出席法庭。

---

① 参见孙祥壮：《关于民事审判监督程序修改后实施情况的调研报告》，载《法律适用》2010 年第 2、3 期。

第五章 行政审判

行政审判是行政诉讼的主要内容和环节。行政诉讼是行政相对人对行政主体所作出的行政行为提起的诉讼，行政诉讼模式的主体一方恒为行政相对人，即俗称的“民”；另一方恒为作出行政行为的行政主体，即所谓的“官”，故行政诉讼又被称为“民告官”。姜明安先生对行政诉讼的定义是：行政相对人与行政主体在行政法律关系领域发生纠纷后，依法向人民法院提起诉讼，人民法院依照法定程序审查行政主体的行政行为的合法性，并判断相对人的主张是否妥当，以作出裁判的一种诉讼活动。① 虽然诸多行政法学者对行政诉讼法有着不同的认识，但对行政诉讼的特点却有着近乎一致的认识。真正的行政诉讼的发生，需有行政行为所激起的争执，而根据该行为所为之请求，不仅应该以被侵害的利益为由，且应该以侵害法律为由。

行政诉讼具有与民事诉讼、刑事诉讼不同的特点：

1. 行政诉讼是为了解决行政纠纷的一种诉讼活动

行政诉讼，从形式上看，是行政相对人对与行政主体之间的纠纷诉至国家司法机关——人民法院的一种告诉行为。行政诉讼是由行政相对人提起，就行政机关所做的妨害自己合法权益的行政行为以行政主体为被告，向人民法院提起的诉讼活动。

2. 行政诉讼的原告只能是行政相对人

在行政诉讼中，原告的社会角色是固定化了的，也就是认为行政机关的行政行为侵犯了自己的合法权益的自然人、法人和其他组织。

3. 行政诉讼的被告只能是作出行政行为的行政机关或被授权的组织

行政机关的行政行为损害到行政相对人的合法权益的，则就能以此为由提起行政诉讼，被告当然是行政主体；被授权的组织因其权力来源于法律法规的授权，因此也就具备了行政诉讼上的主体资格，成为适格被告。

① 参见姜明安主编：《行政法与行政诉讼》，北京大学出版社、高等教育出版社 2011 年版，第 402 页。

4. 行政诉讼的原、被告具有实质上的不对等性

就行政诉讼法而言，行政相对人拥有诉权，但行政主体是国家行政机关，具有国家公权力，其与公民、法人和其他组织有着明显的地位上的差异，反应在诉讼法上则是原告以私权利对簿公权力。故原则上，行政诉讼由被告举证，这在一定程度上弥补了这种地位上的不对等性，遵循了公平原则。

第一节 行政诉讼的受案范围

行政诉讼的受案范围，又称行政诉讼主管，是指人民法院受理一定范围行政诉讼争议案件的权限，是指人民法院对行政机关的哪些行政行为拥有审判权。换言之，公民、法人或者其他组织在哪些情况下，可以向人民法院控告行政机关。由于行政行为一般具有被推定为合法的特点，因而行政诉讼只能由行政相对人向人民法院就行政主体的行政行为提起。行政相对人提起的行政诉讼，起诉内容只能是行政主体所作出的妨害了自己合法权益的行政行为。

人民法院受理行政案件必须依法进行，既要进行合法性审查，同时也必须符合管辖权的法律规定。所谓管辖权，即在一个地域内，对该区域内事务所具有的管理权力，行政诉讼管辖是对人民法院审判权的规定。行政管辖是人民法院之间受理第一审行政案件的职权分工。行政诉讼管辖分为级别管辖、地域管辖、指定管辖、选择管辖、移送管辖、管辖权的转移等。

一、行政诉讼受案范围概述

行政诉讼受案范围，是指人民法院受理行政诉讼案件的范围。它具有如下性质：第一，它标志着法院审查行政行为的可得性；第二，它意味着行政相对人诉诸法院的可能性；第三，它意味着当事人资格的确定。一般来说，决定行政诉讼受案范围的变量包括以下几个方面：行政行为的种类；行政行为的性质；受行政行为损害的权益的性质及损害程度；原告资格的范围；等等。

人民法院受理行政诉讼案件，除了必须进行合法性审查外，还具有特定的范围。作为我国三大诉讼制度之一，行政诉讼法及相关司法解释还规定了行政诉讼的受案范围。我国《行政诉讼法》① 第12条规定，“人民法院受理公民、

① 2014年11月1日，第十二届全国人民代表大会常务委员会第十一次会议通过了关于修改《中华人民共和国行政诉讼法》的决定。新行政诉讼法于2015年5月1日起施行，下文所称《行政诉讼法》指2014年修订的新《行政诉讼法》。

法人或者其他组织提起的下列诉讼：（一）对行政拘留、暂扣或者吊销许可证和执照、责令停产停业、没收违法所得、没收非法财物、罚款、警告等行政处罚不服的；（二）对限制人身自由或者对财产的查封、扣押、冻结等行政强制措施和行政强制执行不服的；（三）申请行政许可，行政机关拒绝或者在法定期限内不予答复，或者对行政机关作出的有关行政许可的其他决定不服的；（四）对行政机关作出的关于确认土地、矿藏、水流、森林、山岭、草原、荒地、滩涂、海域等自然资源的所有权或者使用权的决定不服的；（五）对征收、征用决定及其补偿决定不服的；（六）申请行政机关履行保护人身权、财产权等合法权益的法定职责，行政机关拒绝履行或者不予答复的；（七）认为行政机关侵犯其经营自主权或者农村土地承包经营权、农村土地经营权的；（八）认为行政机关滥用行政权力排除或者限制竞争的；（九）认为行政机关违法集资、摊派费用或者违法要求履行其他义务的；（十）认为行政机关没有依法支付抚恤金、最低生活保障待遇或者社会保险待遇的；（十一）认为行政机关不依法履行、未按照约定履行或者违法变更、解除政府特许经营协议、土地房屋征收补偿协议等协议的；（十二）认为行政机关侵犯其他人身权、财产权等合法权益的。除前款规定外，人民法院受理法律、法规规定可以提起诉讼的其他行政案件。”

二、行政诉讼受案范围的具体规定

我国宪法规定，人民法院是国家的审判机关，行政案件的审判权应由人民法院统一行使，但是行政争议案件数量大，种类多，没有必要也不可能都由人民法院受理。大量的行政案件，仍由行政机关内部处理，有些行政案件由其他国家机关处理，这样就产生人民法院与行政机关及其他国家机关在受理行政案件权限上的分工问题。如《行政诉讼法》第 12 条第 1 款第一项到第十一项概括列举了十一类由人民法院受理的行政案件，主要是公民、法人或者其他组织认为行政机关的行政行为侵犯其人身权、财产权的案件。

（一）行政处罚案件

《行政诉讼法》第 12 条第 1 款第 1 项规定，行政相对人对由行政主体作出的“行政拘留、暂扣或者吊销许可证和执照、责令停产停业、没收违法所得、没收非法财物、罚款、警告等行政处罚不服的”，可依法提起行政诉讼。“行政处罚是国家法律责任制度（包括刑事责任、民事责任、行政责任）的重要组成部分，是行政机关依法行政的手段之一。"① 从行政审判实践看，人民法院审理的行政案件大多数是对行政处罚不服。行政机关实施行政处罚措施是否合法，同公民、法人或其他组织的人身权、财产权关系甚密。目前，我国尚有一些法律、法规规定了行政处罚，但却没有规定对行政处罚可以提起行政诉讼，如行政机关对行政相对人作出的警告、通报批评等。而且，随着我国法规的不断增多，行政处罚的种类也随之增加，从行政诉讼的立法目的来看，除《行政诉讼法》明确列举的这几种行政处罚形式外，还应包括所有的行政处罚行为，因为行政处罚行为不管采用何种形式，涉及的都是人身权、财产权问题，只要是行政处罚行为，就应允许公民、法人和其他组织提起行政诉讼，法院应予受理，这也是扩大行政诉讼受案范围的重要表现。

（二）行政强制措施案件

所谓行政强制措施，是指行政机关在行政管理活动中，依其职权采取强制手段限制特定人行使某项权利或迫使其履行某种义务或达到与履行义务相同状态的行政行为。行政强制措施主要有两种：一种是限制人身自由的行政强制措施，如劳动教养、收容审查等，另一种是对公民、法人或者其他组织的财产实行查封、扣押、冻结等。《行政诉讼法》规定对此类行政强制措施可以提起行政诉讼，是对公民、法人或其他组织合法权益的一个有力保障。

（三）行政许可案件

新行政诉讼法规定：申请行政许可，行政机关拒绝颁发或者在法定期限内不予答复，或者对行政机关作出的有关行政许可的其他决定不服的，公民、法人或者其他组织可以提起行政诉讼。但是，根据行政诉讼法的相关规定，有关行政机关对其他机关或者机关内部人事、财务、外事等事项的审批（属于行政机关内部行为）以及经登记确认特定民事权利义务关系、特定事实，不属于上述"行政许可案件"。② 需要指出的是，这里"行政机关拒绝颁发或者在法定期限内不予答复，或者对行政机关作出的有关行政许可的其他决定不服

① 参见曹志在第八届全国人民代表大会第四次会议上所作的《关于〈中华人民共和国行政处罚法（草案）〉的说明》。

② 参见原国务院法制办公室主任杨景宇于 2002 年 8 月 23 日在第九届全国人民代表大会常务委员会第二十九次会议上所作的《中华人民共和国行政许可法（草案）》的说明。

的”，既可以是明示的拒绝而不批准当事人的申请，也可以是默示的迟延。前种情况是否定性的作为行为，它明确地对当事人的申请予以否定。而后种情况则是在一定的期限内行政机关对申请人的申请既不批准也不拒绝（即所谓行政机关应作为而不作为），从理论上讲，行政机关必须对当事人的申请给予答复，否则就是违法失职行为。司法实践中，行政机关的行政许可与批准行为所涉及的事项很多，所涉及的权益也是广泛的。例如，在城市建筑垃圾管理制度中，对建筑垃圾倾倒地点与行驶路线的许可行为，交通秩序管理机关对于货车驶入一定禁止区域或街道及线路的许可，都应属于行政诉讼的受案范围。

（四）行政确权案件

新行政诉讼法规定：对行政机关作出的关于确认土地、矿藏、水流、森林、山岭、草原、荒地、滩涂、海域等自然资源的所有权或者使用权的决定不服的，可以提起行政诉讼。

（五）行政征收、征用及补偿案件

新行政诉讼法规定：对征收、征用决定及其补偿决定不服的，可以提起行政诉讼。

（六）不履行保护人身权、财产权法定职责的案件

新行政诉讼法规定：人民法院受理公民、法人或者其他组织因申请行政机关保护人身权、财产权的法定职责，行政机关拒绝履行或者不予答复而提起的诉讼。具体地说，符合该条件的行为可从以下几个方面来把握：第一，必须是行政机关不履行法定职责的行为；第二，这种不履行法定职责的行为，限于法定的保护人身权、财产权的范围；第三，必须是当事人已向负有法定保护人身权、财产权职责的行政机关明确提出过申请。

（七）侵犯经营自主权的案件

新行政诉讼法规定：认为行政机关侵犯其经营自主权或者农村土地承包经营权、农村土地经营权的，可以提起行政诉讼。对此项规定的理解，结合司法实践应包括以下几个方面：第一，侵犯经营自主权的主体并不限于“行政机关”，还应包括被授权组织；第二，经营自主权的内容一般指公民、企业、各种经济组织依法享有的自主调配和使用人力、物力和财力的权利以及在产供销环节中自主决定而不受干涉的权利。经营自主权的权利主体是广泛的，包括全

民所有制工业企业、集体企业、私营企业、三资企业、合伙企业、个体工商户等。

（八）限制或排除竞争的案件

新行政诉讼法规定：认为行政机关滥用行政权力排除或者限制竞争的，可以提起行政诉讼。

（九）违法要求履行义务的案件

新行政诉讼法规定：认为行政机关违法集资、摊派费用或者违法要求履行其他义务的，可以提起行政诉讼。司法实践中，此类行政行为主要表现在：第一，法律、法规以及规章没有设定义务，而行政机关以其行政行为随意要求公民、法人或者其他组织履行义务，如乱收费、滥摊派等；第二，行政机关重复要求义务人履行义务；第三，行政机关超过法律、法规的种类、范围等而要求相对方当事人履行义务；第四，行政机关要求履行义务而违反法定程序，如收费不出具法定的收据，要求义务人提前履行义务等。

（十）社会保障给付案件

新行政诉讼法规定：认为行政机关没有依法支付抚恤金、最低生活保障待遇或者社会保险待遇的，可以提起行政诉讼。

（十一）行政协议案件

新行政诉讼法规定：认为行政机关不依法履行、未按照约定履行或者违法变更、解除政府特许经营协议、土地房屋征收补偿协议等协议的，可以提起行政诉讼。2015 年 4 月 20 日由最高人民法院审判委员会第 1648 次会议通过，于 2015 年 5 月 1 日起实施的《最高人民法院关于适用〈中华人民共和国行政诉讼法〉若干问题的解释》第 11 条规定："行政机关为实现公共利益或者行政管理目标，在法定职责范围内，与公民、法人或者其他组织协商订立的具有行政法上权利义务内容的协议，属于行政诉讼法第十二条第一款第十一项规定的行政协议。公民、法人或者其他组织就下列行政协议提起行政诉讼的，人民法院应当依法受理：（一）政府特许经营协议；（二）土地、房屋等征收征用补偿协议；（三）其他行政协议。"

《行政诉讼法》第 13 条对不属于人民法院受案范围的行政案件作了排除式规定，具体包括：（1）国防、外交等国家行为；（2）行政法规、规章或行政机关制定、发布的具有普遍约束力的决定、命令；（3）行政机关对其工作人员的奖惩、任免决定；（4）法律规定由行政机关最终裁决的行政行为。

第二节 行政诉讼第一审程序

行政诉讼案件第一审程序，是指人民法院自行政案件立案起至作出第一审判决所适用的诉讼程序。在我国，由于行政审判制度实行两审终审原则，因此第一审程序是所有行政案件必经的基本程序，也是行政判决的基础性程序。这意味着所有的行政争议要获得法院的最终判决，都必须经过第一审行政诉讼程序。但这并不意味着，所有的行政争议都可以直接进入一审程序——行政争议能否作为行政案件进行审理，首先要确认其是否属于法律规定的复议前置情形，即在进入法院审理之前必须先由当事人向行政机关提起行政复议；对不属于复议前置情形的行政争议，则还需满足行政诉讼的相关条件。

一、复议前置程序

复议前置程序是指为解决行政争议，法律规定在当事人向人民法院提起行政诉讼之前，必须进行行政复议的一种情形。行政复议，是指公民、法人或其他组织对行政机关的行政行为不服，依法向作出行政行为的行政机关的上一级行政机关或者法律、法规规定的行政机关提出申诉，由上一级行政机关或者法律、法规规定的行政机关对该行政行为是否合法、适当重新进行审议并作出裁决的行政程序制度。

2014年修订的《行政诉讼法》第44条规定："对属于人民法院受案范围的行政案件，公民、法人或者其他组织可以先向行政机关申请复议，对复议决定不服的，再向人民法院提起诉讼；也可以直接向人民法院提起诉讼。法律、法规规定应当先向行政机关申请复议，对复议决定不服再向人们法院提起诉讼的，依照法律、法规的规定。"这一规定包括两种情形：第一，单行法律、法规规定必须先经过行政复议，对复议决定不服再向人民法院起诉的，则当事人必须先申请复议，经过行政复议这一诉前程序才能向人民法院起诉，否则不能向人民法院起诉；第二，单行行政法律、法规没有规定提起行政诉讼必须经过行政复议这一诉前程序的，对属于行政诉讼法规定的受案范围的行政案件，公民、法人或其他组织不服行政机关的行政行为可以先向有关行政机关申请复议，由复议机关按法律规定的程序，对该行政行为是否违法或者不当进行审查，并重新作出裁决，对复议裁决不服的，再向人民法院提起诉讼；也可以不经过有关行政机关复议，而直接向人民法院提起诉讼，即在单行法律、法规没有规定行政复议是提起行政诉讼的必经诉前程序的情况下，当事人可以选择提起行政复议或者进行行政诉讼。

同时，《行政复议法》第16条规定："公民、法人或者其他组织申请行政复议，行政复议机关已经依法受理的，或者法律、法规规定应当先向行政复议机关申请行政复议、对行政复议决定不服再向人民法院提起行政诉讼的，在法定行政复议期限内不得向人民法院提起行政诉讼。公民、法人或者其他组织向人民法院提起行政诉讼，人民法院已经依法受理的，不得申请行政复议。"这一规定主要是为了避免当事人同时提出两种解决途径的现象，从而避免造成法律上解决效力的冲突。

二、起诉和受理

起诉是指公民、法人或者其他组织认为直接的合法权益受到侵犯或者与行政机关发生争议，向人民法院提出诉讼请求，要求人民法院行使审判权，依法予以保护的行为。按照行政诉讼法的规定，提起行政诉讼必须同时符合以下条件：(1) 原告是认为行政行为侵犯其合法权益的公民、法人或其他组织；(2) 有明确的被告；(3) 有具体的诉讼请求和事实依据；(4) 属于人民法院的受案范围和受诉人民法院管辖。

受理是指人民法院对当事人的起诉进行审查后，对符合起诉条件的案件予以接收的诉讼行为。人民法院接到当事人的起诉状后，应当对起诉加以审查。审查起诉的过程，就是决定起诉是否成立、案件是否受理的过程。这种审查是保障当事人正确行使诉讼权利，防止滥用诉权的有效措施。

(一) 决定受理的期限

依照有关规定，人民法院接到起诉状后，应当组成合议庭对原告的起诉加以审查。经过审查，认为符合起诉条件的，应当在7日内立案；不符合起诉条件的，应当在7日内裁定不予受理。期限从受诉人民法院收到起诉状之日起计算，因起诉状内容欠缺而责令原告补正的，从人民法院收到补正材料之日起计算。

(二) 对不符合起诉条件案件的处理

原告起诉后，人民法院在7日内不能决定是否受理的，应当先予以受理；受理后经审查不符合起诉条件的，裁定驳回起诉。有下列情形之一的，应当裁定不予受理，已经受理的，裁定驳回起诉：（1）请求事项不属于行政审判权限范围的；（2）起诉人无原告诉讼主体资格的；（3）起诉人错列被告且拒绝变更的；（4）法律规定必须由法定或者指定代理人、代表人为诉讼行为，未由法定或指定代理人、代表人为诉讼行为的；（5）由诉讼代理人代为起诉，其代理不符合法定要求的；（6）起诉超过法定期限且无正当事由的；① （7）法律、法规规定行政复议为提起诉讼必经程序而未申请复议的；（8）起诉人重复起诉的；已撤回起诉，无正当理由再行起诉的；（9）诉讼标的为生效判决的效力所羁束的；起诉不具备其他法定要件的。

以上所列情形可以补正或者变更的，人民法院应当在指定期间责令补正或者更正；在指令期间已经补正或者更正的，应当依法受理。

（三）起诉和受理的法律后果

当事人的起诉和人民法院对起诉的受理两方面的诉讼行为相结合，才能引起诉讼法上的一定后果。

1. 起诉和受理两方面的诉讼行为相结合，引起具体案件诉讼程序的开始。仅仅是当事人的起诉，并不能引起诉讼程序的开始。当事人提出的诉讼请求，不具备法定的起诉条件，人民法院就不予受理，诉讼程序也就无从开始；当事人不起诉，人民法院就不存在审查和受理，案件的诉讼程序也无从开始。对符合条件的起诉，人民法院决定受理后，对某一个具体案件进行审理的诉讼程序也就开始了。

2. 起诉和受理的诉讼行为相结合，开始诉讼程序后，人民法院就有了对这一具体案件进行审判的权力和义务，即行使国家审判权进行审判的权力，以及通过依法审判解决案件争议的义务。同时，诉讼双方当事人取得了原告和被告的地位，各自享有法律赋予的诉讼权利，并承担相应的义务。

三、审理前的准备

人民法院在案件受理后到开庭审理前，为了保证案件审理顺利进行和正确、合法、及时地解决争议，需要进行一系列准备工作，这就是审理前的准备工作。这一阶段的主要任务是，确定审判人员，组成合议庭；通知被告应诉及送达有关诉讼文书；审查双方当事人的请求和答辩所根据的诉讼文书和证据材

① 曾经引起广泛关注的刘某诉北京大学学位纠纷案即属此种情形。为便于直观理解，书后附本案裁定书，参见附录精选案例中的“刘某诉北京大学学位纠纷案”。

料；审查被诉行政行为是否有停止执行的情况，决定是否需要停止执行；通知必须进行共同诉讼的当事人参加诉讼和更换不符合条件的当事人等。

为了解双方当事人各自的主张和根据，弄清双方当事人争议的焦点，2014年修订的《行政诉讼法》第67条特别对向被告送达起诉状副本和被告提出答辩状作了规定。行政诉讼法的这一规定确定了三个环节：（1）人民法院应当在立案之日起5日内，将起诉状副本发送被告；（2）被告应当在收到起诉状副本之日起15日内向人民法院提交作出行政行为的有关材料，并提出答辩状；（3）人民法院应当在收到答辩状之日起5日内，将答辩状副本发送原告。

四、开庭审理

开庭审理是指人民法院在当事人和其他诉讼参与人的参加下，依照法律规定的形式和顺序，查清案件事实，分清是非责任，对案件作出处理决定所进行的诉讼活动。开庭审理具有几个特点：诉讼法律关系主体同时参加诉讼活动；当事人充分行使诉讼权利；全部证据受到审查核实。同时，开庭审理应具有一定的形式和顺序。

行政诉讼法并没有具体规定开庭审理的程序。依照有关规定，行政案件开庭审理的程序可以比照民事诉讼法的规定，分阶段进行，并依照不同情形，分别作出如下判决：

1. 行政行为证据确凿，适用法律、法规正确，符合法定程序的，或者原告申请被告履行法定职责或给付义务理由不成立的，判决驳回原告的诉讼请求。

2. 行政行为有下列情形之一的，判决撤销或者部分撤销，并可以判决被告重新作出具体行政行为：主要证据不足的；适用法律、法规错误的；违反法定程序的；超越职权的；滥用职权的；明显不当的。

3. 被告不履行或者拖延履行法定职责的，判决其在一定期限内履行。

4. 行政处罚显失公正的，可以判决变更。

第三节 行政诉讼第二审程序

两审终审制作为我国诉讼制度的一个重要特点和基本原则，在行政诉讼中也不例外。行政诉讼当事人不服各级人民法院第一审行政诉讼判决、裁定，向上一级人民法院提起上诉，上一级人民法院进行审理的程序，叫第二审程序，又叫上诉审程序。

一、上诉的提起

上诉是指行政诉讼当事人对地方各级人民法院第一审未生效的行政诉讼判决、裁定，在法定期限内声明不服，要求上一级人民法院进行审理并撤销或者变更原判决、裁定的诉讼行为。上诉是当事人的一项诉讼权利，是由我国实行两审终审制的审级制度决定的。是否上诉，由当事人自己决定。

在行政诉讼中，双方当事人和第三人都有权提起上诉，即享有上诉权并能够引起第二审程序发生的当事人既可以是作为第一审原告的公民、法人或其他组织，也可以是作为第一审被告的有关行政机关以及同提起诉讼的具体行政行为有利害关系的第三人。

当事人对第一审人民法院的判决、裁定不服，必须在法律规定的期限内提起上诉。一审法院收到逾期提起的上诉状后，可以直接驳回。① 行政诉讼法规定，当事人不服人民法院第一审判决的，有权在判决书送达之日起 15 日内向上一级人民法院提起上诉；当事人不服人民法院第一审裁定的，有权在裁定书送达之日起 10 日内向上一级人民法院提起上诉。逾期不提起上诉的，人民法院的第一审判决或者裁定发生法律效力。

提起上诉应当递交上诉状。上诉状是当事人提起上诉的凭证，没有上诉状就难以判明当事人是否行使了上诉权。上诉状的内容一般应包括：当事人的基本情况，原审判决、裁定的基本情况，上诉的请求和理由等。当事人提起上诉，应当按照双方当事人的人数提出副本。

上诉状既可以通过原审人民法院提出，也可以直接向第二审人民法院提出。当事人直接向第二审人民法院上诉的，第二审人民法院应当在 5 日内将上诉状移交原审人民法院。

二、上诉的受理

新《行政诉讼法》第 86 条规定：人民法院对上诉案件，应当组成合议庭，开庭审理。经过阅卷、调查和询问当事人，对没有提出新的事实证据或者理由，合议庭认为不需要开庭审理的，也可以不开庭审理。

二审法院审理行政案件，既要对原审人民法院的裁判是否合法进行审查，又要对被诉行政行为的合法性进行审查，并不受上诉范围的限制。

新《行政诉讼法》第 88 条规定：第二审人民法院审理上诉案件，应当自

① 参见于安等编著：《行政诉讼法学》，法律出版社 1997 年版，第 268 页。

收到上诉状之日起3个月内作出终审判决。有特殊情况需要延长的，由高级人民法院批准，高级人民法院审理上诉案件需要延长的，由最高人民法院批准。

三、上诉的审理

根据行政诉讼法的相关规定，人民法院经过审理，认为上诉案件的基本事实已经查清，可以在审理所认定的事实基础上，按照下列情形，分别处理：

1. 原判决、裁定认定事实清楚，适用法律、法规正确的，判决或者裁定驳回上诉，维持原判决、裁定；

2. 原判决、裁定认定事实清楚，但是适用法律、法规错误的，依法改判、撤销或者变更；

3. 原判决认定基本事实不清，证据不足的，发回原审人民法院重审，也可以查清事实后改判。当事人对重审案件的判决、裁定，可以上诉。

4. 原判决遗漏当事人或者违法缺席判决等严重违反法定程序的，裁定撤销原判决，发回原审人民法院重审。

原审人民法院对发回重审的案件作出判决后，当事人提起上诉的，第二审人民法院不得再次发回重审。人民法院审理上诉案件，需要改变原审判决的，应当同时对被诉行政行为作出判决。

第四节 审判监督程序

行政审判监督程序，又称行政审判再审程序，是指人民法院对已经作出确定裁判且生效的行政案件，在有法律规定的情形出现时，再次进行审理和裁判所适用的审判程序制度。与民事审判监督程序一样，行政审判监督程序旨在为确有错误的法院判决提供一个纠正的机会，从而尽可能降低法院有效判决对当事人财产和人身权利的损害风险。

一、审判监督程序的启动

行政审判监督程序，一般由当事人向有权决定机关申请启动。当事人的申请再审，应当在判决裁定发生法律效力后2年内提出，当事人对已经发生法律效力的行政赔偿调解书，提出证据证明调解违反自愿原则或调解协议的内容违反法律规定的，可以在2年内申请再审，但判决裁定不停止执行。申诉既可以向原审人民法院提出，也可以向上一级人民法院提出。对当事人的申诉，人民法院应当充分重视，经审查，符合再审条件的，应当立案并及时通知各方当事人；不符合再审条件的，予以驳回。

审判监督的对象，应当是已经发生法律效力的判决裁定，特定情况下，行政赔偿调解书也可以成为提起审判监督程序的对象。

关于提起审判监督程序的理由，新《行政诉讼法》第91条规定："当事人的申请符合下列情形之一的，人民法院应当再审：（一）不予立案或者驳回起诉确有错误的；（二）有新的证据，足以推翻原判决、裁定的；（三）原判决、裁定认定事实的主要证据不足、未经质证或者系伪造的；（四）原判决、裁定适用法律、法规确有错误的；（五）违反法律规定的诉讼程序，可能影响公正审判的；（六）原判决、裁定遗漏诉讼请求的；（七）据以作出原判决、裁定的法律文书被撤销或者变更的；（八）审判人员在审理该案件时有贪污受贿、徇私舞弊、枉法裁判行为的。"

《行政诉讼法》第92条规定："各级人民法院院长对本院已经发生法律效力的判决、裁定，发现有本法第九十一条规定情形之一，或者发现调解违反自愿原则或者调解书内容违法，认为需要再审的，应当提交审判委员会讨论决定。最高人民法院对地方各级人民法院已经发生法律效力的判决、裁定，上级人民法院对下级人民法院已经发生法律效力的判决、裁定，发现有本法第九十一条规定情形之一，或者发现调解违反自愿原则或者调解书内容违法的，有权提审或者指令下级人民法院再审。"

《行政诉讼法》第93条规定："最高人民检察院对各级人民法院已经发生法律效力的判决、裁定，上级人民检察院对下级人民法院已经发生法律效力的判决、裁定，发现有本法第九十一条规定情形之一，或者发现调解书损害国家利益、社会公共利益的，应当提出抗诉。地方各级人民检察院对同级人民法院已经发生法律效力的判决、裁定，发现有本法第九十一条规定情形之一，或者发现调解书损害国家利益、社会公共利益的，可以向同级人民法院提出检察建议，并报上级人民检察院备案；也可以提请上级人民检察院向同级人民法院提出抗诉。各级人民检察院对审判监督程序以外的其他审判程序中审判人员的违法行为，有权向同级人民法院提出检察建议。"

二、再审案件的审理

决定再审时，人民法院应当裁定中止原判决的执行，裁定由院长署名，加盖人民法院印章。上级人民法院决定提审或指令下级人民法院再审的，应当作出裁定，裁定应当写明中止原判决的执行；情况紧急的，可以将中止执行的裁定口头通知负责执行或作出生效判决、裁定的人民法院，但应在口头通知后

10日内发出裁定书。

在程序的选择上，人民法院按照审判监督程序再审的案件，发生法律效力的判决、裁定是由第一审人民法院作出的，按照第一审程序审理，所作的判决、裁定，当事人可以上诉；发生法律效力的判决、裁定是由第二审人民法院作出的，按照第二审程序审理，所作的判决、裁定是发生法律效力的判决裁定；上级人民法院按照审判监督程序提审的，按照第二审程序审理，所作的判决、裁定是发生法律效力的判决裁定；人民法院审理再审案件，应当另行组成合议庭。

人民法院经审理后，应当在审理所认定的事实基础上，按照下列情形，分别处理：

(1) 人民法院经过再审，认为原生效判决、裁定确有错误，在撤销原生效判决或者裁定的同时，有两种处理方式：一是对生效判决、裁定的内容作出相应裁判。二是裁定撤销生效判决或者裁定，发回作出生效判决、裁定的人民法院重新审判。

(2) 有以下情形之一的，应当裁定发回重审：审理本案的审判人员、书记员应当回避而未回避的；依法应当开庭审理而未经开庭即作出判决的；未经合法传唤当事人而缺席判决的；对与本案有关的诉讼请求未予以裁判的；其他违反法定程序可能影响案件正确审判的。

(3) 如果第二审人民法院维持第一审人民法院不予受理或者驳回起诉的裁定错误的，再审法院应当撤销第一审、第二审人民法院裁定，指令第一审人民法院审理。

在时限要求上，再审案件按照第一审程序审理的须在3个月内作出裁判；再审案件按照第二审程序审理的，须在2个月内作出裁判。

第六章　执行制度概述

执行程序，是指人民法院根据已经发生法律效力的法律文书，以国家强制力或公权力保证实施文书内容的司法程序。执行程序是整个诉讼活动的最后环节，执行程序的对象是生效文书的内容，也即是对权利义务的分担，执行的客体是法院生效判决的既判力。在我国司法实践中，执行程序是以民事审判权、刑事审判权、行政审判权为基础的法定程序。根据执行程序所赖以存在的诉讼种类，可以将执行制度分为刑事执行制度、民事执行制度和行政执行制度。

第一节　刑事执行制度

刑事诉讼中的执行，是指人民法院、人民检察院、公安机关及刑罚执行机关等，将已经发生法律效力的判决、裁定所确定的内容，依法付诸实施及解决实施中变更执行等问题进行的活动。① 刑事执行作为刑事诉讼制度的重要组成部分，是刑事诉讼最后落实阶段。司法机关依法对刑事案件进行立案、侦查、起诉和审判，其目的就是为了惩罚犯罪，保护公共利益。而上述目的的实现，依赖于刑事执行制度，因而执行制度有极为重要的意义。

一、刑事执行的依据

刑事执行的依据，是发生法律效力的判决和裁定。根据最高人民法院《关于刑事案件终审判决和裁定何时发生法律效力问题的批复》的规定，下列判决和裁定均系发生法律效力的判决和裁定：

（1）已过法定期限没有上诉、抗诉的判决和裁定；

（2）终审的判决和裁定，包括第二审的判决、裁定和最高人民法院的判决、裁定；

（3）高级人民法院核准的死刑缓期二年执行的判决和依据最高人民法院

① 参见卞建林主编：《刑事诉讼法学》，中国政法大学出版社 2014 年版，第 319 页。

的授权核准的死刑判决；

(4) 最高人民法院核准的死刑判决、法定刑以下处刑的判决以及因特殊情况不受执行期限限制的假释的裁定。终审的判决和裁定自宣告之日起发生法律效力。

二、刑事执行的内容

刑事执行意味着将有效的刑事判决所确定的刑罚内容通过执行机关予以实现。任何刑罚方式都有特定的内容，法院的判决进一步将上述内容予以具体化、可操作化。根据刑罚的具体形式，下面简要介绍刑事执行的具体内容。

(一) 无罪、免除刑事处罚的判决的执行

第一审人民法院判决被告人无罪、免除刑事处罚的，如果被告人在押，在判决宣告后应当立即释放被告人。

(二) 死刑令签发及死缓的处理

最高人民法院判处和核准的死刑立即执行的判决，应由最高人民法院院长签发执行死刑的命令。被判处死刑缓期二年执行的罪犯，在死刑缓期执行期间，如果没有故意犯罪，死刑缓期执行期满，应当予以减刑，由执行机关提出书面意见，报请高级人民法院裁定；如果故意犯罪，查证属实，应当执行死刑，由高级人民法院报请最高人民法院核准。

(三) 死刑的执行程序

人民法院在交付执行死刑前，应当通知同级人民检察院派员现场监督。死刑采用枪决或者注射等方法执行。死刑可以在刑场或者指定的羁押场所内执行。指挥执行的审判人员，对罪犯应当验明正身，讯问有无遗言、信札，然后交付执行人员执行死刑。在执行前，如果发现可能有错误，应当暂停执行，报请最高人民法院裁定。执行死刑应当公布，不应示众。执行死刑后，在场书记员应当写成笔录。交付执行的人民法院应当将执行死刑情况报告最高人民法院。执行死刑后，交付执行的人民法院应当通知罪犯家属。

(四) 死缓、无期、有期徒刑、拘役的执行

罪犯被交付执行刑罚的时候，应当由交付执行的人民法院将有关的法律文书送达监狱或者其他执行机关。对于被判处死刑缓期二年执行、无期徒刑、有

期徒刑的罪犯，由公安机关依法将该罪犯送交监狱执行刑罚。对于被判处有期徒刑的罪犯，在被交付执行刑罚前，剩余刑期在1年以下的，由看守所代为执行。对于被判处拘役的罪犯，由公安机关执行。对未成年犯应当在未成年管教所执行刑罚。执行机关应当将罪犯及时收押，并且通知罪犯家属。判处有期徒刑、拘役的罪犯。执行期满，应当由执行机关发给释放证明书。

(五) 监外执行

监外执行指的是对被判处自由刑的罪犯，如果发生不宜收监执行的特殊原因的，可以按照法律规定，将其交付特定机关，由后者在监外执行刑罚的一种方式。根据刑事诉讼法的规定，对于被判处有期徒刑或者拘役的罪犯，有下列情形之一的，可以暂予监外执行：(1) 有严重疾病需要保外就医的；(2) 怀孕或者正在哺乳自己婴儿的妇女；(3) 生活不能自理，适用暂予监外执行不致危害社会的。

另外，对于罪犯确有严重疾病，必须保外就医的，由省级人民政府指定的医院开具证明文件，依照法律规定的程序审批。发现被保外就医的罪犯不符合保外就医条件的，或者严重违反有关保外就医的规定的，应当及时收监。同时，对于适用保外就医可能有社会危险性的罪犯，或者自伤自残的罪犯，不得保外就医。

对于暂予监外执行的罪犯，由居住地公安机关执行，执行机关应当对其严格管理监督，基层组织或者罪犯的原所在单位协助进行监督。

(六) 缓刑、假释的执行

对于被判处徒刑缓刑的罪犯，由公安机关交所在单位或者基层组织予以考察。

对于被假释的罪犯，在假释考验期限内，由公安机关予以监督。

(七) 管制及剥夺政治权利的执行

对于被判处管制、剥夺政治权利的罪犯，由公安机关执行。执行期满，应当由执行机关通知本人，并向有关群众公开宣布解除管制或者恢复政治权利。

(八) 罚金的执行

被判处罚金的罪犯，期满不缴纳的，人民法院应当强制缴纳；如果由于遭遇不能抗拒的灾祸缴纳确实有困难的，可以裁定减少或者免除。

（九）没收财产的执行

没收财产的判决，无论附加适用或者独立适用，都由人民法院执行；在必要的时候，可以会同公安机关执行。

（十）新罪、漏罪的追诉及减刑、假释

罪犯在服刑期间又犯罪的，或者发现其有判决时没有发现的罪行，由执行机关移送人民检察院处理。被判处管制、拘役、有期徒刑或者无期徒刑的罪犯，在执行期间确有悔改或者立功表现，应当依法予以减刑、假释的时候，由执行机关提出建议书，报请人民法院审核裁定。

（十一）错案申诉的处理

监狱和其他执行机关在刑罚执行中，如果认为判决有错误或者罪犯提出申诉，应当转请人民检察院或者原判人民法院处理。

（十二）执行的监督

人民检察院对执行机关执行刑罚的活动是否合法实行监督。如果发现有违法的情况，应当通知执行机关纠正。

三、刑事执行机关

根据刑事诉讼法等相关规定，我国刑事执行机关主要包括人民法院、公安机关、监狱、未成年犯管教所等，而人民检察院对上述机关的执行行为应当进行法律监督。根据各个机关的不同，其执行分工上也有所区别：

1. 人民法院

人民法院负责死刑立即执行、罚金、没收财产的执行以及无罪和免除刑罚判决的执行。其中，在执行死刑立即执行时应当上报最高人民检察院核准。

2. 监狱

监狱负责死刑缓期二年执行、无期徒刑、有期徒刑的执行。可以看出，监狱主要负责剥夺罪犯自由的刑罚的执行。

3. 公安机关

公安机关负责管制、拘役、剥夺政治权利、有期徒刑和拘役缓刑的执行。对于在交付执行刑罚前，剩余刑期在 1 年以下的有期徒刑罪犯，由看守所（隶属于公安机关）代为执行。此外，监外执行、假释以及驱逐出境等刑罚也

由公安机关执行。①

4. 未成年犯管教所

由于我国一贯对未成年人给予特殊的照顾和保护，因而在对未成年犯执行刑罚时仍然予以了区分。根据我国监狱法的规定，未成年犯管教所主要负责对未成年犯执行刑罚。

四、刑事执行程序

（一）死刑立即执行判决的执行

执行死刑命令的签发。最高人民法院判处和核准的死刑立即执行的判决、裁定，应当由最高人民法院院长签发执行死刑命令。

死刑的执行法院和期限。在此应当注意：死刑必须在原审人民法院接到死刑执行命令后 7 日以内交付执行，超过 7 日未执行的，执行令作废，要重新签发死刑执行令。

执行死刑的方法和场所。在我国，死刑采用枪决或注射，采用枪决、注射以外的其他方法执行死刑的，应当事先报请最高人民法院批准。执行死刑的场所，应当是刑场或指定的羁押场所内。

执行死刑的程序。由于死刑是直接剥夺罪犯的生命刑，因而在执行时应当秉持人道主义和谨慎执行的原则，据此其一般程序包括：（1）执行死刑前，罪犯提出会见其近亲属或者其近亲属提出会见罪犯申请的，人民法院可以准许。（2）人民法院将罪犯交付执行死刑，应当在交付执行 3 日前通知同级人民检察院派员临场监督。（3）执行死刑前，指挥执行的审判人员对罪犯应当验明正身，即认真核对被执行人的姓名、性别、年龄、籍贯、基本犯罪事实及其他情况，确保被执行的人就是判决、裁定所确定的死刑罪犯，以防错杀；还要询问罪犯有无遗言、信札，并制作笔录，然后交付执行人员执行死刑。执行死刑应当公布，但是禁止游街示众或者其他有辱被执行人人格的行为。

（二）死刑缓期二年执行、无期徒刑、有期徒刑判决的执行

对于该类犯罪，交付执行的人民法院应当将有关的法律文书及时送达看守

① 参见王国枢主编：《刑事诉讼原理与实务》，北京大学出版社 2002 年版，第 376 页。

所，由公安机关依法将该罪犯送交监狱执行刑罚，交付执行的人民法院还应当将有关的法律文书送达监狱。这里的“交付执行的人民法院”是指第一审人民法院。

罪犯需要羁押执行刑罚，而判决确定前罪犯没有被羁押的，人民法院应当根据生效的判决书或者裁定书将罪犯羁押，并送交公安机关。

死刑缓期执行的期间，从判决或者裁定核准死刑缓期二年执行的法律文书宣告或送达之日起计算。

(三) 拘役、拘役缓刑和有期徒刑缓刑的执行

拘役刑由公安机关执行。对被法院宣告缓刑的罪犯，在缓刑考验期限内，依法对其实行社区矫正，如果没有《刑法》第77条规定的情形，缓刑考验期满，原判的刑罚就不再执行，并公开予以宣告。

犯罪分子在被第一审人民法院判处拘役或者有期徒刑宣告缓刑时，判决尚未发生法律效力的，不应立即交付有关机关执行。如果被宣告缓刑的罪犯在押，第一审人民法院应当先行作出变更强制措施的决定，改为监视居住或者取保候审，并立即通知有关公安机关。判决发生法律效力后，应当将法律文书送达当地公安机关。

根据相关规定，犯罪分子在被宣告缓刑、假释之后，在缓刑、假释考验期限内如果再犯新罪或者被发现宣告判决之前尚有其他罪行没有判决，应当撤销缓刑、假释的，则由审判新罪的人民法院在审判新罪时，对原判决、裁定宣告的缓刑、假释予以撤销；如果原来是上级人民法院判决、裁定宣告缓刑、假释的，审判新罪的下级人民法院也可以撤销原判决、裁定宣告的缓刑、假释。审判新罪的人民法院对原审判决、裁定宣告的缓刑、假释撤销后，应当通知原宣告缓刑、假释的人民法院和执行机关。

罪犯在被宣告缓刑、假释后，如果其在缓刑、假释考验期限内违反法律、行政法规或者有关缓刑、假释的监督的管理规定，应当依法撤销缓刑、假释的，原作出缓刑、假释裁判的人民法院应当自收到同级公安机关提出的撤销缓刑、假释建议书之日起1个月内依法作出裁定。人民法院撤销缓刑、假释的裁定，一经作出，立即生效。

罪犯在被宣告缓刑期间，有重大立功表现，需要予以减刑、并相应缩短缓刑考验期限的，应当由负责考察的公安派出所会同罪犯的所在单位或者基层组织提出书面意见，由罪犯所在地的中级人民法院根据当地同级执行机关提出的减刑建议书裁定；人民法院应当自收到减刑建议书之日起1个月内依

法裁定。

(四) 罚金、没收财产的执行

发生法律效力的刑事判决、裁定和调解书中涉及财产内容需要执行的，由原审人民法院执行。

罚金在判决规定的期限内一次或者分期缴纳。期满无故不缴纳的，人民法院应当强制缴纳。经强制缴纳仍不能全部缴纳的，人民法院在任何时候，包括在判处的主刑执行完毕后，发现被执行人有可以执行的财产的，应当追缴。如果由于遭遇不能抗拒的灾祸缴纳罚金确实有困难的，犯罪分子可以向人民法院申请减少或者免除。人民法院查证属实后，可以裁定对原判决确定的罚金数额予以减少或者免除。行政机关对被告人就同一事实已经处以罚款的，人民法院判处罚金时应当予以折抵。

没收财产的判决无论附加适用或者独立适用，都由人民法院执行；在必要的时候，可以会同公安机关执行。

(五) 无罪判决和免除刑罚判决的执行

无罪判决和免除刑罚判决由人民法院执行。第一审人民法院判决被告人无罪、免除刑事处罚的，如果被告人在押，在宣判后应当立即释放。

五、死刑执行程序的变更

由于死刑执行直接涉及被告人的生命权，刑罚一旦执行即具有不可逆性，因而法律规定了在特定情形下，应当对死刑执行进行变更，不再执行或者执行其他刑罚，以求对被告人的公正处理。

(一) 死刑立即执行的变更

下级人民法院在接到核准死刑立即执行机关签发的执行命令后，一般应当在7日以内将罪犯交付执行，但是如果发现有下列情形之一的，应当停止死刑的执行，并立即将相关情况上报核准法院，由其进一步作出裁定：(1) 在执行前发现判决可能有错误的；(2) 在执行前罪犯揭发重大犯罪事实或者有其他重大立功表现，可能需要改判的；(3) 罪犯正在怀孕。

前述第 (1)、(2) 项规定停止执行的原因消失后，必须报请核准死刑的人民法院院长再签发执行死刑的命令才能执行；由于前述第 (3) 项原因停止执行的，应当报请核准死刑的人民法院依法改判，需要改判的案件，应当由有死刑核准权的人民法院适用审判监督程序依法改判或者指令下级人民法院再审。

执行死刑时，检察人员应当到场监督。如果其在执行死刑前，发现案件有下列情形之一的，应当立即建议人民法院停止执行：（1）被执行人并非应当执行死刑的罪犯的；（2）罪犯犯罪时不满 18 岁的；（3）判决可能有错误的；（4）在执行前罪犯检举揭发重大犯罪事实或者有其他重大立功表现，可能需要改判的；（5）罪犯正在怀孕的。

（二）死刑缓期二年执行的变更

（1）变更为死刑。被判处死刑缓期二年执行的罪犯，在死刑缓期执行期间，如果故意犯罪的，应当由人民检察院提起公诉，罪犯服刑地的中级人民法院依法审判，所作的判决可以上诉、抗诉。认定构成故意犯罪的判决、裁定发生法律效力后，由作出生效判决、裁定的人民法院，依照规定报请最高人民法院核准犯罪分子死刑立即执行。最高人民法院核准后，交罪犯服刑地的中级人民法院执行死刑。

（2）其他变更。这又可进一步分为以下几种情况：（1）被判处死刑缓期二年执行的罪犯，在死刑缓期二年执行期间，如果没有故意犯罪，死刑缓期二年执行期满后，即应当裁定减刑。（2）如果死刑缓期二年执行期满后尚未裁定减刑前又犯新罪的，应当依法减刑后对其所犯新罪另行审判。（3）对于被判处死刑缓期二年执行的罪犯的减刑，由罪犯服刑地的高级人民法院根据省、自治区、直辖市监狱管理机关审核同意的监狱减刑建议书裁定。

第二节 民事执行制度

民事执行，也称民事强制执行或者强制执行，是指国家机关依债权人的申请，依据执行根据，运用国家强制力，强制债务人履行义务，以实现债权人的民事权利的活动。民事执行以存在生效的民事判决为前提，但与后者不同，执行的特殊性质决定了它的价值追求有别于民事审判，即在公平与效率之间，更多地倾向于效率。民事执行不同于民事履行，二者的根本区别在于是否有强制效力。①

一、民事执行的分类及原则

根据民事执行的概念，可以看出民事执行主要包括以下几层意思：（1）民事执行由国家专门机关进行；（2）民事执行以存在执行根据为前提；（3）民事执行须经债权人申请；（4）民事执行是国家使用公权力的强制行为，强制性是民事执行的根本特性；（5）民事执行是实现已确定的私权的程序。

在民事执行中，有权根据生效法律文书向人民法院申请执行的人，称为申请执行人；对方当事人，称为被执行人。由于申请人在实体权利义务关系中是债权人，而被申请人则是实体权利义务关系中的债务人，所以，执行当事人双方也分别被称为债权人和债务人。

（一）民事执行的分类

依据不同的标准，可以将民事执行作以下分类：

1. 终局执行与保全执行

这是依据执行的效果所作的划分。终局执行也称满足执行，是指使债权人的债权获得实现或者满足的执行。比如依据确定的给付判决所为的执行。保全执行是指维持债务人财产现状，以保证将来的终局执行的执行。比如对债务人财产的查封、扣押、冻结等限制债务人处分其财产的行为。民事执行原则上指终局执行，保全执行为其例外。

2. 金钱执行与非金钱执行

这是根据执行根据所载债权的性质所作的划分。金钱执行是指实现执行根据上所载金钱债权的执行。为满足金钱债权的请求权，可以对债务人的财产或者人身进行执行。非金钱执行是指非为实现金钱债权请求权而进行的执行，包括交付物的请求权的执行和完成行为的执行。金钱执行与非金钱执行，因实现的权利性质不同，二者的执行方法也有所不同。

3. 直接执行、间接执行与替代执行

这是以民事执行方法为标准所作的分类。直接执行是指执行机关直接以强制力实现债权人的权利的执行，如查封、扣押、拍卖债务人的财产，并以拍卖所得价款满足债权人的债权。间接执行是指执行机关不直接以强制力实现债权

① 参见蒲一苇等：《民事诉讼法教程》，清华大学出版社、北京交通大学出版社 2013 年版，第 375 页。

人的权利，而给予债务人一定的不利益，以迫使债务人履行债务的执行。如拘留债务人或者拘传债务人的法定代表人。替代执行是指执行机关命第三人代债务人履行债务，而由债务人负担费用的执行。

4. 对人执行与对物执行

这是以执行标的为标准所作的分类。对人执行是以债务人或者应当为债务人清偿债务者的身体、名誉或者自由等为执行对象，从心理上迫使其履行债务。对物执行是以债务人的财产权为执行标的。对物执行中有执行标的物，而对人执行中却无执行标的物。现代社会尊重个人人格，民事执行以对物执行为原则，对人执行仅为辅助财产执行的特殊方法，属于例外规定。

5. 一般执行与个别执行

这是以执行债务人财产范围为标准的划分。一般执行是指债务人的财产不足以清偿总债权时，全体债权人就债务人的全部财产所进行的执行，如破产程序。个别执行是指债权人为满足或者保全其个别债权，而对债务人财产所为的执行。我国现行民事诉讼法所规定的民事执行即为个别执行。

6. 控制性执行与处分性执行

这是根据执行措施是否能够达到强制义务人履行义务的目的所进行的分类。前者也称保全性执行，是指以防止被执行人转移、隐藏、变卖、毁损财产为目的的执行，如查封、冻结、扣押等措施；后者是指将被执行人的财产作价变卖来清偿债务的执行方式。①

(二) 民事执行的基本原则

一般认为，民事执行的基本原则，是指对人民法院和当事人在整个民事执行程序中起指导作用的行为准则。民事执行的基本原则包括执行合法原则、执行当事人不平等原则、执行及时原则以及全面保护当事人合法权益原则四项。此外，执行实践中还总结出了一个重要原则，即执行穷尽原则，也应当作为基本原则。下面将对这五个基本原则进行阐述。

1. 执行合法原则

执行合法原则，是指执行活动必须以生效的法律文书为依据，并且依照法定程序和方式进行。执行合法原则要求法院的执行活动既要符合实体法，又要符合程序法。

2. 执行当事人不平等原则

① 参见童兆洪：《民事强制执行新论》，人民法院出版社2001年版，第84页。

执行当事人不平等原则，是指执行程序中的债权人和债务人地位不平等，双方的权利义务有差别。

3. 全面保护当事人合法权益原则

全面保护当事人合法权益原则，是指民事执行不仅要全部实现债权人的权利，同时也应当照顾债务人的实际需要。

4. 执行及时原则

执行及时原则体现了民事执行程序的基本价值要求。民事执行是一种与司法行为有密切联系的司法强制行为，追求效率是民事执行的最高追求。因此，民事执行程序要尽量缩短办案周期，在执行实践中要尽可能迅速满足债权人的利益。

5. 执行穷尽原则

所谓“执行穷尽”，是指人民法院根据债权人的请求，为了实现生效法律文书所确定的权利，穷尽各种执行方法、措施和途径，对被执行人的财产进行了必要的调查、审计，依法采取了查封、扣押、冻结、拍卖、变卖等执行行为，在履行了上述程序后仍不能满足债权人权利的，法院才能裁定终结执行程序。

二、民事执行主体和执行参与人

民事执行主体，是指依照执行法律规定，享有权利和承担义务，并能够引起执行程序发生、变更或者终结的组织或者个人。

执行活动是在人民法院和执行当事人的参加下进行的，人民法院和执行当事人是执行主体。此外，民事执行活动还需要执行参与人的协助。

（一）执行机关

此处所谓的“执行机关”，是指依法负责执行民事法律文书的国家职能机构。自20世纪90年代起，各基层和中级人民法院都相继设立了执行庭，负责包括民事法律文书在内的执行工作。后来最高人民法院在专题调研的基础上，出台了相应的一些执行法律文件，有效推动了包括执行机构改革在内的执行工作改革。截至2002年底，全国多数法院均设立了执行局。作为执行工作运行的专门载体，执行局的成立对于执行工作的有效推进发挥了积极作用。

1. 执行机关的组成人员

执行机关在具体行使民事执行权时，还是要落实到法院具体的人员。在此意义上，执行机构通常由人民法院院长、执行庭（局）长、执行法官、执行员、书记员和司法警察组成。

2. 执行争议的协调

根据民事诉讼法律及相关司法解释的规定，如果两个或两个以上人民法院在执行相关民事案件中存在争议的，应当通过协商加以解决。如果协商不成，则须逐级报请共同的上级法院直至最高人民法院协调处理。执行争议经高级人民法院协商不成的，由有关的高级人民法院书面报请最高人民法院协调处理。上级法院协调下级法院之间的执行争议所作出的处理决定，有关法院必须执行。上级法院协调处理有关执行争议案件，认为必要时，可以决定将有关款项划到法院指定的账户。

（二）执行当事人

1. 执行当事人的含义和称谓

所谓执行当事人，即是指执行程序中的债权人和债务人。质言之，它是指法院判决、裁定、仲裁裁决等具有实体约束性质的执行文书上所确定的债权人与债务人。我国民事诉讼法上以“当事人”、“双方当事人”等术语来表示。其中，有权请求执行机关强制对方履行债务，从而实现自身民事权利的人是债权人；与此相对应的，向对方负有给付义务的人，则是债务人。

综观我国民事诉讼法的规定，执行当事人的称谓显得比较混乱。民事诉讼法虽然通常使用申请执行人和被执行人这一对概念，但偶尔也会使用“债权人”、“申请人”、“申请执行人”、“被申请人”等概念。由于执行程序并不一概由当事人申请而开始，在特殊情况下也可以由人民法院移送执行，所以在本书中，我们有时使用申请人或者申请执行人和被执行人这一对概念，但是也使用债权人和债务人这一对概念。

2. 执行承担

执行根据的效力，原则上只及于法律文书所确定的权利人和义务人。一般情况下，只有法律文书确定的权利人和义务人为执行当事人，人民法院也只对法律文书确定的义务人实施强制执行。执行程序中，案外人因实体法上的原因承受执行当事人地位，享有申请执行人的权利或者承担被执行人的义务，就是执行承担。执行承担包括执行程序中权利的继受和义务的承担两个方面。权利的继受比较简单，而义务的承担则比较复杂。①

为保障债权人在法律文书中的合法利益得到实现，民事诉讼法和《最高

① 参见蒲一苇等：《民事诉讼法教程》，清华大学出版社、北京交通大学出版社 2013 年版，第 383 页。

人民法院关于适用〈中华人民共和国民事诉讼法〉执行程序若干问题的解释》对被执行主体的变更和追加的情形作了具体的规定。被执行人发生执行承担的情形有：(1) 当事人死亡；(2) 被执行主体的变更或者追加；(3) 组织终止；(4) 组织分立、合并；(5) 组织名称变更；(6) 法人分支机构不能清偿债务；(7) 独资企业；(8) 合伙组织；(9) 开办单位。

(三) 执行参与人

执行参与人，是指人民法院和执行当事人以外的参与执行工作的组织和个人。包括协助执行人、执行见证人、被申请执行人的家属以及代理人和翻译人员等。

在执行过程中，还存在着协助执行人，即根据人民法院的协助执行通知书对执行工作予以配合的单位和个人。如在执行过程中，具体协助办理查询、冻结事务的银行、工商部门，负责办理产权过户登记手续的土地、房管部门，协助扣留、提取被执行人收入的单位。

在执行程序中，还有所谓的执行见证人——在执行机关采取某些执行措施时，到场依法对执行活动进行监督进而证实执行是否合法的人员。根据民事诉讼法的相关规定，可以成为执行见证人的人员主要有：第一，被执行人成年家属；第二，被执行人为公民时，其工作单位或者财产所在地基层组织指派参加执行的人员；第三，被执行人为单位时，其法定代表人或者主要负责人。

三、执行标的

(一) 执行标的的概念和特点

法院强制执行行为所指向的对象，为执行标的，又称执行对象或者执行客体。执行标的有以下两个重要特点：(1) 执行标的具有非抗辩性；(2) 执行标的具有法定性。

民事执行依执行标的的不同，分为财产执行和人身执行。财产执行是以债务人所有的物或者有财产价值的权利为执行标的。人身执行是以人的身体或者债务人的自由权为执行标的。现代各国均以财产执行为原则，以人身执行为例外。

(二) 财产执行的执行标的

财产执行的执行标的有两类，一类是财产（包括有体物和无形财产权），一类是可以替代的行为。根据法律文书的内容，法院需要完成的执行活动可能是要求债务人给付金钱、物品、有价证券等财产，也可能是要求债务人履行一定的行为或者不为一定的行为。下面就分别讨论作为执行标的的财产和可以替代的行为。

1. 可以作为执行标的之财产

第一，有体物。被执行人的财物，应当是其享有所有权或者有权处分的物。对物的执行通常指有金钱价值的一切物与权利，一般分为有体物与无体物。有体物依其可否移动又可以分为动产和不动产。

第二，无形财产权。无形财产权是指被执行人所享有的包括存款、债权、工资收入、用益物权、知识产权、股权及其他权利在内的财产权。作为执行标的的无形财产权，必须是债务人独立的财产权利、具有财产价值和可转让性。

债务人对第三人的到期债权和债务人非法处分的财产，也可以成为执行标的。债务人对第三人的到期债权的执行，就是后面论述的代位执行制度。属债务人所有的财产，债务人非法处分的财产作为执行标的的情形，是指债务人为了逃避执行，与第三人恶意串通，致使债务人没有履行能力，这种处分行为当然无效，人民法院可以撤销这种处分行为，从而使非法处分的标的物成为可供执行的财产。

2. 不得作为执行标的之财产

被执行人的财产，原则上均可以强制执行。但实体法和程序法基于保障社会安全或者债务人的生存、维护社会公益或者第三人利益、促进社会文化发展等考虑，对于被执行人的特定财产，执行法院不得采取执行措施，此即为豁免执行的财产。

首先，关于有体物的执行豁免范围。下列有体财产不得成为执行标的：第一，维护被执行人的生存而不得执行的财产。第二，禁止流通物。第三，基于社会公益而不得强制执行的财产。第四，维护公序良俗而不得执行的财产。第五，基于财产性质不得强制执行或者限制强制执行的财产。第六，外交豁免及领事豁免执行的财产。

其次，关于无形财产权的执行豁免范围。法律或者司法解释规定对某些财产权利不得执行或者只有具备一定条件才能执行的情形主要有：（1）信用证开证保证金；（2）证券经营机构清算账户资金；（3）证券、期货交易保证金；（4）银行承兑汇票保证金；（5）旅行社质量保证金；（6）粮棉油收购专项资金；（7）商业银行根据国家政策向特定企业发放的具有特定用途的贷款；（8）社会保险基金和社会基本保障资金；（9）国防科研试制费；（10）金融机构存款准备金；（11）军费（但军队工厂、农场、马场、军人服务部、省军区以上单位实现企业经营的招待所和企业的上级财务主管部门等单位开设的军队"特种企业存款"除外）；（12）征用土地补偿费、安置补偿费（《土地管理法》第47条、《土地管理法实施条例》第26条）；（13）单位和职工缴纳的住房公积金（《住房公积金管理条例》第2条、第3条）；（14）由地方财政部门管理、主要用于社会公益的各项附加收入即财政预算外资金。（15）民法通则规定的专属于债务人所有的权利，如健康权、姓名权、肖像权、名誉权，以及宪法中规定的退休金等都不得成为执行标的。

3. 可以替代的行为

我国《民事诉讼法》第252条规定，对判决、裁定和其他法律文书指定的行为，被执行人未按执行通知履行的，人民法院可以强制执行或者委托有关单位或者其他人完成，费用由被执行人承担。

四、执行根据和执行管辖

（一）执行根据

执行根据是执行机关据以执行的法律文书，是由有关机构依法出具的、载明债权人享有一定债权，债权人可以据以请求执行的法律文书。

执行根据具有以下法律特征：（1）它是一种法律文书；（2）它是已经生效的法律文书；（3）它是具有给付内容的、法律规定属于法院强制执行的法律文书。不具有给付内容，或者虽有给付内容但法律规定不属于法院强制执行的法律文书，不能成为执行根据；（4）它是依法向法院申请执行或者由法院移送执行的法律文书；（5）权利义务主体明确。

根据法律文书制作者的不同，执行根据可以分为两种类型：一是人民法院制作的法律文书，包括民事判决、裁定、调解书、支付令和刑事判决、裁定中的财产部分等；二是法律规定由人民法院执行的其他法律文书，包括仲裁裁决书和公证债权文书。

（二）执行管辖

执行管辖，是指将一定的执行案件、执行事务和执行中的命令及裁判事务决定由何法院执行的权限划分。执行管辖主要包括上下级法院之间的级别管辖，以及同级法院之间的地域管辖。①

依据民事诉讼法和最高人民法院司法解释的规定，发生法律效力的民事判决，裁定，以及刑事判决、裁定中的财产部分，由第一审人民法院或者与第一审人民法院同级的被执行的财产所在地人民法院执行。法律规定由人民法院执行的其他法律文书，由被执行人住所地或者被执行的财产所在地人民法院执行。基层人民法院和中级人民法院管辖的执行案件，因特殊情况需要由上级人民法院执行的，可以报请上级人民法院执行。

同时，民事诉讼法规定，人民法院自收到申请执行书之日起超过6个月未执行的，申请执行人可以向上级人民法院申请执行。上一级人民法院经过审查，可责令原人民法院在一定期限内执行，也可决定由本院执行或指令其他人民法院执行。

五、执行程序

（一）执行开始

根据我国民事诉讼法的规定，执行程序的开始有两种形式，即申请执行和移送执行。债权人是否申请执行，应当由当事人处分决定。所以执行程序一般只有申请人提出申请以后才开始，这就是申请执行；在特别情况下不依当事人的申请，而是法院依职权开始，这就是移送执行。

1. 申请执行

（1）当事人直接申请执行。当事人申请执行应当符合以下条件：其一，权利义务主体明确；其二，给付内容明确。

当事人申请执行，应当向人民法院提交下列文件和证件：第一，申请执行书。写明申请执行的理由、事项、执行标的以及申请执行人所了解的被申请人的财产状况。第二，生效法律文书副本。第三，申请执行人的身份证明。第四，继承人或者权利承受人申请执行的，应当提交继承或者承受权利的证明文件。第五，其他应当提交的文件或者证件。

申请执行仲裁机构的仲裁裁决，应当向人民法院提交有仲裁条款的合同书或者仲裁协议书。申请执行国外仲裁机构的仲裁裁决的，应当提交经我国驻外使领馆认证或者我国公证机关公证的仲裁裁决书中文本。

申请人民法院强制执行，应当按照人民法院诉讼收费办法的规定，缴纳申

① 参见孙加瑞：《中国强制执行制度概论》，中国法制出版社1999年版，第119页。

请执行的费用。

(2) 当事人委托代理人代为申请执行。当事人委托代理人申请执行，应当向人民法院提交经委托人签字或者盖章的授权委托书，写明委托事项和权限。委托代理人代为放弃、变更诉讼请求、代为执行和解，或者代为收取执行款项的，应当有委托人的特别委托授权。

2. 移送执行

人民法院在作出裁判后，因为情况特殊而认为有必要时，不待当事人的申请，直接交执行机关执行的叫移送执行。

人民法院可以依职权移送执行的案件，大致有三类：其一是发生法律效力的具有给付赡养费、扶养费、抚育费内容的法律文书；其二是民事制裁决定书；其三是刑事附带民事判决、裁定、调解书。

(二) 执行案件的受理与调查

人民法院受理执行案件应当符合下列条件：(1) 申请或者移送执行的法律文书已经生效；(2) 申请执行人是生效法律文书确定的权利人或者其继承人、权利承受人；(3) 申请执行人在法定期限内提出申请；(4) 申请执行的法律文书有给付内容，且执行标的和被执行人明确；(5) 义务人在生效法律文书确定的期限内未履行义务；(6) 属于受申请执行的人民法院管辖。

执行案件的调查，主要涉及调查的事项与调查的方法。(1) 调查的事项。应当调查的事项有，执行根据有无误写、误算。如有误写误算，应当退回原制作机关补正；其次，对于执行的客体，主要是债务人的财产进行调查，也即要调查债务人有无可供执行的财产以及可供执行的财产的种类、数量、所在地，然后决定采取何种相应的执行措施。如果执行机关在执行本院的判决、裁定和调解书时，发现确有错误的，应当提出书面意见报请院长审查处理，在执行上级人民法院的判决、裁定、调解书时，发现确有错误的，可以提出书面意见，经院长批准，函请上级人民法院审查处理。(2) 调查的方法。人民法院应当依职权对债务人的财产状况进行调查。可以要求申请人向人民法院提供其所了解的被执行人的财产状况，也可以依职权向被执行人、有关机关、社会团体或者公民个人，调查了解被执行人的财产状况。对调查所需要的材料可以复制、抄录或者拍照。执行非诉讼法律文书时，法院必要时可以向制作该文书的机构调取卷宗。

（三）执行担保与暂缓执行

1. 执行担保

在执行中，被执行人向人民法院提供担保，并经申请执行人同意的，人民法院可以决定暂缓执行及暂缓执行的期限。也就是说，执行担保可以发生暂缓执行的效力。人民法院决定执行担保，应当具备以下条件：第一，由被执行人向人民法院提供财产担保，或者由第三人出面担保；第二，须经债权人同意；第三，如果担保是有期限的，暂缓执行的期限应当与担保期限一致，但最长不得超过1年。

执行担保的程序。被执行人或者其担保人以财产向人民法院提供执行担保的，应当根据担保法的有关规定，按照担保物的种类、性质，将担保物移交执行法院，或者依法到有关机关办理登记手续。

债务人在人民法院决定暂缓执行的期限届满后仍不履行的，人民法院有权直接执行债务人的担保财产或者裁定执行担保人的财产。债务人或者担保人对担保的财产在暂缓执行期间有转移、隐匿、变卖、毁损等行为的，人民法院可以恢复强制执行。

2. 暂缓执行

暂缓执行是指人民法院在执行程序中依申请或者依职权决定在一定期限内暂时停止执行措施。暂缓执行一般适用于在执行中发现据以执行的生效法律文书确有错误而正在按审判监督程序处理中，或者正在进行的执行程序、执行行为违反法律规定等情形。

（1）暂缓执行适用的情形。在执行程序中，主要有三种情形适用暂缓执行：第一，被执行人提供担保；第二，委托执行中委托法院决定暂缓执行；第三，上级法院决定暂缓执行。

（2）暂缓执行的效力。暂缓执行实施后，产生相应的法律效果，主要有下列三个方面：第一，暂停执行程序。暂缓执行后，执行机构不得采取新的执行措施，不得再为新的执行行为。第二，维持原有的执行效果。暂缓执行前的执行行为仍然有效，不因暂缓执行而失效。已采取的执行措施非经执行机构裁定解除，当事人不得自行解除。第三，有条件地恢复执行。暂缓执行期间内或者暂缓执行期限届满时，当事人履行了法律文书确定义务的，则执行程序完结。如逾期仍不履行义务的，除非延长暂缓执行期限，否则执行机构可以径行恢复执行，继续原来的执行程序。

（3）暂缓执行的期限。根据《最高人民法院关于适用〈中华人民共和国民事诉讼法〉的解释》第469条的规定，暂缓执行的期限应当与执行担保的期限一致，最长不得超过1年。《最高人民法院关于适用〈中华人民共和国民事诉讼法〉执行程序若干问题的解释》第135条则规定，暂缓执行的期限一般不得超过3个月，有特殊情况需要延长的，应当报经院长批准，但对延长次数未予以明确。《暂缓执行规定》则对暂缓执行期间问题作了进一步明确的规定，不得超过3个月，因特殊事由需要延长的，可以适当延长，但延长的期限不得超过3个月，即最长暂缓执行期间为6个月。若超过6个月，执行法院可以恢复执行。

（四）执行和解

1. 执行和解的概念和特征

执行和解，是指在执行过程中，双方当事人自愿作出相互谅解和让步，就如何履行生效法律文书的有关内容达成协议，即执行和解协议，从而结束执行程序的一种活动。

执行和解的基本特征是当事人自行和解。它是由当事人双方主动协商进行的，不需要有其他任何组织或者个人参加主持。执行组织也不得借口执行和解而动员、说服、强迫一方当事人让步，拖延执行。只要当事人尚未达成执行和解协议，就不能以将来进行执行和解为由停止执行。

执行程序中，除当事人执行和解外，执行人员不能进行调解。因为对于生效法律文书，非依法定程序不得撤销或者变更；执行人员的任务是强制实现生效法律文书的内容，无权解决实体权利义务争议，所以执行程序中不得进行调解。

2. 执行和解的内容和效力

（1）执行和解（和解协议）的内容。在执行中，双方当事人自行达成和解协议的，执行员应当将协议内容记入笔录，由双方当事人签名或者盖章。执行和解协议的内容一般包括：第一，变更履行的主体。由第三人代为承担被执行人的债务。第二，标的物以及其数额的变更。即债权人放弃部分债权或者协议变更执行标的物。第三，履行期限的延长。如延长全部债务的履行期限或者分期分批延长债务的履行期限。第四，履行方式的变更。如约定以物抵债或者以劳务抵债等方式履行义务。

（2）执行和解的效力。和解协议仅发生拘束执行当事人的效力。和解协议已经履行完毕的，不得再请求恢复执行。应当注意的是，和解协议并没有强制执行力。

此外，在执行和解适用中要注意以下问题：（1）执行和解应当遵循自愿、平等的原则，体现当事人自由处分民事权利的精神，人民法院在执行中不能为结案而组织当事人强制和解；（2）执行和解协议是一个附条件的合同，申请执行人、被执行人或者其他义务承担人在执行和解协议履行完毕前，可以反悔并申请恢复执行原判决；（3）按照当前的法律规定，执行和解协议属于执行程序中的特殊产物，不具有可诉性；（4）申请恢复执行期间是个不变期间，应当连续计算。

（五）执行中止

执行中止是指人民法院依法执行案件，由于出现某种特殊情况需要暂时停止执行程序，待特殊情况消失后，恢复执行程序，继续进行执行的活动。中止执行分为整个执行程序的中止和个别执行行为的中止两种情况，前者是指由于发生中止执行的原因，整个执行程序都不能继续进行；后者是仅对执行标的物的一部分中止执行。

依照民事诉讼法的规定，有下列情形之一的，人民法院应当裁定中止执行：（1）申请人表示可以延期执行的；（2）案外人对执行标的提出确有理由的异议的；（3）作为一方当事人的公民死亡，需要等待继承人继承权利或者承担义务的；（4）作为一方当事人的法人或者其他组织终止，尚未确定权利义务承受人的；（5）人民法院认为应当中止执行的其他情况。

中止执行裁定书应当写明中止的理由和法律依据，中止执行的情形消失后，执行法院可以根据当事人的申请或者依职权恢复执行，恢复执行应当书面通知当事人。

（六）执行终结

执行终结是指在执行程序中，因发生法律规定的事由，执行程序没有必要或者不可能继续，因而依法结束执行程序。①

依照我国民事诉讼法的规定，有下列情形之一的，人民法院裁定终结执行：第一，申请人撤销申请的；第二，据以执行的法律文书被撤销的；第三，作为被执行人的公民死亡，无遗产可供继承，又无义务承担人的；第四，追索赡养费、扶养费、抚育费案件的权利人死亡的；第五，作为被执行人的公民因

① 参见蒲一苇等：《民事诉讼法教程》，清华大学出版社、北京交通大学出版社 2013 年版，第 407 页。

生活困难无力清偿借款，无收入来源，又丧失劳动能力的；第六，人民法院认为应当终结执行的其他情形，如在执行中，被执行人被人民法院裁定宣告破产或者作为被执行人的企业法人终止，又确无连带义务人，执行法院应当裁定终结执行。终结执行的裁定书，应当写明终结执行的原因和法律依据。中止执行或者终结执行裁定书都要由执行员、书记员署名，加盖人民法院印章。裁定书送达当事人后立即生效。由二审人民法院终审的判决、裁定和调解书，需要中止、终结执行的，应当由执行员将中止、终结执行的书面报告和意见，报经二审法院或者上级法院执行组织签署意见并备案后，制作裁定书。受托人民法院对委托执行的案件，发现应当中止、终结执行的，应当出具书面报告，函请委托人民法院裁定。

（七）不予执行

1. 不予执行的概念和案件范围

不予执行，是指人民法院在对仲裁裁决、公证债权文书的申请执行书或者承认和执行外国法院的判决、裁定的申请书予以审查或者执行过程中，因出现法定的原因，裁定停止执行并结束执行程序的行为。

依照民事诉讼法的规定，只有对仲裁裁决、公证债权文书的执行，外国法院的判决、裁定的承认和执行，才存在不予执行的问题。

2. 不予执行裁定的适用

（1）不予执行仲裁裁决

根据我国《民事诉讼法》第 237 条的规定，当事人申请执行国内仲裁裁决，被申请人提出证据证明仲裁裁决有下列情形之一的，经人民法院组成合议庭审查核实，裁定不予执行：第一，当事人在合同中没有订立仲裁条款或者事后没有达成书面仲裁协议的；第二，仲裁的事项不属于仲裁协议的范围或者仲裁机构无权仲裁的；第三，仲裁庭的组成或者仲裁的程序违反法定程序的；第四，裁决所根据的证据是伪造的；第五，对方当事人向仲裁机构隐瞒了足以影响公正裁决的证据；第六，仲裁员在仲裁该案时有贪污受贿、枉法裁决行为的。

如果人民法院认为执行该裁决违背社会公共利益，则不需要被申请人提出申请，依职权即可裁定不予执行。

不予执行仲裁裁决的裁定书，应当送达双方当事人和仲裁机构。仲裁裁决被人民法院裁定不予执行的，当事人可以根据双方达成的书面仲裁协议重新申请仲裁，也可以向人民法院起诉。

(2) 不予执行公证债权文书

我国《民事诉讼法》第 238 条规定，作为执行根据的文书确有错误的，人民法院裁定不予执行，并将裁定书送达双方当事人和公证机关。

(3) 不予执行外国法院的判决、裁定

当事人向人民法院申请承认和执行外国法院的判决、裁定，如果该判决、裁定违反了我国法律的基本原则或者国家主权安全、社会公共利益的，不予承认和执行。

3. 不予执行的法律效果

不予执行裁定生效后，该执行程序即告结束。原执行根据丧失了执行力，不仅不能依其进行新的执行行为，已为的执行行为也应当撤销。

(八) 执行结案

根据相关司法解释，人民法院裁定不予执行、裁定执行终结、执行当事人之间达成执行和解协议并已履行完毕、生效法律文书确定的内容全部执行完毕，是执行结案的四种方式。

人民法院执行生效法律文书，一般应当在立案之日起 6 个月内执行结案，但是中止执行的期间应当扣除；确有特殊情况需要延长的，由本院院长批准。

六、执行程序的合并和执行竞合

(一) 执行程序的合并

执行程序的合并，是指对于已开始实施强制执行的债务人财产，其他债权人再申请执行的，应当将前后两案的执行程序予以合并的情形。

根据上述定义，可以看出，合并执行程序的要件主要有以下几个：(1) 须前后两个执行根据均为金钱债权；(2) 须已开始执行债务人的财产；(3) 须“其他债权人”有执行根据，无执行根据的债权人不得申请强制执行，强制执行程序的合并也就无从谈起。

(二) 执行竞合

1. 执行竞合的概念和类型

所谓执行竞合，又称执行程序的竞合，是指在民事执行程序中，两个或者两个以上的债权人同时或者先后以不同的执行名义对同一债务人的特定财产，申请法院强制执行，而各债权人的请求之间相互排斥，各个债权人的权利难以同时获得完全满足的一种竞争状态。之所以会出现这种执行竞合，原因主要有二：一是被执行人财产有限；如果说，被执行人财产能够满足不同的申请执行人需要，那么申请执行人之间也无必要进行财产分割。二是法律规定禁止重复查封，导致后申请执行的申请人只能等待前面申请执行人的财产分配。①

从类型上分，执行竞合可以分为民事执行之间的竞合，民事执行与行政处罚之间的竞合，民事执行与财产刑执行之间的竞合。

2. 民事执行之间的竞合

（1）民事执行竞合的类型。民事执行措施，既包括终局的生效法律文书的执行措施（以下简称终局执行），也包括在审理案件中采取的保全措施（以下简称保全执行）。由此，民事执行竞合应当包括：保全执行之间的竞合、终局执行之间的竞合以及终局执行与保全执行之间的竞合三种情况。

（2）民事执行竞合的适用条件包括：第一，须有两个或者两个以上的权利人存在；第二，执行对象须为同一债务人的同一特定标的物；第三，数个权利人所持的执行根据必须是各自独立的法律文书；第四，各个不同执行根据的执行发生在同一特定时期，即数个执行共存在于某段时间；第五，多份生效法律文书的执行内容须为金钱给付或者交付财物的执行；第六，被执行人的财产足以清偿全部债务。如果被执行人的财产不能清偿全部债务的，根据《最高人民法院关于适用〈中华人民共和国民事诉讼法〉执行程序若干问题的解释》的规定，属于参与分配，而不适用执行竞合。

3. 民事执行竞合的具体形态

具体而言，民事执行竞合的具体形态有以下几种：（1）保全执行之间的竞合；（2）终局执行之间的竞合；（3）终局执行与保全执行的竞合；（4）民事执行与行政处罚的竞合。此处的“行政处罚”，是指享有处罚权的行政机关或者法律、法规授权的组织，对违反行政法律规范、依法应当给予处罚的行政相对人所实施的制裁行为。行政处罚中的罚款、没收财物，也具有给付内容。

当民事执行与行政处罚执行发生竞合时，民事执行优先于行政处罚的执行。民事执行优先于行政处罚的执行，须满足下列条件：（1）民事执行所涉及的民事赔偿责任，须基于违反公司法、证券法、产品质量法和个人独资企业法等规定而产生；（2）被执行人的限定性。在公司法领域，只适用于有限责任公司和股份有限公司两类被执行人；在证券法或者产品质量法领域，包括所有因违反证券法或者产品质量法而产生民事赔偿责任的被执行人；在个人独资

① 参见黄志雄：《论民事执行竞合》，载《福建法学》2008年第2期。

企业法领域，则只适用于投资人；(3) 被执行人财产不足以承担所有法律责任。

4. 民事执行与财产刑执行的竞合

民事执行中，有时会遇到被执行人同时被判处刑罚的情况（如刑事附带民事案件）。财产刑执行包括罚金和没收财产。罚金是人民法院判处犯罪分子向国家缴纳一定数量金钱的刑罚，没收财产是将犯罪分子所有的财产的一部或者全部强制无偿收归国有的刑罚。

整体上讲，现行法确立了民事执行优先于没收财产刑执行和罚金刑执行，即民事执行优先于刑事执行的原则，这也体现了法律对于公民权益的保障程度，彰显了公权力的谦抑。

第三节　行政执行制度

统而言之，执行是人民法院按照法定程序，对已经生效的法律文书，在负有义务的一方当事人拒不履行义务时，强制其履行义务，保证生效法律文书的内容得以实现的活动。但与前述民事执行不同，行政执行的主体既有可能是作出行政判决的法院，也有可能是依法负有执行权限的行政主体。① 根据行政诉讼法的有关规定，行政相对人拒绝履行判决的，行政机关可以申请法院强制执行，自己有强制执行权的，也可以依法强制执行；被执行人为行政机关的，执行组织只能是人民法院，公民 、法人或者其他组织不能成为执行组织。下面对法院执行的依据和行政执行的内容择其要者予以介绍。

行政判决的执行具有以下几个方面的特点：一是执行组织主要是人民法院，但在一定条件下也可以是行政机关；二是行政判决的执行具有强制性，法院可以采取罚款、查封、变卖、划拨、扣押等强制措施，强制被执行人履行行政判决所确定的义务；三是行政判决的义务人自动履行裁判文书所确定的义务，执行程序就无须启动。

一、行政执行的依据

并非所有的行政裁判和行政行为，都要进入人民法院的行政执行程序，人民法院的行政执行是有条件的。一方面，强制执行的根据必须是已经生效的法

① 应当说明的是，“行政执行”这一概念存在着多种理解。我们认为，此处的“行政执行”是指法定主体对行政行为或者生效判决所确定的内容的执行活动，它以存在行政行为或行政判决为前提。

律文书，包括行政判决书、行政裁定书、行政赔偿调解书、行政决定书等；另一方面，行政判决的执行程序，只有在义务人逾期拒不履行的条件下才启动。具体而言，人民法院行政执行依执行根据不同可分为两类：一类是行政裁判的执行，另一类是行政行为的执行。这两类执行，因执行根据不同，所构成的条件也不同。

(一) 以行政裁判为根据的人民法院行政执行

以行政裁判为根据的人民法院行政执行，是指经过行政诉讼，法院作出生效法律文书后，当事人拒不履行法律文书的内容时，由人民法院依法所进行的执行活动。其构成条件具体包括：

第一，必须有行政裁判法律文书作为执行根据。行政机关作出行政行为，行政相对人不服诉至人民法院，人民法院通过审理，作出行政裁判。义务人在行政裁判文书指定期限内不履行义务，权利人就可申请人民法院执行，这时，生效的行政裁判文书便是行政强制执行的根据。

第二，必须具有执行内容。只有具有执行内容的行政裁判法律文书，才有条件发生执行。

第三，必须有当事人的申请，包括作为权利人的行政主体的申请或作为权利人的行政相对人的申请，而且要在法定期限内申请。

第四，必须是行政义务人拒不履行义务。承担行政裁判法律文书或行政行为确定义务的人拒不履行义务，是申请人申请人民法院执行的前提条件。

第五，行政机关没有强制执行权。人民法院行政裁判发生法律效力后，除行政机关是被执行人外，行政机关申请人民法院强制执行行政相对人，还必须具备自己没有强制执行权的条件。经过行政裁判的行政案件，法律、法规已赋予行政机关强制执行权的，应当由行政机关自己强制执行，不得要求人民法院强制执行。

(二) 以行政行为为根据的人民法院行政执行

人民法院对行政行为的执行，是指行政主体作出行政行为后，行政相对人在法定期限内既不执行，也不进行复议或者诉讼，而此时由行政主体申请人民法院对行政行为所确定的内容进行执行的活动。其与行政裁判执行的条件基本一致，具体包括以下几项：

(1) 必须有行政行为法律文书作为执行根据。行政机关作出行政行为，行政相对人在法定期限内既不提起诉讼又不履行，行政机关可以申请人民法院强制执行。这时，具体行政行为的生效法律文书便是人民法院强制执行的根据。

（2）生效的行政行为具有执行内容，并确无错误。

（3）相对人不履行义务。

（4）行政机关必须在法定期限内向人民法院提出申请，并提交有关材料。

（5）人民法院有强制执行权。如果法律规定行政机关自己对某些行政案件有强制执行权的，就排除人民法院的强制执行，不需要申请人民法院执行，人民法院也不能予以执行。

二、行政执行的内容

行政执行的特殊性在于，作为行政诉讼一方当事人的行政主体既可以成为法院执行的对象，又可以在特殊情况下成为执行的主体。二者因为具有不同的特点，因而具有不同的程序和内容。

（一）法院的行政执行

行政判决一旦生效，就具有应当被执行的法定效力。这意味着，当事人必须履行人民法院发生法律效力的判决、裁定。

公民、法人或者其他组织拒绝履行判决、裁定的，行政机关可以向第一审人民法院申请强制执行，或者依法强制执行。

行政机关拒绝履行判决、裁定的，第一审人民法院可以采取以下措施：(1) 对应当归还的罚款或者应当给付的赔偿金，通知银行从该行政机关的账户内划拨；（2）在规定期限内不执行的，从期满之日起，对该行政机关负责人按日处50元至100元的罚款；（3）向该行政机关的上一级行政机关或者监察、人事机关提出司法建议，接受司法建议的机关，根据有关规定进行处理，并将处理情况告知人民法院；（4）拒不执行判决、裁定，情节严重构成犯罪的，依法追究主管人员和直接责任人员的刑事责任。2000年《最高人民法院关于执行〈中华人民共和国行政诉讼法〉若干问题的解释》第84条规定："申请人是公民的，申请执行生效的行政判决书、行政裁定书、行政赔偿判决书和行政赔偿调解书的期限为1年，申请人是行政机关、法人或者其他组织的为180日。申请执行的期限从法律文书规定的履行期间最后一日起计算；法律文书中没有规定履行期限的，从该法律文书送达当事人之日起计算。逾期申请的，除有正当理由外，人民法院不予受理。"《最高人民法院关于执行〈中华人民共和国行政诉讼法〉若干问题的解释》第85条规定："发生法律效力的行政判决书、行政裁定书、行政赔偿判决书和行政赔偿调解书，由第一审人民法院执行。第一审人民法院认为情况特殊需要由第二审人民法院执行的，可以报请第二审人民法院执行；第二审人民法院可以决定由其执行，也可以决定由第一审人民法院执行。”

（二）行政机关申请或自行强制执行

根据法律规定，公民、法人或者其他组织对行政行为在法定期间不提起诉讼又不履行的，行政机关可以申请人民法院强制执行，或者依法强制执行。

关于非诉行政案件执行的申请期限，《最高人民法院关于执行〈中华人民共和国行政诉讼法〉若干问题的解释》第 88 条规定：“行政机关申请人民法院强制执行其具体行政行为，应当自被执行人的法定起诉期限届满之日起 180 日内提出。逾期申请的，除有正当理由外，人民法院不予受理。”

关于非诉行政案件的执行管辖，2000 年《最高人民法院关于执行〈中华人民共和国行政诉讼法〉若干问题的解释》第 89 条规定：“行政机关申请人民法院强制执行其具体行政行为，由申请人所在地的基层人民法院受理；执行对象为不动产的，由不动产所在地的基层人民法院受理。基层人民法院认为执行确有困难的，可以报请上级人民法院执行；上级人民法院可以决定由其执行，也可以决定由下级人民法院执行。”

关于非诉行政案件执行前的财产保全，2000 年《最高人民法院关于执行〈中华人民共和国行政诉讼法〉若干问题的解释》第 94 条规定：“在诉讼过程中，被告或者具体行政行为确定的权利人申请人民法院强制执行被诉具体行政行为，人民法院不予执行，但不及时执行可能给国家利益、公共利益或者他人合法权益造成不可弥补的损失的，人民法院可以先予执行。后者申请强制执行的，应当提供相应的财产担保。”

示例文书一：

××省××市××区人民法院

刑事判决书

××刑二初字第××号

公诉机关 ××省××市××区人民检察院。

被告人 ×××，男，××××年×月×日出生于××省××市，居民身份证号码×××，汉族，小学文化，农民，户籍地××省××市××村××号，居住地××市××区××号。因本案于××××年×月×日被刑事拘留，同年×月×日被逮捕。现羁押于××市××区看守所。

辩护人 吴××，××律师事务所律师。

××省××市××区人民检察院以××检诉刑诉［××××］××号起诉书指控被告人×××犯盗窃罪，于××××年×月××日向本院提起公诉。本院于同日立案，依法组成合议庭，公开开庭审理了本案。××省××市××区人民检察院指派代理检察员××出庭支持公诉，被告人×××及其辩护人吴××均到庭参加了诉讼。现已审理终结。

××省××市××区人民检察院指控，××××年×月至××××年×月期间，被告人×××至××市××区××街道，实施盗窃11次，窃得××等物，价值共计人民币××元。

公诉机关针对上述指控提供了相应的证据，并认为被告人×××以非法占有为目的，秘密窃取他人财物，数额巨大，构成盗窃罪。提请本院依照《中华人民共和国刑法》第二百六十四条的规定予以判处。

被告人×××对起诉书指控的罪名不持异议，其辩护人对起诉书指控的罪名不持异议，但认为被告人×××系初犯，主观恶性不深，认罪态度较好，建议对其从轻处罚。

经审理查明，××××年×月至××××年×月间，被告人×××在××市××区××街道盗窃11次，窃得财物价值共计人民币××元。

××××年×月×日，被告人×××被公安机关抓获。被盗的××物品已被公安机关扣押，后发还被害单位××。

上述事实有下列经法庭举证、质证的主要证据证实，本院予以确认：

1. 被告人×××的供述及辨认笔录；

2. 证人胡××、张××、王××、高××等人的证言、营业执照、被盗物资统计表、清点记录、库存统计表、过磅记录、账簿、成本清单、送货单、购销合同、发票、收据及调取证据清单；

3. 现场勘验检查笔录及现场图、刑事摄影照片；

4. 调取证据清单、收据、物证检验报告书；

5. 证人陈××的证言、搜查笔录及照片、扣押及发还清单；

6. 价格鉴证结论书及公安机关出具的情况说明；

7. 破案经过及抓获经过、上网追逃登记/撤销表；

8. 被告人户籍资料、被告人葛××的刑事判决书及释放证明书；

9. 发还清单及情况说明。

本院认为，被告人×××以非法占有为目的，秘密窃取他人财物，数额巨大，其行为均已构成盗窃罪。公诉机关指控被告人×××犯盗窃罪的主要事实清楚，证据确实、充分，指控的罪名成立，本院予以采纳。被告人辩护人提出的被告人主观恶性不深的辩护意见，经审查认为，被告人×××在短时间内连续盗窃，数额巨大，主观恶性较大。对上述辩护意见，本院不予采纳。被告人×××及其辩护人提出的其他辩护意见，经查属实，本院予以采纳。被告人×××如实供述主要犯罪事实，可酌情从轻处罚。公诉机关提出的对被告人×××判处有期徒刑×年至×年，并处罚金的量刑建议适当，本院予以采纳。为了保护公私财产权利不受侵犯，依照《中华人民共和国刑法》第二百六十四条、第七十二条第一款、第三款的规定，判决如下：

被告人×××犯盗窃罪，判处有期徒刑×年×个月，罚金人民币××元（刑期从判决执行之日起计算。判决执行以前先行羁押的，羁押一日折抵刑期一日，即自××××年×月×日起至××××年××月×日止。罚金于本判决发生法律效力的第二日起十日内向本院缴纳）。

如不服本判决，可在接到判决书的第二日起十日内，通过本院或者直接向××省××市中级人民法院提出上诉。书面上诉的，应当提交上诉状正本一份，副本二份。

审 判 长 ×××
人民陪审员 ×××
人民陪审员 ×××
××××年××月××日
见习书记员 ×××

示例文书二：

沈某某诉彭某某等机动车交通事故责任纠纷案民事判决书

×民一（民）初字第×号

原告 沈某某，女。

委托代理人 胡某某，上海某某律师事务所律师。

被告　彭某某，男。

被告　某某财产保险有限公司某某支公司。

负责人　高某，总经理。

委托代理人　夏某某，上海市某某律师事务所律师。

原告沈某某与被告彭某某、某某财产保险有限公司某某支公司（以下至判决主文前简称“某某公司”）机动车交通事故责任纠纷一案，本院于××××年××月××日立案受理后，依法适用简易程序，于××××年××月××日公开开庭进行了审理。后转为普通程序，由审判员凌某、谈某某、人民陪审员濮某某组成合议庭，于××××年××月××日公开开庭进行了审理。原告沈某某的委托代理人胡某某、被告某某公司的委托代理人夏某某到庭参加了诉讼。被告彭某某经本院依法传唤未到庭参加诉讼，本院依法缺席审理。本案现已审理终结。

原告沈某某诉称，××××年××月××日××时××分许，被告彭某某驾驶某某小轿车在××路口与原告驾驶的电动自行车（载乘原告）相撞，致原告受伤。该事故交警部门认定被告彭某某负事故全部责任，原告无事故责任。原告在事故中的损失为医疗费×××元（人民币，下同）、住院伙食补助费××元、误工费×××元、护理费×××元、营养费×××元、交通费××元、残疾赔偿金×××元、拐杖费×××元、车辆修理费××元、衣物损失费×××元、停车装车费×元、精神损害抚慰金×××元、律师代理费×××元、鉴定费×××元。原告诉请法院判令被告某某公司在保险责任限额内予以赔偿，由被告彭某某赔偿原告的其余损失。

被告彭某某未具答辩。

被告某某公司辩称，对交通事故的事实及责任认定没有异议。对原告主张的赔偿金额有异议，原告的误工、护理、营养期限过长，不认可原告主张的误工费，原告主张的医疗费中的自费部分及分类自负部分不应由保险公司承担。

经审理查明，原告诉称的交通事故及责任认定属实。事故发生后，原告沈某某到××医院治疗，共支出医疗费×××元（自费费用×××元，内固定材料系国产）。××××年××月，××司法鉴定所对原告的伤情作出鉴定，结论为原告因交通事故致左髋臼粉碎性骨折。原告为诉讼支出鉴定费××元、律师费×××元。

另查明，事发车辆向被告某某公司投保了交强险、商业三者险，事故发生在保险期限内。

以上事实，由当事人陈述及道路交通事故认定书、病历、医疗费发票、出院小结、用药清单、司法鉴定意见书、户口簿、本院民事判决书等经庭审质证的证据证实。

本院认为，机动车与非机动车之间发生交通事故，造成人身损害、财产损失的，应先由机动车投保的保险公司在机动车交通事故强制保险的责任限额范围内予以赔偿。不足部分，由承保商业三者险的保险公司根据保险合同予以赔偿。仍有不足的，依照道路交通安全法和侵权责任法的相关规定由侵权人予以赔偿。本起交通事故事实清楚，责任明确，原告的合理经济损失，应先由被告某某公司在交通事故责任强制保险的责任限额内承担赔偿责任；原告的合理损失超出交通事故责任强制保险限额的部分，由被告某某公司根据商业三者险合同予以赔偿；原告超出保险范围的其余损失，由负事故全部责任的被告彭某某承担。

本案原告合理损失的确认：1. 医疗费，本院经审查医疗费发票，凭据核定为×××元（自费费用××元）。对于自费部分的医疗费，本院考虑到该部分医疗费金额尚未达到交强险的医疗费用赔偿限额，该部分医疗费可在交强险医疗费用赔偿限额项下先予赔付，故不应在医疗费总额中扣除。2. 营养费，根据原告伤情，本院酌情支持原告营养费××元。3. 护理费，本院根据原告伤情，予以支持××元。4. 误工费，本院根据鉴定意见结合原告自身的实际情况，予以支持×××元。5. 交通费，本院根据原告的治疗情况，酌情支持××元。6. 物损费（含车辆修理费及衣物损失费），本院予以支持××元。7. 律师代理费，本院根据本案涉诉标的及相关律师收费标准，确定为×××元。8. 鉴定费×××元、拐杖费××元、停车装车费××元、住院伙食费××元，合法有据，本院予以支持。……原告上述损失计××××元。根据机动车交强险责任限额、赔偿范围及另案处理情况，本院确定被告某某公司应当在交强险项下赔偿×××元；根据法律规定及保险合同约定，本院确认属于商业三者险赔偿范围的损失共计×××元，此款由被告某某公司在商业三者险项下赔偿。其余损失××元由被告彭某某承担。依照《中华人民共和国道路交通安全法》第七十六条第一款第（二）项，《中华人民共和国保险法》第六十五条，《最高人民法院关于审理道路交通事故损害赔偿案件适用法律若干问题的解释》第十六条第一款，《中华人民共和国民事诉讼法》第一百四十四条的规定，判决如下：

一、被告某某财产保险有限公司某某支公司于本判决生效之日起十日内赔偿原告沈某某交强险及商业三者险保险金共计××××元；

二、被告彭某某于本判决生效之日起十日内赔偿原告沈某某××元。

负有金钱给付义务的当事人，如果未按判决指定的期间履行给付义务，应当依照《中华人民共和国民事诉讼法》第二百五十三条之规定，加倍支付迟延履行期间的债务利息。

案件受理费××元（此款原告沈某某已预交），由被告彭某某负担；被告彭某某负担的诉讼费应于本判决生效之日起七日内交本院。

如不服本判决，可在判决书送达之日起十五日内，向本院递交上诉状，并按对方当事人的人数提出副本，上诉于上海市第一中级人民法院。

审　判　长　××
审　判　员　××
人民陪审员　××
××××年××月××日
书　记　员　××

示例文书三：

××省×× 市××人民法院

行政判决书

（2013）×一法行初字第×号

原告　××公司，住所地：××市××区××街道××号，营业执照注册号：××。

法定代表人　彭××，该公司总经理。

委托代理人　陈××，××律师事务所律师。

被告　××市社会保障局，住所地：××市××区××大道　社会保险综合大楼，机构代码：××。

法定代表人　梁××，该局局长。

委托代理人　朱××，××律师事务所律师。

第三人　黄××，女，××××年××月××日出生，汉族，住××省××县××镇，身份证号码：××。

第三人委托代理人杨××、唐××，××律师事务所律师。

原告××公司因与被告××市社会保障局、第三人黄××社会保障行政确认纠纷一案，向法院提起诉讼。本院于2013年×月××日受理后，依法组成合议庭，于2013年×月×日公开开庭审理了本案，原告××公司的委托代理人陈××、马××，被告××市社会保障局的委托代理人朱××，第三人黄××及其委托代理人杨××到庭参加诉讼。本案现已审理终结。

被告××市社会保障局于2013年×月×日作出×社保工伤认字第××号《认定工伤决定书》，认为黄××于2012年×月×日发生事故受到的伤害符合《××省工伤保险条例》第九条第（六）项规定的情形，认定其所受伤害属于工伤。被告在法定期间内向本院提供了作出被诉具体行政行为的证据、依据：1.《工伤认定申请表》、《劳动合同》、厂牌、《证明》、《收入证明》、企业机读档案登记资料、《亲属关系公证书》，证明黄××与原告存在劳动关系，第三人具有本案工伤认定申请主体资格；2.……

原告××诉称，被告《工伤认定决定书》中的工伤认定决定没有事实和法律依据。……（具体原因分析）

综上，请求法院判决：1. 依法撤销××作出的×社保工伤认字第××号《认定工伤决定书》；2. 本案诉讼费用由被告承担。

原告××市政服务有限公司向本院提供了以下证据：

1. ……

2. ……

3. ……

被告××市社会保障局辩称，一、被告作出的工伤认定符合法定程序。……

二、被告作出的工伤认定是在证据充分、事实清楚的基础上作出的。……

第三人黄××述称：……

经庭审质证，……被告和第三人对于原告提交的其他证据没有异议，本院经审查予以确认。

经审理查明，……

本院认为，根据国务院《工伤保险条例》第五条第二款“县级以上地方各级人民政府劳动保障行政部门负责本行政区域内的工伤保险工作”的规定，被告××市社会保障局作为××市行政区域内的社会保障行政部门，依法享有对××市区域内的工伤事故进行处理和认定的法定职权。被告经调查核实，于2013年×月×日作出×社保工伤认字第××号《认定工伤决定书》并送达原告及第三人，其执法主体适格、程序合法，本院依法予以确认。

本案的争议焦点在于：

第一，……

第二，……

综上，被告认定黄××于2012年×月×日受到的伤害属于工伤，证据不足，事实不清，依法应当予以撤销。

依照《中华人民共和国行政诉讼法》第五十四条第（二）项第1目以及《最高人民法院关于执行〈中华人民共和国行政诉讼法〉若干问题的解释》第五十九条第（一）项的规定，判决如下：

一、撤销被告××市社会保障局于2013年×月×日作出的×社保工伤认字第××号《认定工伤决定书》。

二、责令被告××市社会保障局就黄××受到的伤害重新作出认定。

本案收取诉讼费人民币50元，由被告××市社会保障局承担。

如不服本判决，可在判决书送达之日起十五日内，向本院递交上诉状，并按对方当事人的人数提出副本，上诉于××市中级人民法院。

审 判 长　×××
代理审判员　×××
人民陪审员　×××
××××年××月××日
书 记 员　×××

第三编

律师实务

律师实务，是指律师接受当事人委托或者法院的指定，运用法律知识处理各种法律业务的操作规程及工作方式、工作技巧。① 律师在现今社会的司法进程中，发挥着极其重要的作用，甚至可以说其发展状况是一个国家文明程度和法治程度的重要标志。随着社会主义市场经济体制的逐步确立，民主观念日益增强，法律调整的社会关系更加复杂化、多样化，社会对法律的需求也日益增多，律师职业近年来也越来越受到人们的关注，法律服务的领域日益拓展，律师业务涉及民事、行政、刑事、金融、房地产、证券、知识产权等社会经济生活的方方面面。在我国，律师已经成为一种不可缺少的社会主体，律师职业也成为建立社会主义法治国家必须具备的一种职业。因此，这必然对律师的素质提出了更高的要求。

律师的工作性质和职业特点，决定了律师必须有较高的法学知识、较强的业务技能和广博的知识储备。所以，为了更好地开展律师业务，本编阐述了律师业务中的基本业务技能，以为即将跨入或已跨入律师行业的人员提供些许指引。本书中分别阐述了律师在诉讼实务与非诉讼实务中的业务技能，其主要内容如下：

1. 律师民事诉讼实务，该部分内容包括律师在接收案件阶段中，为当事人解答咨询、代为立案、应诉答辩，一审和二审中的举证、质证、辩论等工作中的业务技能。最后还以离婚纠纷、道路交通事故人身损害赔偿纠纷为例，阐述律师在民事诉讼实务中的具体业务内容及技能。

2. 律师刑事诉讼实务，在该部分分别阐述了律师在接收案件阶段、侦查阶段、审判阶段及死刑复核阶段，如会见当事人、收集证据、法庭辩论等方面

---

① 参见胡志民主编：《律师制度与实务》，华东理工大学出版社 2013 年版，第 13 页。

的辩护技能。另外，简单介绍了律师作为刑事附带民事诉讼中的代理人的工作内容。

3. 律师行政诉讼实务，主要介绍律师代理诉讼时对被诉行政行为的审查、证据准备及行政诉讼审理中的特殊性。

4. 律师非诉讼实务，主要介绍几类传统的律师非诉讼业务如法律咨询、法律顾问、法律见证等。

第一章　律师刑事诉讼实务

刑事辩护，是指犯罪嫌疑人、被告人及其辩护人根据事实和法律，反驳控诉人对犯罪嫌疑人、被告人提出的指控的一部分或全部，提出证明犯罪嫌疑人、被告人无罪、罪轻或者减轻、免除其刑事责任的材料和意见，维护犯罪嫌疑人、被告人的合法权益的诉讼活动。① 刑事辩护直接关系着公民的宪法权利。作为宪法与刑事诉讼法所确认的一种诉讼权利，刑事辩护权在公民人权保障机制中扮演了十分重要的角色。

第一节　一审刑事辩护实务

律师在一审刑事辩护中的责任，是根据事实和法律，提出犯罪嫌疑人、被告人无罪、罪轻或者减轻、免除其刑事责任的证据和意见，维护犯罪嫌疑人、被告人的合法权益。根据《刑事诉讼法》第 33 条的规定，犯罪嫌疑人自被侦查机关第一次讯问或者采取强制措施之日起，有权委托辩护人；在侦查期间，只能委托律师作为辩护人。被告人有权随时委托辩护人。侦查机关在第一次讯问犯罪嫌疑人或者对犯罪嫌疑人采取强制措施的时候，应当告知犯罪嫌疑人有权委托辩护人。由此表明，自侦查阶段开始，律师即可以以辩护人身份参与诉讼。为了有效维护犯罪嫌疑人、被告人的合法权益，充分发挥辩护职能，律师必须掌握基本的辩护技能。本节将分别对侦查、审查起诉、审判等阶段的律师辩护技能进行分析。

一、刑事业务收案

接受当事人咨询并与之建立委托关系，既是律师接受案件，也是律师开展刑事辩护工作的开始，因而此阶段的工作对律师而言极为重要。收案阶段的工

---

① 参见王建东、罗思荣主编：《律师学：制度与实务》，浙江大学出版社 2008 年版，第 210 页。

作主要由咨询、解答、委托等几部分组成。下面对律师刑事辩护实务中咨询、建立委托关系中的注意事项进行分析。

（一）咨询

律师对咨询解答的好坏，直接关系到建立委托关系的成败，因此律师在接待当事人咨询过程中，应注重解答的内容与技能，以便能成功与之建立委托关系。

第一，有针对性地提问。律师需要在归纳当事人陈述的基础上，就案件事实进行有针对性的询问，询问的主要内容包括：（1）犯罪嫌疑人的基本身份情况，如年龄、文化程度、家庭状况以及精神状况，有无精神疾病；（2）犯罪嫌疑人当前的身体健康状况，是否患有疾病或者妇女是否有怀孕的情形；（3）犯罪嫌疑人是否被采取强制措施，因涉嫌何种罪名采取了何种强制措施。

第二，律师根据案件涉及的法律规范，进行相应的解答：（1）讲解刑事诉讼程序，使当事人了解犯罪嫌疑人将面临的审查步骤和程序；（2）解释刑事法律规定，使当事人了解所涉案件的可能发展方向；（3）讲解刑事程序法规，使其了解刑事诉讼中犯罪嫌疑人应当享有的权利，如申请取保候审、申诉、控告。

（二）建立委托关系

通过律师与当事人在咨询与解答过程中的接触，若来访当事人有建立委托关系的意向，可以与其办理委托手续，建立委托关系。

但应当注意的是，律师代理刑事辩护案件，可以在侦查、审查起诉、一审、二审各阶段分别办理委托手续，也可以一次性签订委托协议，但无论采取何种方式建立委托关系，均应当分阶段签署授权委托书，相应地分阶段收取律师代理费。

二、侦查阶段的律师业务

律师一般会在犯罪嫌疑人被拘留或者逮捕后，受犯罪嫌疑人家属的委托，担任犯罪嫌疑人在侦查阶段的辩护律师。此时，律师所能了解的信息极为有限，可能除了涉嫌的罪名之外，其他便一无所知。因此，律师在接受犯罪嫌疑人家属的委托后，应尽快地开展工作，介入刑事诉讼程序之中。

（一）与侦查机关建立联系

律师在接受委托后，应当与委托人提供的拘留、逮捕通知书上显示的侦查机关及其具体案件承办人取得联系，告知其律师已正式介入该案件的刑事诉讼之中。

在与侦查机关取得联系后，律师应及时向该案件承办人员了解犯罪嫌疑人涉嫌的罪名及案件的有关情况。

在侦查阶段，针对不同性质的案件，律师需与不同的国家机关职能部门建立联系，如公安局的刑侦部门、经侦部门等；而当被代理人涉嫌贪污、渎职犯罪时，则需与检察院的反贪局、反渎局联系。

（二）会见犯罪嫌疑人

会见犯罪嫌疑人，是律师与被侦查机关追诉的犯罪嫌疑人见面，为其辩护、提供法律帮助，接受其申诉、控告、委托等谈话过程。此部分主要介绍与被羁押的犯罪嫌疑人会见。①

1. 会见前的准备工作

（1）会见申请。

《刑事诉讼法》第37条规定，辩护律师可以同在押的犯罪嫌疑人、被告人会见和通信。危害国家安全犯罪、恐怖活动犯罪、特别重大贿赂犯罪案件，在侦查期间辩护律师会见在押的犯罪嫌疑人，应当经侦查机关许可。由此可知，对于案件涉及危害国家安全犯罪、恐怖活动犯罪、特别重大贿赂犯罪的，辩护律师会见在押的犯罪嫌疑人，应当向侦查机关提出会见申请，经许可后方能会见。所以，辩护律师在代理此类案件时，应提前做好会见申请工作。

（2）法律知识的准备。

基于辩护律师在侦查阶段的职责和犯罪嫌疑人急切的心情，为给犯罪嫌疑人提供合法的法律服务，律师应当做好相应的法律准备。

首先，了解涉嫌罪名的法律规定。律师在接待委托人时，已初步了解犯罪嫌疑人所涉及的罪名和犯罪事实，所以在会见前须做好所涉及罪名的法律及法学理论准备，并了解与所涉罪名相关案例在本区域内的量刑标准，以便为犯罪

① 根据修改后的刑事诉讼法及其司法解释规定，对于危害国家安全犯罪、恐怖活动犯罪、特别重大贿赂犯罪案件的犯罪嫌疑人，律师在此阶段可以不被允许会见嫌疑人，但此种情形较少。

嫌疑人提供法律咨询与解答。

其次，程序规范方面的准备。具体有以下几方面：①律师应初略计算出犯罪嫌疑人受司法强制措施的时间，以及侦查、审查起诉、审判各个阶段经历的法定时间，以使犯罪嫌疑人对自身案件所经历的步骤和时间有一个充分的心理准备，消除其惶恐的心理。②律师应做好取保候审的相关法律准备。在会见犯罪嫌疑人时，律师会详细询问其自身健康状况，若犯罪嫌疑人符合取保候审的条件，可及时为其申请变更强制措施。③做好与犯罪嫌疑人应享有的各项权利的准备，使犯罪嫌疑人知道自身的合法权益是否受到侵犯，以便采取相应的救济措施。

最后，拟定会见提纲。律师应结合案件的情况，制作会见提纲，其内容包括需要向犯罪嫌疑人讲解的法律问题及询问的问题或者其他内容，以保证会见有条不紊地进行，防止遗漏需要向犯罪嫌疑人了解的相关事项。

2. 会见犯罪嫌疑人

律师会见在押的犯罪嫌疑人时，应当提交授权委托书、律师会见犯罪嫌疑人被告人专用介绍信、律师执业证；若涉及国家秘密的案件，还应有侦查机关批准会见犯罪嫌疑人的决定书。会见犯罪嫌疑人的工作内容主要有如下几项：

(1) 确权。

律师在与犯罪嫌疑人见面时，首先应向其介绍自己以及是受谁的委托，担任其侦查阶段的辩护律师，并出示委托书，询问其是否同意委托。如果犯罪嫌疑人同意委托，应当要求其在授权委托书上签名确认；若不同意委托，则须要求其签署书面意见，并终止会见。

(2) 陈述及询问。

首先由犯罪嫌疑人自由陈述所涉案件事实，再进行有针对性的询问。在对犯罪嫌疑人进行询问前，律师首先应向犯罪嫌疑人明示，其必须如实回答自己提出的问题。律师询问的重点应围绕以下内容展开：①犯罪嫌疑人的自然情况，如出生日期、文化程度、家庭状况；②犯罪嫌疑人对所涉嫌的犯罪事实有无异议，若认为无罪，要求其陈述无罪的事实及辩解；③犯罪嫌疑人何时被采取强制措施，是否存在变更强制措施的情形；④犯罪嫌疑人是否有自首、立功的表现；⑤犯罪嫌疑人被采取强制措施后，其合法权益是否受到侵犯；⑥其他需要了解的情况。

(3) 解答。

会见阶段的解答，是指帮助犯罪嫌疑人了解与其案件和自身合法权益有关的法律规定，并解释有关法律规定。为犯罪嫌疑人提供法律咨询，是律师会见犯罪嫌疑人的重要工作。因为犯罪嫌疑人往往不了解法律，对如何运用法律保护自己的合法权益更是一无所知。因此，在会见犯罪嫌疑人过程中，律师应当结合案件事实所涉及的刑事实体法和程序法进行讲解，并回答犯罪嫌疑人的问题。同时告知犯罪嫌疑人享有的权利，如辩护权、申诉权、控告权、不自证其罪等权利。

（4）会见中的注意事项。

律师担任刑事辩护律师，应在建立委托关系后的整个刑事辩护过程谨慎行事。辩护律师在会见犯罪嫌疑人时，应当注意以下事项：

第一，会见犯罪嫌疑人，须有两名律师共同会见。

第二，应当制作会见笔录。笔录应当详细记载谈话内容，特别是确权、询问、无罪或者罪轻的证据线索及非法取证等情况。会见笔录应当由犯罪嫌疑人签字或者捺指印。

第三，律师会见犯罪嫌疑人不能携带手机等通信设备，更不应当将其交由犯罪嫌疑人使用。

第四，律师会见时，不应向犯罪嫌疑人传递信件、药品等。

第五，律师会见时，应谨慎言行，不能诱导、协助犯罪嫌疑人伪造、毁灭证据或者串供；对于犯罪嫌疑人的此类要求，应当予以拒绝。

（三）会见后的工作

律师在侦查阶段的工作是多方面的，律师可以根据会见的情况，为犯罪嫌疑人申请取保候审，代理申诉、控告。

1. 申请取保候审

在侦查阶段，无论是犯罪嫌疑人家属，还是犯罪嫌疑人本人，均会提出希望取保候审的要求，同时也是律师维护犯罪嫌疑人合法权益的职责所在，因此律师须将取保候审作为一项重要的工作。

申请取保候审，是指律师向侦查机关提出书面申请，陈述被羁押的犯罪嫌疑人具备取保候审的条件，要求侦查机关对其进行取保候审。根据《刑事诉讼法》第65条的规定，申请取保候审应具备的条件如下：（1）可能判处管制、拘役或者独立适用附加刑的；（2）可能判处有期徒刑以上刑罚，采取取保候审不致发生社会危险性的；（3）患有严重疾病、生活不能自理，怀孕或者正在哺乳自己婴儿的妇女，采取取保候审不致发生社会危险性的；（4）羁押期限届满，案件尚未办结，需要采取取保候审的。

律师为犯罪嫌疑人申请取保候审，就是要说明犯罪嫌疑人符合法律规定的取保候审条件，并以此理由向侦查机关提出取保候审的申请。因此，律师需要根据案件的具体情况及犯罪嫌疑人的特征状况，提交一份说理充分的取保候审申请书，以期申请成功。

2. 代理申诉

代理申诉，是指律师根据了解到的犯罪嫌疑人涉嫌罪名及案情，审查其所涉嫌犯罪事实以及羁押方面是否存在错误，并据此提出申诉。如经审查，犯罪嫌疑人的行为不构成犯罪或者属于刑事诉讼法明文规定不予追究刑事责任的情形，律师应积极为其代理申诉，以维护犯罪嫌疑人的合法权益。

3. 代理控告

代理控告，是指侦查机关在办案中或者羁押场所的人员违反了法律规定，侵犯了犯罪嫌疑人的人身权利、诉讼权利等合法权益，代理犯罪嫌疑人提出控告。如犯罪嫌疑人被强迫自证其罪、遭受刑讯逼供，辩护律师应当在会见结束后，根据会见情况向逮捕机关、侦查机关、审查起诉机关提出控告。

三、审查起诉阶段的律师业务

《刑事诉讼法》第 160 条规定，公安机关侦查终结的案件，应当做到犯罪事实清楚，证据确实、充分，并且写出起诉意见书，连同案卷材料、证据一并移送同级人民检察院审查决定；同时将案件移送情况告知犯罪嫌疑人及其辩护律师。第 166 条规定，人民检察院侦查终结的案件，应当作出提起公诉、不起诉或者撤销案件的决定。

由上可知，审查起诉是指人民检察院对侦查机关依法侦查终结后移送检察机关起诉部门的案件进行审查，以及决定是否向人民法院提起公诉的活动。审查起诉的结果分为以下情形：（1）提起公诉。经审查，认为犯罪事实清楚，证据确实、充分，依法应当追究刑事责任的，向人民法院提起公诉；（2）作出不起诉决定。对于符合《刑事诉讼法》第 15 条规定的情形，依法作出不起诉决定；对于犯罪情节轻微，依照刑法规定不需要判处刑罚或者免除刑事处罚，可以作出不起诉决定。

审查起诉阶段，律师的身份是辩护人，其工作侧重于收集对犯罪嫌疑人有利的证据和理由，为审判阶段的工作进行充分准备。律师在审查起诉阶段的工作，主要包括查阅案卷材料、会见犯罪嫌疑人、调查取证等。

（一）查阅案卷

《刑事诉讼法》第 38 条规定，辩护律师自人民检察院对案件审查起诉之日起，可以查阅、摘抄、复制本案的案卷材料。此处的案卷材料，指的是侦查机关移送人民检察院的全部案卷材料，包括证明犯罪嫌疑人犯罪事实，情节轻重的所有证据材料及诉讼文书等。① 因此，案件移送人民检察院审查起诉后，律师应当及时与人民检察院取得联系，并提出查阅、摘抄、复制案卷材料的要求。在此建议对案卷材料进行全卷复印，以保证其准确性、完整性，从而便于之后的案卷分析。

律师查阅案卷材料的目的在于分析案卷材料中的证据材料，并据此向人民检察院提出无罪或者罪轻的辩护意见，同时也是为之后的调查取证、法庭审理做好准备。因此，分析案卷材料是律师的重要工作。通过全面阅读案卷材料，律师可以知道犯罪嫌疑人的具体犯罪行为以及侦查机关对其的定性，从而对其真实性、合法性及定性提出合理质疑，具体包括：（1）案件事实是否真实全面；（2）案件定性是否符合法律规定；（3）涉及的鉴定结论是否合法。

律师前往人民检察院查阅案卷材料，应携带授权委托书和律师事务所函及律师执业证。

（二）会见犯罪嫌疑人

会见犯罪嫌疑人是律师担任辩护人过程中的一项重要工作。在审查起诉阶段，律师会见犯罪嫌疑人的目的在于与犯罪嫌疑人核实案卷中的事实、证据，寻找对犯罪嫌疑人有利的事实和情节，为之后的辩护奠定基础。

针对审查起诉阶段会见的特点，律师应当拓展谈话的深度和广度，具体可从以下几方面展开询问：（1）全面核实案卷中所涉及的犯罪事实及证据，如指控的事实、情节、动机、目的是否清楚、准确；（2）被告人是否承认起诉书所指控的罪名及其辩解理由；（3）犯罪嫌疑人是否达到刑事责任年龄，或者属于不负刑事责任的法定情形；（4）有无从轻、减轻、免予处罚的事实、

---

① 关于侦查机关讯问犯罪嫌疑人的同步录音录像，辩护人是否可以复制，当前在实务界存在着很大争议。从最高人民法院的意见看，在审判阶段辩护律师能不能复制侦查机关讯问录像，不是看讯问录像的证据属性，而是取决于其是否属于《刑事诉讼法》第 38 条规定的案卷材料。一旦有关讯问录音录像移送法院，作为证据材料在庭审中公开使用，或者非法证据排除程序已经启动，法院已经调取并在审判阶段使用的，其应属于案卷材料，辩护律师在有权查阅的同时，当然有权复制。只是，律师在获取后，应当对复制的录音录像承担保密义务并妥善保管。参见王晓东、康瑛：《〈关于辩护律师能否复制侦查机关讯问录像问题的批复〉的理解与适用》，载《人民司法》2014 年第 3 期。

情节和线索；(5) 犯罪嫌疑人是否有自首的量刑情节；(6) 犯罪嫌疑人是否有立功的量刑情节；(7) 是否存在不适合羁押，或者超期羁押的情形；(8) 被采取强制措施后，有无侵犯其合法权益的事实。

律师会见，应当制作会见笔录。会见结束后，律师还应详细分析本次会见的情况，对会见中发现的问题或需要探查的细节一一记录，作为辩护律师下一步工作的基点。

(三) 调查取证

虽然侦查机关有义务调查、收集犯罪嫌疑人有罪、罪轻或者无罪的全部证据，但鉴于侦查机关的职责是打击犯罪，因而收集无罪、罪轻证据的义务可能会被有意或无意地疏忽。因此，在审查起诉阶段，收集犯罪嫌疑人无罪或者罪轻的证据，便成了辩护律师的主要职责。

律师进行调查取证时，应围绕查阅案卷材料以及和犯罪嫌疑人会见时所发现的案件之中的可疑之处展开，以寻求对犯罪嫌疑人有利的事实和情节。律师调查取证的范围主要包括：专门的技术性问题；犯罪嫌疑人提出的影响定罪量刑的新证人和新证据；律师对证据的可靠性有疑惑的;① 等等。

《刑事诉讼法》第 41 条规定，辩护律师经证人或者其他有关单位和个人同意，可以向他们收集与本案有关的材料，也可以申请人民检察院、人民法院收集、调取证据，或者申请人民法院通知证人出庭作证。辩护律师经人民检察院或者人民法院许可，并且经被害人或者其近亲属、被害人提供的证人同意，可以向他们收集与本案有关的材料。由此可知，律师调查取证分为自行调查和申请人民检察院收集、调取证据。

1. 律师调查取证的注意事项

律师的调查取证权是法律赋予的权利。但律师在行使调查取证的权利时，应注意以下事项，从而有效地履行辩护职责，防范执业风险。

(1) 以有利于犯罪嫌疑人为原则，进行有目的的调查取证。刑事诉讼证据可以分为有利于和不利于犯罪嫌疑人两种，基于辩护律师的辩护职责，辩护律师重点在于调取有利于犯罪嫌疑人的证据。

同时，辩护律师调查取证应围绕“证明犯罪嫌疑人无罪、罪轻或者减轻、免除刑事责任”的目的展开，且针对案件的不同情况，确定调查取证的范围。

---

① 参见胡志民主编：《律师制度与实务》，华东理工大学出版社 2013 年版，第 204 页。

因此，辩护律师在进行调查取证前，应综合考虑以下因素，以便更好地完成调查取证工作：

第一，以证明犯罪嫌疑人无罪、罪轻或者减轻、免除刑事责任为调查取证工作的出发点，重点收集以下方面的证据：①对犯罪嫌疑人、被告人的行为定性是否准确；②量刑的法定从轻、减轻、免除处罚情节是否认定；③量刑的酌定从轻、减轻、免除刑事责任的情节是否认定；④数额的认定及计算方法是否正确；⑤牵连犯、吸收犯、连续犯是否按一罪处理；⑥其他从轻、减轻和免除处罚的情节。

第二，仔细审阅从公诉机关复印的案卷材料，研究公诉方的论点及证据，寻找疑点，确定调查取证的突破点，收集有利于犯罪嫌疑人的证据，只有如此才能有力地反驳公诉方的指控。

第三，注意个案中存在的有利于犯罪嫌疑人的具体情况：①犯罪嫌疑人、被告人有无刑事责任能力，如不具备法定治罪的年龄或情节；②是否具有免除刑事责任的情形，如正当防卫；③行为所产生的损害结果是否夸大，如赃物价值大小和去向，还应特别注意危害结果的发生是否属意外事件、不可抗力所致；④犯罪嫌疑人、被告人犯罪过程中所处的主从地位和犯罪后有无自首或立功表现。此种情况虽然不能影响定罪，但属于法定的从轻、减轻或者免除处罚的条件，可以从量刑方面进行辩护。

在坚持有利于当事人原则的前提下，律师调查取证还应遵循客观性原则，即必须坚持实事求是，既不夸大，也不缩小，更不能应犯罪嫌疑人、被告人的要求而歪曲、捏造事实和证据。

（2）调查取证以合法为原则。一方面，调查的方法手段要合法，不得威胁、引诱或指示证人作伪证，更不得变造、伪造证据，如果遭到证人、受害人等拒绝，也不得强行进行调查。另一方面，调查的目的要合法。调查取证要具有正当性，律师调查取证，要符合律师的职业道德和规范，不得用于非法目的。

2. 律师自行调查取证

辩护律师凭律师执业证和律师事务所证明，可以向有关单位和个人调查与承办案件有关的情况。特别应注意的是，律师自行调查取证，一般应由2人进行。

第一，收集书证、物证。收集书证、物证应提取原件、原物。无法提取原件原物的，可以复制、拍照或者录像，但对于复制品、照片或录像应提供证据持有人的证明，证明证据的提取时间、地点、物品名称及数量等。

实践中，因为犯罪行为发生后，侦查机关第一时间便介入调查，待律师调查取证时，侦查人员早已扣押涉案的一切书证和物证。与其说律师是寻找侦查人员遗漏的书证或物证，还不如说是通过对已有书证、物证的分析，来发现对犯罪嫌疑人有利的证据，进而进行提取。比如一起涉嫌故意伤害罪的案件中，犯罪嫌疑人提及被害人曾用刀劈向自己，但劈在门框上的情节。若侦查人员未注意此情节，辩护律师必须前往案发现场进行勘查，以证实此情节的真实性，并提取这一重要的物证。

第二，收集证人证言、被害人陈述。证人证言、被害人陈述是刑事诉讼证据的一种，也是刑事案件中最常见的证据类型，因此，律师调取此类证据是相当必要的，而且也是相对容易获取的。律师询问证人、被害人，应当制作调查笔录，如果有必要条件许可，还可对询问证人、被害人的过程，进行录音、录像。调查笔录的内容应包含律师身份的介绍、被调查人的基本情况、律师对如实作证的要求及作伪证等应负法律责任的说明、被调查人对其证明内容的确认、律师询问的问题等相关情况。

律师询问证人前，应当拟定一个调查提纲，以使需要询问的问题清晰明了，但也不能机械地遵循调查提纲，因为律师对案件的了解局限于案卷材料及犯罪嫌疑人的说明，而案件事实复杂多变，因此调查取证时，应鼓励证人全面陈述其所知案情，如此才能了解到更多案件线索。

另外，律师询问被害人，其价值更多的可能在于印证律师关于案件的某一观点。

第三，重视案发现场。案发现场是刑事案件发生的地点及区域，它一般会留下许多有价值的线索，因此侦查机关第一时间介入时，都会对案发现场进行保护和勘查，以提取案件线索，这充分说明了案发现场的重要性。虽然待律师介入调查时案发现场可能已无更多有价值的线索，但仍可能会激发辩护律师的灵感，为其辩护提供帮助，有时甚至可能发现有价值的线索。如涉嫌一起持刀抢劫的案件中，根据证人证言显示，案发的当天晚上，证人亲眼看见犯罪嫌疑人在高速路上实施抢劫，但在律师重访现场时发现，从证人所站位置根本无法看到案发地点。因此，建议律师在办理刑事案件时，应当重访案发现场。

3. 申请人民检察院调查取证

在审查起诉阶段，若辩护律师认为有必要，可以申请人民检察院收集、调取证据。因为证据所有者出于同情受害者、怕遭人报复等多方面因素的考虑，可能会拒绝向律师提供证据或者证言，且有些证据也因其自身特点无法取得，此时可以书面申请由人民检察院收集、调取。

（四）提交辩护意见

《刑事诉讼法》第170条规定，人民检察院审查案件，应当讯问犯罪嫌疑人，听取辩护人、被害人及其诉讼代理人的意见，并记录在案。辩护人、被害人及其诉讼代理人提出书面意见的，应当附卷。由此，辩护律师在审查起诉阶段，可以向人民检察院提出关于案件的辩护意见。但此阶段的辩护重心，在于提出对犯罪嫌疑人有利的事实和情节，并提出证明有利事实和情节的证据或证据线索，或者通过法律论证阐述被指控的犯罪行为并非起诉意见书认定的重罪，促使人民检察院以一个较轻的罪名、犯罪情节及性质向人民法院提起公诉。因此，审查起诉阶段的辩护意见，更多地侧重于削弱公诉机关指控的严重性。

审查起诉阶段的辩护意见内容，可以从案件的实体与程序两方面展开。实体方面的辩护意见，主要涉及案件证据、法律适用的意见，以及补充侦查、重新鉴定、补充鉴定的意见及理由。经总结归纳，审查起诉阶段辩护意见的类型有：

第一，不起诉的辩护意见。对于证据确实充分，能够证明犯罪嫌疑人无罪，或者不应被追究刑事责任的，律师可以向人民检察院提交辩护意见，争取让其作出不起诉决定。如前所述，不起诉的种类又可以分为法定不起诉、酌定不起诉和附条件不起诉等情形。

第二，变更罪名或改变案件定性的辩护意见。一个具体的犯罪行为，可能因侵犯的法益及行为主体、主观状态的不同，而导致定罪量刑的不同，如同样的犯罪行为是贪污还是职务侵占罪。即使是同一罪名，也可能因行为人的主观状态，犯罪情节、手段和后果的不同，导致社会危害性不同，从而对量刑产生影响。由此可见，罪名的变更和案件性质的改变，将直接影响犯罪嫌疑人将要承担的刑事责任。因此，在对犯罪嫌疑人罪名的认定存在错误时，律师可根据已经掌握的证据，通过法律论证，促使人民检察院变更罪名，依法以较轻的罪名提起公诉或者改变案件性质提起公诉。

当然，辩护律师也可以根据依法掌握的证据，直接提交犯罪嫌疑人的行为不构成犯罪的辩护意见。

在审查起诉阶段，辩护律师也可为犯罪嫌疑人申请取保候审，其具体内容参见侦查阶段中的申请取保候审。

四、庭审阶段的律师业务

未经人民法院审判，任何人都不得被确定有罪。审判阶段是一个定罪量刑的阶段，也是刑事诉讼中最重要的阶段。因此，在案件进入审判阶段后，律师应全力以赴地开展审判阶段的各项工作。

（一）开庭前的准备

自案件被人民法院受理之日起，律师应精心为开庭审理做好充分准备。此阶段的工作包括阅卷、会见被告人、调查取证及拟定辩护提纲等。会见被告人及调查取证可参照侦查、审查起诉阶段的相关内容。但须注意的是，审判阶段会见被告人时的讯问内容，除了上面所阐述的以外，还需要向被告人确认辩护方向，是无罪辩护还是轻罪辩护。

1. 阅卷

阅卷是律师辩护的基础性工作。辩护必须以案件事实为依据，而后在此基础上阐述对被告人有利的理由及依据。而阅卷的目的，就是根据现有的证据，进行有利于被告人的分析和组合，并在此基础上形成辩护思路。

阅卷的要求之一，是到人民法院查阅、复制案卷。复制案卷的相关注意事项已在审查起诉阶段论及，在此不再赘述。

（1）阅卷技巧。

在刑事辩护中，阅卷成效的好坏，直接关系到案件的成败。全面、仔细地阅读案卷材料，有助于律师全面了解案情、发现问题、提炼辩护观点，为法庭审理做好充足的准备。为此，律师在阅卷时须掌握一定的阅卷技巧，以保证阅卷质量。

在阅卷时，首先要全面阅读案卷材料。在审判阶段，律师阅卷的目的在于全面了解案情，为法庭辩护做足准备。因此，律师应当认真、仔细地逐页阅读每一页案卷材料，确保能全面了解案件事实。其次，还应用怀疑的眼光阅读案卷材料。辩护律师的职责是为被告人进行辩护，其所处的角度与公诉方是相对立的，这就决定了律师天生应具有怀疑的精神，对公诉方提出的指控及证据提出质疑。另一方面，应注意办案机关的取证程序是否存在不规范之处。

（2）制作阅卷笔录。

刑事案件的案卷材料往往厚重，案件事实、情节复杂，而人的记忆是有限的，因此阅读案卷的同时，律师应当随手记录案卷材料中的相关信息，然后根据记载的信息进行归纳总结，以形成一份完整的阅卷笔录。阅卷笔录的主要内容如下：①被告人的自然情况；②被指控的犯罪行为发生的时间、地点、动机、目的、手段及后果等情况；③被告人无罪、罪轻的事实和证据；④同案被告人的相关情况；⑤证据本身及证据之间的矛盾与疑点，这些矛盾与疑点是否能够被合理排除；⑥被告人是否存在定罪量刑的法定、酌定情节等；⑦证据的客观性、合法性和关联性，以排除非法证据。

（3）制作质证、示证提纲。

辩护律师在开庭前，应根据阅卷的内容，对控方提供的证据形成质证提纲，对证据及证据之间存在的矛盾进行分析。同理，辩护律师也应对己方向法庭出示的证据形成证据提纲——此处的证据，包括律师自行调取的证据及控方提供的有利于被告人的证据材料，并按一定顺序将所有证据一一罗列。

在质证和示证提纲中，律师须对证据进行分析、评估，提示证据的弱点、可信性及对被告人定罪量刑的影响。

2. 拟定辩护提纲

通过案卷材料的阅读与整理，律师对案件事实有了全面的了解和认识，在此基础上，律师便能确定一个基本的辩护思路，从而为法庭辩护提供方向。

首先，确定辩护方向。所谓辩护方向，是指法庭审理时，律师为被告人进行无罪辩护还是罪轻辩护。作为辩护律师，在确定辩护方向时，应当首先征询被告人的意见，或者说律师将辩护思路告知被告人，与其沟通商量，达成共识。在确定辩护方向时，律师应当客观冷静地为被告人梳理整个案件的脉络，对案件的证据进行分析，告知其中不利和有利之处，而后提出辩护方向建议。

其次，选择辩护策略。辩护律师在经过庭前阅卷、调查取证和会见被告人后，在即将开始的法庭审理中，是对公诉机关提出的事实进行抗辩，还是就法律适用进行抗辩，或者两方面同时进行抗辩，这涉及辩护策略的选择。具体的抗辩方法包括：（1）案件事实的辩护，即指辩护律师陈述一个与公诉机关指控的犯罪事实不一样的事实，从而引导人民法院作出有利于被告人的判决，如被告人的行为不符合犯罪构成要件、具备法定的阻却违法性事由、被告人具备从轻处罚的情节，等等；（2）证据不足的辩护，即通过对公诉机关提供的证据进行辩驳，从而提出控方证据不足，或者没有证据证明被告人犯有被指控的罪行，以致无法确定被告人有罪的辩护方法，如提出“孤证”不能定案，或者排除公诉机关指控犯罪的主要证据中不合法、不真实、与本案无关联性的证据，或者指出公诉机关提供的诸多证据之间缺乏联系；（3）法律适用的辩护，即律师主要对所指控犯罪事实构成何种犯罪、是否构成犯罪及犯罪性质、定罪量刑等提出辩护意见，主要包括非罪辩护和有罪辩护。

（二）参加一审法庭审理

参加刑事法庭审理，是辩护律师履行维护被告人合法权益的最重要工作，同时庭审也是被告人充分行使权利的平台。因此，法庭审理于辩护律师抑或被告人而言都非常重要，是律师必须高度重视的刑事诉讼环节。

1. 法庭询问

法庭审理开始后，由公诉人宣读起诉书，而后法庭调查则以询问被告人开始，庭审发问依次由控方发问、辩方发问、审判员发问的顺序进行。

法庭审理中，辩护律师询问的目的不同于侦查及审查起诉阶段，其在于让审判者了解案情。在开庭审理的阶段，引导被告人将一个细节清晰、重点突出的无罪、罪轻事实讲述给审判者听，这是一个辩护律师将案件信息通过被告人之口有计划地传递给审判者的过程。因此，在特定的庭审时间内，律师应围绕辩护主题进行发问，引导被询问人向法庭提供案件信息。而如何进行询问，对于辩护律师而言，是一个富含技巧性的工作。

（1）询问的方式。

根据不同的需要和情形，询问的方式也有不同，常用的方法有以下几种：第一，开放性提问，即让被告人描述、解释或者说明案件的问题；第二，指示提问，是为审判者展示另一方面的案件事实情节，或者案件的其他事实；第三，封闭性提问，旨在要求被询问人选择一个确切的答案告诉审判人员，其回答方式为是或者不是，它适用于控方申请出庭的证人或者其他不能确定其陈述是否有利于自己当事人陈述的被告人、证人；第四，渐进式提问，是律师以问答的方式引导被告人分步分阶段地告诉审判人员与案件有关的事实，增强说服力的询问方式。

（2）询问的注意事项。

在询问过程中，要注意：第一，仔细聆听公诉人的询问并适时反对。律师在听公诉人对被告人询问时，要注意公诉人的询问是否违反了询问规则，即公诉人的问题与案件事实无关，或者以诱导性方式询问，或者在询问中威胁被告人，或者损害被告人的人格尊严，如果辩护律师认为公诉人的询问有这些不当之处，要立即向法庭提出反对，要求法庭制止。① 第二，辩护律师应该语气平和地询问被告人。被告人走上法庭本身就紧张不安，再经过精通诉讼技能的公

① 从技术上讲，只要公诉人违反询问规则，只要有反对的机会，为了被告人的合法权益，辩护律师就一定要提出反对。多次被反对，且反对成立，这也是对被告人有利的。

诉人毫不留情的询问后，既沮丧又惶恐。因此，辩护律师在询问时，要非常和善，语气平和地安抚被告人。当然法庭不可能等待辩护律师将被告人安抚好了，再继续开庭，因此这种安抚更多地是在提问中体现。第三，不要问不知道答案的问题。律师询问被告人的目的只有一个，即向审判者展示律师希望他们知道的与案件事实有关的信息。律师询问的过程，就是将自己知道答案的问题一个个提出来，然后由被告人将答案告诉审判者的过程。律师千万不要兴之所至，或者无意识地向被告人提出一个自己对答案并没有把握的问题。第四，不要重复公诉人的问题。律师在询问被告人时，不要重复去问公诉人已经问过的问题，特别是不要问和犯罪的客观方面有关的重复性问题，以避免被告人将对其自身不利的话又重复一遍。

2. 法庭质证

法庭询问结束后，即进行法庭举证和质证，首先由被告人及辩护律师对控方向法庭出示的证据进行质证。控辩式的审判模式要求辩方从控方向法院移送的案卷材料中提炼出辩护观点，因此法庭质证在法庭审理中处于十分重要的地位，从而要求辩护律师高度重视法庭质证。下面将对控方一些主要形式证据的质证进行分析。

(1) 对不出庭证人证言的质证。

虽然《最高人民法院关于执行〈中华人民共和国刑事诉讼法〉若干问题的解释》明确规定：证人应当出庭作证，但在刑事案件审判实践中，公诉方的证人有时可能不出庭。公诉人主要是宣读证人在侦查阶段或审查起诉阶段的书面证词，其内容基本上是证明被告人有罪的陈述。辩护律师对不出庭证人证言质证时，应将注意力集中于以下方面：证人证言是否客观真实；证人证言是否与待证的案件事实有关联；证人是否有作证能力，如精神、年龄因素上是否存在瑕疵；证人与案件是否有利害关系；证言之间以及与其他证据之间是否存在矛盾；证人证言是否和一般人共同知晓的常识性事实或通过科学原理可以推断出来的事实矛盾；证人证言是否和有效裁判所确认的事实矛盾；证言的收集程序、方式是否违法，等等。

由此可见，对不出庭证人证言的质证主要集中在证据内容与案件事实的关联性、合理性，是否和其他证言或其他证据之间存在矛盾，矛盾能否合理排除等方面。

(2) 申请公诉方证人出庭作证。

《刑事诉讼法》第187条规定，公诉人、当事人或者辩护人、诉讼代理人对证人证言有异议，且该证人证言对案件定罪量刑有重大影响，人民法院认为证人有必要出庭作证的，证人应当出庭作证。辩护律师若对证人证言有异议，如认为证人证言不真实，与其他证据之间存在矛盾，且对办案定罪量刑有重大影响时，应当向人民法院申请证人出庭作证。

但申请证人出庭作证也要注意，出庭作证的证人毫无疑问只会重复侦查阶段或审查起诉阶段的证词，而且公诉方证人出庭先由公诉人进行询问，轮到辩护人询问时，证人已在公诉人引导下陈述与被告人有关的案情。因此，在明知出庭的证人将重复书面证词的情况下，辩护律师应该在有把握摧毁证人证言的证据效力的情况下，才申请该证人出庭作证。换言之，辩护律师只有在发现证人证言不真实、缺乏合理性、与案件事实缺乏关联性，或者和其他证言或其他证据之间的矛盾不能合理排除等情况下，才应申请证人出庭。此种情况下，法庭上对该证人的询问，是印证这些证据的漏洞，并将这些漏洞展示给审判者而已。

(3) 被告人供述的质证。

对被告人供述的质证应分情况进行：

第一，被告人对自己的犯罪事实供认不讳，其供述始终一致时，此时辩护律师只须根据事实和法律履行辩护职责，无须过多地对被告人供述进行说明。

第二，被告人存在翻供情形的质证。此种情形下，辩护人须充分利用庭审调查时赋予辩护人的发问权、质证权，紧扣相关案件事实，引导被告人将为何翻供的理由进一步阐明，充分挖掘被告翻供的合理成分及原交代确实存在的与事实不符之处，以使这一有利于被告人的情节为法庭审判人员知晓。辩护律师一方面要查清有罪供述形成的原因，排除非法证据；另一方面要致力于切断其他证据和案件事实的表面联系，从而凸显被告人有罪供述实际为孤证。

具体而言，对于有下列情形的被告人供述，辩护律师可以建议法庭不作为定案的根据：以刑讯逼供、威胁、引诱、欺骗等方法获取的；供述内容前后矛盾且矛盾无法排除的；询问的形式和程序不合法；讯问不是由侦查人员进行的；未经被告人核对并签名、盖章和按指印的；应当提供翻译而未提供的；询问的时间、地点不合法；被告人的供述是违反回避规定获取的；等等。

(4) 被害人陈述的质证。

辩护律师应当理解，被害人因个人原因而极有可能导致陈述不真实或者夸大事实。因为被害人与被告人之间的对立关系，就注定了被害人的证言往往具有两面性。一方面，由于被害人是当事人，案发时的一切唯有他是最清楚的见证人，此时被害人的证言就是最直接的证词；另一方面，由于被害人是被侵害对象，其证言又偏重于指控被告人，并往往作对自己有利的指控。因此，对被害人陈述进行质证时，应结合本案其他证据进行分析，重点把握：①将被害人的证词与案卷中其他证据材料相比较，指出被害人证词中关键事实、情节与其他证据的不同之处；②充分注意被害人证言前后矛盾或夸大之处；③案发时的客观条件是否与被害人陈述的情境相一致。

（5）物证和书证的质证。

物证是指证明案件真实情况的一切物品和物质痕迹；书证则是指以记载的内容反映案件事实真相的书面材料或其他物质材料，通常以文字、图表、符号等表示。物证、书证因其稳定、不易变化的特点，在刑事诉讼中发挥着重要作用。但由于物证、书证为实在物，须借助于人的专业知识或者特殊设备来证明其与案件事实之间的内在联系，因此人的主观意识会有意无意地对物证、书证的客观真实性产生影响。物证不会发生错误，物证不会作伪证，只有对物证的解释才可能出现错误。① 因此，对物证、书证的审查尤为重要。

具体而言，律师对物证、书证审查的重点包括：物证、书证是否为原物、原件；其复制品的制作是否合法；物证、书证是否经过辨认、鉴定；物证、书证的收集程序、方式是否合法；物证、书证的收集、保管及鉴定过程中是否受到破坏或者改变；物证、书证是否与案件事实有客观联系；物证、书证是否全面收集。

倘若律师发现控方提供的物证、书证存在以上情形，如未全面收集物证，即侦查人员在勘验、检查、搜集中已发现可疑血迹、指纹、足迹、毛发、体液等痕迹或物品，但认为其与案件无关联，而未提取或者提取后未检验，应当及时向法庭提出，以便提出物证、书证不足的质证意见。

（6）鉴定意见的质证。

鉴定意见，是鉴定人专业知识和技能对案件中某些专门性问题进行分析判断后作出的结论性判断。由于现阶段人们对客观世界认识的局限性及鉴定人员的技术水平及鉴定内容的复杂性，鉴定意见不可能绝对正确，而且鉴定人的资质、鉴定程序、方法是否规范等因素都可能影响鉴定结论的真实性。因此，辩护人在办理刑事案件时，千万不能看到鉴定结论，就认为该案已成定论，特别是遇到唯有以鉴定结论定性的时候，更应持合理怀疑的态度。

具体而言，律师对鉴定意见质证时，应注意审查如下内容：鉴定机构和鉴定人是否具有鉴定资质；鉴定人是否存在回避的情形，如与案件有利害关系；

---

① 参见［美］威廉·奇泽姆等：《犯罪重违》，刘静坤译，中国人民公安大学出版社2010年版，第114页。

鉴定程序是否合法；鉴定的材料来源是否真实可靠；鉴定的设备和方法是否规范；鉴定意见的形式是否合法，其内容是否完备；鉴定意见是否明确；鉴定意见与待证事实是否存在关联性；鉴定意见与其他证据是否能相互印证；鉴定意见的依据是否科学，等等。

如果律师在质证中发现存在上述情形，可以向法庭提出该鉴定意见不作为定案依据的质证意见。律师对鉴定意见有疑问的，可以申请鉴定人出庭作证或者由其出具相关说明，也可以依法申请补充鉴定或者重新鉴定。

(7) 视听资料的质证。

视听资料是以图像和声音形式证明案件真实情况的证据，其所包含的信息通过机械、电子等方法保留在磁带、胶片、视盘或其他介质上。随着科学技术的不断发展，视频和电子监听等侦查手段在侦查中的作用越来越重要，虽然视听资料相比其他证据具有较强准确性、可靠性，但其也容易被伪造、编辑，从而丧失客观性，或者受各种因素的影响，未能全面、客观地反映案件事实。因此，辩护律师质证时，应对视听资料进行严格的审查判断。

具体而言，律师应从以下几个方面审查和质证视听资料：视听资料的来源是否合法，内容是否完整；视听资料收集的程序是否合法；视听资料是否为原件；视听资料的内容是否能够证明所要证明的事实；视听资料是否存在伪造、变造，若存在疑问，应申请司法鉴定；视听资料与其他证据是否存在矛盾。

若发现视听资料存在矛盾和疑点，应当向人民法院提出鉴定申请。经审查，若发现视听资料的真伪无法确定，律师应提示法庭不将其作为定案的依据。

(8) 勘验、检查笔录的质证。

刑事案件的现场勘验、检查，是侦察人员利用科学技术手段，对与犯罪有关的场所、物品、人身、尸体等进行勘验、检查的一种侦查活动。由于勘验笔录均由侦查机关内部人员制作，其客观性有时易受侦查人员意志的影响。

具体而言，辩护律师对勘验、检查笔录进行质证时，应注意审查以下内容：勘验检查是否依法进行，笔录的制作是否合法；勘验、检查笔录的内容是否全面、详细、准确、规范；复验、复查的，其前后勘验、勘查的结论是否矛盾及其复验、复查理由是否合理；勘验、检查笔录与其他证据是否能相互印证。

如果辩护律师在法庭审理前发现勘验笔录有不真实之处，可以要求重新勘验。通过对证据的审查，若发现勘验、检查笔录存在明显不合法的情形，且无法作出合理解释的，又无法验证其真实性和关联性的，应建议法庭不作为定案的依据。

3. 提交辩方证据

公诉机关举证完毕后，由被告人及其辩护律师向法庭提交被告人无罪的证据。基于无罪推定的刑事诉讼原则，辩护律师并无举证证明被告人无罪的法定义务，只要公诉方的证据不能确实充分地证明被告人犯罪，法庭就应该裁判被告人无罪。但是，无罪推定原则并不意味着辩护律师要放弃提交证据的机会。就特定案件而言，辩护律师提交的证据完全有可能是彻底推翻公诉方指控的关键。

与公诉人举证需要提出证据用以证明犯罪构成要素完全具备不同，辩护律师并不需要就被告人无罪提供一套完整的证据，只要辩护律师提供的证据能证明犯罪构成的某一个要件不具备，就能彻底否定公诉方的指控。辩护证据的种类主要有两类：第一，直接能够证明被告人无罪的证据，无行为能力（或限制行为能力）、不具备特定犯罪主体身份、不在现场、无作案时间、正当防卫、紧急避险、意外事件等方面的证据；第二，否定公诉方证据法律效力或对抗公诉方证据证明力的证据，该类证据将破坏公诉方的证据体系，使其犯罪指控不能做到证据确实充分。

4. 法庭辩论

所谓法庭辩论，就是控辩双方在审判长的主持下，依据法庭调查中已经调查的证据和有关法律规定，对证据有何种证明力和被告人的罪名、刑罚等问题，提出已方的理由，在法庭上当面进行论证和反驳的诉讼活动。① 刑事一审审理的流程特点是，法庭调查后并不像民事诉讼中有一个被告答辩环节，而只有在法庭辩论时，辩护律师才能全面表达辩护观点，对无罪辩护而言更是如此。因此，法庭辩论便成为辩护律师为追求胜诉而进行的核心工作，也是辩护律师的辩护职责和能力的集中体现。

为更好地履行辩护职责，辩护律师应当具有基本的法庭辩护技能：（1）善于识别法庭辩论焦点，并围绕焦点进行论证说理。律师的辩护发言应观点明确，论据充分，论证有力，逻辑严谨，用词准确，语言简洁。（2）律师多次辩护发言应避免重复，注意突出重点，着重针对控诉方的新问题、新观点及时提出新的辩护意见。（3）在法庭辩论和被告人的最后陈述中，律师发现有新的可遗漏的事实、证据需要查证的，可以申请恢复法庭调查。

① 参见卞建林主编：《刑事诉讼法学》，中国政法大学出版社 2014 年版，第 276 页。

5. 提交辩护词

辩护词，也即书面辩护意见，是辩护律师将法庭审理中发表的意见进行梳理、总结和归纳后形成的书面材料，它不仅仅只有辩护意见，还包括对主要证据的质证意见。

辩护词具有重要的意义。一方面，随着时间的推移，裁判者对庭审的记忆会逐渐模糊，一份全面、条理清晰、论理充分的辩护词能帮助裁判者恢复庭审记忆，作出有利于被告人的判决。另一方面，案件判决还需经历一个领导审阅程序，特别是无罪判决，还需经过审判委员会集体讨论决定。由于这些对案件结果起决定作用的人并没有参加庭审，他们对案件的认识来源于案卷材料及承办法官的介绍，此时一份论理充分的辩护词便能帮助他们全面掌握案情，作出恰当的判断。

辩护律师撰写书面辩护词时，应首先确定辩护主题。在具体撰写时，最好在辩护词开头部分便表明自己的观点，论证对关键证据的质证意见，选取能够证明案件事实的证据，按一定的逻辑顺序组织辩护内容，使质证意见、案件事实和辩护论理有机结合，形成一份内容全面、丰富的书面辩护意见。

6. 会见被告人

(1) 庭审后的会见。

大多数被告人因自身知识结构的局限，虽然与辩护律师多次会见和历经庭审，但仍可能对自身案件没有明确的认识，内心必然是惶恐不安。因此，在法庭审理结束后，他们非常盼望与辩护律师见面交谈，以释其焦虑之心情。庭审结束后，辩护律师最好能与在押的被告人会见，即使辩护律师的会见不能对案件起任何作用，也能起到抚慰被告人心理的作用。

(2) 宣判后的会见。

如果一审判决无罪，被告人则会被释放。这里主要讲一审判决有罪时，辩护律师应尽快与被告人会见，询问被告人对判决的意见，征求其是否上诉，并探讨上诉的理由。如果被告人决定上诉，应将被告人的意见告知其家属。

第二节　二审刑事辩护实务

如前所述，我国的审判制度为两审终审制，二审即上一级人民法院根据当事人的上诉或人民检察院的抗诉，对未发生法律效力的裁判重新审理的诉讼活动。律师办理二审刑事案件，就是期盼能对一审判决进行更改，因此这一阶段对律师的专业知识及技能提出了更高的要求。鉴于二审阶段，律师担任辩护人的工作，如办理委托关系、与办案人员联系、梳理证据及撰写辩护词等诸多工作，均与一审阶段一致，下面将重点论及二审辩护律师的其他工作。

一、代为提起上诉

上诉权是法律赋予当事人不服一审判决或者裁定，依法提起上诉的权利，是当事人的一项基本诉讼权利。在刑事二审中，律师所行使的上诉权并不是完整的，而是要在取得被告人同意后，才有权提起上诉。① 律师若接受了被告人家属的委托，担任其二审辩护律师，而被告人自己尚未书写上诉状，律师则需为其代书上诉状，并由被告人签署，而后递交原审法院或者二审法院。司法实践中，一般是递交原审法院。

上诉状的内容主要是分析一审判决的错误之处，但并不要求全面论述。因为上诉期限内，特别是对于二审才介入的律师，不可能在短时间内对案件有一个全面、准确的把握；而且根据法律规定，二审法院不受上诉范围的限制，应当对一审所认定的事实和适用法律进行全面审查。因此，律师只须书写一份简单的上诉状，达到启动二审程序的目的即可。

二、二审审前工作

即使辩护律师担任了一审辩护人，二审阶段都应从头开始，重新分析全部案件材料，并做好相应的庭前准备工作，充分履行律师辩护职责。

1. 查阅案卷

自律师接受上诉人家属委托并得到上诉人同意后，律师便可凭授权委托书、律师事务所函前往二审法院查阅案卷材料，该项工作对于未参与一审的辩护律师而言尤为重要。

2. 审查证据

对于证据的审查，参见一审中的相关内容。此处最重要的是，在必要的情况下，律师需调取相关的新证据，如一审判决后的新证据或者证人证言，并将这些新证据纳入案卷的证据体系之中，进行综合分析、判断。

另外，辩护律师应注意，是否有新的且对案件定罪量刑有直接影响的法律法规、司法解释以及判例发布，这些都将会对证据审查及判决结果产生影响，

① 参见胡志民主编：《律师制度与实务》，华东理工大学出版社 2013 年版，第 303 页。

以实现维护上诉人合法权益的目的。

3. 分析一审判决

上诉人上诉的目的，就是希望获得一个改判无罪或者罪轻的结果，这就要求律师分析考证一审判决是否存在错误。一般而言，律师可从事实认定是否清楚、法律适用错误和程序违法三个方面进行分析：

（1）起诉书认定的罪名与事实，与一审判决认定的罪名与事实是否一致及其原因；

（2）公诉方证人证言以及其他各项证据之间能否形成证据链，是否做到事实清楚、足以认定所指控的犯罪成立；

（3）一审中公诉方所提交的证据是否合法、真实、有证明力，一审判决是否采纳了不合法的证据；

（4）一审判决是否存在"孤证"的情形；

（5）一审中，公诉方的公诉意见核心是什么，上诉人的自我辩解及辩护人的辩护意见是什么，一审法庭的辩论焦点是什么，一审法院对控辩双方意见是如何采纳的及其理由；

（6）一审适用法律是否正确，定罪量刑是否适当；

（7）一审中是否存在程序违法的情况。

三、二审庭审工作

二审法院审理上诉案件的方式，有开庭审理和书面审理两种。

1. 开庭审理

《刑事诉讼法》第223条规定，第二审人民法院对于下列案件，应当组成合议庭，开庭审理：（1）被告人、自诉人及其法定代理人对第一审认定的事实、证据提出异议，可能影响定罪量刑的上诉案件；（2）被告人被判处死刑的上诉案件；（3）人民检察院抗诉的案件；（4）其他应当开庭审理的案件。

二审开庭审理时应注意：第一，法庭调查时，在审判人员宣读一审判决书后，若是被告人上诉的案件，先由被告人陈述上诉理由，辩护律师陈述上诉意见，检察员作最后陈述；若为人民检察院抗诉的案件，则反之。第二，法庭辩论时的发言顺序同法庭调查。

2. 书面审理

书面审理，又被称为不开庭审理，即以上诉内容或者抗诉书和一审的全部案卷为基础，通过调查讯问方式进行的审理。①

书面审理的刑事上诉案件，辩护律师应向二审法院提交一份论理详细充分的书面辩护意见，其重点在于针对一审判决书认定的事实和列明的证据，全面论述一审判决中存在事实认定、法律适用或者程序上的错误，以保障上诉人的合法权益。

同时，辩护律师也应注重与承办法官的沟通，并将自己对案件的辩护意见及时全面地向其阐述，了解法官对案件事实和法律适用的态度。

第三节　死刑复核阶段律师实务

死刑复核，是指最高人民法院依法对全国范围内的死刑案件进行核准的活动，包括中级人民法院判处的死刑立即执行、被告人不上诉的一审刑事案件；高级人民法院一审判处的死刑立即执行、被告人不上诉的一审刑事案件；高级人民法院判处的二审死刑立即执行案件。

2015 年初，最高人民法院专门发布了《关于办理死刑复核案件听取辩护律师意见的办法》。上述办法对律师参与死刑复核的程序、权利和相应的义务进行了规定，尤其是对实践中辩护意见有效提交的问题予以了明确规定。根据该办法的规定，辩护律师应当在接受委托或者指派之日起一个半月内提交辩护意见，提交时既可以经高级人民法院同意后代收并随案移送，也可以寄送至最高人民法院承办案件的审判庭或者在当面反映意见时提交；对尚未立案的案件，辩护律师可以寄送至最高人民法院立案庭，由立案庭在立案后随案移送。律师也可以申请当面反映意见，承办法官应当及时安排；当面听取意见的，法院还需制作笔录，由辩护律师签名后附卷；等等。可以说，上述一系列规定，都为律师在死刑复核阶段发挥作用提供了重要支持。

一、死刑复核阶段律师的工作

1. 咨询、委托阶段

死刑复核阶段建立委托关系，除了前面所述的接受委托的注意事项外，还应特别注意向委托人解释当前律师参与死刑复核的相关法律规定，同时说明办理死刑复核案件存在的风险，如无法会见被告人。

2. 阅卷

---

① 参见卞建林主编：《刑事诉讼法学》，中国政法大学出版社 2014 年版，第 276 页。

依据最高人民法院《关于办理死刑复核案件听取辩护律师意见的办法》的规定，辩护律师可以到最高人民法院办公场所查阅、摘抄、复制案卷材料。但依法不公开的材料不得查阅、摘抄、复制。

死刑复核的律师阅卷时，应注意案卷材料中是否存在以下情形：原审判决是否违反法定程序，可能影响公正审判；被告人是否具备法定或者酌定从轻或减轻处罚的情节；原审律师的辩护意见不予采纳是否正确；原审判决中据以认定被告人有罪的证据是否符合法律规定且充分。

3. 调查取证

律师在死刑复核阶段的调查取证非常重要。在死刑复核阶段，律师调查获取的证据是直接交给最高人民法院，律师应当大胆围绕案件事实展开调查，将依法取得的证据、线索材料及时交给最高人民法院。

死刑复核阶段，关于调查取证的要求与一、二审相同，在此不再论述。死刑复核期间调取的证据，可能涉及但并不限于以下方面：被告人不在案发现场；被告人犯罪时未达到刑事责任年龄；原审判决认定事实错误；被告人具有法定或者酌定从轻或减轻处罚的情节。

4. 提交书面意见

根据《刑事诉讼法》第 240 条、《关于进一步严格依法办案确保办理死刑案件质量的意见》第 40 条、《关于充分保障律师依法履行辩护职责，确保死刑案件办理质量的若干规定》第 17 条的规定，在死刑复核期间，律师可以提出书面意见；如有条件，建议律师尽可能亲自到最高人民法院约见法官，提出理性的律师书面意见。

书面意见的内容可能会涉及以下方面：第一，死刑复核案件存在新的或遗漏的法定与酌定从轻、减轻、免除处罚情节；第二，有新的证据证明二审认定的事实确有错误；第三，据以定罪量刑的证据不足，或者据以判定被告人有罪的主要证据之间存在矛盾；第四，二审裁判适用法律错误。

二、死刑复核阶段的辩护注意事项

首先，死刑复核的辩护重点在于“刀下留人”。与一、二审的律师辩护不同，死刑复核阶段的辩护律师应当围绕保全被告人生命进行辩护。因为死刑的执行迫在眉睫，如果律师一旦在是否构成犯罪、定性是否准确等问题上把握不够，却还一再坚持，很可能耽误了利用看上去并不起眼的有效保命情节的辩护。辩护律师应当认真研究最高人民法院如何对待判不判处死刑的各种文件，调整辩护策略，把保命作为重中之重。尤其在一、二审作无罪、改变定性或者减轻处罚辩护的，因为其主要辩护观点已经受到中、高级人民法院的否定，一般需要调整到死刑复核辩护的次要观点。

其次，对被害人进行经济补偿，努力与被害人和解。虽然金钱不能买刑，但是动员死刑犯家属对被害人进行适当补偿，能够弥补犯罪行为给被害人造成的心理创伤，缓解双方的仇恨情绪。这有利于死刑犯改判为死刑缓期二年执行，符合宽严相济刑事司法政策。其实，在整个刑事诉讼中，都应注重对被害人的经济补偿，进而取得被害人谅解。因为根据《最高人民法院量刑规范化的指导意见》，被告人与被害人达成和解且得到被害人谅解，在量刑时可以从轻处罚。此处所谓的“达成和解”，主要是指对被害人进行经济上的补偿。

第四节 刑事附带民事诉讼律师实务

前面章节主要介绍律师以辩护人的身份参与刑事诉讼活动中，履行维护犯罪嫌疑人或被告人合法权益的辩护职责。但律师的作用并不限于此。代理被害人控诉犯罪，要求犯罪嫌疑人或被告人赔偿因其犯罪行为而遭受的损失，也是律师在刑事诉讼中的一项重要工作。因此，下面将介绍律师担任刑事附带民事诉讼代理人的工作内容。

一、撰写刑事附带民事起诉状

《刑事诉讼法》第 99 条规定，被害人由于被告人的犯罪行为而遭受物质损失的，在刑事诉讼过程中，有权提起附带民事诉讼。被害人死亡或者丧失行为能力的，被害人的法定代理人、近亲属有权提起附带民事诉讼。因此，律师接受刑事案件受害人的委托后可以受害人诉讼代理人的身份参与刑事诉讼，即可代为提起刑事附带民事诉讼。此时，律师的首要工作便是撰写并提交刑事附带民事诉状。

二、庭前准备工作

1. 会见被害人

如果刑事案件的被害人尚存活在世，律师在接受委托后应当与其见面，有时候被害人会亲自前往律师事务所咨询并委托律师。因为被害人亲身经历了案件的整个过程，没有谁能比他更清楚案情，因而被害人的陈述有可能是最全面的证据材料，对律师了解、分析案情有着重要的作用。

律师会见被害人应当制作笔录，并由被害人确认笔录内容后签字。

2. 收集证据

作为刑事附带民事诉讼的代理律师，其主要职责是收集涉及被害人因犯罪行为而遭受经济损失的证据，包括被害人本人的正常收入，因犯罪行为而导致收入减少或丧失；医疗救治的相关费用；被害人抚养或赡养人员的情况；被告人的支付能力等，以作为请求民事赔偿的依据。关于刑事附带民事诉讼的民事赔偿范围及标准，可参照《最高人民法院关于人身损害赔偿若干问题的解释》中的相关规定。同时，如何收集证据及证据类型可借鉴律师民事诉讼实务中的相关内容。

另外，一般而言，指控犯罪由公诉机关进行，作为被害人代理律师不需要对犯罪方面进行调查取证，但若律师通过与被害人会见及其他方式获知犯罪嫌疑人犯罪，而公诉机关尚未掌握相关证据，可以自行调查收集或者申请人民检察院调查取证。

三、参加法庭审理

代理律师参加法庭刑事诉讼，其在法庭审理中的具体工作包括：

1. 法庭调查阶段，律师主要是陈述案件事实，并提交相关证据证明被害人因被告人的犯罪行为而遭受经济损失，并提出具体的赔偿请求和计算依据。

2. 法庭辩论阶段，代理律师辩论的侧重点应当在被害人损失的索赔及其法律依据，同时还须论及：（1）对被告人犯罪事实的定性发表意见及其法律依据；（2）对被告人的刑事处罚建议及其法律依据；（3）犯罪行为的危害结果及社会影响。对于被告人犯罪指控的相关论述可简单略写，因为很多公诉人都已经论述，无须过多重复。

四、律师的其他工作

1. 制作代理词

关于撰写代理词的要求等在此不再赘述，可以结合民事代理词、辩护词进行制作。(刑事附带民事代理词，参见章后“示例文书五”)

2. 提起抗诉

被害人及其法定代理人若对一审判决不服，代理律师可协助或代理其请求人民检察院抗诉。公诉案件进入二审程序后，代理律师的工作参照一审的相关内容。

示例文书一：

取保候审申请书

申请人：××律师事务所 ××律师

地址：××

联系电话：××

申请事项：为犯罪嫌疑人×××申请取保候审

申请理由：××

犯罪嫌疑人×××因涉嫌××罪一案，于××××年×月×日被××公安局执行刑事拘留。受犯罪嫌疑人×××的母亲的委托，××律师事务所担任×××的律师，为其提供法律帮助。依照我国刑事法律的相关规定和亲属的委托，特申请对×××变更强制措施，改为取保候审，其保证人是×××的母亲，也可以按贵机关的要求交纳一定数额的保证金。取保候审的具体理由如下：

1. 对×××取保候审不致发生社会危险性

……

2. 对×××取保候审，符合刑事法律中蕴涵的人道主义原则。

……

综上所述，对犯罪嫌疑人×××取保候审，符合《刑事诉讼法》有关取保候审的规定，也符合人道主义原则。

基于以上理由，申请人认为：对犯罪嫌疑人×××取保候审是合法、合理和合情的，请侦查机关予以批准。如果侦查机关批准对×××取保候审，律师将告诫嫌疑人遵守取保候审的相关规定，随传随到，告诫保证人认真履行监督和报告义务，积极配合侦查机关侦办案件。

此致

××公安局

申请人：×××

律　师：×××

××××年×月×日

示例文书二：

一审辩护词

审判长、审判员：

××律师事务所依法接受本案被告人杨××之父的委托，指派我担任杨××的一审辩护人。接受委托后，我仔细查阅了全部案件材料，并会见了被告人，今天又参加了法庭调查。经过认真的调查和严密的分析，我对本案的案件事实已有充分的了解。根据事实和法律，提出证明被告人无罪、罪轻或减轻、免除其刑事责任的资料和意见，维护被告人的合法权益，这是辩护人的当然职责。在今天庭审中，被告人杨××再次作出无罪供述和辩解。纵观本案，本辩护人认为，起诉书指控被告人杨××涉嫌××罪，其事实不清，证据不足，依法应对被告人杨××作无罪处理。现依法发表如下辩护意见：

一、公诉机关出示的证据不能充分证明……

二、被告人杨××的行为不应认定为××

……

三、结合事实和法律，对被告杨××应作无罪处理

……

综上所述，应当从我国刑法无罪推定的立法思想出发，严格执行《中华人民共和国刑事诉讼法》第四十六条、第一百六十二条第三款的规定，作出被告人杨××无罪的公正判决。

辩护人：×××

××××年×月×日

示例文书三：

刑事上诉状

上诉人（原审被告人）：×××，男，××××年×月×日出生，汉族，住××，现羁押于××看守所。

上诉人因涉嫌××罪一案，不服××人民法院（2012）×刑初字第××号刑事判决书，现提出上诉。

上诉请求：××

请求撤销××人民法院（2012）×刑初字第××号刑事判决书对上诉人的判决，依法予以改判。

上诉理由：××

本案一审判决认定上诉人×××的行为构成××罪，证据不足。理由如下：

第一，……

第二，……

综上所述，一审法院认定，上诉人×××的行为构成××罪，该认定仅有被害人的陈述，没有其他证据相佐证。根据法律规定，仅凭被害人陈述而没有其他证据形成完整的证据链，不能对上诉人以××罪定罪量刑。因此一审法院认定上诉人×××，构成××罪，证据不足，适用法律错误，依法应当予以改判。请求二审法院查明事实，撤销原判，对上诉人正确地定罪、量刑，以维护上诉人的合法权益。

此致

××市中级人民法院

上诉人：×××

××××年×月×日

示例文书四：

刑事附带民事诉状

原告人：王××，男，汉族，××××年×月×日出生，住××。

被告人：程××，男，汉族，××××年×月×日出生，住××，现被××公安局监视居住。

诉讼请求：

1. 被告人犯故意伤害罪，请求依法追究其刑事责任。

2. 依法判令被告人赔偿原告医疗费、护理费、误工费、营养费、住院伙食补助费、残疾赔偿金、鉴定费、精神损害抚慰金、交通费等共计×××元。

事实和理由：

……

被告人程××无视法律，故意伤害他人身体，致一人死亡、一人重伤，其行为已构成故意伤害罪；同时被告人的犯罪行为给原告造成了一定的物质损失和精神伤害，因此，特向贵院提起刑事附带民事诉讼，请求依法公正裁决。

此致

××人民法院

具状人：×××

××××年×月×日

示例文书五：

刑事附带民事代理词

尊敬的审判长、审判员：

××律师事务所接受原告人郭××的委托，指派我担任其刑事附带民事诉讼故意伤害人身损害赔偿一案的诉讼代理人，经过今天的法庭审理，对本案有了一个比较清楚的认识。现根据事实和有关法律的规定提出以下几点代理意见，望合议庭在评审该案时参考采纳：

一、关于刑事部分。代理人赞同××人民检察院公诉人代表国家对本案被告人郭××所作的公诉意见。现就以下几点作补充发言：

1. ……

2. ……

3. ……

二、关于民事部分。被告人郭××的犯罪行为，不仅给受害人带来身体上的伤害，而且造成心理无法弥补的精神创伤。根据《最高人民法院关于审理损害赔偿案件适用法律若干问题的解释》及《侵权责任法》的相关规定，被告人应当赔偿原告的各项损失总额为×××××元。具体各项损失详见赔偿清单。

关于精神损害赔偿问题。根据《侵权责任法》第四条之规定，侵权人因同一行为应当承担行政责任或刑事责任的，不影响依法承担侵权责任。……

综上所述，本代理人认为本案事实清楚，证据确实充分，被告人的行为已构成故意伤害罪，根据最高人民法院及省高级人民法院量刑指导意见相关规定，建议对被告人判处××。同时其行为已经侵害原告人的合法权益，被告人除依法承担刑事责任外，还应向原告承担民事赔偿责任。同时代理人也希望原被告在法官的主持下达成和解。以上代理意见，敬请合议庭合议时予以充分考虑并采纳。

代理人：××律师

××××年×月×日

第二章　律师民事诉讼实务

相较于其他的权利救济与保障机制，民事诉讼是对社会主体私权利最终也是最具示范性的保护，它以国家强制力的方式，通过法定程序，将法律正义从制度规范形态转化为社会现实。然而，长期以来，民事诉讼法领域却忽视了对于民事诉讼业务价值的分析和解读。①

可以说，民事诉讼业务是律师最常见的业务之一，但在律师执业过程中，也会在实体法方面、程序法方面抑或实际操作中出现一些问题，从而对当事人合法权益的维护产生消极影响。为减少律师在民事诉讼业务中的失误，保证律师法律服务质量，必须熟练掌握和运用民事诉讼业务各阶段的基本技能。

第一节　接收案件阶段的律师实务

通过接受民事诉讼案件当事人咨询，进而与其确立委托代理关系，是律师介入当事人启动的民事诉讼程序的第一步，也是律师依法行使诉讼代理职权的依据。但在此阶段，律师的工作并非简单地与当事人签订委托代理合同，而是涉及方方面面的工作，且每项工作都有其具体的要求和目的。

一、接待当事人

如何接待当事人，是律师执业中最基本也是至关重要的一课。所谓接待当事人，就是与当事人面对面地交流和沟通，为当事人解答法律咨询与疑惑，取得当事人的信任，进而建立委托代理关系，接待当事人的重要性也就在于此。

(一) 律师会见礼仪

培根讲，礼仪可以使人亲善。律师行业本就是法律服务行业，是一个需要经常与当事人打交道的职业，所以必须讲究一些礼仪。

---

① 参见肖建国:《民事诉讼程序价值论》，中国人民大学出版社2000年版，第10页。

首先，注重仪表。以貌取人是人的惯性，虽然长相天生，但衣着可以由自己决定。作为法律正义的代表，当事人合法权益的维护者，首先从仪表上必须得体。因此，在与当事人接触时，着装必须得体，一般要求着西服，从仪表上必须给人专业、稳重的印象。

其次，谈吐得当。律师在执业过程中将会接触到形形色色的当事人，他们的文化教育背景都存在着差异，因此律师在面对当事人时不仅要表现得不卑不亢，还要针对不同的当事人采取不同的语言表达方式。因此在会见当事人时，谈吐得当、交流中充满智慧和才情，方能赢得当事人的尊重和信任。

（二）律师会见技巧

如何在简短的咨询与解答中获得当事人信任，进而与之建立委托关系，这是律师在执业过程中必备的一项技能，因而也就要求律师注重接待当事人过程中的方方面面，尤其是解答当事人咨询。

1. 善于倾听当事人陈述

倾听是律师以关注、关心的态度，鼓励当事人积极地叙说案件事实和自己的认识，并引导当事人按照一定线索表达清楚的技巧。因此，倾听当事人陈述是一个律师与当事人互动的过程，也是解答法律咨询的前提和基础。

同时，律师在倾听当事人陈述时，应从当事人冗长而杂乱的叙述中，抓住案件的关键信息，并记录下来。根据当事人的陈述，律师应提炼出如下信息：所发生纠纷的事实基本情况；相应证据和证人的情况；当事人与对方当事人的关系；当事人的诉讼心理；当事人的基本情况，等等。

2. 有针对性地提问

当事人没有律师那般的法律专业素养，他们的述说可能会遗漏或忽略一些重要的法律事实，或者对自己有利的说得多，对自己不利的说得少或者干脆隐瞒不说，所以律师应当主动发问，让当事人来回答。这就要求律师结合案情，围绕案件本身，对一些疏漏的重要信息进行提问及追问。同时，律师必须对得到的信息进行取舍，剔除那些与本案无关的信息，将余下有用的信息进行梳理、归纳，然后用精炼的语言概括性表达获得的信息。最后，律师必须要求当事人确认律师所概括的案件信息就是其表达的信息。这样，既可以明确律师与当事人之间的权利义务关系，又能比较好地维护律师自身的权益。

通过律师对案件信息的概括及当事人的确认，涉案纠纷的基本事实便可确定。此时，律师便须提醒当事人案件事实是否有证据佐证。实践中，存在大量举证不能或者当事人提供的事实本身就是虚假的情形。此时，要求律师审阅来访者带来的证据、资料等有关的书面材料，以证实询问者的叙述有无根据。律师切忌“先入为主”，看到当事人振振有辞或悲伤落泪就断定他“确实有理”。通过审查证据或询问当事人其陈述的事实是否有证据佐证，不仅可以证实案件信息的真实性，同时也为律师之后的解答作了铺垫。

3. 答疑解惑

解答咨询是律师在此阶段的工作核心，也是赢得当事人信任的关键。它要求，律师根据当事人提供的信息及诉讼要求，明确当事人当前的处境，分析诉讼风险、解读案件涉及的法律法规，然后提供一套可行的救济方案，以帮助当事人作出决定。律师在对案情有了充分了解后，有必要给当事人做一个法律上的判断、分析。但在解答当事人咨询时切忌啰嗦，应当抓住案件的核心问题。

第一，解答当事人咨询的内容。律师解答法律咨询，应根据案件类型围绕以下几方面进行：(1) 分析案件的性质，根据交流与沟通阶段了解的案件事实，准确定位纠纷案件的性质，如离婚纠纷、劳动争议纠纷、人身损害赔偿纠纷。(2) 解读案件涉及的实体法律及司法解释。(3) 救济途径的分析。诉讼并非是解决任何纠纷的唯一途径，能通过其他成本更小的途径解决，不妨建议当事人通过其他途径解决。(4) 诉讼风险分析，律师要向当事人解释其在诉讼中应负的举证责任，即应当准备哪些证据证明自己所述事实，如果举证不能，将承担败诉的不利法律后果。(5) 诉讼成本分析，涉及诉讼时间和金钱成本。一般案件从提起诉讼到判决书下达，一审普通程序为 6 个月，简易程序为 3 个月。如遇公告或者司法鉴定，所需要的时间更长，这些诉讼成本也需要考虑。

第二，解答法律咨询应掌握尺度，对当事人咨询的问题仅作原则性答复。作为律师，解答当事人的法律咨询既要诚实中肯，又要适度，具体来说，要注意以下几点：(1) 多进行案件实体方面分析，少谈及程序。当下，了解法律规范的途径很方便，当事人也能自我理解，但程序方面的东西很难通过书本理解、掌握。(2) 指出案件所面临的困难和风险，切忌作出所谓承诺、保证胜诉之类。只要分析和解释准确，提出的救济途径可行，当事人就会产生好感，从而为接下来成功建立委托关系奠定基础。

第三，律师解答咨询时应遵循的原则。一是以事实为根据，以法律为准绳。一定要在准确、全面和深入了解客观事实和分析适用法律知识的基础上，客观、公正地表达自己的法律意见和建议。二是最大限度地维护当事人的合法权益。在进行法律咨询时，凡是涉及当事人合法权益的，律师都应着重强调，并尽可能提出有利的可操作性的建议。当然对于不利于当事人的问题，律师也不能隐瞒、回避；相反，应当在可能的范围内提出尽可能好的方案。

二、建立委托关系

通过上面的交流与沟通，一方面，当事人对涉及自身的案件有了法律方面的了解；另一方面，对为其提供法律咨询服务的律师有了认同，若当事人有委托意向的，应引导当事人与律师事务所建立委托代理关系，在办理委托代理关系阶段有如下工作：

（一）代理费的洽谈

律师的工作为一种有偿服务，在市场经济的环境下，一定程度上具有商品的特征，是具有价值的。① 因而律师为当事人提供法律师服务并收取相应报酬，这是律师价值的体现。当下，我国律师收费制度及形成正逐步走向规范化，但洽谈代理费却成了律师公认最头疼的事情。尤其在法律服务市场竞争激烈的情况下，代理费的洽谈尤为艰难。

代理费的收取标准不仅因地而异，还因人而异、因事而异。根据《律师服务收费管理办法》的规定，律师服务收费实行政府指导价和市场调节价。实行市场调节的律师服务费，由律师事务所与委托人协商确定。

律师在确定代理费时应综合考虑相关因素，如案件需要耗费的工作时间、案件的难易程度、当事人的承受能力，等等。在实践中，律师收费最常用的方式为按件收费和按标的额比例收费，按件收费主要适用于不涉及财产关系的民事案件，按标的额比例收费主要适用于涉及财产关系的民事案件。

另外，在风险代理中，律师代理费收取有别于一般代理。风险代理，是指当事人在委托律师事务所代理法律事务时，事先不支付法律服务费，在委托的法律事务达到约定的目标之后，当事人按委托代理合同约定的一定比例向律师事务所支付法律服务费；反之，则不向律师事务所支付法律服务费。风险代理的收费方式，将律师的法律服务结果与律师的收费相挂钩，将当事人的利益与律师的利益相关联，体现了律师法律服务效果与律师收费之间的内在联系。实践中，律师的风险收费一般比同类法律事务的非风险收费要高，属于高风险高收益，常见的风险代理费是标的额的10%，甚至更高。但它也存在弊病，主要是当案件胜诉或者达到预期诉讼目的，当事人认为律师收费太高而不按委托

① 中华全国律师协会编：《律师执业基本素养》，北京大学出版社2009年版，第7页。

代理合同的约定支付代理费，从而产生纠纷。因此，面对风险代理的案件，应谨慎。

（二）办理委托手续

在与当事人就代理费事宜洽谈一致时，就应当引导当事人与律师事务所办理委托代理手续。根据《律师法》第25条的规定，律师承办业务，由律师事务所统一接受委托，与委托人签订书面委托合同。律师事务所接受当事人委托，必须办理以下手续：一是律师事务所与当事人签署《委托代理协议》①；二是当事人签署《授权委托书》。

1. 委托代理协议

委托代理，是指代理人依据被代理人的委托，以被代理人的名义实施的民事法律行为。委托代理的效力，直接归属于被代理人。委托代理协议，又称委托代理合同，是指当事人与律师事务所签订的由律师事务所代理，以当事人的名义进行诉讼活动，并确定当事人与律师事务所权利义务的合同。（文书式样参见章后“文书示例一”）

2. 授权委托书

授权委托书，是指委托他人代表自己行使权利，受托人在行使权利时需出具委托人的法律文书。律师代为立案、参加法庭审理等诉讼活动，都必须有当事人签署的授权委托书，以证明其介入民事诉讼活动的合法性。因而，由当事人亲笔签署的授权委托书，对律师而言非常重要。一般要求当事人签署两份授权委托书，一份提交人民法院，一份由律师保存，以备结案后立卷之需。

（三）制作谈话笔录

律师应将制作接待当事人谈话笔录，作为律师接收案件中的一项重要的常规工作。谈话笔录能完整、真实地反映律师接待当事人的全过程，因此能对律师起到一定的保护作用。由于律师在实践中将会接待形形色色的人，且当事人普遍对诉讼期望值过高，在倾听律师解答时只注意对其有利的，而有意识地忽略律师的诉讼风险分析，抑或当事人对所谓“胜诉”的理解与律师并不一致，于是在面对不利于自身的判决结果时常常表示不理解。所以，有些当事人可能会在结案后，认为律师未在其诉讼中尽责，或者指责律师当初为了与其建立委

---

① 《委托代理协议》在部分著作中也被称为《委托代理合同》，应当说其含义是一样的。参见胡志民主编：《律师制度与实务》，华东理工大学出版社2013年版，第196页。

托代理关系而未示明诉讼风险，存在欺骗，更甚者可能会要求退还代理费，此时，一份谈话笔录就能"挽救"律师于当事人的纠缠之中。

谈话笔录主要记录简要的案情、律师对案件的解答、对案件诉讼风险的分析等律师接待当事人的相关情况。律师在接受咨询时，应当记录案件的重点信息，并在咨询结束后制作谈话笔录，最后由当事人在笔录上签字。若当事人拒绝在谈话笔录上签字，应当视为委托代理不能。

第二节　代理起诉阶段的律师实务

作为一名职业律师，应当具备律师职业素养和职业技能。在接受当事人的委托代理后，无论是在实体法及程序法上的掌握，还是在诉讼法律文书方面，均应力争无懈可击。作为主张权利的起点，民事诉状的撰写至关重要，一旦诉状存在缺陷就会陷入被动，甚至败诉。但撰写民事诉状只是代理提起诉讼工作中的一部分，还需要审查诉讼时效、证据，弄清楚是否申请财产保全等，否则将无法维护当事人的合法权益。

一、撰写民事诉状

（一）民事诉状的基本格式

起诉权是民事权利主体享有的一项重要诉讼权利，而民事诉状是当事人实现起诉权的起点，是民事诉讼中至关重要的法律文书，它不仅可以直接启动民事诉讼，而且担负着向法院以及对方当事人提供诸多信息的功能。可以说，诉状的记载，为以后铺开的诉讼程序提供了重要指针。①

民事诉状由首部、正文和尾部三个部分组成。其中，正文是民事诉状的重要部分，包括诉讼请求、事实与理由、证据及其来源。

诉讼请求，是民事案件当事人通过法院向对方当事人主张权利的外在表现形式，应当明确、具体，且合理合法。如合同纠纷中，应明确表达为"请求法院判令被告支付合同违约金××元"。

事实与理由，是民事案件当事人请求法院支持其诉讼请求的重要依据，是民事诉状的核心部分。着重写明原、被告之间的民事法律关系及其发生纠纷事

① 参见段文波：《美日民事诉状比较及借鉴》，载《国家检察官学院学报》2012年第2期。

项的基本情况，并阐明纠纷事项的权益性质、危害后果及被告应承担的民事责任，意在说明原告所提起诉讼请求的真实、合法及合理性。

证据及其来源，应当在事实与理由之后逐个列举。通常证人的说明列于其他证据之后，并写清证人的姓名、住址。

(二) 撰写民事诉状的注意事项

1. 确定合理的诉讼请求

诉讼请求是原告所主张权利的具体表现。作为原告的律师，将原告的请求具体化、合理化、合法化是撰写民事诉状的重要技能，也是今后民事诉讼程序顺利进行的保证，乃至为最终取得胜诉打下的重要基础。

从律师实践出发，确定合理的诉讼请求应考虑以下因素：(1) 当事人的要求。作为一名律师，应当意识到，民事诉讼本身就是当事人为维护自身合法权益而发起的司法救济程序，所以律师在以规范的法律术语明确诉讼请求时，首先考虑的应当是当事人的要求。(2) 法律规范的限制。律师在明确诉讼请求时，应注意当事人提出的要求是否符合法律规定，如要求承担责任的方式是否符合法律的规定等。(3) 当事人所提供的证据材料。当事人所能提供的证据材料，直接决定了律师将采取的诉讼方式和策略。如违约与侵权相竞合时，就涉及选择违约之诉还是侵权之诉。一般而言，违约之诉的举证难度低于侵权之诉，但选择侵权之诉获得的赔偿金额可能更高，这时就要根据掌握的证据材料合理确定。

综上所述，律师应在结合上述因素的基础上，为当事人确定一个合理的诉讼请求，尤其是一个合理的诉讼请求数额，以减少诉讼成本尤其是诉讼费用。① 依据《诉讼费用交纳办法》第 13 条的规定，针对不同的诉讼请求，其收费依据有所不同，如涉及财产的案件，是根据诉讼请求的数额按不同比例收取诉讼费用。

2. 选择适格的被告

被告是否适格，是民事诉讼当事人适格问题的一个组成部分。适格的被告，是指具体的案件中具有资格应诉的自然人或者法人、其他组织。一般意义上讲，判断被告是否适格，应以被告是否为所争议的民事法律关系的主体为标准。律师如何确定一个适格的被告，关系到当事人的合法权益能否得到最大限

---

① 依据《诉讼费用交纳办法》第 13 条的规定，针对不同的诉讼请求，其收费依据有所不同，如涉及财产的案件，是根据诉讼请求的数额按不同比例收取诉讼费用。

度的维护。若是律师确定的被告不适格，将直接导致案件败诉，因此选择适格的被告在撰写民事诉状时尤为重要。

首先，被告必须明确。《民事诉讼法》第 119 条第（2）项指出，起诉必须有明确的被告。从诉讼实践来看，这里的“明确”主要是指姓名或名称的一致性，即被告是自然人的，其姓名应与公安部门登记的姓名一致；被告是法人或者其他组织的，其名称应与工商部门或者其登记管理机构登记的名称完全一致。如若被告姓名或名称不一致，将导致原告民事诉状中的被告与原告所主张权利义务指向的义务人不一致，使得原告最终不得不撤诉、另行起诉或者被人民法院驳回诉讼请求。

其次，被告必须是原告主张权利所指向的义务人。被告是指原告声称侵犯其民事权益或者与原告发生争议，而被人民法院通知应诉的人。① 换而言之，适格的被告应是原告所主张权利对应的义务人，因而被告有义务向原告履行义务，承担相应的民事责任。作为原告的代理律师应在撰写民事诉状时，根据原告提供的信息和证据材料，分析发生纠纷中存在的民事法律关系，由此确定适格的被告。

另外，应注意将所有适格的被告都列于民事诉状之上，以免因漏列被告而无法使原告的合法权益得到最大限度的保护。比如交通事故人身损害赔偿纠纷案件，肇事车辆的所有人、实际使用人、挂靠单位、交强险和商业险的保险人等都应列为被告。

二、申请财产保全

财产保全，是指人民法院为保证将来生效判决能切实执行，或者为了及时有效避免当事人或者利害关系人的合法权益受到难以弥补的损害，在诉讼过程中或者诉讼开始前，根据当事人或者利害关系人的申请，或者必要时依职权对当事人争议的财产或者与本案有关的财产采取强制性保护措施的法律制度。② 财产保全适用具有财产给付内容的案件，分为诉前财产保全和诉讼财产保全。

首先，应当注意财产保全的必要性，即审查是否需要申请财产保全。财产保全是人民法院判决得以顺利实施的保障，同时也是诉讼当事人合法权益得以最大限度维护的保证。诉讼前或者诉讼中，可能会发生一方当事人隐匿、转移财产等行为，或者其他使判决不能执行的行为。如在交通事故人身损害赔偿纠

① 宋新武主编：《民事诉讼法学》，中国政法大学出版社 2008 年版，第 116 页。

② 宋新武主编：《民事诉讼法学》，中国政法大学出版社 2008 年版，第 252 页。

纷中，肇事车辆因交通事故被交警扣押，但最长只能扣押30天，而一起交通事故人身损害赔偿纠纷从立案到结案需要历经3至6个月。另外，此类案件也不可能在交通事故发生之初就提起诉讼，因为此时原告方的损害无法确定。作为原告的代理律师，就应及时提醒原告申请财产保全查封、扣押事故车辆，以保证人民法院生效判决得以执行。

其次，须分析财产保全的合理性，即合理确定财产保全的范围。财产保全的期限具有不确定性，一般是从法院裁定采取保全措施之日至案件审理终结之日止；诉讼案件的审理结果也不确定，有的案件可能因某种原因完全败诉，有的案件可能判决确定的数额低于诉讼请求确定的数额。因为当事人申请的财产保全错误，从而使被申请人的财产遭受损失，此时申请人将不得不承担错误的财产保全措施的不利后果。虽然为诉讼财产保全提供担保不是必须的，但从司法实践来看，人民法院基本上不会在当事人未提供担保的情况下，即裁定采取财产保全措施，一般要求申请人提供相当于请求保全财产数额的担保财产。一旦发生财产保全错误，为申请财产保全而提供的担保财产将会作为赔偿被申请人损失之用。因此，申请财产保全并非无风险，作为申请人的律师，应当为其确定合理的财产保全数额或财产保全财产，以避免给申请人造成不应有的损失。

三、立案

律师之前的工作都是为立案服务的，只有案件被人民法院受理，才能正式启动民事诉讼程序。因此，律师在完成相关准备工作后，应及时前往人民法院立案。

（一）立案应提交的文书材料

从目前的司法实践来看，虽然各地法院对原告立案时须提供的材料要求存在一定的差异，但大致要求提供以下几种文书材料；至于各地法院的具体要求，应结合当地实际进行准备。

（1）民事诉状。在民事诉讼立案时，原告应当提交由其本人签名或盖章的民事诉状正本一份，并按对方当事人的人数提交诉状副本。

（2）原告主体资格证明。如原告为自然人的，应提交身份证复印件；原告为法人的，应提交营业执照副本复印件。

（3）代理资格证明。若律师代理原告提起民事诉讼，还须提供由原告签署的授权委托书及律师事务所公函。

（4）证据。在立案时应如何提交证据，各地法院的要求略有不同。

法院一般并不要求提供全部的证据材料，只须提供的证据满足立案要求即可，尤其是在基层法院。

（二）缴纳诉讼费用

根据《人民法院诉讼收费办法》第20条的规定，案件受理费由原告、有独立请求权的第三人、上诉人预交。被告提起反诉，依照本办法规定需要交纳案件受理费的，由被告预交。由此可见，案件受理费实行原告预交制。案件审结后，诉讼费用由败诉方负担，胜诉方自愿承担的除外。因此，律师在立案时，应及时缴纳案件受理费，否则将会按原告撤诉处理。

当事人缴纳诉讼费用确有困难的，可以依照以上办法向人民法院申请缓交、减交或者免交诉讼费用的司法救助。

第三节　应诉答辩中的律师工作

当被告接到人民法院送达的民事诉状副本及应诉通知书后，便会因此咨询律师，寻求解决之道。若双方就此建立了委托代理关系，律师同样需要理顺争议纠纷的来龙去脉及纠纷所涉及的法律问题，结合原告所提供的证据，分析争议存在的事实及法律缺陷，进而确立应诉策略。在应诉答辩阶段，律师的主要工作有提交答辩状、提出反诉、管辖权异议及收集证据等。

一、撰写民事答辩状

根据《民事诉讼法》第125条第1款的规定，“被告在收到起诉状副本之日起15日内提出答辩状”。所谓答辩状，是指在法定期限内，被告、被上诉人针对原告或上诉人在民事诉状或上诉状中提出的事实与理由、诉讼请求，进行回答和辩驳，阐述本方当事人的主张和根据的书面法律文书。被告在法定的答辩期限内，不提交答辩状的，并不影响人民法院案件的审理。

在实践中，一般不会在答辩期内提交答辩状，而是在开庭审理时当庭提交。但作为被告委托的代理律师，应当撰写一份书面答辩状。对当事人而言，体现了律师对案件的尽心尽力；对法官而言，一份精彩的答辩状体现了律师的执业水平，从而赢得法官的青睐。因而提供一份完整的书面答辩意见十分重要。（文书式样参见章后“文书示例三”）

（一）民事答辩状的基本格式

民事答辩状由首部、答辩的事实与理由和尾部三部分组成。其中答辩的事实与理由是民事答辩状的主体部分，也是关键部分，主要写明答辩理由和答辩人的主张；答辩理由则从事实部分和法律方面进行辩解。

（二）撰写民事答辩状的注意事项

答辩是当事人一项重要的权利。通过答辩，当事人不仅可以向法庭表达自己的诉讼主张，还能对对方当事人的诉求进行有力的反驳，从而实现维护自身权益的目的。因此，答辩状的书写不仅非常重要，还应掌握要点。

1. 注重诉讼时效的答辩

诉讼时效，是指权利人要求人民法院依强制程序保护其合法权益，而提起诉讼的法定有效期限。根据法律规定，原告的起诉超过诉讼时效的，对其诉讼请求人民法院不予支持。因此，当事人丧失的仅是胜诉权，并非起诉权；所以人民法院并不主动援引诉讼时效的规定，需要被告引用诉讼时效，对原告的诉求进行反驳，请求人民法院据此驳回原告的诉讼请求。因此，如果能够从诉讼时效的角度反驳对方，将大大简化诉讼进程，实现被告的诉讼目的。在司法实践中，作为被告的律师，应当充分理解和灵活应用诉讼时效的相关规定，发表有针对性的答辩意见。

2. 答辩观点应鲜明、语言简练

在案件的开庭审理过程中，律师为了尽可能表达自己的观点，可能会在答辩时长篇大论，这种行为往往无法得到法官的认可，反而可能会引起法官的反感。一方面，应当开门见山地表达自己对案件事实的答辩观点，并以简单明确的方式体现于答辩状中，同时注意将答辩观点以一定的逻辑顺序排列，以求法官能理解己方在答辩状所要表达的意思。另一方面，简练地表达其对法律适用的观点。法官也是具有高度法律修养和司法审判经验的专业人士，如果答辩说理部分需要引用和阐释法律规定，应当对其进行提炼及阐明基本含义。

二、提出反诉

反诉，是指在诉讼进行过程中，本诉的被告为了维护自己的合法权益，向法院提出的针对原告的、与本诉的诉讼标的和诉讼理由有牵连的、独立的诉讼请求。① 简而言之，就是在民事诉讼中，被告认为原告也存在侵害被告合法权益的事实，也向法院提起诉讼请求，要求法院一并处理，这就是反诉。反诉状则是被告向人民法院提出反诉请求的书面法律文书。它是法律赋予被告的、与原告起诉权类似的一种诉讼权利。

根据民事诉讼法的规定，反诉可以合并审理。反诉在本诉审理过程中提出，与本诉具有牵连关系，人民法院将反诉与本诉合并审理，不仅有效地维护被告的合法权益，也能节约诉讼成本和司法资源。另外，根据诉讼费用交纳办法的规定，被告提出反诉，人民法院决定合并审理的，减半交纳案件受理费。

《最高人民法院关于民事诉讼证据的若干规定》中规定，反诉应在举证期限届满前提出。提出反诉的形式，可以书面形式提出，也可以口头提出；可以反诉状的形式提出，也可以在答辩状中提出。

三、提出管辖权异议

管辖权异议，是指人民法院受理案件后，当事人依法提出该人民法院对本案无管辖权的主张和意见。《民事诉讼法》第127条规定，当事人对管辖权有异议的，应当在提交答辩状期间提出。管辖权异议是当事人一项重要的诉讼权利，是作为民事诉讼主管或管辖不当的救济制度，对保障当事人诉讼地位平等具有重要意义。因此，作为代理律师，应当在必要时积极为当事人申请管辖权异议。

人民法院立案阶段的审查，仅针对立案提供的材料进行形式审查，难免与事实出现偏差，极有可能发生受诉法院无管辖权的情况。比如合同纠纷，法律规定的管辖法院，为被告住所地或者合同履行地人民法院，虽然从法律条文的字面上来看，似乎非常简单，但是合同履行地并非如此容易确定。因此实践中，拥有合法管辖权的人民法院却并不容易确定，而且原告就自身诉讼利益考虑，会选择有利于自身的受诉法院。因此，管辖权异议是对受诉法院拥有合法管辖权的质疑。

四、提交证据

人民法院认定的案件事实，是其据以判决的基本依据，而影响法院认定

① 参见胡志民主编：《律师制度与实务》，华东理工大学出版社2013年版，第202页。

事实的基本依据是证据。因此，收集证据是律师从事诉讼代理的基础性工作。作为被诉方为证明自己的答辩，反驳对方主张成立，以达到辩驳、抵消原告诉讼请求的目的，就必须用证据说话。因此，被诉方充分提交证据至关重要。根据《民事诉讼法》第 65 条的规定，当事人对自己提出的主张应当及时提供证据。同时，当事人在举证期限内不提交证据材料的，视为放弃举证的权利，当事人逾期提交证据材料的，法院不组织质证，但对方当事人同意质证的除外。

第四节　一审审前准备工作

古人云："凡事预则立，不预则废。"律师在开庭时的精彩表现，源于庭前的精心准备。一审审理是对律师前期工作成果的检验，也是对律师法律功底的检验。但要在庭审中成功地发挥自己的业务水平，不仅需要扎实的知识功底，还需要认真的庭审前准备；只有如此，才能在庭审中胸有成竹、应对自如。自起诉或者应诉答辩后，直到案件开庭审理，当事人及其代理律师会有至少一个月的时间来为开庭审理做准备，此阶段工作的充分与否直接决定着诉讼的成败。因此，一审前的准备工作对律师来说尤为重要。

一、举证责任

举证责任又称证明责任，在形式意义上，是指当事人对自己提出的主张有提供证据进行证明的责任；在实质意义上，则指当法庭辩论终结后，作为裁判基础的法律要件事实处于真伪不明的状态时，要承担诉讼上不利的后果。举证责任最早可以追溯至古罗马时代，在"谁主张、谁举证"基础上经历了很大的发展。① 根据我国法律规定，当事人对自己提出的诉讼请求所依据的事实，或者反驳对方诉讼请求所依据的事实，有责任提供证据加以证明，否则由负有举证责任的当事人承担不利后果。因此，我国民事诉讼分配举证责任的一般原则为"谁主张，谁举证"。但基于正义和公平的法律精神，以及在某些类型案件中遵循"谁主张，谁举证"未免强人所难——如医疗纠纷中由原告承担证明医疗机构存在过错，因此法律对"谁主张，谁举证"原则进行了补充，规定了特殊侵权纠纷中的举证责任倒置。

举证责任倒置，是指对方当事人提出的权利主张，由否定其主张成立的对

---

① 参见汤维建：《民事证据立法的理论立场》，北京大学出版社 2008 年版，第 30 页。

方当事人承担举证责任的一种证明责任的分配形式。但要注意，并非举证责任完全倒置，也即免除权利主张人的所有举证责任。①

根据《最高人民法院关于民事诉讼证据的若干规定》，共有八类侵权纠纷实行举证责任倒置，具体包括：(1) 新产品制造方法发明专利引起的侵权纠纷；(2) 高度危险作业致人损害的侵权纠纷；(3) 环境污染引起的损害赔偿纠纷；(4) 建筑物及其地上物致人损害的侵权纠纷；(5) 饲养的动物致人损害的侵权纠纷；(6) 缺陷产品致人损害的侵权纠纷；(7) 共同危险行为致人损害的侵权纠纷；(8) 医疗行为引起的侵权纠纷。

二、收集证据

民事诉讼当事人对自己提出的主张负有举证责任，否则将承担举证不能的后果。证据是人民法院认定案件事实并据以判决的基础，因此收集证据也就成为了律师在诉讼代理活动中的一项重要工作。《民事诉讼法》第 63 条规定，民事诉讼中的证据，包括当事人陈述、书证、物证、视听资料、电子数据、证人证言、鉴定意见、勘验笔录。实践中，证据的收集是一个蕴含实践经验与智慧的工作，要想成功掌握证据收集技巧，需要不断的实践历练和经验积累。

(一) 各类证据的收集

1. 物证、书证的收集

书证，是指能够根据其表达的思想和记载的内容查明案件真实情况的一切物品，一般以文字、符号、图形等表达其思想内容，如合同、借条等。物证，是指以物品和物品痕迹的存在状况、外部特征或者物质属性对案件起证明作用的实物证据。此类证据一般在诉讼发生时便已经存在且被诉讼当事人所掌握，因此律师应要求当事人自行提供，且提供原件、原物。

2. 视听资料的收集

视听资料，是指用录音、录像或者其他科学方法反映的形象和声音，以及电脑中存储的数据等来证明案件事实的证据，如录音、录像。对于该类证据，律师应要求当事人提供其原始载体。

3. 当事人陈述的收集

当事人陈述，是指诉讼当事人就他所知、理解的有关案件情况所作的陈

---

① 参见蒲一苇等：《民事诉讼法教程》，清华大学出版社、北京交通大学出版社 2013 年版，第 173 页。

述，其属于民事诉讼证据的一种。但当事人陈述同时兼具真实性与虚假性两种特征，真实性是指当事人因维护其合法权益而参与诉讼，使得我们有理由相信其陈述的案件情况是客观真实的；但是，正因为当事人与案件处理结果有利害关系，也就存在隐瞒对自己不利的案件情况或者夸大、编造对自己有利的事实和证据的可能，这就是当事人陈述的虚假性。因此，一般情况下，人民法院不会当然地确信当事人陈述的证据效力，还要结合当事人提供的其他证据来进行充分的分析和论证，审查确定当事人陈述是否能作为认定案件事实的依据。

收集当事人陈述的途径主要有：(1) 通过对己方委托人陈述情况的整理，进而制作成笔录的方式收集当事人陈述，但应慎重审查当事人陈述中是否有当事人自认的内容，以避免不利于当事人的诉讼风险；(2) 由民事诉状、答辩状或者证据中所呈现出的案件事实情况；(3) 开庭审理过程中，注意倾听庭审调查中当事人的言词，取得对方当事人的陈述，通过辨析和梳理形成证据使用。

4. 证人证言的收集

证人证言，是证人就其亲身感知的案件事实所作的陈述，是民事诉讼中最常见的一种证据，对诉讼起着至关重要的作用。虽然法律明确规定，证人应当出庭作证。但是，目前的诉讼实践中，存在着“证人出庭困难”、“证人出庭率低”的现象。在质证时，根据《最高人民法院关于民事诉讼证据的若干规定》，证人未出庭的，由提供证人的当事人承担举证不能的责任。因此，收集证人证言有着十分重要的意义，也是律师调查取证的基本手段。

一般情况下，律师向证人调查取证，是采用由证人亲笔书写证言的方式，并制作调查笔录。但为了增强证人证言的证明力，可以借助现代通信技术收集证人证言，比如以双向视听传输技术手段或者对收集证言的过程全程录音、录像，有助于全面反映证人作证的现场情况，有利于法庭审核判断证言，从而保障证言的真实性。

5. 鉴定意见的收集

鉴定意见，是指鉴定人运用专门知识，根据案件材料，对案件所涉及的专门性问题，进行分析鉴别所作出的结论。民事诉讼中的司法鉴定，一般由当事人自行申请和向法院申请进行鉴定两种。但在司法实践中，代理律师一般会对当事人自行鉴定的鉴定意见提出异议，而对于经向人民法院申请所作的鉴定意见提出异议的相对较少。因此，建议律师在诉讼中向法院申请鉴定，由法院组织双方协商鉴定机构或者法院指定鉴定机构。

6. 电子数据的收集

实践中，一般推荐采取公证方式对电子数据进行收集，如电子数据存在于电脑的网页、邮件中等，应由公证机关对证据采集过程进行事实公证，以强化证据效力，避免对方轻易否认证据。

另外，在实践中，存在当事人因某些客观原因不能自行调查取证的情况，此时当事人及其代理律师便可以申请人民法院调查取证。根据《最高人民法院关于民事诉讼证据的若干规定》第17条的规定，符合下列条件之一的，当事人及其诉讼代理人可以申请人民法院调查收集证据：(1) 申请调查收集的证据属于国家有关部门保存并须人民法院依职权调取的档案材料；(2) 涉及国家秘密、商业秘密、个人隐私的材料；(3) 当事人及其诉讼代理人确因客观原因不能自行收集的其他材料。由此可见，申请人民法院调查取证只有在特殊情况下才会被允许，因此当事人及代理律师应想办法自行收集证据。

(二) 收集证据的注意事项

1. 确定己方的举证范围

一般情况下，要遵循“谁主张，谁举证”的原则完成己方举证责任，但某些特殊的侵权纠纷实行举证责任倒置。因此，律师在收集证据前，应结合代理的案件与法律规定，分析自己对某些事项是否有举证的必要，确定己方的举证范围，然后根据确定的举证范围，尽力寻找相关的证据，以避免举证不能的不利后果。

2. 疑证不举

在完成收集证据的工作后，律师需要对收集的证据进行审查，其目的在于使收集到的证据能更好地服务于己方的诉讼。与前类似，审查的内容主要包括：审查证据是否符合证据的形式要件，如是否为原件、原物；审查是否存在不利于己方的证据，等等。举证的目的，是为了使己方证据得到法官的肯定与认可以及得到有利的判决结果。在诉讼实践中，一方面，对于收集的“似是而非”的证据，则在诉讼中应尽量少举或不举；另一方面，收集的证据中存在完全不利于己方的证据，对于此类证据应当剔除。

三、梳理目录或清单

开庭审理时，我们可能会因一些因素而忽略证据中的一些关键性问题，而影响举证、质证效果。另一方面，一些法庭可能并没有专业书记员，很可能无法完整地记录我们的举证、质证发言。因此，无论从哪个方面考虑，编写证据目录或质证提纲都十分必要。

在编写证据目录时，应当围绕当事人的诉讼请求及陈述的事实对证据进行分组、归类编号，按照“序号、证据名称、证据内容、证据来源、页码”的格式要求制作，而且要对证据目录中每一份证据的证明内容，进行详细表述和说明。质证提纲则主要是对对方提供的证据提出质疑，及法庭审理时需要向证人、对方当事人发问的问题，以否定他方证据的证明力。

此外，在一些涉及人身损害的赔偿案件中，如道路交通事故人身损害赔偿纠纷案件，原告请求的赔偿中包含多种项目，且每种的计算方式和标准都不一样，此时列出一张详细的赔偿清单并附加说明计算依据及标准，就显得十分必要了。这样既显示了律师的专业素养，又能得到当事人的认可，还将赢得法官的好感。

四、拟定诉讼策略

庭审过程就像航程，律师应当把要经过的路线描绘成一幅最佳的航海图。律师在代理民事诉讼时，可能代理原告，也可能代理被告或者第三人，代理不同的当事人应当有不同的代理思路及策略。律师拟定诉讼策略可以从以下几方面入手：

（一）梳理案件事实

诉讼策略的确定，与案件事实及相关证据密不可分。因此，律师首先应当对全部案件材料进行再梳理，分析本方和对方诉讼的优劣势，进而确定和预备对方可能出现的诉讼策略及我方的应对策略。

律师对案件的基本事实及经过进行梳理，具体的方法为：（1）摘录原告陈述的事实与理由；（2）被告答辩中所述的事实与理由；（3）根据双方的陈述，总结归纳原告、被告双方在本案中的争议焦点。通过对案件事实的梳理，律师便可确定一个基本的案件事实，了解对方的诉讼观点，进而为己方拟定诉讼策略做好事实准备。

（二）预测对方的诉讼策略

作为一名合格的律师，应当透过对方的证据和答辩状，预估其诉讼思路，具体应从如下方面入手：（1）对方证据与本案证据是否冲突，哪份证据说服力更强；（2）对方的证据之间是否冲突；（3）对方的举证是否符合法定要求。但实践中，有时原告方并不能拿到被告的答辩意见和证据，因而此时就完全需要律师转换立场，即将自己当成对方的代理律师，结合已知的案件事实，预测对方当事人的诉讼策略。

（三）归纳、整理相关法律及成例

这是律师的一项基础性工作，要求律师根据已发生的事实所涉及的法律问题和当事人的请求，查询、检索与案件相关的法律信息，并确定本案适用的法律，将之罗列清楚，以为开庭时向法庭提供。有时，案件可能涉及多个法律规定，甚至是完全相反的法律，此时律师不仅要将两个法律列出，还要对其法律适用问题进行分析，提出最有利于己方的适用方案及理由。

虽然我国是成文法国家，但不可否认，某一类型案件的判例仍会有一定的指导意义，尤其是最高人民法院公布的指导性案列。因此，平时就应当注意此类案例的收集，以备不时之需。

（四）初步形成代理意见

通过对案件事实的分析及对方诉讼思路的预测，律师宜选定己方的诉讼策略，形成初步的代理意见。实践中，律师可以从事实、证据、法律适用等一个或者几个方面进行诉讼策略的预设，至于如何从以上方面辨论，将在法庭辨论中进行详细阐述。

第五节 一审审理中的律师工作

庭审是律师民事诉讼中的核心阶段，也是检验律师前期准备工作的时刻，更是律师展示自我的平台。律师在庭审阶段的工作，主要集中在法庭调查和法庭辩论阶段，但并不限于此。下面进行详细叙述。

一、申请回避

在法庭调查开始前，书记员会宣读庭审纪律，进而由审判长核对当事人身份，示明缺席判决、按撤诉处理及当事人申请法官回避的权利等相关法律规定，此时若发现存在法官需要回避的情形，律师应提示当事人行使申请回避的权利。同时，律师也可向法庭申请对方当事人及其代理人回避。①

① 参见胡志民主编：《律师制度与实务》，华东理工大学出版社 2013 年版，第 206 页。

根据《最高人民法院关于审判人员严格执行回避制度的若干规定》的规定，审判人员应当回避的情形包括：是本案的当事人或者与当事人有直系血亲、三代以内旁系血亲及姻亲关系的；本人或者其近亲属与本案有利害关系的；担任过本案的证人、鉴定人、勘验人、辩护人、诉讼代理人的；与本案的诉讼代理人、辩护人有夫妻、父母、子女或者同胞兄弟姐妹关系的；本人与本案当事人之间存在其他利害关系，可能影响案件公正处理的。

实践中，可能影响案件公正处理的其他利害关系情形有：未经批准，私下会见本案一方当事人及其代理人、辩护人的；为本案当事人推荐、介绍代理人、辩护人，或者为律师、其他人员介绍办理该案件的；接受本案当事人及其委托的人的财物、其他利益，或者要求当事人及其委托的人报销费用的；接受本案当事人及其委托的人的宴请，或者参加由其支付费用的各项活动的；向本案当事人及其委托的人借款、借用交通工具、通信工具或者其他物品，或者接受当事人及其委托的人在购买商品、装修住房以及其他方面给予的好处的。

但无论以何种理由申请回避，均需要证据支持。对回避决定不服的，允许其在收到决定时复议一次；复议期间，被申请回避的人员，不停止参与本案的工作。

二、法庭调查

在法庭调查阶段，先后进行的是原告陈述诉讼请求、事实与理由（一般即宣读民事诉状），被告发表答辩意见，审判长归纳案件的争议焦点，进行举证、质证、认证等程序。民事诉状及答辩状问题前面都已阐述，下面主要针对举证、质证进行分析。

（一）举证

所谓举证，就是在法庭审理中证明自己主张的过程。如果律师的前期准备工作足够扎实，那么这项工作就会顺利进行。此时律师可按照证据目录的顺序进行举证。需要注意的是，不同的法官要求会有不同，有的要求一证一举、一证一质；有的要求针对某争议焦点逐一举证，然后进行质证；有的要求一方将全部证据举证，再由对方质证；无论采取何种举证方式，律师应当清楚表达每一份证据的证明对象和证明内容。

同时，因每一份证据只能证明或者反映案件的某一情节或者某个侧面，故举证时尽量突显证明内容丰富的关键证据，并注意证据之间互相印证，从而形成一条完整的证据链，以充分证明案件事实。

但在实践中，可能出现举证不能或者无证可举的情况，此时代理律师可以结合案件的证据及法庭调查情况，寻找一定补救措施：（1）若证据为对方掌握，可向法庭提供证据证明。根据《最高人民法院关于民事诉讼证据的若干规定》第75条的规定，有证据证明一方当事人持有证据无正当理由拒不提供，如果对方当事人主张该证据的内容不利于证据持有人，可以推定该主张成立。（2）审查对方提交证据的证明能力，即客观性、关联性、合法性，从而去伪存真，寻找有利于己方的内容为己方所用。

（二）质证

质证，是当事人双方采用询问、辩认、质疑、辩驳等方式，对一方提出的证据进行质辩的过程。在民事诉讼中，用以证明案件事实的证据各种各样，质证就是从证据的本质属性入手，针对证据本身存在的错误和漏洞，进行质疑，否定其效力。律师质证的目的，就是为了通过对对方证据的证据能力、证明力有无及大小提出质疑，影响法官对证据效力的认定。未经质证的证据，不能作为认定案件事实的依据，因此律师应对质证引起足够的重视。

1. 质证的基本程序

在质证中，一般首先由一方当事人向法庭出示证据，再由另一方对出示的证据进行质证，质证方陈述完否认的理由后，出示方还可以针对否认的理由进行反驳，直至法庭认为该证据已审查核实清楚为止。

在质证过程中，质证方经法庭许可可以向出示方提出各种问题。如果当庭无法确认某一项证据的效力，法官则会宣布该证据将在庭后经合议庭合议再行确认。

2. 质证的内容

根据《最高人民法院关于民事诉讼证据的若干规定》，当事人质证时应当围绕证据的真实性、关联性、合法性，针对证据证明力有无以及证明力大小，进行质疑、说明与辩驳。由此可见，质证是围绕证据的证明能力和证明力两个方面进行质辩。

（1）审查证据的证据能力。证据能力，即证据的可采性。证据必须具有真实性、关联性、合法性特征，任何一个证明案件具体事实且要成为定案根据的证据，必须符合这三个特征。其中的“真实性”，主要是指证据的内容是否真实；“关联性”，主要是要求出示的证据与本案争议焦点有关联，而不是与本案无关；“合法性”，主要是证据的来源是否合法，即证据必须是享有法律规定职权的人员，依照法律规定的程序和方法收集而来的。

(2) 审查证据的证明力。[1] 审查证据的证明力，就是对证据的证明力有无以及证明力大小，进行质疑、说明与辩驳。具体而言，证据的证明力可以从以下几方面进行审查：①要根据每个证据本身所具有的不同特点，具体问题具体分析，进行必要的查证核实；②要综合全案证据，审查所有的证据之间是否能相互印证；③在庭审质证时，不仅要从证据本身出发对证据进行质证，而且也要从程序上对证据进行质证。比如，对方是否在指定的期限内向法院提交证据。如果一方的举证不是在举证期限内，或者不属于“新的证据”范围，另一方当事人有权拒绝质证。

虽然《最高人民法院关于民事诉讼证据的若干规定》明确了举证期限，但仍未能杜绝“证据突袭”现象。遇此情形，律师应当对该项证据发表质证意见，而后向法庭提出是否采纳的建议，因为对“突袭”证据是否采纳的决定权在法院。

3. 质证的技巧

当事人主张的任何事实，必须有相应的证据支持，否则便无法得到法官认可。质证就是通过质疑对方提供的证据，进而否定其主张，从而使诉讼朝着有利于己方的方向发展。为了更好地达成此目的，律师必须掌握一定的质证技巧。由于证据质证具有相通性，对民事诉讼证据的具体质证要点，可以参考前述刑事证据的质证内容。

另外，为了更好地履行法庭调查过程中的代理职责，要求律师注意倾听对方举证、质证，并记录关键信息，为己方的质证辩论奠定坚实的基础。通过倾听，也能从中探知对方的诉讼思路，从而及时调整己方的代理策略，为胜诉增加砝码。

三、法庭辩论

法庭辩论是律师最易出彩、也是最易出错的环节。在此环节，直接宣读庭前准备好的代理词，并不可取，因为如果当事人隐瞒了部分情节，此时代理律师就非常被动。因此，即使在开庭审理前拟定诉讼策略，也不一定能准确、全

① 《最高人民法院关于民事诉讼证据的若干规定》第77条规定了人民法院就不同种类证据的证明力，进行采信的一般原则。虽然该法条是对法院认定证据证明力大小的规定，但律师的质证就是为了影响法官对某一项证据的判定，因此律师在对证据证明力大小进行质证时，可以依照该项规定进行。

面地探知对方当事人及其代理人的心思。加上己方当事人也有可能未透露与案件相关的全部情节，因此律师应结合法庭调查的情形，及时调整和完善自己的代理意见，并据此发表辩论意见。

法庭辩论中，代理律师可以全面、系统地阐述自己主张的法律依据，并对对方观点、理由进行反驳，其辩论发言应围绕争议焦点或法庭调查的重点，从事实、证据、法律等不同方面进行分析，阐明观点、陈述理由。

（一）实体方面的辩论

俗话说，打官司就是“打证据”，证据在诉讼中的地位可见一斑。在法庭辩论阶段，关于证据的辩论意见是基于具体证据和证据规则展开，并以建议法庭是否认定某项证据为重心，即围绕证据的可采性阐述自己的观点。

首先，律师必须明确的是，证据所要求的是“法律真实”，并非“客观真实”。虽然客观真实是法律公正所追求的目标，但要将过去发生的事实完全重现往往不可能，因此，律师只能以其提供的、现有的证据说明自己的主张。

其次，善用证据规则，补充自己在举证方面的不足。（1）利用无须举证的事实。① 律师尤其需要注意推定的作用，推定可进一步分为法律推定和事实推定。（2）利用补强规则。② 以上涉及的证据在证明力上均存在一定缺陷，因此在进行辩论时，律师可以充分利用这一规则否定证据的证明力。另外，非法证据排除规则、自认规则、高度盖然性规则、相反证据和反驳证据的证明力等规则都是进行证据辩论时可以运用的。

总之，在进行证据辩论时，律师应围绕具体证据的质证技巧和证据规则，做到言简意赅、切中要害，形成强有力的证据辩论观点。

---

① 根据相关规定，免证事实包括众所周知的事实；自然规律及定理；根据法律规定或者已知事实和日常生活经验法则，能推定出的另一事实；已为人民法院发生法律效力的裁判所确认的事实；已为仲裁机构的生效裁决所确认的事实；已为有效公证文书所证明的事实。

② 根据《最高人民法院关于民事诉讼证据的若干规定》第 69 条的规定，不能单独作为认定案件事实依据的证据包括：未成年人所作的与其年龄和智力状况不相当的证言；与一方当事人或其代理人有利害关系的证人证言；存有疑点的视听资料；无法与原件原物核对的复印件、复制品；无正当理由未出庭作证的证人证言。

（二）法律方面的辩论

当事人的主张，除了有事实的依据外，还必须要有法律上的支持。法律方面的辩论，就是律师结合具体案件事实，向法庭提出该案件法律适用的意见。因此，律师应当善于发现适合于案件事实的法律，以便提供给法庭。

在选择可适用的法律时，不仅仅是简单地基于案件或者当事人的请求检索法律法规，还有可能涉及法律解释、法律漏洞的补充，以及根据法律位阶选择可适用的有利于当事人的法律、法规。因为，相对于纷繁复杂的社会现实，法律是相对简单的。一个具体的案件事实，可能无法简单地套用现有的法律规范，或者并无现成的可适用的法律，此时就需要律师对法律进行解释或漏洞补充，以使具体案件事实有法可依。

（三）程序方面的辩论

程序方面的辩论，更多的是针对人民法院审理程序的质疑，如主体不适格、管辖权异议、剥夺被告答辩权和举证权等。此外，律师还应注意诉讼时效的抗辩，如果能充分证明原告的起诉已经超过诉讼时效，就能达到事半功倍的效果。

此外，律师在进行法庭辩论时，还要注意语言、语气的应用。一般而言，法庭辩论时尽量用短句少用长句，还可适度用排比句、反问句、设问句，以增加语言的感染力和辩论的说服力。特别是律师在代理不利于己方的案件中，首先要说服自己，相信自己的辩论是有理有据的，这种说服不仅仅是心理暗示，更重要的是基于对证据、对法条法理的不断研究探寻，从而得出真理在我方的结论。但是，“理直气壮”要把握一定的度，即这种状态不是强词夺理，更不是颠倒黑白，而是基于法律和法律事实本身的弹性和不确定性，以及解释方法的不同等。

四、代理词与庭审笔录

代理词，是律师对诉讼案件的事实及法律适用的分析，并提出最终代理意见的书面文件。它包含了法庭调查和法庭辩论的全部内容，是对当事人诉讼请求具有事实依据和法律依据的全面阐述。由于庭审中可能出现超出律师预先拟定的代理词意见范围，建议律师庭后及时整理并向法庭提交正式的代理词。虽然法律没有对提交代理词的时间进行明文规定，但若迟于法官拟定判决书的时间，那么提交代理词也就失去了其应有的意义。（文书式样参见章后“文书示例四"）

庭审笔录是对开庭审理过程的完整展现，是合议庭合议案件的主要依据，同时也是二审或者再审时审查的主要依据，因此核对笔录须认真。由于书记员的记录工作不是简单的机械过程，而是一个信息加工过程，因而具有一定的局限性，或受制于一定时间的信息量，或受制于信息编码能力，或受制于前期记忆，或受制于动机。① 因此，律师对与自己表述有出入的地方应要求书记员补正，尤其对有异议的证据。应特别注意书记员是否将异议的具体意见及观点记录在案，如若不明，应要求书记员补充记录。至于其他环节如答辩意见、辩论意见的笔录，只须基本观点核对无异即可。

五、法庭调解

调解是一项具有中国特色的纠纷解决制度，被国际司法界誉为"东方经验"。此处所说的"调解"，即法院调解，是指在法院审判人员的组织下，双方当事人就他们之间发生的民事权益纠纷，通过自愿、平等的协商，互谅互让，达成协议，解决纠纷的诉讼活动和结案方式。调解成功则意味当事人自愿放弃或变更了诉讼权利，因此律师参与调解应有当事人的特别授权。

作为律师应当预先制作调解方案，并由当事人确认。调解方案应当围绕当事人的诉讼请求展开，对可放弃或者变更的诉讼请求作出明示，并附加对此调解方案的分析和评估，主要评估据此调解方案得出的调解结果在执行时的可操作性，以帮助当事人理解此调解方案并作出同意与否的决定。

六、裁判文书

通常情况下，法院都会将裁判文书发放给律师，因而代当事人领取裁判文书就成为了律师的工作之一。但向当事人解读裁判文书才是律师的重要工作，也是律师的一项基本功。

首先，律师应研读裁判文书。裁判文书是律师及其当事人前期工作成果的总结，且研读裁判文书也是向当事人解读裁判文书的基础。一审判决书作为一种法律文书，代表着法官对案件的解读，诠释着法院的意见。律师在研读一审裁判文书时，要弄清下面的问题：（1）一审法院对争议的案件所持的观点、态度，自己的观点是否被采纳及理由，并从中得出经验和教训；（2）裁判文

① 参见［英］罗伯逊：《问题解决心理学》，张奇译，中国轻工业出版社 2004 年版，第 33 页。

书中认定的事实，判决的理由及依据和法律适用。

其次，向当事人解读一审裁判文书。律师研读裁判文书，主要是为向当事人解读裁判文书做准备。律师解读裁判文书的重点包括：（1）引导当事人正确理解诉讼的胜败，即向当事人解释判决结果及其事实，法律依据分析认定的事实、适用的法律，判决结果对当事人而言是否公正、合法，诉讼胜败的原因。当事人往往以自己的诉讼请求是否得到法院的支持来确认诉讼的输赢，这种理解是片面的。如代理被告涉及赔偿的案件时，能争取减少赔偿数额也是一种“胜诉”。律师可以根据对裁判文书的分析，向当事人提出上诉与否的建议，但最终的上诉决定须由当事人定夺。（2）是否上诉。律师应当在客观、公正解读裁判文书的基础上，征询当事人对裁判文书的意见，尤其是当事人是否上诉的意见。

第六节 二审审理中的律师实务

就最通俗的角度理解，二审就是对可能存在的一审错误判决进行纠正的制度设计。① 我国实行的是两审终审制，因而二审判决为终审判决。作为当事人及其委托代理人，无论是在法律文书的制作，抑或法律问题、新证据等方面，都必须全力以赴。实践中，当事人会主动或被动地进入二审程序，其中相当一部分当事人会因一审判决结果对其不利，而选择上诉来为自己争取有利的结果；另一部分当事人则会因对方提出上诉而被动地进入二审，以固定对自己有利的一审判决结果。由此可见，相比一审，二审针对的是一审所认定的事实及法律适用。所以，律师在二审中的工作也与一审有区别，下面主要围绕二审的不同之处进行叙述。

一、撰写上诉状

有些律师会在代理案件一审后，由当事人继续委托代理案件二审；有些律师则在二审阶段才由当事人委托代理。至于如何接待当事人、接受委托，前面已详述。但要注意，这一阶段对当事人解答应重点围绕一审判决书进行。

律师在接受当事人委托后，即应代为撰写上诉状。上诉状，是当事人不服一审判决而制作的法律文书。因此，上诉状应是在解读一审判决书的基础上撰写的。撰写上诉状时，需要注意以下事项：（1）围绕一审的诉讼请求，不能

① 参见王亚新：《社会变革中的民事诉讼》，中国法制出版社 2001 年版，第 124 页。

补充或变更一审诉讼请求；(2) 认真分析一审双方当事人的举证和判决认定的事实；(3) 分析一审判决适用的法律；(4) 一审程序是否合法，如未通知开庭；其他要求同起诉状。(文书式样参见章后“文书示例五”)

二、收集新证据

二审中，当事人为争取对自己有利的结果，将会提交证据，尤其是一审败诉方。因此，二审法院除了对一审中的证据、认定的事实和法律适用问题进行分析外，还须审查当事人提交的新证据。二审中的新证据与一审不同，并非所有证据都能成为此处所指的“新证据”。

(一) 新证据的界定

根据《最高人民法院关于民事诉讼证据的若干规定》，二审中的新证据包括：(1) 一审庭审结束后新发现的证据。此处“新发现的证据”，又可分为两种情况，即一审庭审结束前已存在但庭审结束后才发现的证据，以及一审庭审结束后才产生的证据。将后一种情况下产生的证据作为二审新证据是没有争议的，但对于前一种情况则存在较大争议，因为它显然是超出举证期限的证据。作为律师，可以从以下几个方面进行举证说明以期法官采纳：①当事人无隐匿证据的故意，且确因客观原因无法在一审中及时提交；②若不采纳该项证据，将会影响判决结果的公正性。(2) 当事人在一审举证期限届满前申请人民法院调查取证未获准许，二审法院经审查认为应当准许并依当事人申请调取的证据。

此外，还有可视为新证据的情况，根据上述司法解释的规定，当事人经人民法院准许延期举证，但因客观原因未能在准许的期限内提供，且不审理该证据可能导致裁判明显不公的，其提供的证据可视为新证据。需要说明的是，这类证据虽是对举证时限的排除，但并不能被滥用，否则等于变相允许当事人进行“证据突袭”。这类证据要作为“新证据”，一般应当具备以下条件：(1) 此证据在当事人提供的证据体系中居于核心地位；(2) 判决必须据此作出的主要证据；(3) 是本案具体法律关系所涉及的主要事实。作为律师，应注意对此类证据的收集与审查，并在庭审中，注意对此类证据的质证。

(二) 提交新证据的注意事项

首先，把握新证据提交的时间。如一审中未批准的调取证据请求，应在二审中及时提出申请。

其次，新证据必须与一审判决中认定的事实和法律适用有关联性；此外，还应预防提交的证据存在不利于己方或者可能不具有证明力的情形。

最后，应当查明当事人未在举证期限内提交证据，是否存在故意或者重大过失的情形，以便及时向法院反映。

三、二审审理中的工作

（一）新证据的质证

二审主要是法院根据上诉人的上诉请求，围绕原审中的证据，对认定的事实、法律适用及新证据进行审查，以确定一审认定的事实是否清楚、适用法律是否正确。提交新证据，是上诉人维护自己利益的重要手段，因此对新证据的审查、质证，是代理律师的重要工作之一。

具体而言，可以从以下几个方面对新证据进行质证：（1）提交的证据是否符合“新证据”的条件；（2）新证据是否与案件事实存在关联性；（3）提交新证据的当事人未能如期提交证据的真实原因，是否系客观原因造成；（4）作为代理律师，应审查对方证据中，是否存在对提供方不利事实及新证据证明力的问题。

至于如何对新证据进行审查、质证，可结合一审中的相关内容进行。

（二）代理词的准备

法庭辩论是庭审的关键环节，二审也不例外。但二审辩论的重心与一审略有差别，它主要针对一审所认定的事实及证据，法律适用及新证据展开。与一审一样，一份优秀的代理词将在二审辩论中起到重要作用。（文书式样参见章后“文书示例六”）

第七节 执行程序中的律师实务

人民法院的判决生效后，当事人应当据此自动履行。但实践中，当事人自动履行的比例并不高，导致生效判决所确定的内容无法得到落实，在某种意义上成了“法律白条”。为了兑现判决所确定的内容，民事诉讼法设定了强制执行程序，也就是接下来要论及的执行程序。

一、申请执行

强制执行，是指人民法院根据法律规定，以生效的法律文书为依据，采取强制性的执行措施，迫使拒绝履行义务的当事人履行生效法律文书确定的义务，从而实现债权人权利的法律行为。

（一）申请执行的条件

第一，必须是生效且具有实体内容的法律文书。只有生效的人民法院法律文书，才具有法律上的拘束力、既判力；判决一经生效，当事人必须履行判决所确定的实体权利义务，不得再以同一事实与理由提起诉讼或者上诉。

第二，义务人未履行生效法律文书所确定的义务。根据《民事诉讼法》第236条的规定，发生法律效力的民事判决、裁定，当事人必须履行。一方拒绝履行的，对方当事人可以向人民法院申请执行。所以，义务人拒绝履行生效法律文书所确定的义务，是申请执行的前提条件。

第三，权利人提出申请。当事人在对方当事人不履行生效法律文书确定的义务时，应当向人民法院申请执行。特别注意申请执行的期间，根据《民事诉讼法》第239条的规定，申请执行的期间为2年。申请执行时效的中止、中断，适用法律有关诉讼时效中止、中断的规定。

（二）申请强制执行

在明确申请执行的条件，并且确认当事人的情形符合申请执行的条件后，代理律师应当拟定强制执行申请书，并前往人民法院立案。

1. 撰写执行申请书

撰写执行申请书，是律师代理当事人申请执行的一项基础性工作。强制执行申请书的书写要求及内容，下面将通过实例说明。（文书式样参见“示例文书七”）

实践中，律师特别是实习律师应当注意，律师在携带强制执行申请书前往法院立案时，必须事先去立案庭领取“法律文书生效表格”并由主审法官签章，方能成功立案。

2. 收集适用执行的信息材料

为了确保执行顺利进行，重要的一项内容是确保被执行人有可供执行的财产。可以说，申请人与被申请人是最熟悉的，可能更容易掌握被申请人的动向及财产状况。出于维护自身合法权益的考虑，申请人也应该更加关注被执行人的财产状况。因此作为当事人及其代理律师，应当及时收集和提供被执行人的有关信息资料。

第一，收集被执行人有履行能力的信息资料。《民事诉讼法》第254条规定，债权人发现被执行人有其他财产的，可以随时请求人民法院执行。所以说，申请执行人应当注意收集被执行人可供执行的财产信息，包括被执行人可供执行的财产、不动产的状况，可供执行的财产的所在地和被执行人的行踪，以及被执行人的收入和银行存款线索等。

第二，收集被执行人隐藏、转移、变卖、毁损财产的证据材料。人民法院在对被执行人进行执行时，只能执行被执行人的财产，不能对被执行人之外的第三人的财产采取执行措施。否则，案外人可以向人民法院提出执行异议，若理由成立，执行程序将终止。有些案件的被执行人，为躲避裁判文书所确定的判决内容，采取隐匿、转移财产的行为，甚至用“虚假诉讼”的手段，造成自身无财产可供执行的假象，使得执行无法进行。所以当事人及其代理律师应及时收集被执行人隐藏、转移、变卖、毁损财产的证据材料，使得被执行人躲避裁判文书所确定的义务的行为归于失败，从而达到维护当事人合法权益的目的。

第三，收集案外执行异议的抗辩证据。前面提及，案外人若认为自身对执行标的享有实体权利，人民法院的执行侵犯了其合法权益，可以向人民法院提出执行异议，以阻止执行程序的进行。但并非执行异议一经提出便能当然成立，人民法院经审查，异议理由不成立的，裁定驳回。虽然人民法院会对案外人异议进行审查，但作为当事人的代理律师也应积极作为，收集对案外执行异议的抗辩材料，进而向人民法院提出有针对性的抗辩事实与理由，以确保执行程序的顺利进行。

第四，收集财产报告异议的证据。根据《民事诉讼法》第241条的规定，被执行人未按执行通知履行法律文书确定的义务，应当报告当前以及收到执行通知之日前一年的财产状况。财产报告的具体内容包括：（1）收入、银行存款、现金、有价证券；（2）土地使用权、房屋等不动产；（3）交通运输工具、机器设备、产品、原材料等动产；（4）债权、股权、投资权益、基金、知识产权等财产性权利；（5）其他应当报告的财产。在申请执行的过程中，应及时收集被执行人财产报告是否真实的证据，以避免被执行人逃避执行。

二、提出案外人异议

实践中，律师介入执行程序除了因执行申请人的委托外，还会基于第三人的委托。因此，代当事人提出案外人异议也是律师在执行中的业务之一。

正常情况下，执行只在当事人之间，即生效法律文书所确定的权利人和义务人之间进行。但由于执行的复杂性，执行过程极有可能涉及其他人的权益，因此法律赋予案外人对执行行为提出异议的权利。是故，案外人异议是维护案外人合法权益的一种法律救济制度。① 而所谓“案外人”，是据以执行的生效法律文书未载明的单位和个人。因案外人对执行标的享有实体权利，为阻却人民法院的强制执行，维护自身的合法权益，从而提出案外人异议，也即上述的执行异议。根据《民事诉讼法》第 227 条的规定，执行过程中，案外人对执行标的提出书面异议的，人民法院应当自收到书面异议之日起 15 日内审查，理由成立的，裁定中止对该标的的执行；理由不成立的，裁定驳回。

三、执行措施

执行措施，是人民法院强制债务人履行义务的手段和方法。执行标的不同，执行措施也有所不同，人民法院必须按照法律规定的适用条件和范围进行。

根据民事诉讼法第二十一章的规定，执行措施主要有：(1) 财产报告制度；(2) 查询、冻结、划拨存款；(3) 扣留、提取收入；(4) 查封、扣押、冻结、拍卖、变更财产；(5) 搜查令制度；(6) 强制交付财物和票证；(7) 强制迁出或强制退出土地；(8) 强制办理有关财产权证照；(9) 强制执行指定的行为；(10) 强制加倍支付迟延履行期间的债务利息和支付迟延履行金；(11) 限制出境、征信记录、媒体公布等。

根据《最高人民法院关于适用〈中华人民共和国民事诉讼法〉执行程序若干问题的解释》第 39 条的规定，执行法院可以依职权或者依申请人的申请，将被执行人不履行法律文书确定义务的信息，通过报纸、广播、电视、互联网等媒体公布。在当下，人民法院通过媒体公布“老赖”的方式提高执行率，已逐渐被广泛使用。② 通过媒体公布“老赖”，将使得被执行人的赖账行为被社会公众广泛知晓，造成其资信能力降低，从而促使被执行人自动履行法律文书所确定的义务。

---

① 参见胡志民主编：《律师制度与实务》，华东理工大学出版社 2013 年版，第 213 页。

② 如最高人民法院 2013 年在其官方网站推出了失信被执行人名单信息公布与查询系统。2014 年 3 月，最高人民法院与人民网合作，推出“老赖”黑名单排行榜，进一步提升威慑作用，有助于破解“执行难”。

此外，虽然征信记录措施纳入了法律之中，但我国目前的征信记录系统还不太完善，仅在人民银行内建立了信贷征信系统。法律关于征信记录的规定，可以促使我们在未来建立健全征信系统。若有了完善的征信系统，人们可以随时查询他人的信用记录，谨慎与其交易，在某种程度上可以促使当事人自动履行法律文书所确定的义务。

第八节　再审程序中的律师实务

再审即审判监督程序，是指已经发生法律效力的判决、裁定和调解书出现法定再审事由时，由人民法院对案件再次进行审理所适用的程序。再审制度保证了当事人在被有瑕疵的生效裁判损害时，可以获得救济。它是一个独立的审判程序，但并非每个案件的必经程序。

一、再审的启动

（一）再审启动的主体

根据民事诉讼法的规定，启动再审程序的主体可以是由当事人申请、人民检察院抗诉或者人民法院依职权再审。律师帮助当事人提出申请再审，包括申请人民法院再审和申请人民检察院提出抗诉。

（二）再审的条件

根据《民事诉讼法》第200条的规定，只有符合再审的条件，当事人的申请才能被立案受理。因此，作为律师，首先要了解申请再审的法律规定，而后结合具体案情，分析、判断当事人的案件是否符合再审申请的条件，最终确定是否为其代理再审。

申请再审的情形分为：（1）原裁判认定的事实有错误，如原判决、裁定认定的基本事实缺乏证据证明的；原判决、裁定认定事实的主要证据是伪造的；原判决、裁定认定事实的主要证据未经质证的；对审理案件需要的主要证据，当事人因客观原因不能自行收集，书面申请人民法院调查收集后，人民法院未调查收集的。（2）有新的证据，足以推翻原判决、裁定的。（3）原判决、裁定适用法律确有错误的。（4）原审违反法定程序，如审判组织的组成不合法或者依法应当回避的审判人员没有回避的；无诉讼行为能力人未经法定代理人代为诉讼或者应当参加诉讼的当事人，因不能归责于本人或者其诉讼代理人的事由，未参加诉讼的；违反法律规定，剥夺当事人辩论权利的；未经传票传唤，缺席判决的；原判决、裁定遗漏或者超出诉讼请求的。（5）据以作出原判决、裁定的法律文书被撤销或者变更的。（6）审判人员审理该案件时有贪污受贿，徇私舞弊，枉法裁判行为的。

（三）撰写再审申请书

再审申请书的基本格式和要求，同民事诉状比较接近，由于前述对民事诉状的撰写叙述比较详细，此处可予参考。（文书式样参见“示例文书八”）

二、再审中的注意事项

（一）递交申请再审材料

依据民事诉讼法的相关规定，启动再审程序的依据已经明确。那么如何以明确、具体的事实或者法律分析提出原裁判“有错误”或者说“审判违反法定程序”，并且能得到人民法院或者检察院的认同，是律师在再审过程中的一项重要工作。这也就要求律师围绕原裁判存在的错误，准备提交证据及相关材料。

（二）提交代理词

撰写及提交代理词，是律师诉讼业务中的一项关键性工作，再审也不例外。但在撰写再审代理词时，应注意其与一、二审代理词的区别。再审阶段代理词的写作重点，应当是认定事实或适用法律上的错误以及适用程序上的违法等内容。

第九节　常见民事诉讼案件的代理

律师实务技能的提升，不仅要靠理论的学习与积累，还需要在具体案件的办理中不断进行实践和探索。本节将主要结合民事诉讼中常见的两类案件，对律师代理的方式和举证技巧进行归纳，意在为初入门的律师提供参考。

一、婚姻纠纷案件的代理

婚姻纠纷在人民法院处理的民事案件中占有相当大的比例，在基层法院则更为明显。婚姻纠纷主要涉及离婚纠纷、婚姻效力纠纷、以夫妻名义同居纠纷、子女抚养纠纷及子女监护权、探望权纠纷等各类纠纷。在此，本节将着重介绍常见的离婚纠纷，以及与此相关的子女抚养和财产分割问题。

（一）离婚纠纷中的注意事项

俗话说，清官难断家务事，婚姻家庭关系所具有的伦理性，决定了调整婚姻家庭关系的规范具有伦理特点，表现为这一领域在现代社会仍需要社会道德规范调整。① 在婚姻家庭纠纷中，双方往往各持一词，任何一方可能都难以拿出让人民法院充分采信并足以作出裁判的理由和证据。因此，律师在代理此类纠纷时，应准确把握离婚纠纷的特点，并结合法律及相关司法解释，抓住案件实质，准备证据，为当事人提供有效的法律服务。

1. 是否为离婚纠纷

因为当事人自身的法律认识等原因，一些人在办理结婚仪式后，并未进行结婚登记。对于这种情况，应如何确定诉求关系到起诉能否成功。根据《最高人民法院关于适用〈中华人民共和国婚姻法〉若干问题的解释（一）》第5条的规定，没有办理结婚登记而以夫妻名义共同生活的当事人要求“离婚”时，应认定为同居关系，但对于单独以解除同居关系而起诉的，人民法院并不受理。只有因同居期间财产分割或者子女抚养纠纷起诉，人民法院才会受理。

2. 是否为限制起诉离婚的情形

根据婚姻法及民事诉讼法的规定，限制起诉离婚的情形有：（1）女方在怀孕期间、分娩后1年内或中止妊娠后6个月内，男方不得提出离婚。女方提出离婚的，或人民法院认为确有必要受理男方离婚请求的，不在此限。（2）判决不准离婚和调解和好的离婚案件，没有新情况、新理由，原告在6个月内又起诉的，不予受理。由此可知，法律出于对保护妇女合法权益和节约司法成本的考虑，对起诉离婚作出了上述限制。因此在与当事人交谈时，应注意是否存在限制起诉离婚的情形。

3. 配偶是否为无或者限制民事行为能力人

离婚不仅是男女双方婚姻关系的解除，还可能牵涉着子女抚养和财产分割等复杂的问题。在配偶一方为无民事行为能力或限制民事行为能力，最常见的如配偶患有精神疾病时，配偶一方要求离婚的，法律不仅要考虑精神病配偶的离婚自由，同时也需要考虑精神病人合法权益的保护。对此，法律作出了平衡

① 参见何俊萍：《论婚姻家庭领域道德调整与法律调整的关系》，载《政法论坛》2000年第3期。

性的规定：（1）精神病人不适用协议离婚；（2）无民事行为能力人或限制民事行为能力人可以依照特别程序要求变更监护关系，变更后的监护人可以代为起诉要求解除婚姻关系；（3）精神病人被起诉离婚时，应由其他监护人作为其诉讼代理人。

4. 夫妻一方是否下落不明

由于一方下落不明，导致另一方起诉离婚的案件日益增多。实践中，此类离婚纠纷的阻碍及花费的诉讼成本，都比一般离婚纠纷大。夫妻一方下落不明，而另一方起诉要求离婚时，法院一般采取公告送达的方式告知下落不明一方开庭及判决结果。律师在办理此类情形下离婚纠纷时，应及时告知当事人公告送达的情形及花费的金钱和时间。公告期为2个月，自在报纸上刊登之日起算。公告期满后，还得为被告计算1个月的举证期限，方能开庭。告知判决结果的公告期满后还有15天的上诉期，上诉期满后，离婚判决书才发生法律效力，也即原、被告才算是解除婚姻关系。

（二）离婚纠纷的证据

一般情况下，离婚纠纷主要涉及的问题有以下三个：第一，夫妻感情是否破裂，据此依法判定是否解除婚姻关系；第二，子女由哪一方抚养教育，以及抚养费的支付等问题；第三，夫妻共同财产分割问题。因此，律师在证据收集、庭审举证、辩论时，都应围绕以上问题进行。

1. 夫妻感情是否破裂

人民法院审理离婚案件，准予或不准离婚，应以夫妻感情是否确已破裂作为区分的界限。判断夫妻感情是否确已破裂，应当从婚姻基础、婚后感情、离婚原因、夫妻关系的现状和有无和好的可能等方面综合分析。

根据《婚姻法》第32条的规定，人民法院认定夫妻感情确已破裂，应当判决离婚的情形：①重婚或有配偶者与他人同居的；②实施家庭暴力或虐待、遗弃家庭成员的；③有赌博、吸毒等恶习屡教不改的；④因感情不和分居满2年的；⑤其他导致夫妻感情破裂的情形。一方被宣告失踪，另一方提出离婚诉讼的，应准予离婚。另外，最高人民法院在《关于人民法院审理离婚案件如何认定夫妻感情破裂的若干具体意见》中，也进一步规定了可依法判决离婚的情形。

2. 夫妻感情破裂的证据

根据婚姻法及相关规定，人民法院判决离婚的标准是夫妻感情确已破裂，因此对于起诉离婚的当事人而言，收集夫妻感情破裂的证据非常重要。但感情是两个人的事，具有一定的私密性，因此律师收集夫妻感情破裂的证据非常困难。结合民事诉讼中的证据种类，实践中夫妻感情破裂的证据，应着重于日常能够反映夫妻感情的书证、视听资料、证人证言等。

在收集夫妻感情破裂的证据时，应注意以下事项：第一，证据的合法性。如不能侵犯他人隐私；不能使用限制的工具收集。第二，手机短信、电子邮件等电子证据，要想作为证据使用，最好采用公证的方式。

（三）财产分割

1. 夫妻共同财产的范围

根据婚姻法及相关司法解释的规定，夫妻在婚姻关系存续期间，所得的下列财产属于夫妻共同财产：①工资、奖金；②生产、经营的收益；③知识产权的收益；④继承或赠与所得的财产；⑤一方以个人财产投资取得的收益；⑥男女双方实际取得或者应当取得的住房补贴、住房公积金；⑦男女双方实际取得或者应当取得的养老保险金、破产安置补偿费；⑧夫妻一方个人财产在婚后产生的收益，除孳息和自然增值外，应认定为夫妻共同财产。

上述法律规定看似简单，但实践中夫妻双方的财产状况却是复杂的，不可能对号入座，如婚前购买，但婚后才取得房产证的“按揭房”如何认定。因此在实践中，律师需要结合有关财产的一些细节问题，根据相关法律规定作出综合判断。

2. 夫妻共同财产的认定

夫妻共同财产主要是与个人财产相区别。由于实际生活的复杂性，个人财产与夫妻财产往往相互混同，因而很难区分。以下几个常用的区分方法，可以作为参考：①夫妻之间是否存在财产约定；②财产取得时间，一般以男女双方结婚登记时间为界限，结婚登记之前取得的财产一般属于个人财产；登记之后取得的财产通常为夫妻共同财产，即便是登记在个人名下；③财产的来源，婚后由一方父母出资为子女购买的不动产，产权登记在出资人子女名下的，视为只对自己子女一方的赠与，该不动产为夫妻一方的个人财产；等等。

同时，还需审核夫妻关系存续期间产生的债务，是否一定就是夫妻共同债务。夫妻共同债务主要是基于夫妻的共同生活需要，以及对共同财产的管理、使用、收益和处分而产生的债务。因此，将婚姻关系存续期间产生的债务推定为夫妻共同债务的前提，是为了日常家事。夫妻一方的担保行为不属于家事代理，系个人行为，不能推定为夫妻共同债务，其配偶自然不应对该担保债务承担连带责任。当然，如果夫妻一方知道或应当知道对方的担保行为，并认可此种担保，或者债权人能证明该担保行为使夫妻双方从中受益，则担保债务应视为夫妻共同债务。

3. 夫妻共同财产的分割

财产分割的总原则是：婚前个人财产归个人所有，夫妻共同财产由夫妻双方共同所有。人民法院在分配夫妻财产时，将根据具体情况，以照顾子女和女方的权益为原则，但通常情况下，人民法院采取平均分配；但若出现《婚姻法》第47条规定的情形，过错方可少分或不分。现实生活中，夫妻财产的类型复杂多样，如房产、汽车、存款、股票分割的方法也不尽相同，应当结合具体情况具体处理。

实践中，当事人可能会隐匿、转移财产或者伪造债权、债务，以达到侵占夫妻共同财产的目的。对此，律师应当持谨慎的态度对夫妻共同财产及债务、债权的证据仔细分析、去伪存真，维护当事人的合法权益。

（四）子女抚养

1. 子女抚养权的归属

协商解决子女抚养问题是最理性的方式，但现实却不尽如人意，大多数的父母在子女抚养权问题上无法达成一致。在此种情况下，法院主要从有利于子女身心健康，结合父母的抚养能力等情况决定抚养权的归属。在司法实践中，子女抚养权的归属，一般会以有利于子女成长为原则，结合子女年龄、男女双方经济基础及有无过错、子女意愿等情况综合判断。

2. 抚养费的计算标准

抚养费包括生活费、教育费、医疗费等。离婚时确定未成年子女抚养费的计算数额，主要从以下几方面考虑：一是子女的实际需要；二是结合抚养地的实际生活水平；三是父母的给付能力。有固定收入的父母，抚育费一般可按其月总收入的20%至30%的比例给付。负担两个以上子女抚育费的，比例可适当提高，但一般不得超过月总收入的50%。无固定收入的父母，抚育费的数额可依据当年总收入或同行业平均收入，参照上述比例确定。有特殊情况的，可适当提高或降低上述比例。这是法律对于抚养费数额的支付标准，但离婚时夫妻双方可就抚养费数额、支付方式进行协商确定，其确定的抚养费数额不受该法律规定的限制。

3. 子女探望权

探望权，是指基于血亲关系，父母离婚后，非直接抚养子女的一方享有与未成年子女见面、交流的权利，直接抚养子女的一方有义务协助其行使看望未成年子女的权利。行使探望权利的方式、时间由当事人协议；协议不成时，由人民法院判决。实践中，人民法院的判决书中对探视权的时间、方式很少明确，即使明确判决了探视权的时间、方式，若遇直接抚养子女一方的阻扰，其探视权也很难行使。而且孩子探视权的执行也是一件难事，因为对孩子的人身不能强制执行，人民法院一般以做思想工作为主，尽量使得监护人配合申请人探望未成年子女。

二、交通事故人身损害赔偿案件的代理

在人民法院特别是基层法院审理的民事侵权损害赔偿案件中，道路交通事故人身损害赔偿纠纷案件已是主要的民事侵权类型之一。因此，此类案件的代理，也成为律师的主要业务之一。为了向当事人提供更好的法律服务，律师除了掌握相关的法律知识外，还应注重办理此类案件的技巧与策略。

（一）道路交通事故中的相关概念

1. 道路交通事故

按照道路交通安全法之规定，交通事故是指车辆在道路上因过错或者意外造成的人身伤亡或者财产损失的事件。这里的“道路”，是指公路、城市道路以及虽在单位管辖范围但允许社会机动车通行的地方，包括广场、公共停车场等用于公众通行的场所。

这里的“车辆”，包括机动车和非机动车。机动车是指以动力装置驱动或者牵引，上道路行驶的供人员乘用或者用于运送物品以及进行工程专项作业的轮式车辆，具体包括各种汽车、电车、电瓶车、摩托车、拖拉机、轮式专用机械车。非机动车是指以人力或者畜力驱动，上道路行驶的交通工具，以及虽有动力装置驱动但设计最高时速、空车质量、外形尺寸符合有关国家标准的残疾人机动轮椅车、电动自行车等交通工具。

2. 交通事故责任

交通事故责任，是指公安机关在查明事故原因后，依照道路交通管理法规和规章，对当事人在交通事故中所起的作用，作出定性、定量结论，也是用于说明事故发生原因的结论。实践中，公安机关交通管理部门一般会在发生交通事故后，制作交通事故认定书，用以确定交通事故当事人的责任，其中载明了交通事故的基本事实、成因和当事人的责任。

具体而言，交通事故认定书中的责任类型，主要有以下几种：（1）全部责任。完全由当事人中一方违章造成的事故，由违章者负全部责任，而与事故

无直接因果关系的另一方无责任。《道路交通安全法》、《道路交通安全法实施条例》等明确规定的必须负全部事故责任的情形主要有：逃逸一方承担全部责任；故意破坏、伪造现场者承担全部赔偿责任；毁灭证据者承担全部赔偿责任；故意肇事者承担全部赔偿责任。（2）主要责任、次要责任和同等责任。因两方或者两方以上当事人对交通事故的发生均存在过错，根据其行为对交通事故的发生及过错程度，分别承担主要责任、次要责任和同等责任。（3）无责任。各方当事人均无导致交通事故发生的过错时，属交通意外，各方均无责任。

3. 交通事故损害赔偿责任

交通事故损害赔偿责任，是指交通事故发生后，赔偿义务人对受害人所应承担的民事赔偿责任。法院判决所要确定的，即是交通事故损害赔偿责任，该责任是一种民事侵权责任。而交警部门所认定的事故责任，是根据当事人的违章行为与交通事故之间的因果关系，以及违章行为在交通事故中的作用，对交通事故因果关系的分析，是对造成交通事故原因的确认。

实践中，法院一般按公安机关认定的事故责任，划分交通事故赔偿责任比例。因为公安机关交通管理部门出具的交通事故责任认定书，是公安交通部门依据专业技术、设备，经勘验、调查后制作的一种文书，汇集了公安机关交通管理部门的专业知识和职业经验，是处理交通事故的重要证据之一。而且，公安交通管理部门与任何一方都不存在利害关系，且是事故发生后及时制作，能够最大限度地反映事故的真实情况，具有其他证据难以替代的价值，因此是人民法院处理交通事故赔偿案件的重要证据之一。实践中，若无相反的证据或者足以推翻其结论的理由，它便是人民法院认定事实的依据，法院会根据交通事故认定书中划分的责任类型来判定当事人的过错大小，并在此基础上确定当事人应当承担的赔偿责任比列。

4. 机动车第三者责任强制保险

机动车第三者责任强制保险中的第三者，也即受害者，是指因被保险机动车发生交通事故遭受人身伤亡或财产损失的人，但不包括被保险机动车车上人员、被保险人。依据《机动车辆第三者责任保险条款》第6条的规定，对于保险车辆造成的被保险人及其家庭成员、本车驾驶人员及其家庭成员和本车上其他人员的人身伤亡或财产损失，不论在法律上是否应当由被保险人承担赔偿责任，保险公司均不负责赔偿。应当注意，本车车上人员的身份并不是一成不变的，若车上人员下车后，再遭受被保险机动车损害的，此时该车车上人员的身份就变成了“第三者”，保险公司应对其承担赔偿责任。

因此，在处理道路交通事故损害赔偿纠纷时，正确界定第三者的主体范围，直接关系到第三者的利益能否得到应有的保护。

（二）道路交通事故损害赔偿责任的确认

根据《民法通则》、《道路交通安全法》、《道路交通安全法实施条例》、《最高人民法院关于审理人身损害赔偿案件适用法律若干问题的解释》等法律、法规、司法解释的规定，并结合道路交通事故处理实践，道路交通事故当事人的赔偿责任主要内容如下：

1. 保险公司的赔偿责任

此处主要以保险公司在交强险中的赔偿原则为例。根据《道路交通安全法》第76条第1款的规定，机动车发生交通事故造成人身伤亡、财产损失的，由保险公司在机动车第三者责任强制保险责任限额范围内予以赔偿。由此表明，保险公司在机动车第三者强制保险责任限额范围内，对受害者承担无过错责任。换言之，只要肇事车辆有机动车第三者强制保险，一旦该车辆发生交通事故导致他人人身伤亡或者财产损失，无论事故各方当事人是否存在过错及过错程度，保险公司都应当承担赔偿责任。如果交通事故造成的各项损失，超出了机动车第三者强制保险责任限额，对于超出部分才由各方当事人按过错责任比例承担责任。需要注意的是，根据《最高人民法院关于审理道路交通事故损害赔偿案件适用法律若干问题的解释》第8条规定，未按照国家规定投保机动车第三者责任强制保险的机动车，发生交通事故造成损害的，由机动车第三者责任强制保险的投保义务人，在机动车第三者责任强制保险责任限额范围内予以赔偿。

2. 机动车之间的赔偿责任

根据《道路交通安全法》第76条第1款第（1）项的规定，机动车之间发生交通事故的，由有过错的一方承担赔偿责任；双方都有过错的，按照各自过错的比例分担赔偿责任。由此表明，机动车之间发生交通事故适用过错责任原则。

因为机动车虽然在体积、速度、重量方面存在差异性，但其同属高速交通运输工具，具有相同的法律性质。若无相反的证据，一般根据公安交通管理部门出具的交通事故认定书所确定的交通事故责任，认定当事人的赔偿责任比例。具体参照以下比例承担：（1）负事故全部责任，承担100%的赔偿责任；（2）负事故主要责任，一般承担70%的赔偿责任，但这并非固定不变的，可能因具体案件中当事人行为对事故发生的作用及过错程度的不同，比例会发生适当浮动；（3）负事故同等责任，承担50%的赔偿责任。

3. 机动车与非机动车、行人之间的赔偿责任

根据《道路交通安全法》第76条的规定，机动车与非机动车驾驶人、行人之间发生交通事故，非机动车驾驶人、行人没有过错的，由机动车一方承担赔偿责任；有证据证明非机动车驾驶人、行人有过错的，根据过错程度适当减轻机动车一方的责任；机动车一方没有过错的，承担不超过10%的赔偿责任。交通事故的损失是由非机动车驾驶人、行人故意碰撞机动车造成的，机动车一方不承担赔偿责任。法律之所以这样规定，是因为在道路交通中，机动车始终处于强者地位，非机动车驾驶人、行人却处于弱者地位，所以，为有效保护弱者的合法权益，在机动车与非机动车驾驶人、行人之间发生交通事故时，有必要实行无过错赔偿责任。

在司法实践中，对于机动车与非机动车、行人之间发生交通事故人身损害赔偿责任的确认，可视不同情形作如下处理：非机动车、行人负事故全部责任的，即机动车一方没有过错，也必须承担10%的赔偿责任；非机动车、行人负事故主要责任，而机动车负次要责任的，机动车一方将承担40%的责任，反之机动车一方则承担80%的责任；机动车与非机动车、行人均负事故同等责任的，机动车承担事故损失60%的责任。

（三）道路交通事故人身损害赔偿的责任主体

如何确定交通事故损害赔偿的责任主体，是受害人获取赔偿的首要问题。在此，主要是分清车辆所有人、驾驶人和实际支配人，以确定赔偿责任主体。在具体案件中，作为应承担民事责任的车主，往往还存在着车辆挂靠、承包、租赁、借用、雇佣等关系以及多重买卖、转包行为，常常出现实际车主与名义车主不一致的情况，或者存在多个车主等，涉及的主体众多，责任划分困难。对此，根据机动车驾驶人员的不同情况，一般应作如下把握：

（1）所有人自主驾驶和受雇人驾驶情形下造成交通事故，所有人或雇主为损害赔偿的责任主体；

（2）使用盗窃的机动车肇事造成他人损害的，由肇事人承担损害赔偿责任，被盗车辆的所有人不承担责任；

（3）购买人使用分期付款的车辆从事运输，因交通事故造成他人财产损失的，由购买人承担赔偿责任，保留车辆所有权的出卖方不承担责任；

（4）车辆在买卖未过户情况下发生交通事故致人损害的，由买受人承担赔偿责任，登记车主不承担责任；

(5) 未经所有人同意擅自驾驶他人车辆致人损害的，如果驾驶人与车辆所有人存在雇佣关系，则所有人不能免除赔偿责任；如果没有雇佣关系，则所有人除非存在管理上的瑕疵，否则不承担赔偿责任；

(6) 机动车在出租、出借情况下发生事故致人损害的，出租人、承租人和出借人、借用人应当承担连带赔偿责任；

(7) 机动车辆在发包、承包情况下发生事故致人损害的，发包方应当承担赔偿责任；

(8) 车辆在挂靠情况下发生事故致人损害的，如果该挂靠单位收取了管理费或从中得到了经济利益，则应承担赔偿责任，否则不承担责任；

(9) 车辆在送交修理或保管期间，因试车或使用过程中发生事故致人损害的，修理厂和保管人应当承担赔偿责任；

(10) 车辆在被质押期间发生事故致人损害的，由质押权人承担赔偿责任，车辆所有人不承担责任；

(11) 好意同乘者因交通事故导致人身损害的，车辆所有人或控制人作为运行支配者和运行利益的归属者，应当承担损害赔偿责任；如果好意同乘者有过错的，可减轻车辆所有人或控制人的责任。

(四) 道路交通人身损害赔偿及标准

根据《最高人民法院关于审理人身损害赔偿案件适用法律若干问题的解释》的规定，在交通事故中涉及的赔偿项目包括医疗费、误工费、护理费、交通费、住院伙食费、营养费、残疾赔偿金、残疾辅助器具费、后续治疗费、死亡赔偿金、丧葬费、被抚养人生活费、精神损害抚慰金、财产损失等。但应当明确的是，并非所有的道路交通事故人身损害赔偿案件，都包含上述全部项目。

1. 医疗费

医疗费，是指受害人在遭受人身伤害之后接受医学上的检查、治疗与康复训练必须支出的费用。医疗费的赔偿，应以治疗医院的医疗费的单据为凭，其项目大致有以下几种：①挂号费，包括医院门诊挂号费、专家门诊挂号费等；②医药费，即购买药品所支付的费用；③检查费，包括为治疗所需的各种医疗检查费用；④治疗费，即受害人接受治疗所支付的费用；⑤住院费，即患者住院治疗所需支付的费用；⑥其他医疗费用，如进行器官移植的费用，聘请专家会诊的费用等。

医疗费的赔偿数额，按照一审法庭辩论终结前，实际发生的数额确定。器官功能恢复训练所必要的康复费、适当的整容费以及其他后续治疗费，赔偿权利人可以待实际发生后另行起诉。但根据医疗证明或者鉴定结论确定必然发生的费用，可以与已经发生的医疗费一并予以赔偿。实践中，一般根据鉴定机构出具的鉴定意见书，确定后续治疗费用。

医疗费以事故后入住医院出具的正式发票为准。需要注意的是，发票上的姓名与病历，与事故中实际受害人姓名必须一致。

2. 误工费

误工费，是受害人从遭受伤害到完全治愈这一期间内（即误工时间内），因无法从事正常的工作或者劳动而失去或减少的工作、劳动收入的赔偿费用。

（1）误工时间的计算，一般根据受害人住院时间确认。受害人因伤致残持续误工的，误工时间可以计算至确定伤残日前一天。

（2）误工费计算标准。受害人有固定收入的，误工费按照实际减少的收入计算；受害人无固定收入的，按照其最近 3 年的平均收入计算；受害人不能举证证明其最近 3 年的平均收入状况的，可以参照受诉法院所在地相同或者相近行业上一年度职工的平均工资计算。

3. 护理费

护理费，是指医疗机构或鉴定机构根据受害人受伤的程度及自理能力而确定的，是否需要护理、护理所需时间、护理人数而产生的费用。司法实践中，一般对住院期间的护理无异议，但对受害人定残后的护理费，则存在较大异议。受害人定残后的护理，应当根据其护理依赖程度并结合配制残疾辅助器具的情况确定护理级别，但这需要由有资质的司法鉴定机构出具鉴定意见，否则法院支持的可能性较小。护理期限可以根据其年龄、健康状况等因素确定合理的护理期限，但最长不超过 20 年。

护理费用的计算，通常分为两种情况：一种情况是受害人的亲属、朋友或雇佣人来护理，如果护理人员有收入的，参照误工费的规定计算，其相应的证明与受害人的误工费相同；护理人员没有收入或者雇佣护工的，参照当地护工从事同等级别护理的劳务报酬标准计算。

在受害人聘请专门从事护理业务公司的护理人员的情况下，护理费用数额的确定，需要受害人提供该公司开具的发票。

4. 交通费

交通费，是根据受害人及其必要的陪护人员因就医或者转院治疗实际发生的费用计算。交通费应当以正式票据为凭，有关凭据应当与就医地点、时间、人数、次数相符合；如不符合，就应从赔偿额中扣除相应的款项。法院在衡量交通费用时通常考虑是乘坐普通的交通工具，如公交汽车或地铁等，特殊情况下可以乘坐救护车、出租车，但应当由受害人说明使用的合理性。而且一般不支持亲友看望受害人的一切开销。

5. 住院伙食补助费

该项费用按照相关司法解释的规定，是可以参照当地国家机关一般工作人员的出差伙食补助标准予以确定。住院伙食补助费，补助的是“住院”的受害人；如果受害人没有住院，就没有这项赔偿费用。

6. 营养费

营养费，是指人体遭受损害后发生代谢改变，通过日常饮食不能满足受损机体对热能和各种营养素的要求，必须从其他食品中获得营养所给付的费用。虽然法律规定，营养费根据受害人伤残情况参照医疗机构的意见确定，但大多数法院参照住院伙食补助费的标准及期限予以确定。

7. 住宿费

受害人确有必要到外地治疗，因客观原因不能住院，受害人本人及其陪护人员实际发生的住宿费和伙食费，其合理部分应予赔偿。在此应着重把握好以下四点：①前提条件是受害人“确有必要到外地治疗”，当地医院完全能够治疗的，受害人自行决定到外地治疗的，由此发生的费用赔偿义务人不予承担；②不能住院的原因必须是客观的，如医院无病床，而不是受害人或其亲属等自身的原因造成；③赔偿义务人只对合理部分进行赔偿；④住宿费的赔偿标准，原则上是按照公务员出差住宿标准，但是根据实际情况，赔偿标准可以适当高于公务员出差标准。

8. 残疾赔偿金

伤残赔偿金，是对受害人因伤构成残疾而导致的收入上的损失的赔偿。要确定残疾赔偿金，首先要由有资质的鉴定机构来对受害人进行鉴定，以确定受害人丧失劳动能力程度或者伤残等级。

（1）伤残等级及伤残指数。道路交通事故案件中，受伤人员的伤残程度评定一般应适用公安部发布的《中华人民共和国国家标准道路交通事故受伤人员伤残评定》的规定。据此，伤残等级一共分十个级别，伤残等级具体等级及对应的伤残赔偿指数为：一级，100%；二级，90%；三级，80%；四级，70%；五级，60%；六级，50%；七级，40%；八级，30%；九级，20%；十级，10%。

（2）伤残赔偿金的计算方法。根据《最高人民法院关于审理人身损害赔偿案件适用法律若干问题的解释》第25条的规定，伤残赔偿金根据受害人丧失劳动能力程度或者伤残等级，按照受诉法院所在地上一年度城镇居民人均可支配收入或者农村居民人均纯收入标准。一般一次性伤残赔偿金的具体计算公式为：①伤残赔偿金（60周岁以下的人）：伤残指数×受诉法院所在地上一年度城镇居民人均可支配收入或者农村居民人均纯收入×20年；②残疾赔偿金（60周岁以上的人）= 伤残指数×受诉法院所在地上一年度城镇居民人均可支配收入或者农村居民人均纯收入×（20年-增加岁数）；③残疾赔偿金（75周岁以上的人）= 伤残指数×受诉法院所在地上一年度城镇居民人均可支配收入或者农村居民人均纯收入×5年。

9. 残疾辅助器具费

残疾辅助器具，是指因伤致残的受害人为补偿其遭受创伤的肢体器官功能，辅助其实现生活自理或者从事生产劳动而购买、配制的生活自助器具。因购买残疾辅助器具而发生的费用，由赔偿义务人按一定标准进行赔偿，如瘫痪后购买的轮椅、截肢后购买的假肢、失明后安装的义眼、听力减弱购买的助听器、智力残疾者使用的行为训练器、生活能力训练用品，等等。

一般情况下，残疾辅助器具中的费用，按照普通适用器具的合理费用标准计算，原则上排斥奢侈型、豪华型器具。辅助器具的更换周期和赔偿期限，参照配制机构的意见确定。

10. 死亡赔偿金

死亡赔偿金的计算，按照受诉法院所在地上一年度城镇居民人均可支配收入或者农村居民纯收入标准，具体计算公式为：①死亡赔偿金（60周岁以下人员）= 受诉法院所在地上一年度城镇居民人均可支配收入或者农村居民纯收入×20年；②死亡赔偿金（60周岁以上人员）= 受诉法院所在地上一年度城镇居民人均可支配收入或者农村居民纯收入×（20年-增加岁数）；③死亡赔偿金（75周岁以上人员）= 受诉法院所在地上一年度城镇居民人均可支配收入或者农村居民纯收入×5年。

11. 丧葬费

丧葬费按照受诉法院所在地上一年度职工月平均工资标准，以6个月总额计算。因人身损害造成受害人死亡的，不管受害人的职业、身份、工作、性别、年龄等情况有何不同，也不管生前是生活在城镇还是在农村，在涉及支付丧葬费标准这一问题时，不再有任何差异，都适用同一标准予以确定。

12. 被扶养人生活费

当加害人非法剥夺他人的生命权，或者侵害他人的身体、健康，致使其丧失劳动能力的时候，不仅受害人本人遭受了直接侵害，而且在受害人对第三人负有扶养义务的时候，因受害人已经全部或部分无法履行该扶养义务，所以享有被扶养权利的第三人也必然遭受损害，此种损害与加害人的加害行为具有相当因果关系，自然应由加害人或其他赔偿义务人承担赔偿责任，对此种损害的赔偿即为“被扶养人生活费”。

被扶养人的生活费，以城镇居民人均消费性支出和农村居民人均年生活消费支出为标准计算，具体计算公式：①被扶养人生活费（未成年人）= 伤残指数（死亡的按100%计算）×受诉法院所在地上一年度城镇居民人均消费性支出和农村居民人均年生活消费支出×（18岁-年龄）÷抚养人数；②被扶养人生活费（无劳动能力又无其他生活来源的）= 伤残指数（死亡的按100%计算）×受诉法院所在地上一年度城镇居民人均消费性支出和农村居民人均年生活消费支出×20年÷抚养人数；③被扶养人生活费（60周岁以上）= 伤残指数（死亡的按100%计算）×受诉法院所在地上一年度城镇居民人均消费性支出和农村居民人均年生活消费支出×（20年-增加岁数）÷抚养人数；④被扶养人生活费（75周岁以上）= 伤残指数（死亡的按100%计算）×受诉法院所在地上一年度城镇居民人均消费性支出和农村居民人均年生活消费支出×5年÷抚养人数。

13. 财产损失

交通事故财产损失，是指交通事故造成财物损毁的实际价值，包括车辆、财物、道路、设施和牲畜等。实践中，对于车辆、财务等财产损失，须具有资质的评估机构进行财产损失评估。

14. 车辆停运损失费

车辆停运损失费，是指在道路交通事故中发生车辆的损害，如果受害人是以被损车辆用于货物运输或者旅客运输经营活动，则在被损车辆修复期间，受害人因无法进行正常的货物运输或者旅客运输经营而造成经济收入的减少，或者停运损失，由相关事故责任人对该损失进行赔偿。

车辆停运损失属于一种间接损失，受害人有权利要求交通事故责任人予以赔偿，这一赔偿应当以车辆停运期间实际发生的损失为限。

15. 精神损害赔偿

精神损害赔偿，是指民事主体因其人身权利受到不法侵害，使其人格利益和身份利益受到损害或遭受精神痛苦等无形损害，要求侵权人通过财产形式的赔偿等方法，进行救济和保护的民事法律制度。《最高人民法院关于确定民事侵权精神损害赔偿责任若干问题的解释》第10条规定：确定精神损害赔偿数额根据以下因素确定：（1）侵权人的过错程度，法律另外有规定的除外；（2）侵害的手段、场合、行为方式等具体情节；（3）侵权行为所造成的后果；（4）

侵权人的获利情况；（5）侵权人承担责任的经济能力；（6）受诉法院所在地的平均生活水平。但在司法实践中，法院在什么情况下会支持精神损害赔偿呢？通常是受害人的伤情已构成了伤残或导致死亡。那么赔偿的标准是多少呢？实践中，有的法院以受害人的伤残等级为参照标准，其精神损害赔偿费用从5000元至5万元不等。由于该项目的标准并没有有效的法律法规予以明确，故可根据各地司法实践中法院的审判惯例予以确定。

（五）道路交通事故人身损害赔偿的证据

作为道路交通事故人身损害赔偿纠纷的原告，要想自己诉讼请求中的各项赔偿得到法院支持，必须提供相应的证据，否则将会完全或者部分败诉。原告应提供的证据包括：（1）原、被告双方主体身份的证据，如受害人或其近亲属作为原告的证据，如身份证、户口本及其他能证明家庭关系的证明，以确认其为农村或城镇户口，确定残疾、死亡赔偿金和被抚养人生活费标准。确定被告的证据，如行驶证、驾驶证；有挂靠公司的，还须提供挂靠合同；保险合同（保险单）等。（2）交通事故发生的证据，如交通事故责任认定书、公安机关处理交通事故的卷宗、交通事故赔偿调解书等。（3）人身损害损失的证据，如医院出具的疾病诊断证明书、出院证明书、转院证明书等相关病历及具体用药清单、医疗费发票、伤者误工及工资证明等。（4）被扶养人生活费证明，提供死者生前或伤残者丧失劳动能力前所实际抚养的、没有其他生活来源的人的姓名、性别、年龄、住址，及该被抚养人是否还有其他抚养人的证明材料。（5）伤残赔偿金及后续治疗费，应提交具有资质的鉴定机构出具的伤残等级的鉴定意见书、后续治疗费的评估意见书。（6）残疾辅助器具费，提交配置机构意见，其中明确更换周期、年限、每年的维护费用等。（7）死亡赔偿金，如死亡医院证明、户口注销证明等。

特别注意的是，对于经常居住城镇的农村居民，要想其伤残赔偿金、误工费、被扶养人生活费、死亡赔偿金等赔偿金额按照城镇标准计算，还需提供在城镇连续居住满1年以上的证据，如暂住证、劳动合同。作为原告的律师应当清楚，一般来说，城镇与农村的收入、消费数据都有将近3倍的差距。如果原告的情况符合在城镇居住的农村居民的情形，并准备相应的证据证明，将能最大限度维护原告的合法权益。

作为被告的代理律师，主要职责是对原告提供的证据质证、提出质疑，以排除原告赔偿中不合理的部分，以维护被告的合法权益，如对医疗费中不合理的部分提出异议，质疑伤残鉴定意见是否真实客观，原告赔偿的项目及计算标准是否合理合法等。

示例文书一：

民事委托代理协议

甲方：(基本信息)

乙方：×××律师事务所（基本信息）

甲方因与×××纠纷一案，根据中华人民共和国《合同法》、《民事诉讼法》、《仲裁法》和《律师法》等有关法律的规定，聘请乙方的律师作为委托代理人。

甲乙双方按照诚实信用原则，经协商一致，立此合同，共同遵守。

第一条　委托代理事项：……

第二条　委托代理权限：……（一般代理或者特别代理）

第三条　乙方的义务：……

第四条　甲方的义务：……

第五条　律师代理费

经双方协商同意，甲方向乙方方支付律师代理费××元。

支付方式为：……

第六条　工作费用

乙方律师办理甲方委托代理事项所发生的下列工作费用，应当由甲方承担：……

(或者：甲方一次性支付×××元人民币，乙方包干使用上述工作费用)

第七条　合同的解除

甲乙双方经协商同意，可以变更或者解除本合同。

乙方有下列情形之一的，甲方有权解除合同：……

甲方有下列情形之一的，乙方有权解除合同：……

第八条　违约责任

乙方有下列情形之一的，甲方有权要求受托方退还部分或者全部已付的律师费：……

乙方律师因工作失职、失误导致甲方蒙受重大损失，乙方应当通过其投保的执业保险向甲方承担赔偿责任。

甲方无正当理由不支付律师费或者工作费用，或者无故终止合同，乙方有权要求甲方支付未付的律师费、未报销的工作费用以及延期支付的利息。

甲方不得以如下非正当理由要求乙方退费：……

第九条　争议的解决：……

第十条　通知和送达：……

第十一条　合同的生效

本合同一式两份，甲乙双方各执一份，自甲乙双方代表签字并加盖公章之日起生效，至本协议第一条约定案件一审、二审、再审、执行终结日，或乙方完成甲方所委托的该代理事项；或双方约定的其他情况为止。

甲方：×××　　　　　　　　　　乙方：×××律师事务所

××××年×月×日　　　　　　　　××××年×月×日

示例文书二：

民事起诉状

原告：朱××，女，××××年×月××日出生，汉族，住××。

原告：肖××，男，××××年×月××日出生，汉族，住××。

被告：吕××，男，××××年×月×日出生，住××。

被告：××财产保险股份有限公司××分公司。

法定代表人：××，该公司经理。

诉讼请求：

1. 依法判令被告赔偿原告医疗费、误工费、护理费、住院伙食补助费、交通费、营养费、丧葬费、死亡赔偿金、精神损害抚慰金等共计人民币×××元；

2. 本案诉讼费用由被告负担。

事实与理由：

……

此致

××县人民法院

具状人：×××

××××年×月×日

示例文书三：

民事答辩状

答辩人：×××

被答辩人：××

答辩人×××就被答辩人起诉借款合同纠纷一案,提出答辩意见如下：

答辩人不应承担保证责任,请求法庭驳回原告的诉讼请求。理由如下：

第一，……

第二，……

综上所述，本案借款合同已超过诉讼时效，而保证合同又从属于借款合同，因而答辩人享有了主债务人××的诉讼时效抗辩权，因此答辩人不应承担保证责任，请求法庭依法驳回原告的诉讼请求。

答辩人：×××

××××年×月××日

示例文书四：

民事代理词

尊敬的审判长、审判员：

依据我国民事诉讼法的规定，本人根据原告的委托，担任本案的诉讼代理人，依法参加本案诉讼活动。现根据庭审情况，向法庭提出如下代理意见，供合议庭参考。

一、原告给付被告×××元彩礼的事实是真实的。

1. 证人×××的证言。……

2. ……

二、其他诉讼请求

……

综上所述，根据《最高人民法院关于适用〈中华人民共和国婚姻法〉若干问题的解释（二）》第十条之规定，……（提出诉讼请求）

代理人：××律师

××××年×月××日

示例文书五：

民事上诉状

上诉人（原审被告）：邵××，男，汉族，××××年×月××日出生，住××省××县××村。

被上诉人（原审原告）：陈××，男，汉族，××××年×月××日出生，住××省××市××村。

被上诉人（原审被告）：××省××运输车队。

被上诉人（原审被告）：××财产保险股份有限公司。

法定代理人：张××，该公司经理。

上诉人因不服××省××县人民法院（2011）×民初字第××号民事判决书，特提出上诉。

请求事项：

1. 请求依法撤销××省××县人民法院作出的（2011）×民初字第××号民事判决书。

2. 由被上诉人承担本案诉讼费及上诉人因上诉支出的相关费用。

事实及理由：

一、原审法院审理程序违法

……

二、原审判决认定事实不清

……

综上所述，一审法院审理此案在程序上违法、事实上不清的情况下作出判决，根据《中华人民共和国民事诉讼法》之规定，特诉至贵院，请求依法判决。

此致

××市中级人民法院

上诉人：×××

××××年×月××日

示例文书六：

民事二审代理词

审判长、审判员：

××律师事务所依法接受王××的委托，指派我们担任其与被上诉人（一审原告）的借款合同纠纷一案的二审诉讼代理人，出庭参加诉讼活动。通过仔细审阅分析本案相关材料、法律法规及一审判决，我们认为上诉人的上诉没有事实依据和法律依据，请求依法驳回其上诉请求。现代理人为维护上诉人的合法权益，履行代理人职责，根据本案客观事实和有关法律规定，发表如下代理意见，供法庭予以参考

一、上诉人认为“原判事实未查清，严重歪曲事实”，此上诉理由明显不能成立。

……

二、上诉人提出的“原判适用法律不当”是对法律的错误理解

……

三、上诉人认为“原审判决赔偿数额过高”的说法，没有法律依据

……

综上所述，一审法院认定事实清楚，适用法律准确。为此，为维护被上诉人的合法权益，请求贵院依法驳回上诉人的请求，维持原判。

此致

××市第二中级人民法院

代理人：×××律师

××××年×月××日

示例文书七：

强制执行申请书

申请人：张××，男，汉族，××××年××月××日生，住××市××区××村××号。

被申请人：陈××，男，汉族，××××年×月××日生，住××市××区××号楼××单元。

请求事项：

1. 依法采取强制执行措施，责令被申请人履行（2012）×民终字第×××号民事判决书；

2. 本案执行费用由被申请人承担。

事实和理由：

申请人张××与被申请人陈××因排除妨害纠纷一案，业经××市××区人民法院于××××年×月××日作出（××××）×民初字第×××号民事判决书，判令被申请人陈××搬离申请人张××所有的位于××区××路×号房屋，并一次性支付申请人损失费×××元整。后因被申请人不服一审判决，向××市中级人民法院提起上诉。××中级人民法院于2012年×月×日作出（2012）×民终字第×××号民事判决书，依法维持了一审判决。该判决现已生效，但被申请人仍拒不履行判决确定的义务。故申请人现依据《民事诉讼法》第212条之规定，特向贵院申请予以强制执行。

此致

××市××区人民法院

申请人：×××

××××年×月×日

示例文书八：

民事再审申请书

申请人（原审原告、二审上诉人）：罗××，男，××××年×月×日出生，汉族，住××。

申请人（原审原告、二审上诉人）：李××，女，××××年×月×日出生，汉族，住××。

被申请人（原审被告、二审被上诉人）：××市××房地产开发有限公司

住所地：××市××区××大道××号。

法定代表人：××，董事长。

申请人因商品房预售合同纠纷一案，不服××区人民法院（××××）×民二初字第××号民事判决和××市中级人民法院（××××）

×民终字第××号民事判决，特依法向贵院提出申请再审。

再审请求：

一、裁定中止原二审判决的执行，依法改判。

二、原一、二审诉讼费用均由被申诉人承担。

事实与理由：

一、原一、二审判决程序严重违法，且影响了案件的正确判决。

……

二、原一、二审判决认定事实错误。

……

三、原一、二审判决适用法律错误。

……

综上所述，申请人认为：原一、二审判决程序严重违法且认定事实错误和适用法律不当。人民法院作为国家的审判机关，应当“以事实为根据，以法律为准绳”处理案件，然而原一、二审法院歪曲事实作出判决，很难以理服人。有鉴于此，根据《中华人民共和国民事诉讼法》第二百条的有关规定，申请人特向贵院提出再审申请，请求贵院在查清事实的基础上依法改判，以维护法律的尊严，切实保护申请人的合法权益。

此致

××高级人民法院

申请人：×××

××××年×月××日

第三章 律师行政诉讼实务

行政诉讼，也即所谓的“民告官”，是指公民、法人或者其他组织，认为行政机关的行政行为侵犯其合法权益而以该机关为被告依法起诉到人民法院，由后者依法审理并作出裁判的司法活动。行政诉讼是解决行政争议，保障行政相对人合法权益的重要法律制度。对于律师而言，代理行政诉讼是一项富有挑战性的工作。诚如龚祥瑞先生所言：“行政诉讼要靠我们的行政法官、我们的出庭律师、我们的自觉的原告和被告心灵神往、不约而同地融合，决非任何一张法律文件的作者自称的杰作所能望其项背，更不消说穷其究竟了。”① 随着我国社会主义法治建设进程的推进，依法行政观念已深入人心，越来越多的行政相对人开始通过法律寻求救济，行政诉讼业务也成为了律师的一项举足轻重的法律业务。

本章从律师代理行政诉讼角度入手，阐述律师在办理行政诉讼中应掌握和注意的法律问题和业务技能。由于诉讼的各个环节和阶段的工作、技能，在民事诉讼领域已经详细论述，因而本部分只对行政诉讼中的特殊问题进行分析，对于本部分未涉及的一般性问题，请参照律师民事诉讼实务的相关内容。

第一节 律师代理原告的工作

行政诉讼中，原、被告地位是恒定的，原告为行政相对人（即所谓“民”），被告为行政主体（即所谓“官”），双方在行政诉讼中的角色和关注的问题各具特色，从而决定了律师代理原告或者被告时的工作也不一样。本节主要围绕行政诉讼这一特殊性，讨论律师代理原告时的主要工作。

① 龚祥瑞主编：《法治的理想与现实》，中国政法大学出版社 1993 年版，第 343~344 页。

一、收案阶段——审查能否接受委托

通过与当事人在咨询时的交流与沟通，律师应当根据了解到的信息，判断当事人之事务是否能够提起行政诉讼，从而决定是否与当事人建立委托关系。

(一) 审查争议的行政行为是否属于行政诉讼的受案范围

行政诉讼的受案范围，是指行政相对人可以提起行政诉讼的行政行为的范围，即为可诉的行政行为的范围。律师在解答当事人咨询时，应尽快地判断出争议的行政行为的可诉性。

根据行政诉讼法、国家赔偿法的相关规定，可诉的行政行为包括：(1) 对行政拘留、暂扣或者吊销许可证和执照、责令停产停业、没收违法所得、没收非法财物、罚款、警告等行政处罚不服的；(2) 对限制人身自由或者对财产的查封、扣押、冻结等行政强制措施和行政强制执行不服的；(3) 申请行政许可，行政机关拒绝或者在法定期限内不予答复，或者对行政机关作出的有关行政许可的其他决定不服的；(4) 对行政机关作出的关于确认土地、矿藏、水流、森林、山岭、草原、荒地、滩涂、海域等自然资源的所有权或者使用权的决定不服的；(5) 对征收、征用决定及其补偿决定不服的；(6) 申请行政机关履行保护人身权、财产权等合法权益的法定职责，行政机关拒绝履行或者不予答复的；(7) 认为行政机关侵犯其经营自主权或者农村土地承包经营权、农村土地经营权的；(8) 认为行政机关滥用行政权力排除或者限制竞争的；(9) 认为行政机关违法集资、摊派费用或者违法要求履行其他义务的；(10) 认为行政机关没有依法支付抚恤金、最低生活保障待遇或者社会保险待遇的；(11) 认为行政机关不依法履行、未按照约定履行或者违法变更、解除政府特许经营协议、土地房屋征收补偿协议等协议的；(12) 认为行政机关侵犯其他人身权、财产权等合法权益的。除以上规定外，人民法院受理法律、法规规定可以提起诉讼的其他行政案件。

如果律师了解到所争议的行政行为不具可诉性，应告知当事人其无法通过行政诉讼实现权利救济，因而无法与其建立委托关系。根据新行政诉讼法、最高人民法院《关于执行〈中华人民共和国行政诉讼法〉若干问题的解释》(以下简称《行政诉讼解释》) 的规定，人民法院不受理公民、法人或者其他组织对下列事项提起的诉讼：(1) 国防、外交等国家行为；(2) 行政法规、规章或者行政机关制定、发布的具有普遍约束力的决定、命令；(3) 行政机关对行政机关工作人员的奖惩、任免等决定；(4) 法律规定由行政机关最终裁决的行政行为；(5) 公安、国家安全等机关依照刑事诉讼法的明确授权实施的行为；(6) 调解行为以及法律规定的仲裁行为；(7) 不具有强制力的行政指导行为；(8) 驳回当事人对行政行为提起申诉的重复处理行为；(9) 对公民、法人或者其他组织的权利义务不产生实际影响的行为。

随着社会的发展，行政行为的类型和内容也随之变化，有时判断争议行政行为的可诉性并不容易，因此需要律师细致深入地研究之后方能判断。而且，实践中的行政行为千差万别、复杂多变，极其不容易分辨，判断行政行为的可诉性并非如法条规定得那么简单，不是一朝一夕就能办到的，这就要求律师不断加强自身技能。因此，若遇到对行政行为可诉性的判断有争议时，应与当事人充分沟通与解释，特别是在此种情况下，当事人坚持与律师事务所建立委托关系时，应当向当事人充分揭示其所争议的行政行为可能不被人民法院受理的风险，并尽可能得到当事人的接受与理解。

(二) 审查争议的行政行为是否属于复议前置的行政行为

行政复议，是指行政复议机关对公民、法人及其他组织认为侵犯其合法权益的行政行为，基于申请而予以审查并作出相应决定的活动。它是目前世界各国普遍存在的一种重要的行政救济机制。新《行政诉讼法》第 44 条规定，对属于人民法院受案范围的行政案件，公民、法人或者其他组织可以先向行政机关申请复议，对复议决定不服的，再向人民法院提起诉讼；也可以直接向人民法院提起诉讼。法律、法规规定应当先向行政机关申请复议，对复议决定不服再向人民法院提起诉讼的，依照法律、法规的规定。根据上述规定，律师应在结合案件实际的基础上，审查争议的行政行为是否具有以下情形：

1. 争议的行政行为是否属于行政复议前置的行为。根据现行的法律法规，属于行政复议前置的行政争议主要有：第一，对国务院部门或者省、自治区、直辖市人民政府的具体行政行为不服的，向作出该具体行政行为的国务院部门或者省、自治区、直辖市人民政府申请行政复议。对行政复议决定不服的，可以向人民法院提起行政诉讼；也可以向国务院申请裁决，国务院依照本法的规定作出最终裁决。第二，自然资源所有权、使用权确认争议。公民、法人或其他组织认为行政机关的具体行政行为侵犯其已经依法取得的土地、矿藏、水流、森林、山岭、草原、荒地、滩涂、海域等自然资源的所有权或者使用权的，应当先申请行政复议；对行政复议决定不服的，可以依法向人民法院提起行政诉讼。第三，纳税争议。纳税人、扣缴义务人、纳税担保人同税务机关在纳税上发生争议时，必须先依照税务机关的纳税决定，缴纳或者解缴税款及滞纳金或者提供相应的担保，然后可以依法申请行政复议。第四，审计决定争议。第五，专利复审委员会复审前置。

2. 争议的行政行为是否已经申请行政复议。如果争议的行政行为不属于行政复议前置，但申请了行政复议，可分情况处理：申请行政复议又提起行政诉讼的，应由先受理的机关管辖，同时受理的，由当事人选择；当事人已经申请了行政复议，又提起行政诉讼的，人民法院不予受理。但复议后经过复议机关同意撤回复议申请，在法定期限内对原具体行政行为起诉的，法院应当受理。

3. 争议的行政行为是否属于行政终局裁决行为。首先，行政终局裁决行为属于不可诉的行政行为范围，即使行政相对人申请了行政复议且作出了复议裁决，其仍不可以提起行政诉讼，因此律师也不能与其建立委托关系，代理提起行政诉讼。

总而言之，律师在与当事人的交谈中，需全面了解所争议的行政行为的性质和状态，是否已经申请行政复议或者属于行政复议前置，以便确定能否接受当事人的委托。

（三）审查争议的行政行为是否在法定的诉讼时效内

起诉超过法定期限且无正当理由再行起诉的，人民法院将不予受理。行政诉讼中原告超过起诉期限的，丧失的是诉权，这有别于民事诉讼中的诉讼时效。① 因此，审查起诉的法定期限是律师在接受委托阶段的一个重要工作。若发现所争议的行政行为已经超过法定的起诉期限，应明确告知当事人并提示其采取其他救济途径。

根据现行的行政诉讼法及相关规定，律师审查行政诉讼的法定起诉期限时，应分以下情况考虑：

1. 当事人对复议不服的起诉期限

当事人不服复议决定的，且告知其诉权和起诉期限的，起诉期限为自收到复议决定书之日起 15 日。复议机关逾期不作决定的，当事人可以在复议期满

---

① 民事诉讼时效规定于民事实体法中，超过时效当事人并不丧失程序上的“诉权”，只是在经查实后丧失实体上的“胜诉权”，它与行政诉讼起诉期限在性质、立法目的、起算时间、适用规则等方面均有区别；而且，根据 2008 年最高人民法院《关于审理民事案件适用诉讼时效制度若干问题的规定》，当事人未提出诉讼时效抗辩，人民法院不应对诉讼时效问题进行释明及主动适用诉讼时效的规定进行裁判。

之日起 15 日内向人民法院提起诉讼。

2. 当事人直接向法院提起诉讼的起诉期限

当事人对行政行为不服，直接向人民法院提起行政诉讼的，起诉期限为从知道或应当知道作出行政行为之日起 6 个月内。因不动产提起诉讼的案件，自行政行为作出之日起超过 20 年、其他案件从作出之日起超过 5 年提起诉讼的，人民法院不予受理。

3. 行政机关不作为案件的起诉期限

不作为案件，通常分为法定期限内不履行和拖延履行两种情形。2000 年《关于执行〈中华人民共和国行政诉讼法〉若干问题的解释》第 39 条第 1 款规定："公民、法人或者其他组织申请行政机关履行法定职责，行政机关在接到申请之日起 60 日内不履行的，公民、法人或者其他组织向人民法院提起诉讼，人民法院应当依法受理。法律、法规、规章和其他规范性文件对行政机关履行职责的期限另有规定的，从其规定。"依照上述规定，行政机关的行政职责因申请产生的，起诉期限的计算从行政机关收到申请之日 60 日期满后计算，有特别规定的从其规定。行政职责不因申请产生的，起诉期限的计算从行政职责开始时计算。具体案件的处理中，首先应由原告提交证据证明向行政机关要求履行职责，被告如果主张原告起诉超过起诉期限的，再由被告承担举证责任。

另外，根据《行政诉讼法》第 48 条的规定："公民、法人或者其他组织因不可抗力或者其他不属于其自身的原因耽误起诉期限的，被耽误的时间不计算在起诉期限内。公民、法人或者其他组织因前款规定以外的其他特殊情况耽误起诉期限的，在障碍消除后 10 日内，可以申请延长期限，是否准许由人民法院决定。"因此，律师若发现存在诉讼时效中止的情形，应及时向人民法院申请，以避免当事人的起诉因超过诉讼时效而无法被人民法院受理。

（四）审查争议的行政行为是否存在限制起诉的情形

司法实践中，为了节约司法成本，同时防止恶意诉讼，使法院陷入诉累，法律对可诉的具体行政行为作出了起诉限制，如重复起诉，即是以同一事实与理由再次起诉。《关于执行〈中华人民共和国行政诉讼法〉若干问题的解释》第 36 条第 1 款规定："人民法院裁定准许原告撤诉后，原告以同一事实和理由重新起诉的，人民法院不予受理。"如果律师发现存在撤诉的情形，应考虑并建议当事人能否变更诉讼的事实与理由，否则将面临案件不被受理的风险。另外，实践中也有当事人已经在人民法院提起行政诉讼，又想聘请律师在另一法院起诉，此时律师应拒绝代理。除非已经立案的行政诉讼存在瑕疵，律师可与当事人商讨补救的办法。

二、撰写行政起诉状

行政起诉状是提请人民法院立案的最基本的法律文书，也是律师的一项基本工作内容。

（一）确定原告

行政诉讼原告，是指对行政行为不服，依照行政诉讼法的规定向人民法院起诉的利害关系人。但是，并非任何不服行政行为的当事人，均能作为原告提起行政诉讼，这取决于当事人是否具有原告的资格，因此律师必须审查当事人是否具有原告资格。根据《关于执行〈中华人民共和国行政诉讼法〉若干问题的解释》（以下简称 2000 年《行政诉讼法解释》）第 12 条之规定，与行政行为有法律上利害关系的当事人对该行为不服时，可以依法提起行政诉讼。所谓“法律上的利害关系”，即行政法律上的权利义务关系。当事人的权利义务受到行政行为的影响，即可以认为存在着法律上的利害关系。

具体而言，原告资格的要件为：（1）起诉人须是自己的合法权益受到侵害的人。任何一种诉讼的发生必须有合法权益受到侵害的人，只有合法权益受到了侵害，才有必要通过诉讼途径解决。（2）起诉人与行政行为之间具备法律上的利害关系。法律上的利害关系即法律上的权利、义务关系，起诉人合法权益所受到的影响、损害，必须是由行政行为造成的，两者之间存在着相当因果关系。如行政处罚的被处罚人就是行政相对人，即行政诉讼的原告。但与行政行为存在法律上利害关系的并不限于相对人，还包括相关人。行政行为所直接针对的人可称为相对人，他们或者是行政行为的受领人，或者是行政行为的发动人（如申请人），均是直接、明显地受行政行为影响的人，而相关人则是相对人之外的受行政行为效力影响的人。相对人具有原告资格不难理解。相关人与行政行为之间的联系则不如相对人那样明显，但是在其合法权益受到行政行为损害时，也应该与相对人一样享有原告资格。这也正是司法解释赋予相邻人、公平竞争权人、受害人和信赖利益人等以原告资格的原因。虽然与行政行为有法律上利害关系的人不限于相对人，还包括相关人，但是相关人的范围也不能无限制地扩大。只有相对人或相关人，尤其是相关人的权益损害与行政行为之间的联系，达到相当因果关系程度时，才享有原告资格。

（二）确定被告

虽然行政法规及司法解释对适格的被告进行了规定，但行政机关是一个庞大复杂的组织系统，内部组成机构各式各样，行政行为更是千变万化，在不同的情况下，针对不同的行政行为起诉，被告人都会有所不同。因此，实践中选择适格的被告并非一件易事。但律师可以从以下方面来把握：

1. 被告确认的原则。被告的确定要遵循以下两个原则：（1）必须是被诉行政行为的实施者，即要求"谁行为，谁被告"，行政行为的实施者是谁，谁才能成为被告。如经过复议的行为，复议机关维持原行政行为的，原行为机关是被告，因为此时公民不服起诉的是原行政行为；复议机关改变原行政行为的，复议机关为被告，因为此时原行为已被复议机关新作出的行为所取代，公民所诉的其实是复议机关新作出的行为，当然应以复议机关为被告。（2）行为实施者必须具有行政主体资格，即"谁主体，谁被告"。① 行政主体理论要求行政主体必须拥有法律、法规或规章授予的行政权力，具备独立承担法律责任的能力（如独立的财政拨款）。因此如果行政行为的实施者，不具备相应的来自法律、法规或者规章授予的行政权力，那么就不能作被告，此时承担行政行为法律效果的行政主体，或者行政权力归属的行政主体才能作为被告。如授权与委托的情况，法律法规授权的组织因授权而取得行政主体地位，故其所实施的行为应由该组织作被告；而行政机关委托的组织，因委托并不意味着取得行政主体资格，受托者必须要以委托者的名义行使职权，故其行为应由委托的行政机关作被告。

2. 被告的确认。明确了被告确认的规则，律师便可以此为指导，结合争议的行政行为的情况确认具体的行政诉讼被告：

第一，经批准行政行为的被告确定。实践中，有时下级行政机关或者法律、法规授权的组织作出一行政行为之前，需要经过上级行政机关的批准，这种情形下就存在由谁作被告的问题。当事人不服经上级机关批准的行政行为，向人民法院提起诉讼的，应当以在对外发生法律效力的文书上署名的机关为被告。也就是说，谁在对外发生法律效力的文书上署名，经批准的行政行为就视为是谁的行为，谁就是被告。这种形式化的标准，既方便起诉人选择适合的被告，也可以使行政机关加强责任行政意识。

第二，行政复议机关不作为情形下的被告确定。行政复议机关在受理了行

① 参见马怀德主编：《行政诉讼法学》，北京大学出版社 2012 年版，第 197 页。

政复议申请以后，必须在60日（或法律规定的更短的时间）的法定期限内审查被申请行政行为的合法性和适当性，并作出复议决定。如果行政复议机关在法定期间不作复议决定，就存在着当事人以谁为被告起诉的问题。以谁为被告，应该首先取决于当事人，即其如果对原行政行为不服的，作出行政行为的行政机关是被告；如果对行政复议机关法定期间内不作为行为不服的，行政复议机关是被告。

第三，行政机关新组建机构的被告确定。在市场经济发展过程中，许多地方政府为适应行政管理的需要，组建了诸如跨部门联合管理机构等新的行政机构，并赋予其相应的行政权力，这就产生了如果公民、法人或其他组织不服这些机构的行政行为，谁有资格作被告的问题。依据“谁主体，谁被告”的规则，如果这些组建的机构是行政主体，就能作被告；如果没有行政主体资格，则被告是组建该机构的行政机关。

第四，内设机构和派出机构的被告确定。内设机构和派出机构均属行政机构，他们是否能作被告，主要看其是否行政主体。如果具备行政主体资格，则可以作被告；如果没有，被告则是内设机构或者派出机构所属的行政机关。

第五，行政机关与非行政机关共同署名的情形下的被告确定。实践中，常有行政机关与非行政机关共同署名作出行政行为的情形。一般而言，如果非行政机关不具备行政主体资格，那么被告只能是行政机关；如果非行政机关也具有行政主体资格，那么行政机关和非行政机关可以作共同被告。

第六，行政机关被撤销情形下的被告确定。行政机关被撤销的，由继续行使其职权的行政机关为被告。因为行政机关可以撤销，但职权不能撤销，只能发生转移，而职权与职责应当一致。因此，继续行使其职权的行政机关，既然承受了被撤销的职权，自然也应当履行其作被告的职责。

（三）具体、准确的诉讼请求

作为原告代理律师，一般可以提出以下诉讼请求：

（1）请求撤销原行政行为，并要求行政机关重新作出行政行为。新《行政诉讼法》第70条第1款规定：“行政行为有下列情形之一的，人民法院判决撤销或者部分撤销，并可以判决被告重新作出行政行为：（一）主要证据不足的；（二）适用法律、法规错误的；（三）违反法定程序的；（四）超越职权的；（五）滥用职权的；（六）明显不当的。”

（2）要求行政机关履行法定职责。它适用于被告不履行或者拖延履行法定职责的情形。新《行政诉讼法》第72条规定：“人民法院经过审理，查明被告不履行法定职责的，判决被告在一定期限内履行。”第73条规定：“人民法院经过审理，查明被告依法负有给付义务的，判决被告履行给付义务。”

(3) 确认行政行为违法。新《行政诉讼法》第74条规定：“行政行为有下列情形之一的，人民法院判决确认违法，但不撤销行政行为：(一) 行政行为依法应当撤销，但撤销会给国家利益、社会公共利益造成重大损害的；(二) 行政行为程序轻微违法，但对原告权利不产生实际影响的。行政行为有下列情形之一，不需要撤销或者判决履行的，人民法院判决确认违法：(一) 行政行为违法，但不具有可撤销内容的；(二) 被告改变原违法行政行为，原告仍要求确认原行政行为违法的；(三) 被告不履行或者拖延履行法定职责，判决履行没有意义的。”

(4) 确认行政行为无效。新《行政诉讼法》第75条规定：“行政行为有实施主体不具有行政主体资格或者没有依据等重大且明显违法情形，原告申请确认行政行为无效的，人民法院判决确认无效。”

(5) 判决变更。新《行政诉讼法》第77条第1款规定：“行政处罚明显不当，或者其他行政行为涉及对款额的确定、认定确有错误的，人民法院可以判决变更。”

(四) 事实与理由

事实与理由是行政起诉状的核心部分，一般应当包含以下内容：第一，对被诉行政行为的简要陈述；第二，认为被诉行政行为违法的理由；第二、明确提出不服行政行为的表示。(文书式样参见章后“示例文书一”)

制作一份优秀的行政起诉状，并非上文所述得那么简单，需要律师在实践中不断地积累和学习。此外，行政诉讼中，律师制作的法律文书并非仅仅限于行政起诉状，还有停止执行申请书、财产保全申请书等文书，但由于用到的较少，此处不再一一介绍。

三、收集证据

通说认为，行政诉讼的举证责任由作为被告的行政主体承担。① 尽管行政诉讼中，由被告对被诉行政行为的合法性承担举证责任，但并不意味着原告就无须提供任何证据。

---

① 参见应松年主编：《行政诉讼法学》，中国政法大学出版社2002年版，第127页。

(一) 原告应当提供的证据

根据2000年《行政诉讼法解释》第27条的规定，原告对下列事项承担举证责任：证明起诉符合法定条件，但被告认为原告起诉超过起诉期限的除外；在起诉被告不作为的案件中，证明其提出申请的事实；在一并提起的行政赔偿诉讼中，证明因受被诉行为侵害而造成损失的事实；其他应当由原告承担举证责任的事项。下面逐一予以分析。

1. 证明起诉符合法定条件

根据行政诉讼法的规定，行政相对人提起行政诉讼必须符合一些法定条件，根据《行政诉讼法》第49条的规定："提起诉讼应当符合下列条件：(一) 原告是符合本法第二十五条规定的公民、法人或者其他组织；(二) 有明确的被告；(三) 有具体的诉讼请求和事实根据；(四) 属于人民法院受案范围和受诉人民法院管辖。"

由此可见，行政诉讼案件立案时，行政相对人应当承担证明其起诉符合一定法定要件的举证责任，否则就不能启动行政诉讼程序。如行政相对人认为行政机关的行政行为侵犯其合法权益，则应提供证据证明该行政行为的存在，提交被诉行政行为的书面文本的原件或者复印件就是其中一种方式。

2. 证明不作为案件中提出申请的事实

行政不作为，是指行政主体负有某种作为的法定义务，并且具有作为的可能性而在程序上逾期有所不为的行为。①"不作为"案件的行政诉讼，是因被告负有法定职责而不作为，可能侵害原告的合法权益而引起的诉讼。依据2000年《行政诉讼法解释》的规定，原告在起诉被告不作为案件时，证明向行政机关提出申请的事实的举证责任由原告承担，原告不仅要提供证据证明其在行政程序中曾经提出申请的事实，而且必须举证证明行政机关收到了原告的申请，但也有例外情形。根据最高人民法院《关于行政诉讼证据若干问题的规定》(以下简称《行政诉讼证据规定》) 第4条的规定，"被告应当依职权主动履行法定职责的"，以及"原告因被告受理申请的登记制度不完备等正当事由不能提供相关证据材料并能够作出合理说明的"这两种情形下，可以免除原告的举证责任。

3. 证明被诉行政行为造成损害

在行政赔偿诉讼中，原告不承担被诉行政行为与损害事实之间存在因果关

---

① 周佑勇：《行政不作为判解》，武汉大学出版社2000年版，第18页。

系的举证责任，其主要对以下事实承担举证责任：①被告实施的行政行为或被告侵犯原告权利的事实；②原告的人身权、财产权受到损害的事实；③原告权利受损害程度的事实；④损害赔偿依据的事实；⑤原告主张的事实；⑥在单独提起的行政赔偿诉讼中，原告还应对以下两方面事实负举证责任：其一，加害行为为行政行为的，该行为已被确认为违法；其二，赔偿义务机关已先行处理或超过法定期限不予处理。

（二）原告应积极收集的证据

虽然证明被告行政机关所作的行政行为的合法性，并不是原告的举证责任，但作为行政诉讼的发起者，原告是行政行为的相对人，较他人更为清楚案件事实，从追求胜诉的角度，原告应当主动搜集行政行为违法方面的证据。否则，如果行政机关提供了充分的证据证明其行政行为合法，且隐藏了对其不利的证据，原告又未能提供行政行为违法方面的证据，那么，原告将承担败诉风险或不利后果。因此，律师作为原告诉讼代理人，应当积极收集被诉行政行为违法的事实及证据。而且《行政诉讼证据规定》第 6 条规定，原告可以提供证明被诉行政行为违法的证据。原告提供的证据不成立的，不免除被告对被诉行政行为合法性的举证责任。由此，法律也赋予了行政诉讼原告可以提供证据证明被诉行政行为违法的权利。

律师除了自行收集证据外，还可以申请人民法院调查取证。《行政诉讼证据规定》第 23 条规定，原告或者第三人不能自行收集、但能够提供确切线索的，可以申请人民法院调取下列证据材料：（1）由国家有关部门保存而须由人民法院调取的证据材料；（2）涉及国家秘密、商业秘密、个人隐私的证据材料；（3）确因客观原因不能自行收集的其他证据材料。

律师在完成行政起诉状撰写和证据收集工作之后，便可以携带行政起诉状、立案时必备的证据、授权委托书、律师事务所函等材料前往人民法院立案，启动行政诉讼程序。在司法实践中，各地区的人民法院对立案时证据的要求不一样，因而，律师应结合执业地区的实际情况准备并提交证据。

此外，与律师在民事诉讼实务中一样，律师在参加法庭审理之前，还需开展编写质证提纲、示证提纲及拟定诉讼策略等工作，这些均在民事诉讼实务中提及，在此不再赘述。

四、参加法庭审理

行政诉讼因其特殊性，庭审中原告律师的工作也因此表现出不同的特点及侧重点。总体而言，律师在行政诉讼中参加法庭审理，应主要围绕案件事实进行举证和质证。①

（一）举证

行政诉讼中，人民法院主要审查被诉行政行为的合法性，而对行政行为合法性承担举证责任的是被告。但原告及其代理律师为了实现胜诉目的，也应积极收集并向法庭提供被诉行政行为违法的事实及证据。因此，在法庭审理时，律师应将收集到的证明被诉行政行为违法的事实，向法庭陈述并提交相应证据，以有效地反驳被告的证据和辩解。在向法庭提交证据时，应制作证据目录，并列明证据名称及所要证明的内容，具体做法及要求可参照民事诉讼中的相关内容。

（二）质证

原告提起行政诉讼的目的，是为了否定行政机关作出的行政行为的合法性，而被告则需提出行政行为合法的证据。因此，法庭上原告代理律师的重要工作之一，便是分析被告提供的证据的客观性、合法性和关联性，然后就证据的证据能力及证明力大小发表质证意见，以实现否定其证据的证明力的目的。具体如何质证，可结合《行政诉讼证据规定》的相关内容，参照民事诉讼实务中的质证进行。

（三）法庭辩论

律师在进行法庭辩论时，应围绕被诉行政行为的合法性这一中心进行，对案件事实和证据进行分析和评价，以驳斥被告的证据和依据，论证被诉行政行为违法，进而说服法官作出有利于己方的判决。

（四）提交代理词

在行政诉讼庭审结束后，律师应当在提前准备好的诉讼代理词的基础上，结合法庭上所进行的质证和法庭辩论观点，对自己撰写的代理词认真予以修改和完善，并提交审判庭。通过书面阐述己方的意见，能够快速、直白、有效地向审判人员表达自己的观点，进而为赢得判决奠定基础。（代理词文书式样参

① 参见胡志民主编：《律师制度与实务》，华东理工大学出版社 2013 年版，第 260～261 页。

见章后“示例文书二”）

第二节　律师代理被告的工作

在行政诉讼中，除了特殊情形外，被诉行政行为的合法性应当由被告进行举证；① 如果举证不能，则要承担败诉的法律后果。由于行政诉讼的特殊性，作为被告的代理律师，其工作重点与原告并有所不同。现将律师代理被告的主要工作进行介绍。

一、撰写行政答辩状

律师在撰写行政答辩状时，应结合案件情况，审查是否存在以下事实：被诉行政行为是否属于行政诉讼的受案范围；原告是否适格；原告是否在法定期限内起诉；被诉行政机关是否为适格的被告；是否存在重复起诉的情形；是否属于行政复议前置而未经复议；等等。律师如果发现存在上述情形，应在答辩状中明确提出。

一般来说，行政答辩状的事实与理由部分，主要包含以下方面：被诉行政行为认定事实是否清楚，证据是否充分；被诉行政行为适用法律是否正确；被诉行政行为是否符合法定程序；原告起诉状中提出的理由是否成立。实践中，最容易发生的问题是答辩不完整。（文书式样参见章后“文书示例三”）

二、准备证据

根据《行政诉讼证据规定》，被告对被诉行政行为的合法性承担举证责任，否则将承担败诉的不利后果。因此庭审中，被告必须通过大量证据证明其行政行为的合法性。作为被告的行政机关，其在行政诉讼中的核心工作，就是准备并提交证据，这也就决定了其代理律师的庭前工作重点。

根据行政诉讼法及《行政诉讼证据规定》，行政诉讼被告的举证责任体现在以下方面：第一，与被诉行政行为合法性有关的事实；第二，作出被诉行政行为的法律依据；第三，当被告行政机关与原告之间因起诉时效问题发生争议时，认为原告方起诉已超过法定起诉期限的事实。下面将具体分析被告代理律师的证据准备工作。

---

① 参见高家伟：《行政诉讼证据的理论与实践》，中国工商出版社 1998 年版，第 66~68 页。

（一）重点出示行政行为作出之前所取得的证据

行政机关在行政程序中应当遵守“先取证，后裁决”的原则，因此行政机关在作出某行政行为之前，应先取得实施该行政行为的证据，在证据充分、事实清楚的基础上正确适用法律，然后才能作出影响行政相对人权利、义务的决定。换而言之，在行政行为作出之前行政机关取得的证据，对行政行为的合法性起着决定的作用。同时，《行政诉讼证据规定》第 26 条规定，在行政诉讼中，被告对其作出的行政行为承担举证责任。

被告应当在收到起诉状副本之日起 10 日内提交答辩状，并提供作出行政行为时的证据、依据；被告不提供或者无正当理由逾期提供的，应当认定该行政行为没有证据、依据。而且 2000 年《行政诉讼法解释》第 30 条规定，被告及其诉讼代理人在作出行政行为后自行收集的证据，不能作为认定被诉行政行为合法的根据。因此，律师应当着重准备作出行政行为之前收集的证据。

收集证据是任何诉讼活动进行的正常活动，但在行政诉讼中有其特殊之处，即在诉讼过程中，被告不得自行向原告和证人收集证据。但这并不意味着行政行为作出之后，行政机关就不能收集证据。根据《行政诉讼法》第 39 条的规定，人民法院有权要求当事人提供或者补充证据。因此，被告经人民法院批准，仍可以在作出行政行为之后收集证据。但此处收集证据的范围是有限的，根据 2000 年《行政诉讼法解释》第 28 条的规定，具有下列情形之一的，被告经法院准许可以补充相关的证据：①被告在作出行政行为时，已经收集证据，但因不可抗力等正当事由不能提供的；②原告或者第三人在诉讼过程中，提出了其在被告实施行政行为过程中没有提出的反驳理由或者证据的。因此，在条件具备的情况下，律师可以向人民法院申请补充证据，进而收集被诉行政行为合法的证据。

（二）提供行政行为合法的事实和程序证据

行政行为必须遵循一定的程序规则。首先，行政机关需准备作出被诉行政行为程序合法的证据，即法定程序举证，如行政文书送达回证、审批程序表格等。行政行为可能因违反法定程序而被撤销，因此行政诉讼中被告必须提供行政行为程序合法的程序性证据。其次被告应准备作出行政行为的事实依据。行政行为的每一个事实要件，都应当有相应的证据支持。人民法院审查行政行为是否合法的一个重要方面，就是行政行为所认定的事实是否清楚、是否有证据支持。因此，行政机关准备并向法院提交作出行政行为的事实依据，是行政诉讼举证的一个重要方面。

（三）了解作出行政行为所适用的法律、法规和其他规范性文件

行政机关适用的法律、法规、规范性文件，一般而言范围大、条文多、专业性强，行政相对人对这些规范的了解受到很大限制，就是审判人员对这些规范也了解不够。所以，法律明文规定行政机关应向法院提供行政行为所适用的法律、法规和规范性文件。因此，律师应收集行政行为的法律依据，且认真研究其适用法律是否正确。在这一过程中，可以听取行政机关工作人员对适用法律的理解，加深自身对该法律依据的理解。

（四）提供行政行为属于其职权范围和是否滥用职权的证据

行政诉讼中，如果行政机关的职权范围法律规定明确，原、被告双方无争议，则被告不需要提供此类证据。如果原告提出行政机关超越职权范围，行使职权或滥用职权，庭审法官应指导被告提供行政机关是在职权范围内行使权力而且没有滥用职权的证据。

（五）提供原告起诉超过起诉期限的证据

根据《行政诉讼证据规定》的规定，被告认为原告起诉超过法定期限的，由被告承担举证责任。由被告对原告起诉是否超过起诉期限负有举证责任，有着充分的理由：第一，告知行政相对人即原告的诉权和起诉期限，是行政机关的法定义务。因此，如果行政机关未告知行政相对人诉权和起诉期限的，就应当推定为行政相对人不知道诉权和起诉期限。第二，行政机关向行政相对人作出行政行为后，应当向行政相对人发出行政行为文书，行政相对人应当对该文书签收；若拒绝签收，行政机关工作人员应当记录在卷，并由在场人签字或盖章予以说明；即使行政机关通过邮寄或公告方式送达，也应有相应的单据或书面存根加以佐证。第三，虽然行政诉讼法未明确规定被告对原告超过期限，负有举证责任，但根据“谁主张，谁举证”的通用法则，也应当由被告行政机关对原告起诉是否超过起诉期限负举证责任，以否定原告起诉的合法性，使人民法院裁定驳回起诉。

此外，律师在庭前准备工作中，有必要对行政行为所涉及的行政领域的专门性问题、技术环节进行全面细致的了解，必要时与行政机关进行充分沟通和讨论，加深对案件事实及证据、适用法律的理解，以为法庭辩论做好准备。

三、参加法庭审理

在法庭审理中，被告律师的工作主要，应围绕被诉行政行为的合法性展开，其核心工作集中在举证、质证、辩论阶段。具体而言，律师通过提交证据及对原告证据的质证，对被诉行政行为所涉及的事实、证据、适用法律等问题，进行充分说明与论证，以证明被告作出的行政行为认定事实清楚、证据确凿、适用法律正确，从而否定原告诉讼。（为便于理解，章后附被告代理词一份，具体可以参见“文书示例四”）

第三节 行政诉讼中的注意事项

鉴于行政诉讼具有特殊性，在法律规范的适用、执行、和解等方面，具有不同于民事诉讼和刑事诉讼的特点，下面重点介绍律师在代理行政诉讼中应注意的一些事项。

一、行政诉讼中法律适用的规则

行政诉讼法律适用的基本规则是，“人民法院审理行政案件，以法律、法规为审判依据，参照规章，对于合法有效的规章及其他规范性文件可以在裁判文书中引用”。不仅法律、法规有着适用上的规则，在行政规范性文件系统中也存在着效力位阶及适用规则等问题。① 据此，应当注意：

1. 法律、法规是行政审判的依据

所谓行政审判的依据，是指人民法院审理行政案件，对行政行为合法性进行审查和裁定必须遵循的根据。详言之，人民法院审理行政案件，审查行政行为是否合法、进而对其作出裁判时，在有法律、法规具体规定的情况下，法律、法规是人民法院直接适用的根据，人民法院无权拒绝适用，对法院作出判决有着绝对的约束力。

法律是国家最高权力机关制定的、在全国范围内具有普遍约束力的规范性文件。在我国法律规范层次体系中，法律的地位仅次于宪法，对一切国家机关都有约束力。

法规包括行政法规和地方性法规，其中行政法规是由国务院制定的，效力

① 行政规范的效力问题，可以参见周佑勇：《行政法原论》，中国方正出版社 2008 年版，第 267 页及以下。

仅次于宪法和法律、高于地方性法规；地方性法规是由省、直辖市、自治区人民代表大会及其常务委员会和省、自治区人民政府所在地及经国务院批准的较大的市人民代表大会及其常委会制定的。

自治条例和单行条例是民族自治地方的人民代表大会，依照宪法、民族区域自治法和其他法律、法规规定的权限，结合当地的政治、经济和文化特点所制定的规范性文件。它是各族人民行使民族自治权利的体现。自治条例和单行条例与地方性法规是处于同一级别的法律规范，人民法院在审理民族自治地方的行政案件时，应以其为依据。当然，地方性法规只在审理地方案件时适用。

2. 规章的参照适用

规章包括部门规章和地方政府规章两种。部门规章，是指国务院各部门根据法律和国务院的行政法规、决定、命令，在本部门的权限范围内制定的规范性文件；地方政府规章，是省、自治区、直辖市人民政府或省、自治区人民政府所在地的市及国务院批准的较大的市的人民政府，根据法律、行政法规和本省、自治区、直辖市的地方性法规制定的规范性文件。

规章在人民法院审理行政案件时起到参照作用。在行政诉讼法中，“参照”规章是与“依据”法律、法规相对的、具有特定含义的概念。“依据”是指人民法院审理行政案件时必须适用该规范、而不能拒绝适用；而“参照”则是指人民法院审理行政案件时，对符合法律、行政法规规定的规章予以适用，参照规章进行审理，并将规章作为审查行政行为合法性的根据；对不符合或不完全符合法律、法规原则精神的规章，人民法院有灵活处理的余地，可以不予适用。因此在某种程度上可以说，“参照规章”实际上赋予了法官对规章的审查权。

3. 其他规范性文件在行政诉讼中的地位

人民法院在行政审判中，可以对其他规范性文件予以参考，对于合法有效的其他规范性文件可以在裁判文书中引用。据此可见，人民法院在适用一般规范性文件时，拥有比对规章更大的取舍权力——规章符合法律、法规，人民法院必须参照适用；而人民法院参考其他规范性文件时只是考虑其规定，其他规范性文件仅具有辅助作用。

4. 人民法院对司法解释的援引

人民法院审理行政案件，适用最高人民法院司法解释的，应当在裁判文书中援引。司法解释，是最高人民法院对法律在审判中具体应用的问题所作的解释。如果法院根据司法解释判案，而在判决书中不加引用，将会大大降低判决书的说理性，难以让当事人信服，进而可能降低法院判决的公信力。

二、起诉不停止执行

《行政诉讼法》第 56 条第 1 款规定："诉讼期间，不停止行政行为的执行。但有下列情形之一的，裁定停止执行：（一）被告认为需要停止执行的；（二）原告或者利害关系人申请停止执行，人民法院认为该行政行为的执行会造成难以弥补的损失，并且停止执行不损害国家利益、社会公共利益的；（三）人民法院认为该行政行为的执行会给国家利益、社会公共利益造成重大损害的；（四）法律、法规规定停止执行的。"据此可以看出，我国行政诉讼制度确立了诉讼不停止执行这一规则。

一般情况下，对于那些一旦执行就难以回转、很难挽回或者有效补救的行政行为，原告在诉讼中，均应当向法院提出停止行政行为执行的申请，比如涉及人身自由的处罚。同时，对于某些不需要停止执行的行政行为，律师作为代理人，要提醒当事人及时履行行政行为确定的义务。

作为被告的律师，在诉讼过程中要及时根据案件实际情况，综合考虑行政机关在诉讼中面临的风险，及时提出预防和解决方案；如有需要，可向行政机关提出是否需要停止行政行为执行的意见和建议。一般而言，如果存在以下情形，律师可以建议行政机关停止执行被诉行政行为：（1）一旦执行会造成难以弥补的损失，如人身自由的强制措施、对收缴物品的销毁等；（2）行政机关有较大的败诉风险，一旦执行可能承担较重的赔偿责任；或者未来执行回转比较困难；（3）其他确实认为有必要停止执行的情况。

三、行政诉讼关于调解的规定

《行政诉讼法》第 60 条第 1 款规定，人民法院审理行政案件，不适用调解。但是，行政赔偿，补偿以及行政机关行使法律、法规规定的自由裁量权的案件可以调解。行政诉讼法之所以规定这一制度，一则防止行政机关利用调解压制原告，损害原告的利益；二是防止行政机关以行政权力进行交易，损害社会公共利益。从理论上讲，之所以在行政诉讼中排除调解，是因为在行政诉讼案件中，被告是依法行使国家行政职权的行政机关，其作出的行政行为是法律赋予的权力，是代表国家行使职权；因此，作为被告的行政机关应当依法行政，没有随意处分的权力，也即"公权力具有不可处分性"。人民法院审理行政案件的任务，是以事实为根据、以法律为准绳，对行政机关的行政行为进行审查，判定行政行为是否合法适当并作出判决。

不过，在新修订的行政诉讼法中，增加了行政诉讼中调解的适用范围。

四、行政诉讼二审中的审理原则

根据行政诉讼法的规定，当事人对一审判决或者裁定不服的，可以提起上诉，由此引发二审诉讼程序的开始。本部分内容只对行政诉讼二审程序的特别之处进行说明。

（一）全面审查原则

第二审程序实质上是一审的纠错程序，通常以第一审法院的判决和裁定作为审查对象。但在行政诉讼中，第二审人民法院审理上诉案件实行全面审查原则，即对原审人民法院的裁定和被诉行政行为是否合法，进行全面审查，而不受上诉范围的限制。根据 2000 年《行政诉讼法解释》第 67 条的规定，第二审人民法院审理上诉案件，应当对原审人民法院的裁判和被诉行政行为是否合法进行全面审查，从而确立了行政诉讼二审的全面审查原则。具体包括两个方面：

（1）二审法院审理行政案件，既要对原审法院的裁判是否合法进行审查，又要对被诉行政行为的合法性进行审查。这也意味着，二审的审查内容不仅包括一审判决，还包括一审被起诉的行政行为。行政诉讼的目，在于解决被诉行政行为的合法性，所以二审不仅要审查一审判决是否合法，还要对被诉行政行为的效力进行判定。因此，二审将围绕判决和被诉行政行为进行。作为二审代理律师，应对二审法院的审理范围有明确认识，既要熟悉一审判决内容，又要熟悉被诉行政行为的相关证据和法律适用，这样才能有效配合二审，取得良好的诉讼效果。

（2）二审法院审理行政案件，对被诉行政行为的合法性进行全面审查，不受上诉范围的限制。无论上诉人上诉的事实与理由如何，二审法院审查的内容基本上是法定的。对一审判决的审查，包括一审判决认定的事实、适用法律、审判程序的合法性；对被诉行政行为合法性的审查，包括行政行为的职权依据、事实根据、法律适用、行为程序以及是否存在滥用职权等方面。退一步讲，即使当事人在上诉程序中没有提出上述争议，其仍然属于二审法院的审查内容。

因此，律师代理上诉行政案件，特别是代理行政机关一方的律师，要对一审判决的合法与否、被诉行政行为的合法与否做好全面准备工作，充分做好二审法院对被诉行政行为的合法性进行审查的准备。

(二) 限制新证据提出原则

行政诉讼中，诉讼证据应在一审程序中提供完毕，原告或者第三人应当在开庭审理前或者人民法院指定的交换证据之日提供证据，被告应当在一审答辩期届满前提供全部证据和法律依据。根据《行政诉讼证据规定》第7条的规定，原告或者第三人在第一审程序中，无正当事由未提供而在第二审程序中提供的证据，人民法院不予接纳。以上法律规定，可以说确立了行政诉讼二审中"限制新证据提供"的原则。因此在行政诉讼二审中，代理律师很难通过提供新证据来取得案件的实质性突破，除非存在特殊情况。① 因此，律师代理二审行政诉讼案件，要理解和把握这一原则，主要的代理工作应围绕一审证据展开，对一审中提供的所有证据进行全面审查，进而对一审判决认定的事实进行分析，确定二审代理策略。

示例文书一：

行政起诉状

原告：××，男，××岁，住××。

被告：××市××局

住所地：××市××区××号

联系电话：××

案由：××局拒不履行法定职责。

诉讼请求：

一、判令被告向原告公开赔礼道歉；

二、判令被告依法对××行为作出处罚。

事实与理由：

……

事发之后，被告对××行为非但不进行处罚，反而对原告十几次找被告寻求解决问题采取推诿，拒不接待，甚至说原告妨碍了他们的工作。时至今日，被告对××行为仍未作出任何处罚，对原告也未作出任何口头或书面有关此事的答复。被告没有履行其所应负有的责任，给原

① 一般而言，如果人民法院要求当事人提供新证据，以及原告或者第三人有正当理由不能在一审诉讼中提供有关证据，则可以在二审中提出相应证据。

告及社会造成了极坏的后果。因此，依据《行政诉讼法》、《民法通则》、《消费者权益保护法》的有关规定向人民法院提起诉讼，请求人民法院公断。

此致

××人民法院

起诉人：×××

××××年×月×日

示例文书二：

行政代理词（原告方）

审判长、审判员：

根据行政诉讼法的有关规定，××律师事务所接受本案原告邢××的委托，并指派我担任本案当事人邢××的诉讼代理人。接受委托之后，本诉讼代理人进行了阅卷并进行了全面调查，今天又参加了庭审，对于该案有了较为全面的了解。根据法律和事实，现发表如下代理意见，请合议庭在合议时能予以考虑：

一、本案的事情经过

本案原告邢××……

二、被告的行政处罚行为没有事实根据

（一）被告未告知原告违法行为以及相关情况下，就开具强制措施凭证进行扣车的行为，明显错误。……

（二）被告向邢××开具的××行政处罚决定书”没有任何证据。……

三、被告的行政处罚行为没有法律依据

……

四、被告行政处罚程序严重违法

……

基于上述事实，根据《行政处罚法》第3条第2款规定：“没有法定依据或者不遵守法定程序的，行政处罚无效”和《行政诉讼法》第70条的规定：“行政行为有下列情形之一的，人民法院判决撤销或者部分撤销，并可以判决被告重新作出行政行为：（一）主要证据不足的；（二）适用法律、法规错误的；（三）违反法定程序的；（四）超越职权的；（五）滥用职权的；（六）明显不当的。”请求法院依法对该行政行为予以撤销！

以上代理意见，请合议庭考虑并予以采纳。

原告：×××

委托代理人：×××律师

××××年×月×日

示例文书三：

行政答辩状

答辩人：××房产管理局

所在地址：××××

法定代表人：××，局长

因何××房产行政确认纠纷向法院起诉一案，我局向法庭提出如下答辩：

一、答辩人为李××（系本案第三人）办理房屋产权证的依据合法

……

根据《城市房屋权属登记管理办法》第二十三条的规定，申请人所要办理产权的建筑无（1）属于违章建筑的；（2）属于临时建筑的；（3）法律、法规规定的其他情形。根据《城市房屋权属登记管理办法》第二十七条的规定“登记机关应当对权利人（申请人）的申请进行审查。凡权属清楚、产权来源资料齐全的，初始登记、转移登记、变更登记、他项权利登记应当在受理登记后的30日内核准登记，并颁发房屋权属证书；注销登记应当在受理登记后的15日内核准注销，并注销房屋权属证书。”申请人提供的材料真实有效，答辩人没有理由不予办理。

二、起诉状所述××事实没有任何依据

……

综上所述，原告的请求是没有法律依据的，而答辩人为申请人李××

办理房屋权属证书是完全合乎法律规定的。请人民法院查清事实，驳回原告无理的诉讼请求。

此 致

××人民法院

答辩人：××房产管理局（公章）

××××年×月×日

示例文书四：

行政诉讼代理词（被告方）

尊敬的审判长、各位审判员：

××律师事务所受××的委托担任其诉讼代理人，出席今天的法庭，参与今天的诉讼。通过参与刚才的法庭调查，我认为起诉人的起诉理由不能成立，应依法驳回其诉讼请求。在此本人根据事实并依据相关的法律发表以下意见，供法庭参考：

一、起诉人的行为属依法应取得许可的行为，但拒绝申请，违法事实清楚，证据确实充分

……（具体理由）

二、被告人实施处罚行为，有充足的法律依据

……（具体理由）

三、具体行政行为程序合法，适用法律正确

……（具体理由）

综上所述，本人认为起诉人违法事实清楚，被告人对其处罚认定事实清楚程序合法，适用法律正确。所以提请人民法院依法驳回原告人的不实请求，以维护法律的尊严。

代理人：××律师

××××年×月×日

第四章　律师非诉讼实务

在法治建设日益成为共识的今天，律师行业越来越受到民众的关注，但往往容易陷入一个误区——找律师就是打官司，似乎律师只是进行诉讼的。诚然，诉讼确实是法治社会的重要内容，但却不是唯一途径，理性考虑诉讼成本之后，非诉讼的纠纷解决方式也是一种有效的救济方式。

律师非诉讼实务，是律师接受公民、法人或者其他组织的委托，在其职权范围内依照有关法律、法规的规定，不与法院和仲裁委员会发生司法意义上的联系，直接为委托人办理某种法律事务的业务活动。非诉讼实务是相对于诉讼实务而言的，相较于后者，前者并没有一个独立于当事人之外的第三人（法院或者仲裁委员会），对纠纷作出具有强制意义的裁决。在非诉业务中，律师可以运用其专业知识和丰富的纠纷解决经验，帮助当事人充分了解案情，掌握非诉讼程序的具体特点以及具体适用程序，为当事人预判通过非诉讼程序所能获得的大致收益，帮助当事人作出理性选择。

随着社会和经济的发展，律师介入经济、生活等事务越来越频繁，律师涉足的非诉讼领域也越来越广泛。① 本章主要介绍几类传统的律师非诉讼业务，意在为读者提供参考和指引。主要内容如下：第一，法律咨询，主要介绍法律意见书；第二，法律顾问，主要讲述法律顾问的聘请、职责范围、工作要求等方面的内容；第三，法律见证，即律师就某一事件或者行为进行见证，并出具律师见证书。另外，对于律师代书业务，因为在律师诉讼实务中已经涉及，故在此不再单列讲述。

第一节　法 律 咨 询

法律咨询分为广义和狭义两类。广义的法律咨询，是指不限于律师而是整

---

① 参见胡志民主编：《律师制度与实务》，华东理工大学出版社 2013 年版，第 346 页。

个律师行业，对于法律求助者进行法律知识的解答。本书主要介绍狭义上的法律咨询，即律师传统业务中的咨询业务，主要指签订委托合同之外的咨询业务，包括律师就有关法律事务问题作出解释、说明、提出建议和解决方案的活动。

解答法律咨询对律师有很高的要求，因为律师的建议，往往对当事人具有直接的指导作用，影响到当事人的直接利益。因此律师在提供法律咨询服务时，应慎重对待，最大限度地掌握证据材料，依法提出咨询意见以供当事人参考，并对其中的重大不确定事项进行风险提示。至于如何解答当事人的法律咨询，已在前述民事诉讼实务中的接待当事人技巧中有所涉及，在此不予重复。本部分主要对法律意见书的相关内容进行介绍。

一、法律意见书的内容

法律意见书，是指律师事务所应当事人的要求，针对特定的法律事务，根据委托人提供的事实材料，正确运用法律进行分析和阐述，提供给委托人的书面意见。法律意见书是律师执业中的重要文书，写作法律意见书则是律师执业的主要技能之一。一份形式严谨、结构缜密、分析准确、论证精当的法律意见书，不仅是律师为客户提供专业法律服务的工作指南，同时也是律师法学素养的实践延伸，更是律师实践操作技能的理性升华。律师只有通过大量实践经验的积累和细致的分析研究，才能保证其法律意见书以事实为依据、以法律为准绳，才能保证当事人在法律意见书的指引下，高效开展各项业务工作。

法律意见书有可能涉及各种事项，因而具体内容可能各不相同，但法律意见书的基本内容至少应该包括首部、正文、尾部几个方面。

（一）首部

首部即标题，实践中一般有两种写法，一是直接写“法律意见书”；一是具体写明法律意见书的性质，例如“关于××银行贷前审查的法律意见书”。此外，首部还可以有法律意见书的编号。

（二）正文

一般而言，正文具体包括：

(1) 委托人基本情况及受托人即法律意见书出具人的基本情况，主要是指法律意见书涉及的主体。委托人，是指委托出具法律意见书的当事人；受托人是指法律意见书的出具人，即律师。应将两者的身份事项列举清楚，根据一般法律文书对于身份事项的要求，如果委托人是自然人，至少应包括姓名、性别、出生日期、住所以及身份证件号码；如果委托人是法人和其他组织，则应当写明名称、法人代表或负责人、住所、证照号码。受托人应当写明律师姓名、执业机构、执业证件号码。

(2) 委托事项，即写明就何法律问题提供法律意见。

(3) 基本事实。制作法律意见书应以事实为依据，站在客观中立的角度为当事人进行法律分析。因此，律师应当对当事人提供的事实及材料进行审查，必要时对相关事实进一步调查取证，在此基础上对案件事实进行梳理，从中寻找案件的焦点问题，并对案件的基本事实进行完整、准确的表述，为下一步的法律分析做好准备。

(4) 法律分析。法律分析是法律意见书的主要部分。律师在进行法律分析时，要以法律为准绳，有针对性地去衡量本案事实。律师在着手起草法律分析部分之前，首要任务是要对与本案有关的法律、法规、规章、立法解释、司法解释乃至相关判例等进行查询和研究。律师在掌握了所有的相关法律依据之后，再运用法理进行专业的法律分析，就相对容易了。假如某一法律问题在进行了查询之后仍然无法解决，则应寻求法理支持，即尽可能地查阅相关的法学著述或法学论文。律师在对本案事实进行法律分析之后，必须有一结论，即对本案宏观上的认识、总体上的判断，以帮助委托人对本案有一全面理解。

(5) 结论。结论一般应以简明扼要的语言，概述法律分析和解决方案的主要内容，给当事人一个完整、明确、精要的答复。结论对委托人和其他利害关系人具有重要意义，也是委托人和其他利害关系人作出决策的最为直接的依据。

(三) 尾部

一般而言，尾部一般包括以下内容：

(1) 声明和提示条款。声明条款涉及法律意见书的责任问题，对于任何一方当事人来说都具有重要性。声明条款的内容包括责任限定条款和提示条款，即出具人对于自己应该承担的责任予以限制和排除的条款；提示条款则是出具人提示委托人和其他利害关系人应特别注意的条款，也关系到委托人可能承担的责任。

(2) 署名盖章和签发日期。在法律意见书的右下角法律意见书的出具人处，应署名盖章，也就是说，律师或公证员应在该位置手写署上姓名，出具法律意见书的律师事务所或公证处应加盖公章，盖章位置应能压住律师或公证员署名及签发日期。至于签发日期，则是指法律意见书出具的时间，应采用汉字而不是阿拉伯数字表示日期。

(3) 附件。对法律意见书的结论可能产生影响的文件，应附于法律意见书之后，附件较多的，应另行编制附件目录。

二、法律意见书的写作要点

法律意见书中，既涉及对委托事项的描述和判定，也包括对法律关系、法律运用的把握，因此在制作法律意见书时，应掌握一定的要点，以保证法律意见书的质量。

(一) 事实部分

1. 对案件事实的叙述要完整

所谓事实完整，是指事实部分所叙述的内容能全面反映委托事项的形成过程和目前状态；对于案件而言，即要包括事件的起因、经过、现实状态、争议焦点、各方主张等内容。

为实现这一要求，在写作案件事实类的法律意见书时，必须注意以下几点：第一，运用背景材料。所谓背景材料，是指能够影响事实发生、发展的外在环境的材料，甚至是能够决定事实发生、发展的周围环境的材料。第二，明确各事项之间的因果关系。在叙述案件事实时，写清因果关系是十分必要的。只有写清了因果关系，才能分清责任；只有分清了责任，才能确定争执各方的权利义务。第三，注重真实性。法律意见书是针对案件事实真相进行的法律分析，因此需对真真假假的事实进行甄别，以保证事实的客观、真实。第四，剔除多余事项。书写的事实，应是只对案件事实的发生、发展起到影响作用的事实，或虽未成为事实但也对案件发生、发展起到影响作用以及说明、解释、参考、印证作用的情节。

2. 法律意见书的行文表述要完备

律师在通过对委托人提供的材料或者经过调查得到的材料进行梳理之后，可以说基本掌握了该案件事实的全部材料，这也为制作法律意见书打下了基础。而在此基础上，将案件事实归纳并表述出来，才是更为有价值的工作。

表述完备，应从以下几方面入手：第一，不要漏掉必要情节。一个案件可能有若干事实，一个事实又可能有若干情节。有些情节是构成事实、反映案情的必要成分，不写入会影响事实、案情的表述。第二，归纳争议焦点所在。律师事务所必须问清委托人的目的，以便有的放矢地审查材料、分析案情、制作法律意见书。第三，重点写清关键细节。对于关键性的细节，无论事关时间、地点，还是关于人物、事件，均应写入事实部分；如有遗漏，则可能使案件事实模糊不清，甚至影响真实性。第四，对客观事实造成的不完备应合理处置。在实在无法做到内容完整的情况下，应在法律意见书中直接表明材料的不完备和可疑之处，指明造成这种情况的原因，排除误认为是律师疏忽的可能性。

3. 对事件进行有序表述

任何案件，都有一个发生、发展的过程，而这个过程是随着时间的推移而展开的。所以，要想将整个案件事实完整地表述清楚，最好的办法就是以时间为顺序，表述案件的发生发展顺序。但在实践当中，案件的情况往往错综复杂，在以时间为顺序的前提下，应结合具体情况对案件事实进行有逻辑的表述。

4. 法律意见书的描述要详略得当

前来律师事务所进行咨询的案件，大多是比较复杂的案件，有的往往千头万绪，事实和法律关系相互交错。律师在制作法律意见书时，一定要把主要事实、主要材料重点突出出来，这样才能突出重点，有针对性地对其进行分析。

（二）法律分析部分

法律意见书是为委托人提供法律支持的文书，因此无论是从哪一角度出发，法律分析均应依法制作。这就要求律师对案件事实的分析，不唯权、不唯上、只唯法。除此之外，还应做到：第一，既不能无原则地迎合当事人的心理，又要全心全意为当事人着想，从法律上寻求保护其权益的方法和措施；第二，做好法律分析的准备工作，比如明确重要概念、法律适用及进行法律分析的范围；第三，注重分析方法，实践中一般综合采用重点分析法、分别分析法、全面分析法等；第四，注意回避法律分析中的常见失误，比如，文书用语武断、结论不明确、作假设性论证等。（文书式样参见章后“文书示例一”）

第二节 律师见证

律师见证，是律师实务中的一项非诉讼业务，它有着十分悠久的历史。① 尽管在我国，律师见证仍属于“私证”范畴，不如公证的证明力强，但其仍具有重要意义。随着人们法律意识的不断增强和法律制度的不断完善，寻求以

① 参见王俊民：《律师与公证制度教程》，北京大学出版社2009年版，第244页。

律师见证这种私证方式保护自身权益的情况，也越来越多。因而，作为一名律师，也应当掌握律师见证的相关知识，以便更好地开展见证业务。

一、律师见证概述

律师见证，是指律师事务所接受当事人的委托或申请，指派具有律师资格或法律职业资格并有律师执业证书的律师，以律师事务所和见证律师的名义，就有关的法律行为或法律事实的真实性和合法性谨慎审查，并予以证明的一种律师非诉讼业务活动。律师见证的目的，在于见证某一法律行为或法律事实的真实性及合法性。

从法律属性上看，律师见证属于私证，必须经过法庭认证方能作为证据使用，但其仍具有约束力。律师见证的法律效力，具体体现在两个方面：一是具有约束效力。律师见证，对双方当事人具有一定的约束力。因为双方当事人既然自愿申请见证，而且双方之间的法律行为也业已见证，并具有真实性、合法性，当事人就不得对已见证的事项随意变更、修改或废止，而应自觉履行。二是具有证据效力。律师见证是律师以自己特殊的身份、丰富的法律专业知识，并以律师和律师事务所的名义作为见证人，从第三方的角度，客观公正地证明当事人所为的一定的法律行为，这在客观上使被见证对象具有真实性和合法性，同时还具有一定的权威性。因而在双方当事人发生纠纷引起诉讼时，通常可作为认定事实、确定双方当事人之间权利义务关系的证据效力。

虽然律师见证的意义重大，但并不是所有的法律事实，都可以进行律师见证。在我国，律师见证的范围主要是法律行为，即引起民事法律关系发生、变更和消灭的行为。根据中华全国律师协会制定的《律师见证业务工作细则》，律师见证的业务目前主要包括以下几个方面：（1）合同见证，既包括各种经济技术合同、章程、协议的见证，还包括现在按揭贷款中的律师见证服务；（2）遗嘱与执行遗嘱的见证；（3）财产赠与、分割、转让的见证；（4）各种代理、委托关系的见证；（5）招标、投标、开标、拍卖的见证；（6）文件原本同副本、译本、影印件是否相符的见证。

二、律师见证的程序

（一）委托收案

律师见证是一项律师非诉讼业务，与诉讼业务一样，必须要以与当事人建立委托为前提。因而，律师首先应接待当事人，倾听当事人的陈述，了解当事人要求见证的内容，判断当事人见证的真实目的。律师需对客户提供的材料进行初步审查，并结合客户的要求，判断当事人所委托的事项是否属于律师见证范围。

其次，律师还应与当事人签订委托代理合同，取得当事人的授权，从而确定为其提供律师见证服务。

最后，应当制作询问笔录。询问笔录应当载明询问日期、地点、询问人、记录人、在场人，询问事由，被询问人的基本情况，告知内容，询问谈话内容等。询问笔录应当交由被询问人、在场人，由其核对后签名或者盖章、捺指印。在询问笔录中，律师应当告知被询问人律师见证的法律性质，以及可能产生的法律后果。

（二）审查阶段

对委托人提供的材料认真地进行审查分析，是见证真实性、合法性的保障，也是见证的必经程序。

审查材料主要包括两方面：一是当事人资格方面的证明，如身份证、学历证、职称证、任职证等，委托方是单位的还应包括营业执照等；二是与法律行为有关的文件材料，如合同、证据、审批文件等。

审查的内容主要包括：委托人是否具有民事权利能力和民事行为能力；当事人提供的材料是否真实、完整，材料的内容是否合法、有效；委托人的意思表示是否真实。如果律师认为不完善或者有疑义，可以要求委托人作必要的补充，或者进行必要的调查，收集有关证据和材料。审查材料的范围包括当事人的主体资格材料及申请见证的材料。

审查证明材料时，一定要仔细审查当事人提供的各项证明材料的真实性和合法性，必要时可以要求当事人补充证明材料，比如当感到当事人行为能力方面有问题，就应要求当事人提供医院的相关证明等；另外，我们要在询问笔录中明确告知当事人，律师仅对证明材料进行形式上的审查，其合法性由其自己保证和承担后果。

（三）进行见证和出具见证书

见证行为发生时，见证律师应监督法律文件的制作、复制，证明见证事项的真实性、合法性。需要注意的是，见证工作应由两名具有执业证书的律师进行，在双方或多方当事人实施特定的法律行为时，接受聘请的见证律师必须亲临现场，目睹该项法律行为的完成。在进行见证后，应当根据事实出具律师见证书。

三、律师见证书的内容

律师见证书一般包括首部、正文、尾部三部分。首部包括文书名称、文书编号及委托见证人的自然状况，正文应依次写清见证事项、见证过程、见证结论和法律依据四项内容。

（一）首部

首部一般由标题、文书编号、委托人基本情况等几部分构成。标题应写明"律师见证书"，文书编号写在标题的右下方。委托人是公民的，应写明其姓名、性别、出生年月、工作单位及住址等情况；如果是法人或者其他组织，应写明组织全称和所在地址，并写明法定代表人姓名及职务。

（二）正文

正文是律师见证书的主体部分，其主要内容具体如下：见证事项是委托人就何事请求律师见证，应简明扼要地写明；见证过程即从接受委托到办理见证的全过程，着重说明律师为确保见证事项的真实性、合法性所做的工作，从而顺其自然地得出见证结论；见证结论是律师见证书的核心，是律师对见证事项的各种材料进行审查后作出的结论；法律依据主要是为了说明见证事项的合法性。

（三）尾部

尾部应依次写明律师事务所的全称、见证律师的名字、出具见证书的日期及加盖律师事务所公章等。见证律师在见证事项中审查并据以作出见证书的有关材料，如委托人的身份证明材料等其他材料，可以附录于见证书之后。

第三节　法律顾问业务

本节所讲的法律顾问，是指接受公民、法人或其他组织的聘请，为其提供法律服务的执业律师，是传统意义上的法律顾问。法律顾问，一般要把多个非诉讼律师业务组合在一起，因此担任法律顾问的律师，其涉及的业务领域是多方面的，也对律师提出了更高的要求。在法律顾问业务中，公司顾问服务可谓最为常见的一种。①

法律顾问在企业的生产、经营、管理中，有着非常重要的作用。因此，随着社会的发展，越来越多的企业聘请律师为其常年法律顾问，以处理企业在发展中的相关法律问题。

一、聘请法律顾问

(一) 聘请律师顾问

不管是公司、企业、单位还是个人，需要聘请顾问律师，都应当与律师事务所签订书面聘用合同，聘用合同是顾问律师开展工作的合法依据。因此，当聘方和受聘方就聘请法律顾问的相关事宜达成合意后，应当签订书面委托聘用合同。根据我国《律师法》的规定，凡是聘请律师担任法律顾问的单位和个人，都必须同律师事务所签订委托聘请合同。

聘请法律顾问合同的主要内容有：(1) 合同的名称；(2) 聘请双方的名称、地址；(3) 合同双方法定代表人的姓名、职务、住址；(4) 应聘方指派律师的姓名、职务等个人情况；(5) 顾问律师的职责范围；(6) 顾问律师的工作时间和工作方式；(7) 聘任期限；(8) 聘请方为顾问律师提供的必要工作条件和物质保证；(9) 聘方的付酬办法，即聘方聘请顾问律师的费用标准、结算方式、结算时间等；(10) 律师参与诉讼、仲裁等活动是否另行收费，另行收费的优惠规定；(11) 合同的生效和有效期限；(12) 合同变更或解除的条件；(13) 违约责任和处理办法；(14) 双方签署合同的法定代表人，以及合同签订的时间。

(二) 签订法律顾问合同的注意事项

法律顾问合同的双方主体，是聘请单位和律师事务所，而不是聘请方与具体担任顾问的律师个人签订合同。

目前，许多律师一人身兼几个甚至几十个单位的法律顾问，结果造成法律事务过多，律师应接不暇、顾此失彼，难以认真负责地搞好顾问工作，造成“多顾少问、顾而不问”的现象。因此，律所一定要注意确定好为顾问单位服务的方式，一般至少要确定两名律师，或者实行特别代理制，即由一名律师担任首席顾问律师，负责组织和协调几位律师为聘方服务。这是因为，顾问律师

① 参见顾永忠：《律师制度与律师实务》，北京师范大学出版社 2010 年版，第 216 页。

在工作中，因自身的原因给聘方造成经济损失的，律师事务所要承担相应的赔偿责任。同时，要确定适宜的聘任期限，以免因各种原因被迫提前解除合同。

在这个过程中，要注意审查聘用方的资质，即聘方是不是合法单位、聘请顾问律师的目的是否正当，等等。如果聘请方是非法的，或其聘请律师是为了掩人耳目、为其非法经营提供帮助，则应当拒绝。如果在担任法律顾问期间发现这些问题，也应及时中止合同。

二、法律顾问的职责范围

企业作为经济组织，其直接目标是最大程度地创造经济利益。因此，作为企业的法律顾问，其工作重点应是提高企业经济效益，避免法律风险。

近年来，我国法制化进程逐步加快，对企业行为进行调整的法律规范日益增多。某种程度上，企业风险也是法律风险，因此越来越多的企业开始聘请律师担任法律顾问，作为自己的参谋和助手。确切来说，企业法律顾问的主要意义不在于打官司，而在于法律风险管理，因此法律顾问的作用应该体现在预防上面。

律师担任法律顾问的职责范围，是按照约定为委托人就有关法律问题提供意见，草拟、审查法律文书，代理参加诉讼、调解或仲裁活动，办理委托的其他法律事务，维护委托人的合法权益。① 具体来说，法律顾问的职责范围主要包括以下几个方面的内容。

1. 为企业日常经营、管理提供法律意见

企业在日常经营、管理中的决策好坏，直接关系企业的切身利益，甚至是生存和发展。因此，律师应当高度重视为企业提供法律意见的工作。顾问律师应在全面掌握企业的基本情况和有关的法律、政策之后，对企业决策的合法性、可行性提出法律建议。顾问律师为企业提供法律意见的方式有两种，一种是口头解答法律咨询，一种是书面提供法律意见或建议。

顾问律师需要提供法律意见的主要内容有：①可行性法律分析。顾问律师对企业决策的可行性分析，主要包括：某项决策是否符合我国现行法律、政策的要求、国家对此有哪些相应政策。②风险分析。市场对于从事生产经营活动的企业来说，既有机遇也有风险，顾问律师应当针对企业决策可能带来的风险进行分析，并针对不同的风险制定相应的法律对策。

---

① 参见胡志民主编：《律师制度与实务》，华东理工大学出版社 2013 年版，第 166~167 页。

2. 草拟、审查、修改法律文书

企业涉及的法律文书，主要包括经济合同、企业章程、管理规定等，其中经济合同是最为重要的一项内容，直接关系到企业的切身利益。因此，凡是对企业有重大影响的经济合同，顾问律师都应当亲自拟定，严格地考究合同条款。对于一般的经济合同，则可以由企业有关人员先行起草，然后再加以审查和修改，确保签订的各类合同文书合法、规范、科学，并符合企业的切身利益要求，为企业顺利开展各项工作提供法律保障。

在草拟、审查或修改合同时，应注意以下问题：法律对相应的合同内容的规定；类似合同范本都有哪些条款；企业制作合同的目的及具体要求；从合法性入手，注重对合同实质内容的审查；合同条款的文字表述必须准确无误，不得模棱两可，更不能出现文字解释的歧义。

3. 参与重大经济活动谈判

顾问律师参加经济活动谈判的职能作用，就是为当事人经济利益的最大化，提供法律帮助。为了实现这一目标，顾问律师应在谈判前，应做好谈判的准备工作。在谈判过程中，顾问律师应当与聘请方密切合作，根据谈判情况，作出准确决断进而形成独立的见解，并及时提供有建设性的法律意见。在谈判后，顾问律师应当综合各方面意见，制作有关法律文书，并协助办理好合同的审批、公证等手续。

顾问律师应当注意，谈判的目的是要谈成，而不是谈崩，成功的谈判能显示律师的作用，因此律师还要加强谈判能力训练。

4. 帮助企业建立健全规章制度

企业内部的规章制度，对于企业管理的规范化、科学化起着重要作用。企业的规章制度，一方面要反映企业生产、经营的要求，另一方面要反映国家法律的要求。因此，作为企业的法律顾问，一方面要适应企业生产经营和管理的现实需要，帮助企业建立合同管理制度、劳动人事制度、产品质量管理制度、商业秘密保守制度等规章制度；另一方面，也不能忽视对企业已有的规章制度进行审查、清理，从而加以完善。顾问律师在帮助企业建立、健全规章制度的工作中，除了要注意其形式上的规范化，还要保证其内容的合法性和可操作性。

5. 协助企业建立法律风险预防机制

企业法律风险，是指企业预期与未来实际结果发生差异，而导致企业必须承担的法律责任，并因此给企业造成损害的可能性。究其原因，多是企业在经营过程中，由于故意或过失违反法律义务或约定义务可能承担的责任或损失。

当企业违反了法律或行为不符合法律规范，或者缺乏防范意识，都会产生法律风险。因此，作为企业法律顾问，应当注重企业的法律风险防范工作，协助企业建立法律风险预防机制。

6. 代为参加诉讼、仲裁、调解

聘请方在对内、对外活动中发生纠纷后，法律顾问可作为聘请方的代理人参加诉讼、调解或仲裁活动。顾问律师代理的案件，主要涉及两方面的内容：一是对外经济活动中发生的经济纠纷，主要是经济合同纠纷；二是对内管理中发生的纠纷，主要是涉及劳动法方面的纠纷。纠纷的解决有多种方式，顾问律师可根据具体情况，权衡各方面的得失，协助委托方选择适当的纠纷解决方案。

7. 办理其他法律事务

为企业重组、改制、上市融资提供法律策略，帮组企业转换经营机制，落实企业经营自主权，帮助企业进行清产核资、界定产权，帮助企业清算整顿、破产还债，帮助企业进行工商登记、商标注册、专利申请和转让，办理公证、抵押、信托、租赁，帮助企业进行业务宣传，发表启示、声明等。在建立现代企业的过程中，聘请方会涉及大量非争讼性法律事务，从而为顾问律师提供了用武之地。

三、法律顾问的工作要求

如何围绕前述法律顾问工作的工作内容，充分发挥顾问律师的作用，最大限度地维护当事人的合法权益，是每个担任法律顾问的律师都需要认真思考和研究的问题。

（一）全面了解并及时掌握顾问企业的情况

只有全面了解顾问企业的情况，方能在需要时对其提供准确、操作性强的问题解决方案。顾问律师需要了解的内容主要包括：聘请方基本情况；聘请方在本领域内所处的地位、作用、服务对象与竞争对手；聘请方的隶属关系或相对的政府主管机构；聘请方产业链情况；聘请方产品、技术资料以及其他有关业务资料；企业发展规划、阶段计划以及近期需要解决的问题；汇总聘请方现行的规章制度；聘请方现存的法律问题分门别类立卷归档；等等。

通过了解，尽可能寻找和发现企业生产经营中已出现或可能出现的法律问题，并及时提出建议，以防患于未然。

（二）熟悉与该企业经营活动有关的法律、法规

企业在经营过程中，随时都要向法律顾问咨询所遇到的法律问题；而且，在大多数情况下，都需要法律顾问在最短时间内作出答复，顾问律师很难有时间在查找法律、法规之后，再来回答咨询。因而，需要法律顾问对所有与经营有关的法律法规加以了解；对一些常用的法律、法规，一定要达到比较熟悉的程度，如合同法、民法通则、土地管理法、城市房地产管理法、税法、劳动法、商标法、专利法等。

（三）及时处理顾问企业的相关问题

企业的生产经营活动中，经常会发生许多与生产、经营息息相关的法律事务，既包括已经发生争议的各类纠纷，也包括无争议、纠纷的法律行为。因而，顾问律师应当对这些法律事务进行及时处理，以减少纠纷、预防诉讼，维护企业的合法权益、商业信誉和保护正常的业务往来关系。为了能及时处理企业所面临的法律问题，就要求顾问律师能及时地排查问题，发现企业可能存在的风险。

顾问律师发现风险的具体方法包括：（1）通过研究案例找出法律风险点，如研究对外投资、转让、并购、劳动合同、买卖合同等，在投资中审查对方资信情况，据此确定风险点等；（2）从各部门收集风险预警信息；（3）分析风险预警信息；（4）确定风险预警等级等。

作为法律顾问，维护顾问企业的合法权益是其主要职责，但另一方面，也要使顾问企业意识到顾问的重要性，因此在处理顾问企业相关问题时需要掌握一定技巧。具体的处理技巧包括：（1）选择最易见效的案件重点突破；（2）对其他纠纷区分轻重缓急，选择最佳方式逐一解决，尽最大努力维护聘请方合法权益，避免财产损失；（3）完成后定期或针对单项工作出具工作报告。

（四）积极参与企业的经济活动

顾问律师不能等到签合同的时候才审查合同条款，应当参加企业在签订合同过程中的谈判，这样才能了解签订合同的背景。事实上，实践中并不是顾问单位没有法律方面的业务，而是一些企业的领导及经营人员并不清楚这些工作和法律有关，不知道这些工作是律师可以从事的业务。作为律师，要有一种职业上的敏感性，要善于发现与法律有关的问题，并将某项工作在法律上的意义表达出来，让企业领导或经办人员明白咨询工作的重要性。因此，法律顾问应

该积极参与与法律有关的企业的经营管理和各项经济活动中去，诸如谈判、签约和规章制度的订立，债权债务的清理、资产重组，财产租赁、融资租赁，补偿贸易等非诉讼领域。

顾问律师除了要有主动参与意识和丰富的法律知识外，还需要具备开阔的视野和丰富的实践经验；否则，就不可能提出成熟、有效的法律见解，长此以往，可能就会丧失顾问律师应有的价值。

示例文书一：

法律意见书

我所受您的委托和指示，特指派我所律师×××和××，对您与××中学人身损害赔偿纠纷事宜进行了深入细致的审查和分析，现依据国家有关法律、法规及您所提供的相关文件和说明，出具本法律意见书，以供您在决策、协商、谈判或诉讼时参考之用。

一、出具本法律意见书的法律依据

1.《中华人民共和国民法通则》及其相关司法解释；

2.《中华人民共和国民事诉讼法》及其相关司法解释；

3.《中华人民共和国教育法》及其相关司法解释；

4.《中华人民共和国学生伤害事故处理办法》；

5.《最高人民法院关于审理人身损害赔偿案件适用法律若干问题的解释》；

6.《最高人民法院关于确定民事侵权精神损害赔偿责任若干问题的解释》；

……

二、本案的基本事实

……

三、法律分析

根据本法律意见书第一条中所述的法律、法规以及第二条中所确认的基本事实，对本案进行法理分析如下：

1. 本案的法律性质分析

本案是一起……纠纷案件。

2. 本案民事侵权责任的承担

……

四、本案的法律意见

1. 本案财产损失赔偿的法律意见

……

2. 本案精神损害赔偿的法律意见

……

最后郑重提醒您：按照《精神损害赔偿解释》第6条的规定，"当事人在侵权诉讼中没有提出赔偿精神损害的诉讼请求，诉讼终结后又基于同一侵权事实另行起诉请求赔偿精神损害的，人民法院不予受理"。因此，如果您想要通过诉讼提起精神损害赔偿，一定要在本案的侵权诉讼中一并提起。

五、我们慎重提示

本法律意见书系为您与××中学人身损害赔偿纠纷事宜所提供，可供您作为参考本案法律问题之用；亦可作为您向权利义务人主张权利时借鉴之用，不能代表任何司法机关、行政机关、立法机关或任何单位或个人之观点。

本法律意见书的法律依据仅限于出具之日有效的中华人民共和国法律；本报告的事实依据仅限于出具之日时我们所获知的与题述事宜相关的书面以及口头资料信息；本报告仅供收件方就题述事宜进行参考之用，除非获得我们的许可，否则收件方不得以其他任何目的对本报告作任何解释或者利用。

×××律师事务所

承办律师：×××

××××年×月×日

示例文书二：

律师见证书

（×）见证字第×号

委托见证人：王××，男，汉族，××年×月出生，住××市×号。

见证事项：遗嘱见证。

××律师事务所接受王××的委托，并指派××律师就委托人订立遗嘱的过程进行见证。

根据《中华人民共和国民法通则》、《中华人民共和国继承法》、《中华人民共和国律师法》等法律法规的规定，见证律师审查了委托人提供的有关文件，并向委托人询问了有关事项：

一、委托人提交了身份证，用于证明其身份情况。经向委托人王××询问一些问题，其能自主回答，思维清晰，精神状况良好，委托人具有完全民事行为能力，所委托事项系其真实意思表示。

二、委托人王××在 ××市××街××号拥有住宅一处，其提供了该房产的房产证件（委托人称没有办理土地使用权证），房产证号为：××号，该宗房产登记在王××名下，共有人一栏空缺。

三、委托人称其妻子柏××于××××年去世，其共有五个子女，均具有生活能力。

四、委托人王××自愿将其名下的位于××街××号的房产中属于其所有的份额由其长女××、次子××继承，王××并委托卢××、朱××作为遗嘱的见证人，由卢××按其意愿代书遗嘱一份。

兹证：

一、××××年×月×日上午，在××律师事务所办公室内，委托人王××在遗嘱见证人卢××、朱××在场的情况下，由卢××按其意愿代书遗嘱一份。见证律师王××、崔××见证了委托人王××订立遗嘱的全过程，委托人王××在订立遗嘱时具有完全民事行为能力，遗嘱内容系委托人王××的真实意思表示，且内容不违反法律规定，王××订立遗嘱的程序合法。

二、遗嘱中，委托人及见证人的签字、手印，真实、有效。

特此见证。

××律师事务所

见证律师：×××、×××

××××年×月×日

附录 精选案例

一、许某盗窃案

【案情简介】

2006年4月21日晚，广州某物业公司保安许某来到天河区某银行的ATM取款机取款。在其发现该自动取款机故障后，先后利用机器漏洞取款17万余元。事后，许某携赃款潜逃。2007年5月，许某在陕西被警方抓获。

2007年11月20日，广州市中级人民法院一审以盗窃罪判处许某无期徒刑。一审判决后，许某不服，提出上诉。2008年1月，广东省高级人民法院撤销原判，发回广州市中级人民法院重审。2008年3月，广州市中级人民法院作出判决，许某因犯盗窃罪被判处有期徒刑5年。许某不服判决上诉到广东省高级人民法院，5月23日，被广东省高级人民法院驳回。

围绕许某的定罪与量刑，本案曾经引发了大量的讨论。根据法律规定，许某盗窃金融机构，数额特别巨大，依法本应判处无期徒刑以上刑罚。由于许某本人并无法定的从轻或者减轻情节，在法定刑以下量刑的，判决必须经最高人民法院核准之后方能生效。在发回重审后，经广东省高级人民法院依法报请最高人民法院核准后，许某最终被定以盗窃罪判处有期徒刑5年。

许某盗窃案刑事裁定书①

被告人许某，男，汉族，1983年×月×日出生于××省……2007年7月11日被逮捕。现在押。

广东省广州市中级人民法院审理广州市人民检察院指控被告人许某犯

① 参见中华人民共和国最高人民法院刑事裁定书，（2008）刑核字第18号。引自北大法宝，法宝引证码CLI. C. 103850。

盗窃罪一案，于2007年11月20日以（2007）穗中法刑二初字第196号刑事判决，认定被告人许某犯盗窃罪，判处无期徒刑，剥夺政治权利终身，并处没收个人全部财产。宣判后，许某提出上诉。广东省高级人民法院于2008年1月9日以（2008）粤高法刑一终字第5号刑事裁定，撤销原判，发回重审。广州市中级人民法院依法另行组成合议庭进行重新审理后，于2008年3月31日以（2008）穗中法刑二重字第2号刑事判决，认定被告人许某犯盗窃罪，在法定刑以下判处有期徒刑五年，并处罚金人民币二万元。宣判后，许某提出上诉。广东省高级人民法院经依法公开开庭审理，于2008年5月23日以（2008）粤高法刑一终字第170号刑事裁定，驳回上诉，维持原判，并依法报请本院核准。本院依法组成合议庭，对本案进行了复核。现已复核终结。

经复核确认：2006年1月，被告人许某被广州市××物业有限公司聘任为保安员。同年4月21日21时许，许某持自己不具备透支功能、余额为176.97元的银行卡，到位于广州市天河区黄埔大道西平云路163号的广州市商业银行自动柜员机前准备取款100元，同行的郭×（已判刑）在附近等候。当许某在自动柜员机上无意中输入取款1000元的指令后，柜员机即出钞1000元。许某经查询，发现其银行卡中仍有170余元，意识到银行自动柜员机发生故障，能够超出账户余款取款且不如实扣账。于是，许某先后于21时57分至22时19分、23时13分至19分、次日零时26分至1时06分的三个时间段内，在该自动柜员机170次主动指令取款174000元，而其账户实际被扣账174元。郭某从许某处得知该台自动柜员机出现异常后，亦采用同样手段先后取款19000元。同月24日下午，许某辞职后携款逃匿。2007年5月22日，公安人员在陕西省宝鸡市将许某抓获归案。许某至今未退还赃款。

另查明，2006年4月21日16时许，运营商广州某公司对涉案的自动柜员机进行系统升级。4月22日、23日是双休日。4月24日上午，广州市商业银行对全行离行式自动柜员机进行例行检查时，发现涉案的自动柜员机出现异常，即通知运营商一起到现场开机查验。经核查，发现该自动柜员机在系统升级后出现异常，1000元以下（不含1000元）取款交易正常；1000元以上的取款交易，每取1000元按1元形成交易报文向银行主机报送，即持卡人输入取款1000元的指令，自动柜员机出钞1000元，但持卡人账户实际扣款1元。

上述事实，有第一审、第二审开庭审理中质证的被告人许某的银行开户资料，广州市商业银行提供的涉案的自动柜员机的《完整流水记录数据》、《账流水清单》、银行监控录像，运营商广州某公司《关于调取许某盗窃案中相关证据的复函》，证人黄×、卢×、赵×的证言，同案被告人郭×的供述，公安机关关于抓获被告人许某的证明材料等证据证实。被告人许某亦供认。足以认定。

本院认为，被告人许某持不具有透支功能的银行借记卡在银行的自动柜员机取款时，发现自动柜员机发生故障，在明知自己的银行卡内只有170多元的情况下，乘银行工作人员尚未发现之机，非法取款174825元，并携款潜逃的行为，已构成盗窃罪。许某盗窃金融机构，数额特别巨大，依法本应判处无期徒刑以上刑罚。但考虑到许某是在发现自动柜员机发生故障的情况下临时起意盗窃，其行为具有一定的偶然性，与有预谋、有准备盗窃金融机构的犯罪相比，主观恶意性相对较小；许某是趁自动柜员机发生故障之机，采用输入指令取款的方法窃取款项，与采取破坏手段盗取钱财相比，犯罪情节相对较轻，对许某可以适用刑法第六十三条第二款的规定，在法定刑以下判处刑罚。第一审判决、第二审裁定认定的事实清楚，证据确实、充分，定罪准确，量刑适当。审判程序合法。依照《中华人民共和国刑法》第六十三条第二款和《最高人民法院关于执行〈中华人民共和国刑事诉讼法〉若干问题的解释》第二百七十条的规定，裁定如下：

核准广东省高级人民法院（2008）粤高法刑一终字第170号维持第一审以盗窃罪在法定刑以下判处被告人许某有期徒刑五年，并处罚金人民币二万元的刑事裁定。

本裁定自宣告之日起发生法律效力。

审　判　长　任宪成
代理审判员　卢小楠
代理审判员　邹　雷
二〇〇八年八月二十日
书　记　员　李秀元

二、田某诉北京科技大学拒绝颁发毕业证、学位证案

【案情简介】

田某是北京科技大学应用科学学院物理化学系无机专业 1994 级学生。1996 年 2 月 29 日，田某参加电磁学补考。补考期间因为纸条的事情被认定为违反考场纪律。田某所在的院系经调查后认为，其行为属于违反考场纪律，尚不构成作弊行为，并拟成书面材料，准备上报学校。在这些情况未及上报学校之前，学校便以“期末考试工作简报”的形式发出通报，对田某的行为按作弊处理，决定给予退学处分，通报张贴在学校布告栏内。

物理化学系在得知学校对田某的处理情况后，于 3 月 7 日召开党政联席会议研究田某一事，并向学校领导递交了系里对田某的处理意见，认为田某的情况应属违反考场纪律而不属考试作弊，建议给田某通报批评处分。3 月 10 日，田某的班主任和辅导员也向学校递交了证明材料。但学校收到以上两份材料后，始终未给予明确的书面答复。4 月 10 日，学校填发了学籍变动通知。但是，该通知未直接送达田某。

在以后的两个学年里，物理化学系仍按正常手续为田某办理了学籍注册。1998 年 3 月 18 日，学校教务处通知物理化学系，要求他们为田某办理退学手续。期间，学院学生和老师及相关领导多次通过致函或其他形式向当时的国家教委寻求帮助。5 月 18 日原国家教委学生司以双联函致北京科技大学，明确表示对田某处理过重，请学校复审后回复教委。6 月 5 日，北京科技大学复查后，仍然坚持原结论。

1998 年 6 月，北京科技大学以田某已按退学处理，不具备北京科技大学学籍为由，未向其颁发毕业证和学位证，随后的毕业派遣表格上也没有田某的名字。田某认为自己符合大学毕业生的法定条件，北京科技大学拒绝给其颁发毕业证、学位证是违法的，遂于 1998 年 10 月 5 日向北京市海淀区人民法院递交了行政起诉书，把北京科技大学推上了被告席。

田某诉北京科技大学拒绝颁发毕业证、学位证案①

原告：田某。

① 案例来源于《最高人民法院公报》1999 年第 4 期。

委托代理人：马怀德，北京市大通—正达律师事务所律师。

委托代理人：孙雅申，北京市通正律师事务所律师。

被告：北京科技大学。

法定代表人：杨某，校长。

委托代理人：张某

委托代理人：李某，北京科技大学校长办公室主任。

原告田某认为自己符合大学毕业生的法定条件，被告北京科技大学拒绝给其颁发毕业证、学位证是违法的，遂向北京市海淀区人民法院提起行政诉讼。

原告诉称：我一直以在校生身份在被告北京科技大学参加学习和学校组织的一切活动，完成了学校制定的教学计划，并且学习成绩和毕业论文已经达到高等学校毕业生水平。然而在临近毕业时，被告才通知我所在的系，以我不具备学籍为由，拒绝给我颁发毕业证、学位证和办理毕业派遣手续。被告的这种做法违反了法律规定。请求判令被告：一、为我颁发毕业证、学位证；二、及时有效地为我办理毕业派遣手续；三、赔偿我经济损失3000元；四、在校报上公开向我赔礼道歉，为我恢复名誉；五、承担本案诉讼费。

被告辩称：原告田某违反本校《关于严格考试管理的紧急通知》（以下简称068号通知）中的规定，在补考过程中夹带写有电磁学公式的纸条被监考教师发现，本校决定对田某按退学处理，通知校内有关部门给田某办理退学手续。给田某本人的通知，也已经通过校内信箱送达到田某所在的学院。至此，田某的学籍已被取消。由于田某不配合办理有关手续，校内的一些部门工作不到位，再加上部分教职工不了解情况等原因，造成田某在退学后仍能继续留在学校学习的事实。但是，校内某些部门及部分老师默许田某继续留在校内学习的行为，不能代表本校意志，也不证明田某的学籍已经恢复。没有学籍就不具备高等院校大学生的毕业条件，本校不给田某颁发毕业证、学位证和不办理毕业派遣手续，是正确的。法院应当依法驳回田某的诉讼请求。

北京市海淀区人民法院经审理查明：

1994年9月，原告田某考入被告北京科技大学下属的应用科学学院物理化学系，取得本科生学籍。1996年2月29日，田某在参加电磁学课程补考过程中，随身携带写有电磁学公式的纸条，中途去厕所时，纸条掉出，被监考教师发现。监考教师虽未发现田某有偷看纸条的行为，但还是按照考场纪律，当即停止了田某的考试。北京科技大学于同年3月5日按照“068号通知”第三条第五项关于“夹带者，包括写在手上等作弊行为者”的规定，认定田某的行为是考试作弊，根据第一条“凡考试作弊者，一律按退学处理”的规定，决定对田某按退学处理，4月10日填发了学籍变动通知。但是，北京科技大学没有直接向田某宣布处分决定和送达变更学籍通知，也未给田某办理退学手续。田某继续在该校以在校大学生的身份参加正常学习及学校组织的活动。

1996年3月，原告田某的学生证丢失，未进行1995—1996学年第二学期的注册。同年9月，被告北京科技大学为田某补办了学生证。其后，北京科技大学每学年均收取田某交纳的教育费，并为田某进行注册、发放大学生补助津贴，还安排田某参加了大学生毕业实习设计，并由论文指导教师领取了学校发放的毕业设计结业费。田某还以该校大学生的名义参加考试，先后取得了大学英语四级、计算机应用水平测试BASIC语言成绩合格证书。田某在该校学习的4年中，成绩全部合格，通过了毕业实习、设计及论文答辩，获得优秀毕业论文及毕业总成绩全班第九名。北京科技大学对以上事实没有异议。

被告北京科技大学的部分教师曾经为原告田某的学籍一事向原国家教委申诉，原国家教委高校学生司于1998年5月18日致函北京科技大学，认为该校对田某违反考场纪律一事处理过重，建议复查。同年6月5日，北京科技大学复查后，仍然坚持原处理结论。

1998年6月，被告北京科技大学的有关部门以原告田某不具有学籍为由，拒绝为其颁发毕业证，进而也未向教育行政部门呈报毕业派遣资格表。田某所在的应用学院及物理化学系认为，田某符合大学毕业和授予学士学位的条件，由于正在与学校交涉田某的学籍问题，故在向学校报送田某所在班级的授予学士学位表时，暂时未给田某签字，准备等田某的学籍问题解决后再签，学校也因此没有将田某列入授予学士学位资格名单内交本校的学位评定委员会审核。

被告北京科技大学为此案向法院提交的证据有：1. 原告田某于1996年2月29日写下的书面检查和两位监考教师的书面证言，这些证据能够证明田某在考试中随身携带了写有与考试科目有关内容的纸条，但没有发现其偷看的事实；2. 原国家教委《关于加强考试管理的紧急通知》、校发（94）第068号《关于严格考试管理的紧急通知》、原国家教委有关领导的讲话，这三份材料不属于《中华人民共和国行政诉讼法》第五十三条规定人民法院审理行政案件时可以参照的规章范畴；3. 北京科技大学教务处关于田某等三人考试过程中作弊按退学处理的请示、期末考试工作简报、学生学籍变动通知单，以上书证能够证明北京科技大学于1996年4月10日作出过对田某按退学处理的决定，但不能证明该决定已经直接送达给田某，也不能证明该决定已经实际执行；4. 原国家教委高校学生司函、北京科技大学对田某考试作弊一事复查结果的报告，这些书证能够证明北京科技大学部分教师、原国家教委高校学生司对田某被处分一事的意见，以及北京科技大学在得知这两方面意见后的态度；5. 北京科技大学《关于给予北京科技大学学生王某勒令退学处分的决定》一份、《期末考试工作简报》7份，以上书证与本案没有必然联系，不能成为本案的证据。此外，北京科技大学在诉讼期间，未经法院同意自行调取了唐×等教师的证言、考试成绩单、1998届学生毕业资格的学士学位审批表、学生登记卡、学生档案登记单、学校保卫处户口办公室书证、学籍变动通知单第四联和第五联、无机94班人数统计单等书证交给法院，这些证据由于不符合《中华人民共和国行政诉讼法》第三十三条关于“在诉讼过程中，被告不得自行向原告和证人收集证据”的规定，不能作为认定本案事实的根据。

原告田某提交的证据有：1. 1996年9月被告北京科技大学为田某补办的学生证（学号为9411026），能够证明北京科技大学不仅于1996年9月为田某补办了学生证，并且还逐学期为田某进行了学籍注册，使其具有北京科技大学本科学生学籍的事实；2. 献血证、重修证、准考证、收据及收费票据、英语四级证书、计算机BASIC语言证书、田某同班同学的两份证言、实习单位书证、结业费发放书证，以上证据能够证明田某在北京科技大学的管理下，以该校大学生的资格学习、考试和生活的相关事实；3. 学生成绩单，能够证明田某在该校四年的学习成绩；4. 加盖北京科技大学主管部门印章的北京地区普通高校毕业生就业推荐表，能够证明北京科技大学已经承认田某具备应届毕业生的资格；5. 北京科技大学应用科学学院的证明，证实田某已经通过了全部考试及论文答辩，其掌握的知识和技能已具备了毕业生的资格，待田某的学籍问题解决后就为其在授予学位表上签字的事实。

在庭审中，法院对双方当事人提交的上述证据均进行了质证。

北京市海淀区人民法院认为：

在我国目前情况下，某些事业单位、社会团体，虽然不具有行政机关的资格，但是法律赋予它行使一定的行政管理职权。这些单位、团体与管理相对人之间不存在平等的民事关系，而是特殊的行政管理关系。他们之间因管理行为而发生的争议，不是民事诉讼，而是行政诉讼。尽管《中华人民共和国行政诉讼法》第二十五条所指的被告是行政机关，但是为了维护管理相对人的合法权益，监督事业单位、社会团体依法行使国家赋予的行政管理职权，将其列为行政诉讼的被告，适用行政诉讼法来解决它们与管理相对人之间的行政争议，有利于化解社会矛盾，维护社会稳定。《中华人民共和国教育法》第二十一条规定："国家实行学业证书制度。""经国家批准设立或者认可的学校及其他教育机构按照国家有关规定，颁发学历证书或者其他学业证书。"第二十二条规定："国家实行学位制度。""学位授予单位依法对达到一定学术水平或者专业技术水平的人员授予相应的学位，颁发学位证书。"《中华人民共和国学位条例》第八条规定："学士学位，由国务院授权的高等学校授予。"本案被告北京科技大学是从事高等教育事业的法人，原告田某诉请其颁发毕业证、学位证，正是由于其代表国家行使对受教育者颁发毕业证书、学位证书的行政权力时引起的行政争议，可以适用行政诉讼法予以解决。

原告田某没有得到被告北京科技大学颁发的毕业证、学位证，起因是北京科技大学认为田某已被按退学处理，没有了学籍。《中华人民共和国教育法》第二十八条规定的学校及其他教育机构行使的权力中，第（四）项明文规定："对受教育者进行学籍管理，实施奖励或者处分。"由此可见学籍管理也是学校依法对受教育者实施的一项特殊的行政管理。因而，审查田某是否具有学籍，是本案的关键。

原告田某经考试合格，由被告北京科技大学录取后，即享有该校的学籍，取得了在该校学习的资格，同时也应当接受该校的管理。教育者在对受教育者实施管理中，虽然有相应的教育自主权，但不得违反国家法律、法规和规章的规定。田某在补考时虽然携带写有与考试有关内容的纸条，但是没有证据证明其偷看过纸条，其行为尚未达到考试作弊的程度，应属于违反考场纪律。北京科技大学可以根据本校的规定对田某违反考场纪律的行为进行处理，但是这种处理应当符合法律、法规、规章规定的精神，至少不得重于法律、法规、规章的规定。国家教育委员会1990年1月20日发布的《普通高等学校学生管理规定》第十二条规定："凡擅自缺考或考试作弊者，该课程成绩以零分计，不准正常补考，如确实有悔改表现的，经教务部门批准，在毕业前可给一次补考机会。考试作弊的，应予以纪律处分。”第二十九条规定应予退学的十种情形中，没有不遵守考场纪律或者考试作弊应予退学的规定。北京科技大学的“068号通知”，不仅扩大了认定“考试作弊”的范围，而且对“考试作弊”的处理方法明显重于《普通高等学校学生管理规定》第十二条的规定，也与第二十九条规定的退学条件相抵触，应属无效。另一方面，按退学处理，涉及被处理者的受教育权利，从充分保障当事人权益的原则出发，作出处理决定的单位应当将该处理决定直接向被处理者本人宣布、送达，允许被处理者本人提出申辩意见。北京科技大学没有照此原则办理，忽视当事人的申辩权利，这样的行政管理行为不具有合法性。北京科技大学实际上从未给田某办理过注销学籍，迁移户籍、档案等手续。特别是田某丢失学生证以后，该校又在1996年9月为其补办了学生证并注册，这一事实应视为该校自动撤销了原对田某作出的按退学处理的决定。此后发生的田某在该校修满四年学业，还参加了该校安排的考核、实习、毕业设计，其论文答辩也获得通过等事实，均证明按退学处理的决定在法律上从未发生过应有的效力，田某仍具有北京科技大学的学籍。北京科技大学辩称，田某能够继续在校学习，是校内某些部门及部分教师的行为，不能代表本校意志。鉴于这些部门及部分教师的行为，都是北京科技大学的职务行为，北京科技大学应当对该职务行为产生的后果承担法律责任。

国家实行学业证书制度。原告田某既然具有北京科技大学的学籍，在田某接受正规教育、学习结束并达到一定学历水平和要求时，北京科技大学作为国家批准设立的高等学校，应当依照《中华人民共和国教育法》第二十八条第一款第五项及《普通高等学校学生管理规定》第三十五条的规定，给田某颁发相应的学业证明，以承认其具有的相当学历。

国家实行学位制度。原告田某是大学本科生，在其毕业后，按照《中华人民共和国学位条例》第四条的规定，可以授予学士学位。被告北京科技大学作为国家授权的学士学位授予机构，应当依照《中华人民共和国学位条例暂行实施办法》第四条、第五条规定的程序，组织有关人员对田某的毕业成绩、毕业鉴定等材料进行审核，以决定是否授予其学士学位。

关于高等院校毕业生派遣问题。《毕业生就业派遣报到证》，是各省、自治区、直辖市主管毕业生调配的部门教育行政部门下达的就业计划签发的。普通高等学校根据《普通高等学校毕业生就业工作暂行规定》第九条的规定，应当履行将毕业生的有关资料上报所在地的教育行政主管部门的职责，以供当地教育行政部门审查和颁发毕业派遣证。原告田某取得大学毕业资格后，被告北京科技大学理应履行上述职责。

《中华人民共和国国家赔偿法》第三条、第四条规定的行政赔偿范围，只包括违法行政行为对受害人人身权或者财产权造成的实际侵害。目前，国家对大学生毕业分配实行双向选择的就业政策，并非学生毕业后就能找到工作，获得收入。因此，被告北京科技大学拒绝颁发证书的行为，只是使原告田某失去了与同学同期就业的机会，并未对田某的人身权和财产权造成实际损害。故田某以北京科技大学未按时颁发毕业证书致使其既得利益受到损害为由提出的赔偿经济损失主张，不能成立。

原告田某在考试中有违反考场纪律的行为，被告北京科技大学据此事实对田某作出的按退学处理的决定虽然不能成立，但是并未对田某的名誉权造成损害。因此，田某起诉请求法院判令北京科技大学在校报上向其赔礼道歉，为其恢复名誉，不予支持。

综上，北京市海淀区人民法院于1999年2月14日判决：

一、被告北京科技大学在本判决生效之日起30日内向原告田某颁发大学本科毕业证书；

二、被告北京科技大学在本判决生效之日起60日内召集本校的学位评定委员会对原告田某的学士学位资格进行审核；

三、被告北京科技大学于本判决生效之日起30日内履行向当地教育行政部门上报原告田某毕业派遣的有关手续的职责；

四、驳回原告田某的其他诉讼请求。

第一审宣判后，北京科技大学提出上诉。理由是：1. 田某已被取消学籍，原判认定我校改变了对田某的处理决定，恢复了其学籍，是认定事实错误；2. 我校依法制定的校规、校纪及依据该校规、校纪对所属学生作出处理，属于办学自主权范畴，任何组织和个人不得以任何理由干预；3. 我校向一审提交的从教学档案中提取的证据，不属于违法取证，法院应予采信。请求二审撤销原判，驳回田某的诉讼请求。

北京市第一中级人民法院经审理认为，原判认定事实清楚、证据充分，适用法律正确，审判程序合法，应当维持。上诉人北京科技大学认为被上诉人田某已不具有该校学籍，与事实不符，不予采纳。学校依照国家的授权，有权制定校规、校纪，并有权对在校学生进行教学管理和违纪处理，但是制定的校规、校纪和据此进行的教学管理和违纪处理，必须符合法律、法规和规章的规定，必须保护当事人的合法权益。北京科技大学对田某按退学处理，有违法律、法规和规章的规定，是无效的。北京科技大学在诉讼中提交的从教学档案中调取的证据，虽然不属于《行政诉讼法》第三十三条规定的被告不得在诉讼过程中自行向原告和证人收集证据的情况，但是由于无法证明这些证据是在作出按退学处理的决定时形成的，故法院不予认定。据此，北京市第一中级人民法院依照《行政诉讼法》第六十一条第（一）项的规定，于1999年4月26日判决：

驳回上诉，维持原判。

三、刘某诉北京大学学位纠纷案

【案情简介】

1992年9月，刘某在获得北大的硕士学位和毕业证书后，继续留在北大无线电电子学系攻读博士学位。由于实验仪器未能准时到位，刘某的论文推迟了半年才答辩。

刘某的博士论文，没有通过北大学位评定委员会的审查（北大学位评定委员会委员共计21位，对刘某进行审查时到场16位委员，6票赞成，7票反对，3票弃权）。据此，学校决定不授予刘某博士学位，只授予其博士结业证书，而非毕业证书。这一决定结果未正式、书面通知刘某，他为此曾多次向系、校有关部门询问未获得学位的原因，也曾向国家教育部反映情况，均未得到答复。

据称，刘某曾于1997年向法院起诉，法院以“尚无此法律条文”为由不予受理。1999年7月，刘某从报上看到北京科技大学本科生田某诉学校拒发“两证”行政诉讼案、并且田某胜诉一事的报道后，再次起诉到海淀法院，院方终于受理了他的诉讼，至此他得以与北大对簿公堂。

一审开庭后，法院经审理判决，判决撤销被告校学位委员会1996年1月24日作出的不授予原告刘某博士学位的决定；责令被告校学位委员会于判决生效后3个月内对是否批准授予原告刘某博士学位的决议审查后重新作出决定。被告北京大学不服上诉后，北京市第一中级人民法院以原审未能查清诉讼时效为由发回重审。原审法院经重审后认为，刘某起诉时已超过诉讼时效，裁定驳回原告刘某的起诉。

刘某诉北京大学学位纠纷案①

原告：刘某。

委托代理人：何海波。

委托代理人：何兵。

被告：北京大学学位评定委员会。

法定代表人：许某，主席。

委托代理人：王立华，北京市天元律师事务所律师。

委托代理人：李琦，北京市天元律师事务所律师。

原告刘某不服不批准授予博士学位的决定诉被告北京大学学位评定委员会（以下简称校学位委员会）案，原告于1999年9月24日向本院提起诉讼，本院受理后，于同年12月17日作出（1999）海行初字第103号行政判决，判决撤销被告校学位委员会1996年1月24日作出的不授予原告刘某博士学位的决定；责令被告校学位委员会于判决生效后3个月内对是否批准授予原告刘某博士学位的决议审查后重新作出决定。被告校学位委员会不服提出上诉，北京市第一中级人民法院于2000年4月30日作出（2000）一中行终字第43号行政裁定，以上诉人校学位委员会在本案审理过程中所提的诉讼时效问题，原审法院未能查清为由，裁定撤销（1999）海行初字第103号行政判决，发回本院重新审理。本院重新立案后，另行组成合议庭，于2000年12月8日公开开庭审理了本案。原告刘某及其委托代理人何海波、何兵；被告校学位委员会的委托代理人王立华、李琦到庭参加诉讼。本案现已审理终结。

原告诉称：其原是北京大学无线电电子学系92级博士生。1996年初，其博士论文《超短脉冲激光驱动的大电流密度的光电阴极的研究》全票通过了论文答辩，并通过了系学位委员会的审查，但不知何故没有通过被告的审查，学校向其颁发了结业证书。根据规定，论文没有通过答辩的才发结业证书。论文未获通过后，其曾向各方了解论文未获通过的主要原因是人为的问题；其向北京大学多次询问，答复是无可奉告；其向校长反映，得到的答复是“研究一下”，但此后再无下文。为此其也向国家教

① 案例来源于《最高人民法院公报》1999年第4期。

委学位办公室反映。请求法院判决撤销被告不授予原告博士学位的决定，并责令被告在合理的时间内对原告的申请重新评议并作出决定。

针对本案的诉讼时效问题，原告认为：一、1991年5月29日公布的《最高人民法院关于贯彻执行〈中华人民共和国行政诉讼法〉若干问题的意见》(以下简称“原解释”)第29条规定：“对原告起诉是否超过起诉期限有争议的，由被告负举证责任。”2000年3月10日公布的《最高人民法院关于执行〈中华人民共和国行政诉讼法〉若干问题的解释》(以下简称“新解释”)作了同样规定。据此，只要被告没有完成证明原告的起诉超出法定起诉期限的举证责任，就应当认定其主张不成立，并推定原告的起诉没有超过诉讼时效的起算时间。

二、在结业证书签收单上，被告只告知原告“论文没通过”，而没有告知表决结果和不批准的理由，不能认为已经告知具体行政行为的完整内容；且被告的告知是错误的。通过庭审得知，到会16名学位评定委员的表决结果是：6票赞成，7票反对，3票弃权。这样的结果应当认为尚不能作出不批准授予博士学位的决定，而不能认为是“没有通过”。因此，依据“新解释”第42条：“公民、法人或者其他组织不知道行政机关作出的具体行政行为内容的，其起诉期限从知道或者应当知道该具体行政行为内容之日起计算”的规定，给予原告5年的诉权保护期。

三、原告较长时间来，多方奔走，积极寻求救济，其中包括向被告申诉，答复是“研究研究”，但无下文。1997年1月，原告曾向法院起诉，只是由于法院当时对行政诉讼法理解上的原因，没有被受理，并非原告怠于起诉。《中华人民共和国行政诉讼法》第40条规定：“公民、法人或者其他组织因不可抗力或者其他特殊情况耽误法定期限的，在障碍消除后的10日内，可以申请延长期限，由人民法院决定。”原告因为不能归责于本人的特殊情况而耽误起诉期限，法院给予原告司法救济的机会是完全合理合法的。

被告认为，一、本案中，涉诉的具体行政行为发生于1996年1月，原告于1999年10月提起行政诉讼。根据“新解释”第98条“本解释自发布之日起施行”的规定及“法不溯及既往”的基本法理，原告提起诉讼的期限应当适用“原解释”的规定。二、原告所领取的《结业证书》明确写明“因论文未通过，未达到毕业要求，予以结业”，因此其已经通过《结业证书》将不予颁发学位证的决定内容通知原告，本案起诉期限应当从原告知道其作出不予颁发学位证之日起算，即最迟应从1996年4

月1日起算，3个月期满。现有证据表明，原告于1999年10月对其提起行政诉讼，根据《中华人民共和国行政诉讼法》第39条及“原解释”第35条的规定，原告的起诉早已超过起诉期限。三、“原解释”第29条规定：“对原告起诉是否超过起诉期限有争议的，由被告负举证责任。”北京大学（96）研结证字第001号《结业证书》（存据）证明原告最迟于1996年4月1日就已经知道其作出不予颁发博士学位证书的决定。其举证责任已经完成。四、原告主张其向北京大学多次反映情况以及于1997年3月向法院起诉未被受理，但至今没有对其主张提出任何证据予以证明。行政诉讼起诉期限并不存在“时效中断”的问题。只要原告未在法定的起诉期限内提起诉讼，就丧失了起诉的权利。综上，由于原告超出法定期限向人民法院提起诉讼，人民法院应当依法裁定不予受理。

本院认为，法律对公民提起诉讼的期限作了明确规定，公民不服行政主体作出的具体行政行为，应当在法定的起诉期限内提起行政诉讼。原告于1996年4月1日签字领取的北京大学（96）研结证字第001号结业证书上写明“论文未通过，未达到毕业要求，予以结业”的内容，意味着被告已经作出了不授予原告博士学位证书的决定。原告对被告作出的决定提起行政诉讼的期限，应当根据1991年5月29日通过的《最高人民法院关于贯彻执行〈中华人民共和国行政诉讼法〉若干问题的意见（试行）》第35条的规定计算，即从签字领取结业证书之日起至1997年7月1日止，原告于1999年9月24日向本院提起行政诉讼，已超出法定起诉期限。2000年3月10日起施行的《最高人民法院关于执行〈中华人民共和国行政诉讼法〉若干问题的解释》，虽对起诉期限作了修改，但是，原告的起诉期限在该解释发布之前已经届满。故不能适用该解释关于起诉期限的规定。据此，依照《中华人民共和国行政诉讼法》第39条、1991年5月29日公布的《最高人民法院关于贯彻执行〈中华人民共和国行政诉讼法〉若干问题的意见（试行）》第35条的规定，裁定如下：

驳回原告刘某的起诉。

案件受理费80元，由原告刘某负担（已交纳）。

如不服本裁定，可在裁定书送达之日起10日内，向本院递交上诉状，并按对方当事人的人数提出副本，上诉于北京市第一中级人民法院。

审　判　长　张凤林

人民陪审员　秦选明

人民陪审员　李凤梅
二〇〇〇年十二月十五日
书　记　员　车宏志

四、张某诉闵行某执法大队“钓鱼执法”案

【案情简介】

2009年9月8日下午，张某驾驶自己的福特轿车，搭载了一名事后据称是专门安排的“乘客”，在闵行区北松路被闵行区某执法大队执法检查时查获。9月14日，张某到区某执法大队接受调查、处理。同日，区执法大队对张某违法营运作出了行政处罚决定。

同年9月28日，张某以该行政处罚决定“没有违法事实和法律依据，且程序违法”为由，向闵行区人民法院提起行政诉讼，要求撤销区交通执法大队作出的行政处罚决定。10月9日，闵行区人民法院依法立案受理。

上海市闵行区政府同年10月26日宣布，经调查组查明，张某驾车载客一案的行政执法行为取证方式不正当，导致认定事实不清，区执法大队在区建设和交通委员会责令下已撤销行政处罚行为。11月19日，上海市闵行区法院公开审理了该案，当庭判决被告的行政处罚决定违法。

作为近年来“钓鱼执法”案件中第一起胜诉的行政诉讼案件，此案引发了媒体和大众的广泛讨论，在规范行政执法方面具有一定的意义。

张某诉闵行某执法大队“钓鱼执法”案判决书①

原告：张某。

委托代理人：××

被告：上海市闵行区A大队（以下简称闵行A大队）。

法定代表人：刘×，上海市闵行区A大队大队长。

委托代理人：××

2009年9月14日，被告闵行A大队作出NO.2200902973行政处罚决

① 引自北大法宝．法宝引证码CLI.C.362392。上海市闵行区人民法院判决书，（2009）闵行初字第76号。

定，认定原告张某于2009年9月8日在闵行区北松公路1358号实施了无营运证擅自从事出租汽车经营行为。同年10月26日，被告以“该案的取证方式不正当，导致认定违法事实不清”为由，作出NO. 200900001《撤销〈行政处罚决定书〉的决定书》，撤销了被诉行政处罚决定，并向原告送达了该撤销决定书。原告表示不撤诉。

原告张某诉称：2009年9月8日，原告开车去单位。在元江路等候红灯时，遇一男子恳求原告开车带其一段路。原告出于同情让其搭乘了车，且两次拒绝对方主动提出的付费请求。当车开至北松公路转弯处时，原告应该男子要求停车，遭被告粗暴执法，被抢下车钥匙，强行搜去车辆行驶证。原告被非法拘禁半小时。被告扔下一份调查处理通知书后离去。之后，被告未经认真调查，并在非法剥夺原告陈述、申辩等权利的情况下，于2009年9月14日对原告作出被诉行政处罚决定。原告认为，被告所作具体行政行为没有事实和法律依据，且程序违法，要求撤销被告作出的第2200902973号行政处罚决定。

被告辩称：其已于2009年10月26日撤销原作出的行政处罚决定，并撤回举证期限内提交的答辩状及证据材料。原作出的行政处罚决定因采用了以利诱的不正当取证方式取得的证据，导致认定事实错误，故原先向法院提供的相关证据已不具合法性，且提供不出其他证明原告非法营运的合法有效证据。被告对由此造成原告被错误查处及期间所遭受的强制、滞留、申辩受阻等表示歉意。

经审理查明：2009年9月14日，被告A大队作出行政处罚决定，认定原告张某于2009年9月8日在闵行区北松公路实施了无营运证擅自从事出租汽车经营行为。同年10月26日，被告以“该案的取证方式不正当，导致认定违法事实不清”为由，作出No. 200900001《撤销〈行政处罚决定书〉的决定书》，撤销了被诉行政处罚决定，并向原告送达了该撤销决定书。原告表示不撤诉。

本院认为，根据《上海市出租汽车管理条例》第四条第二款的规定，被告闵行A大队具有查处擅自从事出租汽车经营行为的法定职责，在行政诉讼中应对被诉具体行政行为的合法性承担举证责任。然被告已于庭审前自行撤销了对原告张某作出的行政处罚决定，在庭审中被告亦表示：“原作出的行政处罚决定因采信了以利诱的不正当取证方式取得的证据，导致认定事实错误，原先向法院提供的相关证据已不具合法性，亦无其他证明原告非法营运的合法有效证据，故不能认定原告有非法营运的事实。”鉴于被告已自行撤销对原告作出的行政处罚决定，根据《最高人民法院关于执行〈中华人民共和国行政诉讼法〉若干问题的解释》第五十条第三款之规定，判决如下：

确认被告上海市闵行区A大队2009年9月14日所作的NO.2200902973行政处罚决定违法。

案件受理费人民币50元，由被告负担。

如不服本判决，可在判决书送达之日起十五日内，向本院（立案庭）递交上诉状，并按对方当事人的人数提出副本，上诉于上海市第一中级人民法院。

审　判　长　徐立明
审　判　员　张秋萍
人民陪审员　何霞鸣
二〇〇九年十一月十九日
书　记　员　羽　鸿